清華大學中國經學研究院集刊

本刊入選『中文社會科學引文索引（CSSCI）2017–2018年來源集刊』

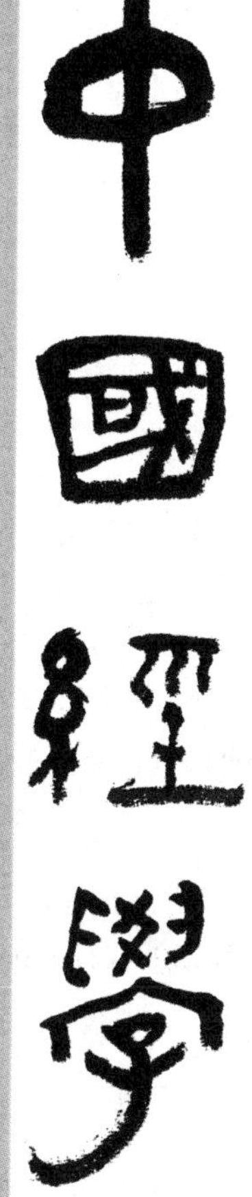

第二十四辑

主编◎彭林

副主编◎張焕君

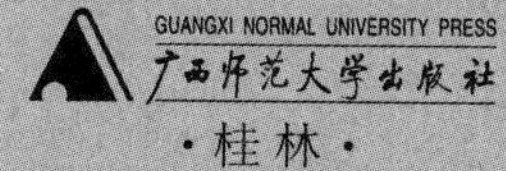

·桂林·

圖書在版編目（CIP）數據

中國經學．第二十四輯 / 彭林主編．—桂林：廣西師範大學出版社，2019.8
ISBN 978-7-5598-2141-6

Ⅰ．①中… Ⅱ．①彭… Ⅲ．①經學—研究—中國
Ⅳ．①Z126

中國版本圖書館 CIP 數據核字（2019）第 184674 號

廣西師範大學出版社出版發行
（廣西桂林市五里店路 9 號　郵政編碼：541004
網址：http://www.bbtpress.com）
出版人：張藝兵
全國新華書店經銷
湖南省衆鑫印務有限公司印刷
（長沙縣榔梨鎮保家村　郵政編碼：410000）
開本：787 mm ×1 092 mm　1/16
印張：16.5　　字數：280 千字
2019 年 8 月第 1 版　　2019 年 8 月第 1 次印刷
印數：0 001～1 000 册　定價：88.00 圓

目　録

Contents

陳鱣年譜新編(下)

陳鴻森

嘉慶六年辛酉(1801)　　四十九歲

正月,黄丕烈與顧蒓、夏文燾計偕北上,先生附舟同行。至楓橋,袁廷檮載酒送别,並折庭梅以爲探花之兆,以"聊贈一枝春"分韻賦詩。(《蕘圃藏書題識》卷五《梅花喜神譜題識》)

顧蒓,字希翰,號南雅,江蘇長洲人。嘉慶七年進士,庶吉士散館,授編修。嘗提督雲南學政,知滇地僻遠,陋習相沿,乃實心訓導,見有厲名節者,立予獎飾。去後,滇人尸祝焉。道光十一年,擢通政司副使,翌年卒。少從錢大昕游,錢氏歎爲不世才。工詩文辭,兼工書畫,居詞館者三十餘年,文名甚著。晚歲名益尊,有文壇耆宿之譽;著有《南雅詩文鈔》。《清史列傳》卷七三有傳。

夏文燾,字季慈,一字方米,江蘇吴縣人。乾隆五十七年舉人,官泰州學正。少從錢大昕游,精輿地之學,兼通曆算。嘉慶初,曾與顧廣圻同館於黄丕烈家,佐其校訂,見黄氏《北山小集》、影宋鈔本《韓非子》、《孫真人千金方》諸書題識。同治《蘇州府志》卷八三有傳。

江藩《漢學師承記》卷四云:"袁上舍廷檮,字又愷,一字壽階,吴縣人也。明六俊之後,爲吴下望族。饒於資,築小園於楓江,有水石之勝。又得先世所藏五硯,爲樓弆之,蓄書萬卷,皆宋槧元刻、秘笈精鈔。……性好讀書,不治生産,且喜揮霍、急人之難,坐是中落。……壽階無書不窺,精於讎校,邃深小學。"

是月十七日,阮元於西湖之陽,即前修《經籍籑詁》舊址,闢爲書院,名曰詁經精舍。奉祀漢儒許叔重、鄭康成,并延王昶、孫星衍先後主講席。選兩浙諸生學古者讀書其中,月率一課,課以經史疑義,旁及小學、天部、地理、算法、詞章,各聽搜討書傳條對,以觀其識;暇則聚徒講議服物典章,辨難同異。(《雷塘庵主弟子記》卷二,又孫星衍《平津館文稿》卷下《詁經精舍題名碑記》)

二月十四日,抵京。途次,與黄丕烈諸人頗多唱酬,都爲一卷,曰《北上聯吟》。

(原墨瞿鳳起先生舊藏,沈津先生録稿)

十七日,寄吴騫書,告以入京後近狀及琉璃廠訪書事。(同上)

先生寓書吴氏云:"近日往琉璃書肆,見善本甚多,如宋刊《荀子》、正統翻宋淳化本前後《漢書》、成化鈔本《開元占經》;又精鈔各家書目,此外尚未可悉數,大半爲蕘圃所有。饘得《占經》,價不甚昂,較南方減省。因語同人曰:'入都有三樂,而中進士不與焉。周覽名山大川,一樂也;徧閱秘本寶書,二樂也;得見賢士大夫,三樂也。'大雅聞之,想當一笑耳。"又言:"覃谿先生精神甚佳,惜乎近年惑於佛老之學,修煉打坐,不多見客,爲可怪也。"按張廷濟《清儀閣題跋》"翁覃谿學士楷書《金剛般若經》"條云:"大興翁學士覃谿先生早年不譚釋典,中年病癰,頗資佛力,遂極崇信。"可與先生書並觀。

二十九日,友人孫志祖以疾卒,年六十五。(孫星衍《平津館文稿》卷下,又阮元《揅經室二集》卷五《孫頤谷侍御史傳》)

按先生與孫氏交好,先生嘗爲序《家語疏證》。孫氏跋《鄭君年譜》,稱先生"經傳洽熟,當世之爲鄭學者,無以過之"。其文不記年月,今附録於此:

北海之學,與六經相終始,雖以魏晉間王肅之氣燄,僞造《家語》,撰《聖證論》,以力排之,猶不能奪;孫炎、馬昭輩之謹守家法也。唐貞觀初,撰《五經正義》者識見汙下,於《易》取王弼之清談,於《書》取梅賾之僞本,而鄭學之亡者過半矣。近代儒者乃一一表章之,斷圭碎璧,奉爲至寶,而鄭學於是乎始明。海昌陳君仲魚經傳洽熟,當世之爲鄭學者,無以過之。嘗輯《孝經注》、《六藝論》,有叢書。復以其餘力,取范《書》、袁《紀》,參以它書,排比歲月,勒爲年譜。凡北海之一言一行有可徵信者,悉囊括無遺,可謂盡心矣。志祖於鄭學無能爲役,然嘗慨歎於王肅之作僞欺世,不揆檮昧,著《家語疏證》六卷,闢王説亦所以扶鄭學也。《聖證論》書已久佚,然見於《五經正義》及類書中徵引者,約可得十餘條,他日當與仲魚討論及之。(孫志祖《申鄭軒遺文》卷一)

三月,再試禮闈。

按先生《禮記參訂》卷一"奉席如橋衡"條,末云:"余前應試禮部,遇此句題,專從鄭《注》,爲主司所黜,然終不悔讀鄭《注》也。"此疑爲本年之事。此科正考官禮部尚書達椿(滿)、工部尚書彭元瑞;副考官兵部侍郎平恕、工部侍郎蔣曰綸。

月末,先生於琉璃廠書肆,遇朝鮮使臣朴齊家檢書。朴氏通經博古,與先生一見如故,雖言語不通,各操筆書之,輒相説以解。時錢東垣繼至,朴氏同官柳得恭亦宏覽多聞,四人者賞奇析義,濡墨舐毫,頃刻間盡數紙,至日旰乃散。越數日,復相見。朴氏贈以高麗紙、摺扇、野笠、藥丸等,先生賦詩四章誌謝,副以楹聯、碑帖及所著《論語古訓》。有頃,朴氏亦以己著《貞蕤稿略》回贈,一時藝林傳爲佳話。後京中同人刻朴氏《稿略》以傳,即由先生爲之序。(《文鈔》卷二《貞蕤稿略序》)

朴齊家,字修其,號楚亭,又號貞蕤,朝鮮新羅人。工詩能文,亦善繪事,與李德懋、柳得恭、李書九並稱朝鮮四大詩家,朴氏名尤著。正祖二年(乾隆四十三年)奉使入燕,返國後,著《北學議》内外篇,主張實學科技;後復於庚戌使燕,此行爲第三度入燕。在燕期間,廣交中土文士。其爲人直性任真,思想警拔,爲朝鮮北學派代表人物之一。另著《貞蕤閣詩文集》等;有《楚亭全集》行世。

柳得恭,字惠風,號冷齋,亦署古芸居士。朝鮮英祖五十年(乾隆三十九年),司馬試及第;歷任奎章閣檢書官,楊根、加平郡守,豐川都護府使等職。嘗於正祖十四年(乾隆五十五年)、純祖元年(嘉慶六年)兩度隨朝鮮使團入燕。居燕期間,與中土學士大夫頗多往來,著《灤陽録》、《燕臺再游録》,以紀見聞行止。少從學於北學派大家朴趾源,工詩善文,力倡實學。另著《渤海考》、《古芸堂筆記》、《京都雜記》、《冷齋集》等。

錢東垣,字既勤,錢大昭長子。嘉慶三年舉人。官浙江松陽知縣;丁憂歸,後補上虞令。與弟繹、侗俱潛研經史、金石,時稱"三鳳"。嘗與兩弟及金錫鬯輯釋《崇文總目》,世稱善本。著有《孟子解誼》、《小爾雅校證》、《補經義考》、《列代建元表》等。惟書多未刊,僅《既勤著述敘例》嘗梓刻行世。《清史列傳》卷六八、《清史稿》卷四八一有傳。

按吴騫《簡莊尚友圖》云:"落落襟懷似孔融,交論海外既寰中。手來一卷《貞蕤稿》,便是河梁萬古風。"(《拜經樓詩集》卷一〇)此詩編於嘉慶四年己未;然據二、三句所言,則此詩當作於嘉慶六年以後,吴氏編集時淆錯也。

先生與柳得恭亦時相往來,連日約會於五柳居。

柳得恭《燕臺再游録》卷二曾記渠與先生交往事,其一則云:"與仲魚問答多用漢言,或有談草,橫書竪書,模糊不可辨,大略如此。紀曉嵐云:'近來風氣趨《爾雅》、《説文》一派,仲魚蓋其雄也。'余所答或中其意,則大歡樂之。連日約會于五柳居,余曰:'公喜從遠人游,恐惹人怪。'仲魚大笑曰:'其實無妨,爾我皆東夷也。萊夷、淮夷、徐夷,皆古之東夷也。'借余笠及唐巾氅衣着之,闢門曳履徐步曰:'樂哉!'"柳氏《冷齋集》卷五亦有一詩稱述先生才學,云:"考古家分講學家,邇來風氣變中華。《説文》、《爾雅》休開口,陳仲魚來誦不差。(元注:紀曉嵐云:

'邇來風氣趨《爾雅》、《説文》一派,余見仲魚蓋其最用力者也。')"先生研精小學之名,由是遂播諸東國矣。

先生有贈柳得恭詩,云:"東方君子國,職貢入京師。不貴文皮美,惟稱使者詩。客愁三月暮,交恨十年遲。此去應回首,關山月落時。"(柳氏《燕臺再游録》卷二)

後,黄丕烈亦於五柳居識朴齊家,朴氏以所撰楹帖相贈,並索黄君著作。黄丕烈擬以去年翻雕之宋明道本《國語》,併渠所撰《國語札記》回贈,惟行篋未及攜此,適先生有此書,因即以先生之本贈之,以訂縞紵之雅。

黄丕烈《跋》云:"嘉慶辛酉,余計偕北來,與朝鮮使臣朴公修其相遇于琉璃廠書肆,筆談半日,蒙製楹帖以贈,並索鄙製。余自惟淺陋,無所述學。近嘗翻雕影宋本《國語韋氏解》,略附《札記》,思舉以相質,而篋中又未攜此,遂丐諸友人陳簡莊所攜者贈之,亦以見縞紵之風于斯未墜爾。吴縣黄丕烈識。"(2011年西泠印社春季拍賣會《古籍善本圖録》)

是春,阮元於杭州紫陽書院構校書亭,延顧千里、臧庸、李鋭、徐養原、嚴杰、孫同元諸君,分纂《十三經注疏校勘記》。

按阮氏《校勘記》,李鋭分校《周易》、《穀梁》、《孟子》三經,徐養原任《尚書》、《儀禮》兩經,顧廣圻分纂《毛詩》,臧庸分校《周禮》、《公羊》、《爾雅》三經,嚴杰分校《左傳》、《孝經》,《論語》則屬之孫同元,何元錫專司《經典釋文》。(阮元《揅經室一集》卷一一《十三經注疏校勘記序》)

四月,先生過法式善詩龕,相接甚殷,於先生諸所撰著,稱賞無遺,蓋已見知於未識面之先也。(《文鈔》卷六《法梧門祭酒壽言》)

中國科學院圖書館藏法式善《朋舊及見録》稿本,卷四六録先生佚詩《經函詩并序》、《曹娥碑硯歌》、《病鶴》、《尋梅》四首,羊復禮《河莊詩鈔》遺之,余已輯入《簡莊詩文鈔拾補》。《梧門詩話》云:"簡莊以經術重東南,學者推爲老師宿儒,所著有《周易存義》、《詩人考》、《爾雅集解》、《石經説》、《説文解字正義》、《小學考》、《鄭司農年譜》、《簡莊疏記》、《簡莊歌詩》、《文選校理》。已刻者《論語古訓》、《孝經集鄭注》、《六藝論輯存》、《綴文》、《對策》等書。南爲竹汀少詹、芸臺侍郎,北爲竹君相國、覃溪學士諸公所推賞。"此條通行本《梧門詩話》缺,今録存之。

法式善,字開文,號時帆,學者稱梧門先生,蒙古正黄旗籍。乾隆四十五年進士,官至侍講學士。所居在地安門北,明西涯李東陽舊址也。有詩龕及梧門書屋,室中收藏萬卷,間以法書名畫,外則莳竹數百竿,寒聲疏影,翛然如在巖谷間。喜奬藉後進,一時賢士君子,屣滿户外。著有《清秘述聞》、《槐廳載筆》、《存素堂詩文集》等。《清史列傳》卷七二有傳。

會試榜發,復黜。仍留京師,與張炯同寓虎坊。(參下九月三日條)黄丕烈試後大挑一等,以知縣用,納貲,議叙得六部主事。(江標《黄丕烈年譜》)

張炯,字季和,號惺齋,安徽宣城人。嘉慶元年,由監生保舉孝廉方正,撰《達孝通經論》,又仿石經文隸書《孝經》一册進呈,奉旨褒奬。考授實録館,議叙直隸州州同,著有《池上草堂詩集》。光緒《宣城縣志·文苑》有傳。

是月,寄吴騫書,告以京中結識朝鮮使臣朴齊家,相與交往事(《吴兔牀日記》),並道朴氏相慕之意,吴騫賦十絶句以贈。(《拜經樓詩文集》稿本《贈朝鮮貢使朴貞蕤檢書》)

《吴兔牀日記》本年五月初九日條:"四侄歸自都門,接河莊書,云遇朝鮮國使臣朴姓,齊家名,字修其,官内閣檢書,博學,工詩文,家世本新羅王孫。"

吴氏詩序云:"檢書名齊家,……博通儒術,工詩文。嘉慶辛酉充朝鮮貢使入都,與予友簡莊陳孝廉邂逅後成莫逆交,酧唱無虚日。頃簡莊書來,述貞蕤相慕之意,惜道遠,末由通縞紵。爰賦斷句十章以贈,即送其歸國,兼柬簡莊。"

五月三日,朴齊家、柳得恭等隨使團離燕東歸。(柳得恭《燕臺再游録》,第1頁)

是月,張問陶以所著詩稿《京朝集》屬先生評閲。此稿收録張氏乾隆癸丑至乙卯三年間任翰林院檢討時所爲詩,共四百十九首,先生爲評點删汰之,存詩一百七首。(上海圖書館藏張氏《京朝集》稿本)

此稿先生題識云:"三年之詩,得百餘首,不爲不多。所删狂放、諧戲之作,後請少爲之,何如?'醉'字嫌太多,即'貧'字亦屢見,是否?三年中頗覺與年俱進,亟願更觀其後也。所存詩尚多,瑕瑜互見,能耐煩一改耶?辛酉五月二十四日卒業,題識數語。"按張問陶詩主性靈,先生則學人也,論詩以格調雅正爲尚,故對船山詩凡涉"狂放、諧戲"及應酬之作,多删汰之,且對張詩煉字、章法亦多指摘,不爲苟同。是年仲秋,陳用光、吴嵩梁亦爲之評點,陳用光删存二百八十五首,二人論詩旨趣,與先生時時或異,與船山爲近也。[1]

---

① 朱澤寶:《張問陶〈京朝集〉稿本考略》,《文獻》2017年第3期,第171-181頁。

張問陶,字仲冶,號船山,四川遂寧人。乾隆五十五年進士,授檢討。後官御史,有直聲,尋改吏部郎中。嘉慶十五年,授山東萊州知府,與上官不諧,乞病歸。自少以詩名,書畫亦俱精勝。其詩生氣勃涌,沈鬱空靈,於從前諸名家外,又辟一境。始見袁枚,枚謂之曰:"所以老而不死者,以未見君詩耳。"其推重如此。著《船山詩草》,論者謂有清蜀中詩人,以問陶爲最焉。《清史列傳》卷七二、《清史稿》卷四八五有傳。

在京日,間與丁授經晤叙。時嚴可均會試失利,館於姚文田宅,與姚氏同纂《説文長編》,將謀爲《説文疏義》。丁君佐嚴氏檢閲,時相討論,由是所業大進。是春相見,先生爲之刮目。惟所居相距稍遠,每相往還,輒反復討論,忘日之夕。(《文鈔》卷六《丁緗士傳》,又卷二《唐石經校文序》)

丁授經,字緗士,浙江歸安人,丁杰長子。幼承家學,與弟傳經有"雙丁"之目。阮元視學浙江,試經解,拔置第一。嘉慶三年,選優貢。因後至,未及廷試,需次京師。時館於崇文門外茅氏,並佐嚴可均纂輯《説文長編》。(《文鈔》卷六《丁緗士傳》)

先生因授經之介,與嚴可均訂交。一日,嚴氏以所著《唐石經校文》十卷見示,先生讀之,歎其精博,稱其書"于流傳版本析其非,于後人所校祛其惑",固卓卓可傳之書也。(《文鈔》卷二《唐石經校文序》)

六月初一至五日,京畿地區連晝夜豪雨,宫門水深數尺,京城及圓明園俱被水患,屋宇傾圮者無數。永定河堤岸俱決,城外村落蕩然,田禾盡没。直隸數十州縣悉被其災。(《欽定辛酉工賑紀事》)

是月,有以策問相質者,先生日課一篇答之。惟行篋乏書,又當恒雨,無從閲市借人,自謂不異場中對策也。暇間乃條理其説,録爲《對策》六卷。(本書)

此書所涉者多端,今録其目,以見其略。卷一:歲時、逸詩、氏族、拜禮、辟廱。卷二:公羊、穀梁、孝經、四書、孟子。卷三:爾雅、小學、石經、補籍、春秋。卷四:史例、史志、諸史、諸子、文選。卷五:語詞、試策、科舉、職官、律令。卷六:巡守、田獵、權量、農田、幣帛。

按此《序》所云"有以策問相質者",疑即張炯也,蓋此月大雨連五晝夜,其後雨勢霪綿二十餘日,《序》所言"又當恒雨"者,即此。時張炯與先生同居虎坊横街,因日以策問相質也。

是夏,張惠言爲銘《尚友圖》。

張君《銘》曰:“余以今之友爲寡兮,求于古而豈多? 余惟古之爲歸兮,古之人其謂余何! 去之五百歲,其援余手乎? 余孰且無友乎!”(張氏《茗柯文編·四編》)

七月十六日,丁授經溘逝,年止三十三。先一日,先生得嚴可均札,云丁君病痢且甚。越日趨視之,則已屬纊矣,先生入而哭之。嚴氏爲經理其喪,二十日,殯於城南夕照寺,將附運租船載其柩南歸。先生哀其學未就,中道而殂,乃綜其學行爲之傳。(《文鈔》卷六《丁緗士傳》)

九月三日,孫馮翼生辰,以元鮮于樞所書《佛遺教經》及趙孟頫延祐丙辰仲冬書《酒德頌》二種見示。先生爲跋《酒德頌》後,復題《佛遺教經》卷首,以介其壽。(據北京故宫博物院藏《酒德頌》先生手跋,又陶樑《紅豆樹館書畫記》卷一,又拙稿《簡莊詩文鈔拾補》)

先生《鮮于伯機書佛遺教經識語》云:“嘉慶六年九月三日,海寧陳鱣觀於京師虎坊寓舍,是日爲鳳卿光禄生辰,題此以介壽,同寓者宣城張君季和也。”(《紅豆樹館書畫記》卷一,又拙稿《簡莊詩文鈔拾補》)

孫馮翼,後更名彤,字鳳卿,奉天承德人。父曰秉,官江寧布政使,馮翼隨宦南游,聞見日廣。周中孚《鄭堂讀書記》卷六〇云:“自少隨宦江左,於陽湖淵如師爲從子,親承淵如師指授。善讀古書,尤精讐校,輯録諸子最夥,皆極謹嚴,不涉於濫。嘉慶四年,先有佚子書三種之刻。……久之,合其所校刊諸書,編爲《問經堂叢書》。”

是月,復過法式善詩龕,法氏有詩題贈,即書於先生《尚友圖》卷後。(法式善《存素堂詩初集録存》卷一二)

丁授經卒後,嚴可均居恒鬱鬱,云將由潞河南還。先生過之,亟勸渠《唐石經校文》應及早付梓。十月,爲序其書,即以贈行。(《文鈔》卷二《唐石經校文序》)

先生《序》略云:“鱣計偕入都,因同年友丁君緗士,得交嚴君叔卿,深湛好書,著作富有。一日,出《唐石經校文》十卷讀之,既博且精,卓然可信,鱣愧不逮遠甚。……自開成至今幾及千年,罕有從事于此者。即好古如顧寧人先生,僅據割裂裝潢之本,至受王堯惠之欺,是雖校猶不校也。叔卿推之《説文》、《玉篇》以溯其原,按之《注疏》、《釋文》以窮其旨,于流傳板本析其非,于後人所校袪其惑,爲功于群經不淺。”

按《文鈔》此序末署“嘉慶五年冬十月”,紀年有誤。據先生《丁緗士傳》云:

“卒之日爲嘉慶六年七月十六日”,而此《序》言及“惜乎緗士死矣”云云,則當撰於六年七月以後可知。《序》中又言嚴氏將南還,“遂書數語簡耑以送之”,考嚴氏即以六年秋冬間離京赴浙西(見嚴氏《説文聲類·後序》),則序末“五年”當作“六年”也,今改次於此。

十月望日,爲朱鶴年撰《畫龕記》。(《文鈔》卷五)

朱鶴年,字野雲,江蘇泰州人。工書畫,嘗徒步入都,鬻畫以爲旅食。客京師,見聞益廣,畫理日精,馬履泰、張問陶尤引重之。士女人物、花卉竹石靡不佳,山水有大滌子風。性喜結納,時法式善主盟騷壇,築詩龕,奉陶靖節,繪圖徵詩;朱君則顔所居曰“畫龕”,與京中賢士大夫文酒往還,聲氣漸與詩龕敵。法式善作《十六畫人歌》,以朱君居首。阮元《揅經室續集》卷二、汪鋆《揚州畫苑録》卷一有傳。

先生《畫龕記》略云:“野雲胸次高曠,超然塵埃之外,既不苟且以求合于世,往往解衣槃薄,顛倒淋漓,特借畫以抒寫其抑塞磊落、無聊不平之概,而畫之工與否固有所不屑計。然而今之言詩必推梧門,言畫必推野雲,而自名其所處,亦不過曰詩曰畫而已,則詩龕之詩爲有聲之畫,而畫龕之畫乃無聲之詩也。”

十二月,翁方綱借先生所藏影宋鈔《嘯堂集古録》,與宋葆淳所得宋槧本對校。(“中央圖書館”藏本翁氏識語)

是年章學誠、金榜、陳樹華、吴蘭庭、周柄中卒。

嘉慶七年壬戌(1802)　　五十歲

在京。

正月十七日,法式善五十初度,先生撰《法梧門祭酒壽言》爲賀。(《文鈔》卷六)

二月初吉,與陳文述同觀翁樹培所藏厲鶚自書《先秦貨布記》,先生爲跋其後。(葛金烺《愛日吟廬書畫録》卷四)

翁樹培,字宜泉,翁方綱之子。乾隆五十二年進士,授檢討,歷官刑部郎中。嗜金石,尤精泉學,積二十餘年勤古搜求,綜括靡遺,著《古泉彙考》八卷,著稱於時。另有《古泉彙》,選平生所藏古錢之精者,排次前後,拓而存之,共四千五百九十四枚。嗜酒,日飲爵無算,又勞於治官書,疾發,卒年僅四十八。

陳文述,字雲伯,浙江錢塘人。嘉慶五年舉人。少與族兄鴻壽爲阮元所賞,時稱二陳。大挑知縣,分發安徽,總督鐵保奏留河工。後歷官江蘇各縣,多惠政。性明敏,案無留牘,善聽訟,民間録其讞語,編爲《陳公案》二卷。工詩,長於歌行,文名甚著,有《頤道堂詩文集》傳世。

三月,三試禮闈。四月,榜發,復落。

居京日,識吴文炳,一見即相傾倒。吴君以所繪《家山圖》見示,先生爲題古風一篇;吴君有詩答贈。(吴文炳《香雪山莊詩》卷首先生《序》)

吴文炳,字虎臣,號柳門,安徽涇縣人。乾隆六十年舉人,官蒙城訓導,著《香雪山莊詩》九卷,錢大昕、法式善俱爲之序。《晚晴簃詩匯》卷一一六嘗録其詩。

夏,出京南歸。

八月十九日,與吴騫、楊秉初(書巢)、汪嘉穀(東邨)、汪淮(小海)諸人游硤石西山惠力寺,吴氏有詩紀之。(《拜經樓詩集》卷一二)是日,秦瀛至海寧,午刻,吴騫得訊,即邀先生聯舫入城,晤於東塘海防同知李見心署,同集者陳廣寧騎尉、海寧知州黄秉哲,汪淮及其子青崖。席散,夜已二鼓,秦瀛復同游硤。(《吴兔牀日記》)

二十日,曉至硤石,泊舟紫微山下。與秦瀛、吴騫詣白公祠,拜神像,同遊後閣,眺覽久之。時圍觀者衆,乃隨秦氏登舟遊審山,小飲葉錬師房。復登山閣觀雲,薄暮下山,秦瀛始登舟去,諸人同送至六角亭之北,迨别去,雙硤明星已燦然可數矣。(《吴兔牀日記》)前此,先生嘗以朴齊家所貽朝鮮臺笠送吴騫,秦瀛見而喜之,吴氏即以此笠轉贈。

《拜經樓詩集續編》卷四《張解元貽高麗筆》自注:"昔仲魚以朴檢書齊家高麗臺須笠見貽,製極精雅。予轉贈小峴司寇,司寇即戴游紫微山,硤人縱觀,至今傳爲佳話。"

吴騫是夏購得《圖繪寶鑑》元刻本,乃明藩邸舊藏。(《愚谷文存》卷四《明廬江王藏元刻圖繪寶鑑跋》)八月二十七日,先生過士禮居,以此書示黄丕烈,屬爲題識,先生復跋其後。(《蕘圃藏書題識》卷五,又《拜經樓藏書題跋記》卷四)

十二月二十四日,吴騫《拜經樓詩集》十二卷刻成(《吴兔牀日記》),收歷年所作古、近體詩千餘首,其中頗多與先生酬答者。

是冬,先生獲董寧銓《震西賸稿》稿本,中有董氏與吴騫尊人觴詠之作,因即以其書送吴騫收藏。(《拜經樓藏書題跋記》卷五)

是年,在吴門,從黄丕烈借得《讀書敏求記》原本,取家藏本重校一過,並補録數條。(章鈺《讀書敏求記校證》卷末録先生校跋)

汪士鐸生。謝啓昆、馬宗璉、張惠言、黄易卒。

嘉慶八年癸亥(1803)　五十一歲

正月二十日,阮元於海寧設立安瀾書院。(《雷塘庵主弟子記》卷二)

二十五日,先生將赴吴門,吴騫招集耕煙山館,以新刊《拜經樓詩集》見遺,先生即席賦詩二章答之。時適有朝鮮購書之使至,即以此集託其攜歸,移贈朴齊家。

"中央圖書館"藏吴氏《拜經樓詩續集》稿本,書前載録諸家題詞,首即先生《癸亥上元後十日,槎客丈招集耕煙山館,時鱣將之吴門,並以新刊〈拜經樓詩集〉見遺,即席二首》,羊復禮輯《河莊詩鈔》失收,今録存之:"小桐溪口繫輕橈,爲有高人折簡招。我亦年來倦行役,不妨留此醉春宵。""翛然三徑暮雲深,幾點梅花世外心。攜得拜經詩卷在,好隨鯉信達雞林。(元注:時適有朝鮮搆書之使,即以此集寄朴貞蕤檢書。)"

二月四日平明,吴騫舟抵吴門,即過先生上津橋寓,留吴中三日。(《吴兔牀日記》)

閏二月朔日,近晚,吴騫偕其子壽暘兄弟,訪先生於中吴别業。翌日,吴縣令唐仲冕亦至先生寓所相晤。初三日,諸人同詣唐令行館,即畢沅故宅也。(《吴兔牀日記》)

是春,吴騫與陳經由陽羨連舫至吴,吴騫爲介,與先生修士相見禮。先是,吴氏乙卯年嘗賦《兩陳髯行》,以先生與陳君皆美鬚髯,力學嗜古亦相伯仲。先生今乃見之,一見,極相傾契。既而知渠爲宋陳古靈之裔,適行笈攜謝在杭精鈔《古靈先生集》一部,即以貽之,用申縞紵之投焉。(《愚谷文存》卷五《小草齋舊鈔陳古靈先生集跋》)

陳廣寧都尉捐升参將(《海昌備志》卷一四《職官》),將赴閩就任。四月二十六日,諸友集隅園煙波水月亭餞之,同集者周春、吴騫、俞思謙(潛山)、鍾式丹(桂巖)、鍾大源(篛谿)、鍾大進(吾山)、楊秉初、任安上(禮堂)、龔凝祚(素山)、吴國寶(雪峰)及先生共十二人。席間,陳廣寧以詩聯及石刻各種分贈與會諸君。(吴騫《同人集煙波水月亭餞雪樵即席》元注)是夕,先生即宿北門,明日乃歸。(《吴兔牀日記》)

按吴騫《拜經樓詩集續編》卷一有《擬今日良燕會,送雪樵之福建參戎》、《題雪樵鹽官留别圖,即送之福建》、《宛委攤書圖,爲雪樵騎尉題》、《同人集煙波水月亭餞雪樵即席》諸詩,先生之詩俟訪。

九月八日,黄丕烈過訪,出示新獲宋刊《吴志》及宋本《史記》。復偕先生舟,邀同往山塘萃古齋書坊。抵艙,黄君見先生舟書榜曰"津逮舫",笑言:"君好書,故所乘舟以是名之。今余借此訪書,則所取之名,若預知有今日事而名之也。"是日,復偕往水月亭訪周錫瓚。(《百宋樓藏書志》卷一八)

是年林昌彝生。彭元瑞、徐鯤、吴東發卒。

嘉慶九年甲子(1804)　　五十二歲

正月晦日,至吴江,過楊復吉運南堂,適吴騫亦在,楊君留飯。午後,偕吴騫登舟渡太湖,雨中抵上津橋。(《吴兔牀日記》)

三月,過黄丕烈士禮居,適黄君去秋所得宋本《吴志》裝潢已就,展玩良久,爲跋其後。(《皕宋樓藏書志》卷一八)

友人戴延介刻舅氏鄭澐《玉句草堂詞》,是月十六日,先生爲序之,稱其詞發纖穠於簡古,寄至味於澹泊,直欲躪玉田、攀石帚云。(《文鈔》卷二)

先生《序》略云:"儀徵鄭楓人先生,以詞賦起家,出守繁郡,遷浙江糧儲道。其爲政也,除南倉積弊,殲洋盗渠魁,潔己愛民,禮賢下士。旋因失察屬吏被議,宦橐蕭然,相羊山水者數年。比卒,而浙民感德,至今不衰。鱣以門下士,每欲譔述《行略》,碌碌未遑。比歲客吴,得交于先生甥戴君竹友,方爲開雕遺集,而《玉句草堂詞》三卷先竣,屬叙其端。……憶曾命鱣隸書曹楝亭句作楹帖,云'偁心歲月荒唐過,垂老文章憂患成',蓋寓感也。"

鄭澐,字晴波,號楓人,江蘇儀徵人。乾隆二十七年舉人。由内閣中書,出爲建寧府同知,清釐積案三千餘牘。擢温州知府,調杭州,遷浙江督糧道。以事罣吏議,謫新疆,援免。生平學杜最深,嘗校刻《杜甫全集》,勘校精美。另著《玉句草堂詩集》四卷。嘉慶《揚州府志》卷四八有傳。

春,秦瀛招同吴騫、徐熊飛、陸巨堂諸人同游慧山,集寄暢園,吴騫有詩紀之。(《拜經樓詩集續編》卷二)

天中後連日陰雨,河流四溢,米薪騰貴。(《吴兔牀日記》是年五月二十日條)

六月三日,海寧水浸,田禾漂没,民居多在水中。(嘉慶《餘杭縣志》卷三七,又《吴兔牀日記》)

《吴兔牀日記》本年六月三日條載:"禺中過長安新埧,下河水勢幾平上河,惟見汪洋無畔,民居多在水中。人欲之市,俱解衣而渡,淺者齊腰。自長安抵家,鄉村市落多不甚可辨,田禾漂没,真予生平未見之災異也。"

又六月十六日條記:"時米價翔踊,人情汹汹,而奸民相聚以煽誘良善,爲患鄉村,里中始倡議爲粥以賑。"

是月,跋宋陳東(少陽)上書言事書草,訂正《堅瓠秘集》言祝枝山刻石事之訛。

（費寅《簡莊文鈔補輯·陳少陽書草跋》）

是夏，黄丕烈購得蜀石經《毛詩》殘卷（《吴兔牀日記》甲子七月朔日條），存《召南·鵲巢》以下至《邶風》末，急示先生，先生屬渠代爲影寫一本。（《文鈔續編》卷一《蜀石經毛詩考異序》）既成，先生復假原卷，以朱筆覆校一過。（中國國家圖書館藏本卷末先生題款）蓋先生曾著《石經説》，得此不啻獲一珍珠船也。

《吴兔牀日記》本年天貺日（六月六日）條記："簡莊從吴中來，爲予鈔得蜀石經《詩》二卷。"則此影寫本後歸吴氏，現藏中國國家圖書館。

秋，黄丕烈招同徐雲路、袁廷檮、吴嘉泰、孫延（蔚堂）、戴光燾、戴延介、董國華（琴南）、董國琛（琢卿）、李福（子仙）諸人，讌集樂圃。圃爲宋朱公綽光禄所葺，數易主，後歸畢沅。今畢氏去世方數載，泉石猶是，風景已非矣。（據王欣夫《黄丕烈年譜補》引《花嶼讀書堂集》）

十月二十日，錢大昕卒於蘇州紫陽書院，年七十七。（《竹汀居士自訂年譜》）

是月，吴騫以所購康雍間鈔本《高麗圖經》見示，蓋從明末海鹽鄭休仲刊本録出者，因借歸，攜至吴門。（《文鈔續編》卷二《高麗圖經跋》）

是冬，購得顧之逵小讀書堆所藏宋刊《周易本義》。此本分十二卷，以上、下經爲二卷，《十翼》各别爲卷，與通行本作四卷者異。乃通校一過，跋之。（《文鈔》卷三《宋本周易本義跋》）

先生《跋》云："《彖上傳》標題下注'從王肅本'四字，今本删之。《雜卦傳》：'咸，速也；恒，久也。'《注》：'感速常久'，今本《注》'咸速恒久'。書中恒、貞、畜、真等字皆缺筆，因思經文'恒'字既缺筆，《注》中自宜避字，而曷爲覆述'咸速恒久'乎？"此其本之愈乎諸本者。《日知録》謂今本割裂淆亂，當據此正之。

吴騫既得蜀石《毛詩》殘本，乃據以訂證今本經、注之失，成《蜀石經毛詩考異》二卷。十二月望日，先生津逮舫中特爲之序。（《文鈔續編》卷一）

按丁立中《八千卷樓書目》卷二著録《蜀石經毛詩考異》二卷，拜經樓本，陳鱣撰，誤以此書爲先生著也；《續修四庫總目提要·經部》著録，亦同此誤。而《清朝續文獻通考》卷二五八著録，則分載《蜀石經毛詩殘本考異》一卷，吴騫撰；《蜀石經毛詩考異》二卷，陳鱣撰。一似二人各自爲書，則歧中又歧矣，拙文《陳鱣事蹟辨正》有考。①

① 陳鴻森：《陳鱣事蹟辨正》，上海社會科學院《傳統中國研究集刊》創刊號，2006年，第324–333頁。

十二月二十二日,與胡楷、沈彝集吴騫山館,觀北宋石經《周禮》殘本,存《天官》、《春官》二職,吴氏賦長歌誌之。(《吴兔牀日記》,又《拜經樓詩集續編》卷二《與簡莊觀開封石經周禮殘本》)

沈彝,字念祖,號雪帆,浙江歸安人。嘉慶甲子舉人,官新城教諭,祀名宦。著《緑蔭書屋詩集》,見《兩浙輶軒續録》卷二二。

陳文述客京師,是冬,賦《寒夜懷人詩》六十首,有懷先生一章。(《頤道堂詩外集》卷三)

陳君詩云:"髯也吾宗秀,便便矜腹笥。低頭語不休,《説文》九千字。有人東國來,問訊君知未。"蓋先生研精《説文》,其名遠播遐方,故朝鮮訪書使者至燕,輒問先生近況。此詩無紀年,然據懷阮元詩云:"中丞撫吾浙,彈指今五載。"則撰於本年冬。

是年湯球生。桂馥、劉墉卒。

嘉慶十年乙丑(1805)　　五十三歲

正月,吴騫以友人所寄火浣布一方移贈先生,所以報壬戌年高麗臺笠之貽也。(《拜經樓詩集續編》卷二)

初十日,與吴騫、沈彝登龍山。(《吴兔牀日記》)

十九日,長孫德浦生。(《宗譜》卷一五)

是月,於杭州購得元刊本《漢書》,攜之中吴别業。黄丕烈過而見之,謂士禮居有元刻《後漢書》,當以持贈。越數日,冒雨載書來,其本楮墨精良,勝前《漢書》遠甚,蓋景祐間所刊淳化本,而元時重刻者,猶不失宋本面目也。黄君前在京師,曾收得正統本前、後《漢書》,嗣因旅囊空匱,商諸先生,以數十金相易。然其書黄君固留未予,攜之南歸。及先生返,則已售諸他人矣。頃先生問及該書,黄君無以應,因以此本相贈也。(《文鈔》卷三《元本後漢書跋》,又《蕘圃藏書題識》卷二)

二十七日,與黄丕烈及寒石上人(際凬)往拜徐昭法(枋)先生祠,賦詩紀事。先生歸而得昭法手書詩幅,一時傳爲奇事。(《文鈔》卷三《徐昭法先生手札跋》)

先生《徐昭法先生手札跋》:"余頻年寓吴,每慕斯邦往哲流風,而于徐昭法先生之高節尤欽仰焉。今年正月,偕黄蕘圃主事及寒石長老步上沙,拜先生祠,賦詩紀事,歸而得其手書詩幅。"

二月,假士禮居所藏《高麗圖經》舊鈔本,並取知不足齋校刊本,與拜經樓本互爲

校訂,各爲正謌補闕。望日,跋識其後,時在江陰縣署。(《文鈔續編》卷二)

先生《高麗圖經跋》:"嘉慶九年冬十月,同里吴槎客先生以所購鈔本見示,蓋即〔從〕鄭(休仲)刊本録出者,因攜至吴門。從黄君紹甫借得舊鈔本,並取鮑刻本互爲校訂,補其闕字。……前在京師,遇高麗使臣朴君修其,詢及是書,云彼國刻本尚多,惜行笈中未曾攜帶耳。"按先生校本現藏臺北"中央圖書館";《文鈔續編》此跋脱"從"字。

三月,以元本《後漢書》與汲古閣本互校,多所是正,先生舉五事以論此本之善,俱惠氏《補注》所未及者,跋識其後。(《文鈔》卷三《元本後漢書跋》)

五日,於戴延炌護經書屋觀所藏曹娥碑硯,其質端谿石,高尺五寸,廣尺,厚半寸,象碑形,可架爲屏。窪其面以作硯,背刻趙孟頫手摹《孝女曹娥碑》,側刻倪瓚《銘》。匣有項元汴(墨林)、曹溶(倦圃)、朱彝尊題識,先生賦《曹娥碑硯歌》七古一章以贈。(法式善《朋舊及見録》卷四六)

十六日,與吴騫、孫撫仁同遊扇里。翌日,三人復至萬蒼山,登錢氏湖天海月樓。午後返,至花溪而别。(《吴兔牀日記》)

是月,於吴中書肆購得宋周煇《清波别志》舊鈔本三册,爲汪氏振綺堂藏本,因取鮑氏知不足齋本校勘一過,改正數字。("中央圖書館"藏本先生手跋)

是春,從袁廷檮處易得宋本《詩集傳》。通行本八卷,此作二十卷,與《宋志》合。其行款格式,與先生去年所得《周易本義》同。因取明監本通校一過,其經傳文字、音義,足補正今本者甚夥,惜缺《小雅·蓼莪》至《大雅·板》諸篇,爲可惜耳,跋而識之。(《文鈔》卷三)

復跋宋劉過《龍州集》。(上海圖書館藏清活字本先生手跋)

先生《跋》略云:"是集以改之名與蘇叔黨同,而叔黨之集失傳已久,遂冒題爲《斜川集》。觀王弇州《題跋》,乃知以劉集充《斜川》,自元季已然,不自近始矣。今《斜川集》已經周書昌編修從《永樂大典》搜羅,編爲六卷,俾趙味辛舍人刻以流布。余遂將此本改題曰《龍州集》,以存廬山真面。考改之曾權吾邑學官,集中有《鹽官權學》、《鹽官借沈氏屋》二詩,皆可備掌故也。"

又跋明汪汝謙校刊本《參寥詩集》。(《皕宋樓藏書志》卷七七)

按先生此本現藏日本静嘉堂文庫,《静嘉堂秘籍志》卷三四著録。

四月二日,吴騫訪先生於上津别業,是夜,即宿查氏質庫。(《吴兔牀日記》)

按此可見查氏物業兼營質庫也,上海圖書館藏《吴兔牀先生未刊稿八種》,第一册有先生《當票四首》,參見拙稿《簡莊詩文鈔拾補》。

初三日,偕吴騫過黄氏士禮居,徧觀所藏宋元珍本。午飯後,復過潘奕雋三松堂。翌日,與吴騫、黄丕烈放棹遊洞庭西山;順過楓橋,訪周錫瓚,觀香嚴居藏書,多宋元精本。復至吾與庵,訪寒石上人,適石遠梅亦寓庵中,五人遂同遊支硎諸勝。日暮,仍返吾與庵,寒石出宋藏經及徐俟齋畫册傳觀。晚,寒石燒園筍煮豆共餐。臨别,黄君屬吴騫繪《暮春詠歸圖》,取陶詩"今日天氣佳"分韻賦詩(《吴兔牀日記》),先生分得"氣"字。

按諸君詩見釋古風輯《吾與彙編》卷六。

初五日,與吴騫聯舫而東,晚泊昆山。初六日未刻,抵嘉定,即入城弔于錢大昕宅。翌日,二人偕至汗筠齋秦鑑(照若)書肆,觀杜鵑;復至金氏園。午訪錢大昭,飯後别去,赴青浦。(同上)

初八日立夏,與吴騫抵朱家閣,訪王昶。(《拜經樓詩集續編》卷二)

王昶,字蘭泉,號述庵,江蘇青浦人。乾隆十九年進士,官至刑部右侍郎。五十九年致仕。在京時,與朱筠互主騷壇,有"南王北朱"之稱。歸田後,往來吴門,賓從益盛。著有《金石萃編》、《春融堂集》、《湖海文傳》、《湖海詩傳》等。

五月,蠶麥無收,米價騰貴,貧民多有自投於海者。(《吴兔牀日記》)

是夏,於吴市購得林堯叟《左傳句讀直解》元刻本,凡七十卷。展讀數過,乃歎世行杜、林合注本紕繆多端,或删杜以就林,或移林以冒杜,跋而識之。(《文鈔》卷三)

先生《跋》云:"取崇禎本《注疏》以校經傳,略舉數條,如隱四年經'庚戌,衛州吁弑其君完',此作'戊申';僖三年傳'未絶之也',此作'未之絶也';九年經'晉侯詭諸卒',此作'佹諸';十八年傳:'而從師于訾婁',此作'而後'。凡斯之類,皆與唐石經合。日本山井鼎《考文》亦每引以證足利本,即所謂'林直解'者是,益見書之舊本爲可取。余得宋版《周易本義》及《詩集傳》,視少時所讀監本,補正甚多,受益不淺。兹更得此而參焉,足以自慰矣。"

陳詩庭爲補繪戊午歲《吴山雅集圖》,時畫中七人,邵志純、胡虔兩君先後作古。而此畫至是乃由陳君補繪成之。六月,先生撰《吴山雅集圖記》,誌其事始末。(《文鈔》卷五)

陳詩庭,字蓮夫,一字妙士,江蘇嘉定人,錢大昕入室弟子。嘉慶四年進士,未謁選卒。通六書之學,著《讀書證疑》六卷,有道光乙巳刊本,語多精確。子瑑,字

小蓮,又字聘侯,傳其學。(《清儒學案》卷八四)

六月,於吴門坊間易得陳樹華精鈔《元和郡縣圖志》四十卷,因未詳其書所自,質之黄丕烈,黄君爲識其原委。(莫氏《五十萬卷樓藏書目録初編》卷七)

黄丕烈《題識》云:"此本出冶坊浜陳冶泉家,冶泉名樹華,承累代書香之後,由茂才作宦,官至司馬而止。居平手自鈔校諸書,猶及與惠松崖、余蕭客諸君相周旋,故所藏書皆有淵源。罷官後,余猶及其一面。身後書籍零落,半歸他姓。"按陳樹華,字芳林,冶泉其號,江蘇元和人,著有《春秋内外傳考正》五十一卷、《國語補音訂誤》等,極爲戴震、盧文弨、段玉裁等所推許。段氏《經韵樓集》卷八有《墓志》。

先生於士禮居見有持宋本《文選》六臣注求售者,因索價過昂,且爲六臣本,故忽之未購。黄君語先生曰:"數年前,曾見有元重刊宋本李善《注》,今聞尚在。"先生因屬其轉購。越數日,黄君遣人持札負書而來,先生據其行款及張伯顔結銜,定爲延祐本,遂如其價購之;復借鈕樹玉所藏元刊本校之。(《文鈔》卷三《元本李善注文選跋》)

鈕樹玉,字匪石,江蘇吴縣人,居東洞庭,隱於賈。篤志好古,從錢大昕游,精研文字訓詁之學,著有《説文解字校録》、《段氏説文注訂》、《説文新附考》等。《清史列傳》卷六八有傳。

是月既望,撰《元本李善注文選跋》,先生舉八事,以見毛氏汲古閣本多脱誤。先生云:"余好書,無力未敢貪多,惟童而習之者,每思善本是正文字。邇來隨有所獲,今更得此,不勝狂喜,他日擬築選樓以儲之。"(《文鈔》卷三)吴騫聞之,預爲之圖,並係以詩,以促其成。

吴騫詩云:"君家世傳經,十二攻選學。人呼小秀才,豈特爛與熟。逮乎徵車徵,猶日勤陶淑。宋元雕故精,近刻徒類騖。建安麻沙翻,臨安書棚賣。五臣及六臣,較若辨眉目。犨都復練京,注記窮隱伏。如彼安革猛,早著名輩録(元注:君嘗辨潘岳《閒居賦》注'安革猛','革猛'乃'韋孟'之訛,'安'字羨文,錢宫詹載其説於《養新録》)。載之津逮舫,沿泳日三復。前身豈小宋,夢授神人握。擬築百尺樓,并兼四部蓄。我聞爲欣然,亟翦鵝溪緑。雲煙雖小試,丘壑聊委縟。咄哉新坡南,斜露峰一角。從今士鄉堂,緬接昭明塾。却待松風來,時聞續兒讀。"(《拜經樓詩集續編》卷二)

閏六月,黄丕烈爲先生購得諸經《注疏》附釋音廿行本,群經略備,因彙爲一櫝,名曰經函,喜賦長句,即題其上。(法式善《朋舊及見録》卷四六載先生《經函詩并序》)

先生詩序云:"舊藏有明監本及毛氏所刻十三經《注疏》,以之相校,脱誤孔多。欲求宋刊單疏並大字《注疏》本,未見其全。次則附《釋音》每葉廿行本,亦不易覯。近客中吴,黄蕘圃主事爲余購得廿行本,群經略備,彙爲一櫝,名曰'經函'。喜而題詩于上,且以志感,凡三百四十言,時嘉慶十年閏六月六也。"按此所言"附釋音廿行本"者,即建陽坊刻十行本也。

先生復索顧廣圻題句,顧氏爲賦五言二十韻。(顧廣圻《思適齋集》卷二《陳仲魚孝廉索賦經函詩率成廿韻》)

顧氏《經函詩》云:"南宋併注疏,越中出最早。……流傳爲十行,一綫獨綿藐。勝國在南雍,修多元漸少。遞變閩監毛,每次加潦草。年來幾同人,深欲白醜好。謂此已僅存,究遺乃當抱。寓公得陳髯,志力兩夭矯。盡收十一種,鷄跖食庶飽。閲時玉藴櫝,開處籤飛漂。題詠徧名流,善頌子孫保。(下略)"據此詩語,則先生所儲共十一經。

是夏,於吴門購得宋遺民劉一清《錢唐遺事》十卷,世無刻本,此蓋從文淵閣鈔出者,猶是足本,然書經三寫,誤脱不少,尚須精校也。(《文鈔續編》卷二)

先生歷年所爲文,多不自收拾。暇間,因就見存之稿編録之,以類相從,爲《綴文》六卷。(本書)

本集目録前識語云:"向所作文,不自收拾,近日同人每多問及。此數十篇搜諸敝笈,以類相從,都爲一集,應試、應酬俱不列入。嘉慶十年夏日,識于中吴別業。"

七月,阮元父喪,去浙撫任。(《雷塘庵主弟子記》卷二)

八月,返里。過吴騫小桐溪,語及近得《錢唐遺事》,吴氏出家藏舊鈔本見示,曾經吴翌鳳手校者,頗爲精詳,遂假歸。八日黄昏,與吴騫舟行赴杭,即於津逮舫中,取今夏所得鈔文淵閣本互勘。時方秋半,爽氣迎人,與吴氏連舫共泊,對酌論文;連日登山臨水,閲市訪舊,殊多樂事。一夕,徐步玩月,坐横河橋,共談錢唐舊事,娓娓忘倦,吴氏誦岳倦翁《玉楮集》詩數首,不禁感慨係之。歸途,適校此書畢,因備記其事於後。(《文鈔續編》卷二)十二日,先生赴吴門。(《吴兔牀日記》)

《愚谷文存》卷五《重刻羅昭諫讒書跋》:"吴枚庵,名翌鳳,本休寧商山人,……徙家于吴,……諸生。家素貧,博學而嗜古。吴故多藏書家,聞有善本,輒宛轉搆借,往往手自校録,字必精楷,與予交尤莫逆,得佳帙必互相傳鈔。"

九月三日,偕洪亮吉赴梁溪,是日洪君六十初度也。(《吴兔牀日記》)

秋,從吴中書賈購得聚珍本《直齋書録解題》,中有朱筆校語,未知出何人之手。見卷十二題款"借同鄉陳進士熷所藏海寧吴葵里鈔本殘帙校",因於歸時攜示吴騫。吴氏一見心喜,如逢故人,因重録于家藏盧文弨手校本上。先生復假盧本傳寫對勘一過,改正數百字,並從《文獻通考》補得十餘條,跋而識之。(《文鈔》卷三)

吴騫《跋》云:"予向有舊鈔《書録解題》殘本,後以贈檇里陳進士效曾。效曾官楚中十餘年,移疾而歸,所患乃失心之疾。此書予未有副,求前書一校此本,亦不可得。頃簡莊從吴中購得一本,則有效曾鄉人曾與效曾借予殘本而手校者,惜不知姓氏。考其所校時,迄今已二十有五年矣。因復從簡莊借録於此本,不禁閣筆爲之三歎!"(《拜經樓藏書題跋記》卷三)

十月,於吴門市肆購得弘治間馮允中所刻《楊鐵崖文集》五卷,字畫甚精,外間流傳頗少,跋而藏之。(費寅《簡莊文鈔補輯》)

十二月望日,與鈕樹玉、黄丕烈訪洪亮吉於支硎吾與庵,偕遊白雲泉。月上,始返山寺,留宿庵中。寒石上人具素蔬,洪君復出嘉醞,五人以"把酒問青天"分韻賦詩,先生得"問"字。(洪亮吉《更生齋詩續集》卷一,釋古風輯《吾與彙編》卷六,又鈕樹玉《匪石山人詩》)寒石出《吾與庵圖》屬先生題之;先生復以駢儷文撰《吾與庵記》以贈。(釋古風輯《吾與彙編》卷一)

吴春生前以徐昭法寄楊震百(楊維斗仲子,名无咎)手札九紙裝潢成册,持以相贈。先生因考札中事實,十二月既望,於津逮舫中跋識其後。(《文鈔》卷三)

十八日,偕吴騫至茂苑。(《吴兔牀日記》)

是冬,吴騫購得一金錞,虎鈕,面右一魚,左一弓一戈,上一"十"字(按即"甲"字),下有"宜"字,其制甚古,出《宣和博古圖》所列十九器之外者。吴騫撰《周虎錞説》、《金錞錞于辨》兩文,考其形制器用,以示先生。先生復撰《金錞考》一篇,用廣其説。(《文鈔》卷四)

按先生此文不具年月,據《吴兔牀日記》本年十月二十日條記:"廷瑞爲購周虎錞一,虎鈕"云云,故繫於本年冬。

黄丕烈借先生所藏明范欽吉、陳德文校刊本《穆天子傳》,並假周錫瓚香嚴書屋所藏舊鈔本合校之。(《黄丕烈年譜》)

除夕,吴中度歲,至縣橋巷黄丕烈家作祭書之會。與黄君商價,購得士禮居所藏明嘉靖間章檗刻本《逸周書》,上有硃筆校語,係顧廣圻依元刻手校者,較世行本多所是正。(《文鈔》卷三《逸周書跋》)先生歸後,即考章刻源流跋識其後。(《拜經樓藏書題

跋記》卷一)

是年張穆、鄒漢勛生。紀昀、劉台拱、袁鈞、臧禮堂卒。

嘉慶十一年丙寅(1806)　　五十四歲

新歲,以除夕所得顧校《逸周書》示吴騫,吴氏嘖嘖稱善,遂取拜經樓所藏章刻本,手録顧君校文於上,復取明鍾人傑校本及汪士漢刻《秘書》本重加參訂。先生復據吴騫增校者,補録於顧校本之上。(《文鈔》卷三《逸周書跋》)

三月一日,跋先王父西樸先生手録查慎行《施注蘇詩》評本及《補注》。(中國國家圖書館藏本先生手跋)

施、顧合注《蘇詩》,原刊本流傳甚罕。先生《跋》云:"康熙己卯,宋漫堂巡撫江蘇,始得殘宋本,缺十二卷。屬武進邵子湘補注,僅補八卷,病作;又倩高郵李百藥續成之,重爲刊版。……原本《注》在各句下,今乃移于篇末;又舊本模糊處,往往臆改,或以意删除,以滅其跡,並存者亦失其真。吾鄉查他山先生本有評本,又爲《補注》,凡子湘等所竄亂者悉正之;又施、顧所未注者亦補之。是本爲先祖考西樸府君手録他山先生評本,並録《補注》,以朱、墨筆分別之;但所據者乃係《補注》之初稿,時尚未見全本也。其自三十七至四十二卷刻本所缺,手自補鈔,筆筆端楷。先祖考書法李北海,縣腕疾書,遠近珍重,而小楷尤難得。此書卷末題云'乾隆十一年丙寅七夕閲畢',時年六十六矣,校録書籍,猶若是其勤且謹,展讀之下,肅然生感云。"

暮春之初,跋吴騫所藏宋刻巾箱本《纂圖互注周禮》。(《文鈔續編》卷二)

先生《跋》云:"槎客先生得此書時,適生次君虞臣,故其小字曰周官。今虞臣年已三十餘矣,展讀之下,偶思前事,宛如昨日。"

是月,至吴。於書肆獲一《逸周書》鈔本,諦審之,乃盧文弨未刻是書時繕寫手校之底本,上作細楷,朱墨雜陳,乃乾隆庚子春所校也。其校語與定本多有增損,蓋積數年校勘之功也。先生以其前後校語有可參互考訂者,因備録于抱經堂刊本之上。望日,跋而記之。(《文鈔》卷三《逸周書跋》)

是春,於吴門市肆購得吴翌鳳所著《東齋脞語》手稿。楊復吉見之,亟請借録,刊入《續昭代叢書》。(本書卷末楊復吉刻書《跋》,又拙稿《簡莊遺文續輯·東齋脞語跋》)

立夏後一日,黄丕烈爲先生跋明刻《重校襄陽耆舊傳》。(《蕘圃藏書題識》卷三)

四月中,至揚州。宋葆淳爲先生購得一漢鐎斗,斑爛翠碧,三足,有柄有流,柄下篆文一行,云"梁山銅元康二年□率史作"。先生因考其器用,賦十六韻紀之,中云:"金石頻年經眼多,收藏堪以此爲冠"。(《河莊詩鈔》)吴騫有和詩。(《拜經樓詩集續編》卷三)

是月,在中吴别業爽軒,以成化乙酉永瑞堂刊《事物紀原》,校胡文焕所刻《格致叢書》本。(上海圖書館藏本先生題款)

五月,從拜經樓借得《雲麓漫鈔》吴騫評校本,攜至吴中。(《文鈔續編》卷二)

是月,在吴門,爲吴騫購得《元秘書監志》舊鈔本。先生自照録一部,藏之紫微講舍。(《拜經樓藏書題跋記》卷三)

六月,海寧久旱不雨,河流淺涸。(《吴兔牀日記》)

是夏,刻《綴文》六卷。

陳乃乾《補刻簡莊綴文序》云:"簡莊徵君文稿,嘉慶十年士鄉堂原刻本。首行題'《綴文》一',下題'《簡莊集》卷□',蓋以《綴文》爲《簡莊集》之一種。餘如《集孝經鄭注》、《六藝論》、《論語古訓》、《對策》諸書,凡士鄉堂原刻者,皆如此式。光緒十四年,邑人羊辛楣觀察重刻《綴文》於粤西(森按:當爲粤東),始改署曰《簡莊文鈔》。"(虞坤林輯《陳乃乾文集》,第367頁)按《綴文》士鄉堂原刻,傳本無多,中國國家圖書館藏一帙。陳乃乾謂《綴文》刻於十年,其説未確,檢本集卷三《徐昭法先生手札跋》,文末繫嘉慶十年十二月既望,同卷《逸周書跋》末繫"嘉慶十一年丙寅三月望日",則是書應刻於十一年夏。

秋,假拜經樓所藏《吴郡圖經續記》舊鈔本,與宋本對校一過。吴本爲何焯弟子薄啓源(自崑)舊物,手録義門校語頗詳,先生復爲參校若干事。(《拜經樓藏書題跋記》卷三,又王欣夫《蛾術軒篋存善本書録》第922頁)

黄丕烈以羅隱《讒書》五卷足本託先生轉送吴騫。去年春,吴騫聞楊復吉言蘇州藏家有藏此書全帙者,因請先生向黄君借鈔,然其家並無此書。黄丕烈近於書肆得一鈔本,係吴翌鳳從王鳴盛家傳録者,即倩鈔胥迻寫一本詒之。吴騫得書甚喜,手自校録,刊入《愚谷叢書》以傳焉。(《愚谷文存》卷五,又《拜經樓叢書》本《讒書》卷末黄丕烈《跋》)

十月,吴閶五柳居書肆陶藴輝以汲古閣景宋鈔本《周易集解》見示,索直十兩。先生正擬購之,黄丕烈先已得訊,急遣人來,攜首册而去。未幾,黄君卧病,然猶持書不釋。先生欲其速愈也,因即讓之,如其值購入,病果起。黄君寶愛逾恒,以香柟製櫝藏之。是年除夕祭書,即以此書爲首列焉。(《經籍跋文・宋本周易集解跋》)

黄丕烈《樂志園集題識》云:"此册爲兔牀山人藏本并手校者,介髯翁示余。余取舊藏顧秀野鈔本勘之。……初余校此册未半即病,病且幾死,自謂校讎事絶矣。幸天憐余之好古書,而不致與書永訣。新歲謝客,竟畢校。"末屬"丁卯陬月哉生明"(《蕘圃藏書題識》卷九),蓋歲暮其病初愈也。

十二月二十日,與吴騫泛舟花溪,有詩書懷。

按此詩羊復禮輯《河莊詩鈔》失收,今録次:"訪古名山外,良辰得盡歡。一帆春雨細,十里野塘寬。壯氣歸吟卷,生涯羨釣竿(元注:用《漢書》臨淵羨魚事)。故人知我者,載酒幾盤桓?"(見《文瀾學報》第2卷《浙江文獻展覽會專號》第278頁"盧抱經校本《逸周書》"條)

張敦仁倩顧廣圻影摹小讀書堆所藏宋撫州本《禮記注》,即赴江寧刻之。顧氏復取《禮記》各本校其異同,代撰《撫本禮記鄭注考異》二卷,校訂最爲精審。是冬,全書刻成,張氏以初印本一部贈先生。

按此書原本係宋淳熙四年撫州公使庫所刻,傳本甚稀。是本爲徐氏傳是樓舊藏,後展轉歸顧之逵小讀書堆所有。先生《宋本禮記注跋》云:此本"宋刻宋印,首尾完善,洵經籍善本。余嘗過安道(按顧之逵)所居南城小讀書堆,出視而欣賞焉。安道將刊行,未及而歿。陽城張君古餘來守蘇州,借讀而愛之,亟覓好手影摹重彫,覆校者即安道之弟千里茂才。刻既成,以初印本見贈,字畫矜莊,彫鐫古雅,與宋刻纖豪無異。"(《經籍跋文》管庭芬鈔本)

張敦仁,字古餘,山西陽城人,乾隆四十三年進士。由知縣洊升,歷官江寧、揚州、南昌、吉安等知府;擢雲南鹽法道,以末疾乞歸。居官勤於公事,暇則研究經史,雖老病家居,猶不廢學。嗜曆算,與李鋭相友善,共著《輯古算經細草》;另著《求一算數》三卷、《開方補記》九卷、《鹽鐵論考證》等。《疇人傳》卷五二、《清史列傳》卷六九有傳。

先生家中所儲《禮記注》,有明嘉靖仿宋刻本及近時仿相臺岳氏本,因取與張刻撫州本參互考訂,率以撫州本爲是。(《經籍跋文》管庭芬鈔本)

是冬,嚴可均撰《説文校議》十五卷成。(嚴氏《説文校議·後序》)

按嚴君治《説文》,用力甚勤,其《序》自言:"肆力十年,始爲此《校議》。"中有疑義難决者,間引先生之説,如"虍"下云:"孫氏(星衍)、陳氏鱣謂前所議是;王氏念孫謂後所議是。"(五上)又"衣"字下(八上)、"我"字下(十二下)並引先生説,蓋嘗借先生《説文正義》稿相質證也。

今、明兩年，段玉裁與顧廣圻因論《王制》學制不合起争端，甲攻乙駁，遂成水火。先生欲爲調人，終莫能解。(《經籍跋文・宋本禮記注跋》)

李慶《顧千里年譜》繫段、顧論學制失和事，謂起於嘉慶十二年。[1] 然先生《宋本禮記注跋》撰於嘉慶十二年正月既望(據《經籍跋文》管庭芬鈔本)，文中已言及："是書(按指張刻撫州本《禮記》)初出，段懋堂大令作《禮記四郊疏證》，申孫黜顧，……凡數千言；顧復作《學制備忘記》以辨之，亦數千言，兩家遂成水火"云云，則此事應起於嘉慶十一年甚明，李君繫年未確。

段、顧兩家争訟始末，今尚可約略考知。先是，孫志祖著《讀書脞録》，據《北史・劉芳傳》，證《王制》"虞庠在國之西郊"，"西"字當作"四"。顧廣圻代張敦仁撰《禮記考異》，則以孫説爲非。段氏見《考異》，寄顧君書，則右孫説，謂作"四郊"者爲是(《經韵樓集》卷一一《與顧千里書》)。顧氏答書争之，段玉裁復書，始則韙其説(森按：此爲段氏第二札，今獨不見於《經韵樓集》。惟據段集所附《顧千里第二札》，首云："前得來札，知翻然采納。不意又著大説一册，變本加厲"云云，知段氏第二書實以顧説爲是。今其集獨缺此札者，蓋編集時刻意刪去也)；繼而復撰《禮記四郊小學疏證》，攻訐顧説(即上引顧札所云"又著大説一册"也)。十二月一日，顧廣圻作第二札辨之(《思適齋集》未收，今附見段集卷一一)。先生因彙二家争訟之文爲一册，題曰《段顧校讎編》。洪亮吉見之，謂："正可對《朱陸異同辨》也。"(《經籍跋文・宋本禮記注跋》)其後，己巳年段氏復作第三書攻擊顧説(段集卷一一)。戊辰正月初十，顧氏撰《學制備忘之記》駁段(附見段集卷一一)；段氏大怒，旬日之間連作四書，累累數千言痛責之(段集卷一二)；三月七日，顧廣圻作第三札答辨(附見段集卷一二)，重申前説，並明言嗣後不再作答。段氏復撰三書非之(段集卷一二)，且數與黄丕烈書，亟論顧君之誤(同上)。

是年鄭珍生。王昶、朱珪、錢坫、朱文藻、陳詩庭卒。

嘉慶十二年丁卯(1807)　　五十五歲

人日，雨中過吴騫山館。(《吴兔牀日記》)

正月既望，於丹徒舟次撰《宋本禮記注跋》。(《經籍跋文》管庭芬鈔本)

二月朔日，與吴騫聯舫至花溪，偕查有新、沈羽陵兩君同登龍山羅雲閣觀梅，吴騫有詩紀之。(《吴兔牀日記》，又《拜經樓詩集續編》卷三)

---

① 李慶：《顧千里研究》，上海：上海古籍出版社，1989年，第119-120頁。

查有新,字銘三,號春園,海寧人。國子監生,爲法式善祭酒所賞,議叙州同。喜老莊,通内典,梓有《地理真傳》四卷、《春園吟稿》十六卷。張問陶稱其古體矯健不群,今體亦藴釀通脱,嗣響初白,足爲名家。沈羽陵,其人俟考。

是月,赴吴。黄丕烈以《國朝名臣事略》寫本見貽,蓋其家藏是書全帙兩部,因以其一分贈也。(《蕘圃藏書題識》卷二)

友人丁杰卒於寧波府學官舍,年七十。(翁方綱《復初齋文集》卷一三《丁小疋傳》)

丁氏博通多識,考據精審,極爲當時名宿所推重。四庫館開,丁杰適在京師,任事者多延之佐校,小學一門往往出其手。(許宗彦《鑑止水齋集》卷一七《丁教授傳》)先生壬申年曾應其子傳經之請,爲撰《丁小雅學博墓誌銘》,文佚待訪。

先生是春購得乾隆六十年和珅所刻《禮記注疏》,因借友人所臨惠棟校宋本重校。三月,跋之。(《經籍跋文》管庭芬鈔本)

吴門瑣川書屋主人吴用儀家藏南宋越刻八行本《禮記正義》,乾隆十四年,惠棟取校毛氏汲古閣本,計訂正譌字四千七百有四,脱字一千一百四十有五,闕文二千二百一十有七,文字異者二千六百二十有五,羡文九百七十有一。此八行本後歸曲阜孔繼涵,現藏中國國家圖書館;而惠氏校本則外間頗有臨寫者。先生《跋》云:"有書賈錢聽默,竊以所儲十行本重臨惠校,綴以原跋,……詭言惠校宋本,且僞用故家收藏印記,鬻諸長安貴客,以獻伯相和珅,遂屬其黨復將毛本略校,影寫摹雕。……嘉慶三年(森按:應爲"四年"),其家籍没,版已散亡,印本流傳甚少。"先生偶得一部,因假友人所臨惠本重校之,蓋惠氏原校者爲汲古閣本,錢聽默僞爲者則爲十行本,故所臨每與惠氏原校不符也。

是月,瞿中溶返蘇祭掃先塋,於吴門句留兩月。先生與段玉裁、黄丕烈、鈕樹玉、董國琛、孫延等相與飲餞,詩文投贈,情甚歡洽。(《瞿木夫自訂年譜》)

瞿中溶,字木夫,江蘇嘉定人,錢大昕女夫。博綜群籍,尤邃於金石之學。著作綦富,有《吴郡金石志》、《古泉山館題跋》、《錢志補正》二十卷、《集古官印考證》十八卷等多種。《清史列傳》卷七三有傳。

是春,從吴中書賈購得萬曆東雅堂翻世綵堂本《昌黎集》,係陳少章(景雲)批校之本,密行細字,朱墨雜陳。先生取《文道十書》中《韓集點勘》校之,知刊本所刻者僅十之六七,而前後編次紊亂,不可勝記。四月,跋而誌之。(拙稿《簡莊遺文續輯·陳景雲批校本昌黎集跋》)

先生《跋》略云:"少章用朱筆書'某曰'且點句者,據南宋慶元中閩人魏仲舉所刊五百家本校也;後又見南宋初蜀人韓醇刻本,乃知廖本所采韓注,多有出魏本外者,故仍補書'韓曰',亦點句,但用墨筆以别之,故名《點勘》,即取韓集《秋懷》詩'丹鉛事點勘'之意。《文道十書》爲其子黄中手録,似太鹵莽;未見是本,幾不知當日用功如此之勤矣。"按此本現藏南京圖書館。

先生去夏從拜經樓借得《雲麓漫鈔》,攜之吴門。是春,乃倩人傳録一部,細校一過,復手録鮑廷博前後三跋,及吴騫跋文、評語。適鮑君扁舟過訪,相與把玩久之。四月望日,跋識其後。(《拜經樓藏書題跋記》卷四)

先生《跋》末云:"禄飲年八十矣,尚健飯,行不扶杖,時攜書卷往來杭、湖、嘉、蘇數郡間,其好古清興,正復不異昔日也。"

四月,段玉裁爲序《綴文》。

段《序》略云:"仲魚所爲《孝經集鄭注》、《論語古訓》、《六藝論拾遺》、《鄭君年譜》及《對策》諸編,余既一一雒誦,歎其精覈。今復出此《綴文》,命余叙之。余以爲君之學邃矣,君之文不懈而及于古矣。或研經訓,或記讎校,或考索故事,或發闡幽光,或抒寫兄弟朋友情摯之語,非所謂函雅故、通古今、正文字惟學林者乎?而首卷論九篇,議論確不可易,真無愧立言也。"(本書卷首)

是月,得元人韋德珪《梅花百詠》原刻本,即贈之黄丕烈。先生辛酉年與黄君計偕北上,渠於琉璃廠獲一宋本《梅花喜神譜》,喜甚,因舉此相贈,以爲合璧焉。(《蕘圃藏書題識》卷一〇)

端午日,自吴中還里,晤吴騫,以新得王廉州(鑑)仿范寬山水示之,吴氏借留山館月餘,始還先生。(《吴兔牀日記》)

五月,得明周憲王《誠齋名華百詠》三種,梅花、牡丹、玉堂春每題各成百首。此爲宣德年間刊本,世罕流傳,《明詩綜》亦未經録入,亦跋而復贈黄丕烈。("中央圖書館"藏先生墨跡)

是月,黄丕烈從先生借《蜀檮杌》,以校其家所藏舊鈔及馮己蒼本。(《蕘圃藏書題識》卷三)

是夏,偶游吴市,見有賣煙草者佩一鐵印,詢之,云從故鄉福州城外拾得。審視之,知爲文信國名諱印,亟購之歸,製匣以儲之。先生復撰《文信國公鐵印記》,鐫於匣之四圍。(鮑昌熙《金石屑》册一,又拙稿《簡莊遺文續輯·文信國公鐵印記》)

黄丕烈借先生藏吴翌鳳手校《三楚新録》,録副藏之,並補校其誤脱。(《蕘圃藏書

題識》卷三)

先生見錢坫舊藏《元和郡縣圖志》鈔本,中有孫星衍跋語及評校處,因取家藏陳樹華鈔本互校之,並録錢、孫兩家之説於上。越數日,書賈持周夢棠(有香)校本來,其書以孔繼涵、翁方綱、戴震諸家藏本彼此相參,補正千有餘處,最稱善本,因復取陳本對校一過,並補卷十七所缺一葉,跋識其後。(《五十萬卷樓藏書目録初編》卷七,又《文禄堂訪書記》卷二)

八月,過士禮居,見黄氏案頭有惠棟所鈔《國朝名臣事略》殘本七卷,黄君復假周錫瓚藏元刻本,依惠本行款補録卷八至十五。先生亟借歸寓所,取黄君春間所贈之本對勘一過,惠鈔殘本缺者、誤者,此本悉同。而此本復脱十二葉,其脱句誤字尤不可勝數,跋而記之。(《蕘圃藏書題識》卷二)

九月,重訂《讀書敏求記》,跋識其後。(據《讀書敏求記校證》卷末載録先生跋)

先生《跋》略云:"《述古堂書目》殘本,同里吴槎客先生從書局見之,録出十餘條,並跋于後,予復傳鈔。時乾隆三十八年,朝廷方開四庫館,浙江采集遺書進獻,設局省垣,此事迄今已三十四年矣。嘉慶十二年秋九月,予重訂《讀書敏求記》,因附此數紙於後。回憶向者横河舟次,連舫話舊,燒燭檢書,其好古之篤,吾二人有同心也。研朱記此,感慨係之。"

按先生校本後歸涵芬樓,《文瀾學報》第2卷《浙江文獻展覽會專號》著録,云:"陳仲魚手校一過,並以緑筆迻録吴尺鳧(焯)、朱映滑(文藻)、吴兔牀(騫)、鮑以文(廷博)諸家校筆,暨補書各種,校勘至勤,末有仲魚《校記》。"

是月,於吴門購得宋刻《畫一元龜》九册,紙墨俱佳,惜撰人、卷數俱無可考。(《吴兔牀日記》)

按《畫一元龜》,編者無考,歷代公私志目罕見著録,惟《文淵閣書目》卷十一載兩殘本,一存十八册,一存十三册。先生所得者,疑即閣本。臺北故宫博物院亦藏兩殘本,一爲宋版,一册五卷;一爲鈔本,一册四卷,皆楊守敬從日本所得者,《日本訪書記》卷十一著録此鈔本,云:"體例略同《太平御覽》,而所分子目尤繁碎,其全書當不在千卷下。所采大抵六經子史、《文選》,不采讖緯、説部,然間亦有逸書。"長澤規矩也《大東急紀念文庫貴重書解題》,據此書丙部"敦"字闕末筆,推測是書蓋刊於宋光宗、寧宗間。另據吴哲夫所考,日本大東急紀念文庫、東洋文庫、官内廳書陵部並藏有此書殘本,現今殘存之卷數達兩百餘卷。①

① 吴哲夫:《從〈畫一元龜〉談日本古漢籍的收藏》,《書目季刊》35卷第3期,2001年,第9-16頁。

是秋,黄丕烈過訪,談次,語及近從揚州賈人購得一宋本《説苑》,其值頗昂。先生聞之,因出舊校《漢魏叢書》本屬爲代勘。(《蕘圃藏書題識續録》卷二)

先生、黄丕烈合校本,現藏中國國家圖書館。先生所校,多以他校法爲之,蓋其時未見《説苑》舊本,故多據《御覽》等書所引者校之,間引盧文弨、孫志祖兩家之説,卷中朱筆所校者是也;黄君則以宋刻廿二行、行二十字本及顧之逵藏殘宋本校正,卷中墨筆所校者是。二者合璧,足爲此書善本矣。

季秋,由書賈購得明萬曆二年徐子器刻《蔡中郎文集》十卷本,因借黄丕烈影鈔明錫山華氏蘭雪堂活字本,用黄筆校之;復以朱筆校葉石君樸學齋舊鈔本,另以墨筆迻録顧廣圻校語;黄丕烈所撰三《跋》,亦各依其色書之,凡半月而校竣。十月朔日,於津逮舫中跋識卷後。

按先生校本現藏華東師範大學圖書館,參嚴佐之《陳仲魚手校本〈蔡中郎文集〉版本考略》。①

十月十一日,過士禮居。先生以拜經樓所藏宋咸淳本《説苑》示之,黄氏歎爲奇絶,因以新近所得别一宋本互勘,彼此參訂,各有補益。(《蕘圃藏書題識》卷四)

十一月既望,爲吴騫《愚谷文存》撰序。

先生《序》略云:"吾鄉以儒林著者,晉則有干令升(按干寶),梁則有戚公文(衮),陳則有顧允南(越),唐則有褚宏度(無量),宋則有張子韶(九成),明則有董碩甫、朱康流、談孺木、祝開美諸先生及先五世從祖乾初府君,後百餘年而有吴槎客先生焉。先生品甚高,誼甚古,而學甚富,著述等身,顧不屑爲流俗之文,夙共當世賢士大夫相往還,與之上下其議論。晚年益深造自得,遠近學者宗之。築拜經樓,聚書數十萬卷,丹黄甲乙,排列几筵。……暇則駕扁舟,泛江湖,歷山谷,探奇弔古,吮墨含毫,於遺文墜簡,廣爲搜訪。遇忠孝節烈之大端,尤必竭力闡揚,殆得於古者深,積於中者厚,而粹然爲儒林之望也乎!"(本書)

張舜徽《清人文集别録》卷八云:"騫所嗜尚雖廣,而以盡心於校書爲最精,與陳鱣、黄丕烈所誉相似,而復有不同。蓋有讀書家之校勘,有賞鑑家之校勘。陳鱣潛心經術,尤精故訓,讎對版本,實以益其所學,乃所謂讀書家之校勘也。若黄丕烈但記行款字數,刻印早晚,洪亮吉《北江詩話》已品之爲賞鑑家,嚴可均《鐵橋漫稿》復病其有骨董氣,乃非爲讀書而校書者。……騫讀書稽古,雖不逮陳氏之專

① 嚴佐之:《陳仲魚手校本〈蔡中郎文集〉版本考略》,《文獻》2013年第4期,第55-66頁。

精,然觀其論及群經版本,知溯原於石經;辨涉傳注繁簡,知推尊於漢詁。乃至説一事、叙一物,悉能元元本本,具道其所以然,自非全不讀書者所能爲也。……騫之學詣,抑猶在陳、黄之間乎!"此品論先生、吴、黄三家學詣,大體精當,兹録以備參。

是冬,從金錫爵借得《賓退録》舊鈔本,校正家藏存恕堂翻宋本;復檢各書細勘,多所是正,惜未得宋刊原本一校爲憾耳。吴江舟次,跋之。(上海圖書館藏本先生手跋)

金錫爵,字彎庭,浙江嘉興人,家有玩華居,收藏甚富,與黄丕烈亦多過從。黄氏《新序題識》云:"彎庭先後來吴中,而皆獲至精之本以去,可謂識寶者。而以余訂交如彎庭,談書又得一良友,寒齋數日之叙,百宋一廛中添一段佳話。"(《蕘圃藏書題識》卷四)

先生擬入都應禮部試,前從黄丕烈處借影宋鈔本《周易集解》校之,尚未畢役,因倍其值,擬以二十金請黄君轉讓。彼有難色,且恐先生或歷宦途,它日歸取不易,亟索還之。(《經籍跋文·宋本周易集解跋》)

十二月三十日,先生辭家北上,吴騫至凰峴送行,以陳言揚鳳池研贈别。(《吴兔牀日記》)

是年,段玉裁著《説文解字注》三十卷稿成。(《説文注》卷一五下)後復費數年之功細加增訂,全書嘉慶乙亥始刻成,年逾八十矣。

汪輝祖卒。

嘉慶十三年戊辰(1808)　　五十六歲

正月,計偕入都。

三月,會試。

九日,吴騫刻《愚谷文存》十四卷成。(《吴兔牀日記》)

是月,阮元復任浙江巡撫。(《雷塘庵主弟子記》卷二)

四月,禮闈榜發,復黜。先生弟子查元偁(榜名有筠)以二甲三十一名成進士。(《清朝進士題名録》)

《海寧渤海陳氏宗譜》卷二六本傳,謂先生"凡六上春闈,遂不復作出山計"。按先生堂侄陳其元《庸閒齋筆記》卷一亦云:"登戊午賢書,六上春官,後遂不復作出山計。"疑即《宗譜》所本。然先生赴禮部試,其可確考者僅己未、辛酉恩科、壬戌、戊辰四科。餘若嘉慶十年乙丑科、十四年己巳恩科、十六年辛未科,先生春闈皆在蘇杭,未赴試。十九年甲戌科,先生年六十二矣,其時著《續唐書》將成,當未赴試,則所謂"六上春闈"者,應非實録。

先生試後,大挑一等,以知縣候用。

按先生嘉慶丙子撰《海寧州粤賢堂記》,文末署銜"戊午科舉人,揀選知縣陳鱣撰"(管元耀編《海昌觀》卷四一,又拙稿《簡莊詩文鈔拾補》),則是年禮闈失利後,大挑一等,以知縣候用。《吴兔牀日記》本年四月廿七日條記:"午後至小粉場,晤四侄媳,知衡照大挑一等。"則吴衡照亦同獲選。

吴文炳亦入都會試,得握手道故,出所刻《香雪山莊詩集》乞文。是月十六日,爲序之。(本書卷首,又拙稿《簡莊詩文鈔拾補》)

先生《序》略云:"憶始識柳門也,實因同年友張君季和,遂訪之蕭寺,一見相爲傾倒。……自是厥後,一别六年,每往來于意中。今年春,計偕入都,復得握手道故。讀所刻《香雪山莊集》九卷,閎壯雋偉,醞釀深沈,庶可追其鄉先哲許文化之高風。"

在京日,以二十白金,購得遂州鄭氏臨縮宣和《博古圖録考正》,如獲珍璧,明牕净几,鎮日把玩不置。(費寅《簡莊文鈔補輯·博古圖録考正跋》)

五月,跋曹能始(石倉)手書詩卷,先生稱其文章、氣節,與黄石齋並照千春,可稱八閩二石也。(費寅《簡莊文鈔補輯·曹能始詩卷跋後》)

閏五月六日,南歸抵里。翌日,吴騫過談。(《吴兔牀日記》)

初九至十二日,連日大雨,海寧河流泛溢。(《吴兔牀日記》)

六月三日,次孫德沛生。(《宗譜》卷一五)

是月,吴山上人家濬溝,得東坡書《鹽官縣四絶句》石刻殘碑二段,共十二行,可辨者五十二字,次序與詩集不同,與咸淳《臨安志》合。先生亟購之歸,以存鄉邦故實,賦詩誌喜,並跋其後。(《文鈔續編》卷二)吴騫亦賦長歌題之。(《拜經樓詩集續編》卷三)

是夏,從袁氏五硯樓得翻宋本《周易本義》,字畫工致,紙墨精良,殊堪悦目。其經文與先生所藏越刻八行本俱同,因歷舉此本之勝通行本處誌之;而今本《雜卦傳》"姤,遇也",八行本同,此本獨作"遘"字,此其尤勝者。蓋鄭玄本作"遘",王弼本改"姤"字,《雜卦》以無王《注》,故未及改也。流俗相承,乃盡改爲"姤",遂不復知《本義》原本矣。是本原刻爲九江吴革咸淳元年刻於朱子故里者,因考吴革事歷而跋其後。(《經籍跋文》管庭芬鈔本))

由吴門至虞山,行笈攜吴騫所藏舊鈔本《日知録》,取校遂初堂刻本,參訂若干事。(《拜經樓藏書題跋記》卷四)

按嚴寶善《販書經眼録》卷五載此本現藏中國美術學院范景中教授處。另,1933年張繼(溥泉)購得原鈔本《日知録》(雍正時寫本),黄侃據以撰《校記》者,現藏滬上友人楊崇和教授楓江書屋。

八月,撰《博古圖録考正跋》。

先生《跋》云:"遂州鄭氏所臨宣和縮本,其鉤勒之精,書法之妙,摹刊之工,楮墨之佳,極盡造化之能,絲毫無遺憾焉,可謂能事畢矣。是書一出,則宣和本、至大重修本皆不足道也。明牕净几,鎮日把玩,真令人神往。此書雖非宋元秘本,海内藏書家亦不多見,余得之都中,出白金二十易之歸,似獲珍璧,晨夕相對,可作三代益友,其樂何如也。"(費寅《簡莊文鈔補輯》據蔣氏衍芬草堂藏本先生手跋迻録)

先生自京師南歸後,功名之志漸無。是秋,築别墅於紫薇山西麓,以爲終老之地,巡撫阮元顔其額曰"薇山講舍",藏書十萬卷,晨夕著書校勘其中,自謂南面百城之樂,不是過也。

先生《清暉齋詩鈔序》云:"余自春闈報罷,偃蹇京師有年矣,後因腹疾,功名之志漸無。丁卯秋回南,築别墅於谷湖薇山之麓,阮芸臺中丞顔其額曰'薇山講舍',二三知己,數心晨夕。"(《海昌藝文志》卷一六引)據此文,則先生構薇山講舍在十二年丁卯;然先生寅、卯兩年並未赴京,"丁卯秋回南"之語殊不可解。余考《吴兔牀日記》嘉慶十四年元月晦日條載:"至硤石,以西藏香供素公禪室;後獨游簡莊新築紫微講舍。"合此兩文繹之,疑"丁卯"爲"戊辰"之誤,蓋是年先生赴都會試,大挑後南歸,五月抵里,功名之念自此遂淡,秋間因構講舍以爲終老之地,歲末年初落成。吴騫明年正月至硤,時先生在吴門,因獨游"新築講舍"也。今改繫於本年。

吴衡照《海昌詩淑》云:"簡莊先生,余同年友,素與余叔兔牀先生敦道義交。博聞彊記,手不釋卷,尤深于許、鄭之學,同時推爲漢學領袖。雅好藏書,宋雕元槧及近罕見本,不惜厚值購置。晚築講舍於紫微山麓,晨夕著書校勘其中,自以爲南面百城之樂,未有過也。刻二印,一云'得此書,費辛苦;後之人,其鑒我';一寫自像。凡所手訂書,悉以此誌。没不數載,後人無識,爲苕上書賈賺去。"(《簡莊文鈔》卷首)

按《硤川續志》卷二《園亭》:"果園,在紫薇山西麓,孝廉陳鱣别業。前爲宜堂,又爲向山閣,藏書十萬卷。後有横經亭、繫舟自得之居、谿山雲樹間諸勝。"吴壽暘《過陳簡莊徵君紫薇講舍》詩云:"背倚蒼厓閣一間,雲生北牖抹煙鬟。放翁詩句堪移贈,買宅錢多爲見山(講舍築於硤石西山麓)。""新坡舊業本黄岡,卷軸丹鉛説士鄉(士鄉堂,先生埧上藏書處)。重繼白公吟眺地,紫薇花下讀書堂。"(《拜經樓藏書題跋記・附録》)又查有新《陳簡莊徵君營别墅於紫微山之麓,名曰果園。舟過硤川,同李作舟茂才聘、吴榕園内兄訪之,即席成詩》云:"……吾鄉陳孝廉,慕隱妩圖書。身曾應徵召,心總戀菰蒲。辛勤二十載,夙願今始如。鄴侯書萬軸,揚雄宅一區。紫微獨占勝,碧月還可呼。松間聞剥啄,到門李吴吾。鄉嬛會福地,客主皆軒渠。登樓翠撲面,入竹緑映鬚。溪山雲樹間(五字張叔未解元所書額),延攬景特殊。喬木森然秀,夏山青而腴。雄鴨聚新漲,烏犍散荒墟。佛香鳥音樂,時復來空虚。酒龍詩虎集,清讌誠歡娱。停觴忽焉慨,我亦煙霞徒。青山是處有,欲買千金無。徒然勞夢想,踪跡猶塵塗。久遺猿鶴笑,奔走何爲乎。羨君真拔俗,白雲同卷舒。將爲郭老賀,隱君志不孤。"(《春園吟稿》卷六)由此二詩,略可想見先生果園其地之清嘉也。

寒石上人過先生新居,出所作《山居詩》相示,爲題其首。

先生識語云:"近購别業于吾邑西山之麓,疏泉疊石,種竹栽華,行將爲山中人矣。寒石大師頃自西湖來見訪,出所作《山居詩》相示。喜其曲傳清景,澹雅沖和,長吟數過,恍置身于兩夆三竺九谿十八澗之間,安得不呼爲賈島佛耶!亟勸其付梓,以爲名山生色。"(録自釋古風《倚杖吟・續稿二》卷首)

九月既望,撰《宋本書集傳跋》。是本顧之逵所藏,先生向曾借讀而校之。其經文頗有足證今本之誤者,惜缺夏、商二卷。其傳文,如《堯典》"母嚚"下,《傳》引《吕氏春秋》,增多十九字;其他字句之異者甚夥,知今本爲後人删改,多失其舊矣。(《經籍跋文》管庭芬鈔本)

先生《跋》論蔡《傳》顯晦云:"自宋以來,張葆舒有《蔡傳訂誤》,黄景昌有《蔡氏傳正誤》,程直方有《蔡傳辨疑》,余苞舒有《讀蔡傳疑》,遞相詰難。及元延祐二年議復貢舉,《書》用蔡氏,與古《注疏》並行,陳櫟初作《書傳折衷》,頗論蔡氏之失;迨法制既定,乃改作《纂疏》以發明之。至明洪武十年,太祖與群臣論蔡《傳》之失;二十七年,詔劉三吾等譔《書傳會選》,其所糾正凡六十六條。永樂中,胡廣等奉敕譔《書傳大全》,復耑主蔡《傳》,定爲功令,以迄于今。蓋屢晦屢顯,究之淵原有自,以視陳澔《禮記集説》、胡安國《春秋傳》,可取實多。"

十二月,得明正德翻宋本《晉二俊集》,即《讀書敏求記》所載者。不數日,復得明成化活字銅板《蔡中郎集》,喜不自勝,寓書黄丕烈,“何日便道過我一觀”?(瞿良士輯《鐵琴銅劍樓藏書題跋集録》卷四)

是冬,復借黄丕烈景宋鈔本《周易集解》續校之,是月校竣,殘臘始還瓻,然好之欲得之念,終耿耿在懷也。(《經籍跋文·宋本周易集解跋》)

是年張文虎生。汪德鉞卒。

嘉慶十四年己巳(1809)　　五十七歲

正月二十二日,訪黄丕烈。談次,先生言及行篋攜有拜經樓藏元刻《陳衆仲文集》不全本,越二日,黄君借歸,以校其家藏本,填補磨滅之字。(《蕘圃藏書題識》卷九)

《蕘圃雜著》有黄君與先生書,云:“日前在尊寓叙談半日,極爲良朋聚首樂事。所借槎翁元刻《陳衆仲文集》,與舊儲少詹所贈本同,印却在先,藉此可填補磨滅之字,喜極,竭半日之力已校畢矣。惜錢本尚多三卷,八之末失之。弟雖有明本全者在,然未敢取補也。奉還槎翁時,乞問拜經樓中尚有别本完全者否?弟於古書極思以缺者補全爲快,而又不敢以他本相補,故遇之爲難。……歸舟想尚有待,何日顧我一談,當煮茗以待。”

先生去夏所獲東坡《鹽官四絶句》殘碑,後歸吴騫。是年三月,吴氏倩善手鈎摹勒石,嵌於安國寺壁,俾與西湖《表忠觀碑》同垂不朽云。(《愚谷文存續編》卷二《蘇文忠公鹽官絶句石刻殘字跋》)

是夏,吴騫倩友繪《初白翁蘆塘放鴨圖》,先生爲題七絶四章。

先生詩云:“蘆塘托興寫霜縑,下第曾驚白髮添(元注:先生《丁卯秋闈報罷》詩云:‘白髮新抽一兩莖’)。不向畫圖重省識,更無人道是查髯。”“笠檐蓑袂夢平生,老伴江湖一舸横。笑指蘆根淺水際,能言只慣自呼名。”“橘社題詩記往年,王朱妙筆共翩翩。名家鼎足原公論,戴笠圖成一樣傳。(元注:舊有漁洋、竹垞題句,世稱南朱北王,亦稱南查北王。)”“風景依稀横漲橋,東陳村隔路非遥。誰憐粉本今零落,多費延陵手再描。”(浙江省博物館藏《初白翁蘆塘放鴨圖》先生墨跡)

八月五日,友人袁廷檮卒,年四十八。

是年仲冬十四日,黄丕烈跋《鶡冠子》舊鈔本,有云:“壽階秋初得疾於杭,八月初歸即去世,後日已百日矣。重閱此書,不勝人琴俱亡之痛。”(《蕘圃藏書題識》卷五)據此推算,則袁氏卒於八月五日。哈佛大學燕京圖書館藏李鋭《觀妙居日記》,本年八月初七條云:"見黄表嬸、五表弟,知壽階已病故,是日大殮,悵歎彌日。"亦其一證。

中秋前二日,黄丕烈過訪,見先生案頭有元人夏文彦《青樓集》鈔本,乃假歸録副藏之。(《蕘圃藏書題識》卷六)

二十七日,吴騫姬人徐蘭貞卒,年三十一。(《吴兔牀日記》)吴氏哭之慟,先生有詩二章慰之。(《河莊詩鈔》)

九月,阮元因學政劉鳳誥鄉試舞弊案牽連去職。(《雷塘庵主弟子記》卷二)

是月,從拜經樓借得周在浚《南唐書箋注》鈔本,倩人繕寫一本,計費白金三兩,而紙價、裝工亦費兩許。拜經樓本有校語,係先生業師朱型家所校,吴騫原擬付梓而未果也,因以藍筆録之。其書周廣業曾借觀,隨葉黏籤數百,"其芟煩就簡處極其允當,蓋原本第就各書雜鈔,毫無翦裁,似未可爲定本"。先生復以朱筆將周氏黏籤各條録出,俟他日理而董之。十一月望日,跋之。(據上海圖書館藏本先生手跋)

先生《跋》略云:"吴本有校語,係吾師朱耐圃先生手筆,蓋是時館於吴,故發其所藏而細爲審訂,亦以見吾師學問精密,非淺人所能及,遂用藍筆録之。讀此書者,其毋忘吾師之苦心哉!"

《海昌藝文志》卷一四:"朱型家,字允達,又字周逵,號懶雲,又號巢飲,歲貢生。著《皇氏論語義疏考正》二卷、《耐圃詩稿》四卷。"朱氏曾館吴騫家,吴著《皇氏論語義疏參訂》,蓋即以朱型家所校者爲底本也。

仲冬,黄丕烈購得吴郡先賢鄭桐庵(名敷教,崇禎庚午舉人)所著詩古文詞共若干種,聞先生藏有《桐庵筆記》,因索借鈔。(《蕘圃藏書題識》卷五)

二十七日,吴騫購得一端溪舊硯,先生見之,謂其形似鸚鵡,爲作《鸚鵡硯銘》。

《吴兔牀日記》十一月廿七日條記:"買得鴝鸜硯一,端溪舊坑也。予爲之銘曰:'瞿之谷之,磨而不磷,惟魯經之辭。'仲魚以爲形似嬰武,又作《嬰武硯銘》曰:'隴山焕文,端溪浴潔。鸜之鴝之,七星貫徹。巧言如簧,莫捫朕舌。'以有鸜鴝眼凡七也。"

十二月,在吴中購得淳祐《臨安志》舊鈔殘本六卷及嘉泰《會稽志》,喜而賦詩紀之。(《河莊詩鈔》)

先生詩云:"輸錢吴市得書誇,道是西施入館娃(元注:志爲施諤所修)。宋室江山存梗概,鄉邦風物見繁華。關心志乘忘全帙,屈指收藏又一家(元注:同郡孫氏壽松堂舊藏宋本乾道《臨安志》三卷;〔兔牀〕先生書庫有宋本咸淳《臨安志》九十五卷)。況有會稽嘉泰本,賞奇差足慰生涯(元注:同時購得嘉泰《會稽志》)。"吴騫、黄丕烈各有詩和之。(《拜經樓詩集續編》卷四,又《蕘圃藏書題識》卷三)

先生得淳祐《臨安志》後未久,復得盧文弨鈔校本咸淳《臨安志》,一時臨安三志皆在插架,喜而跋之,並刻"宋臨安三志人家"一印以誌。(《文禄堂訪書記》卷二)

按南宋建都臨安,府志凡三修,一爲乾道時周淙撰,一爲淳祐時施諤撰,一則咸淳時潛説友所撰。乾道《志》久佚,同郡孫晴厓於都中得宋刊本,僅存三卷,先生曾録副藏之。比復得淳祐、咸淳二志,則臨安三志皆在架上矣。先是,乾隆乙未,吴騫從鮑廷博處購得宋刊咸淳《臨安志》,嘗刻一印曰"臨安志百卷人家";先生仿其事,亦刻"宋臨安三志人家"一印,以誌欣幸。(此印《文禄堂訪書記》卷二著録)

先生《跋》略云:"是本爲盧弓父學士抱經堂鈔藏。學士既歸道山,遺書散失,余以厚價收得數種,此其一也。凡用朱筆,皆學士手校,既正其異同,間考其事實,或書簡端,或書卷尾,字字不苟,筆筆精工,前輩校閲之勤、用心之細,實堪欽慕。……近在吴中,又見黄蕘圃家藏宋刻咸淳《臨安志》三十册,計八十三卷,每半葉十行,行大小二十字,又鈔補者十卷,蓋即吾杭吴氏存雅堂藏本,與拜經樓藏者各有勝處。余之所得雖非宋刻,然以抱經學士精校,亦不啻珊瑚鈎云。"

是月,跋淳祐《臨安志》。(《文鈔續編》卷二)先生並録一本以贈吴騫,黄丕烈亦傳寫一帙。(《拜經樓藏書題跋記》卷三)

先生《淳祐臨安志跋》略云:"近客吴中,有持書目來者,云平湖韓氏出售,中有《臨安志》四册。因與黄君蕘圃亟取觀之,書凡六卷,所列《山川》、《城府》二門,雖編爲卷一至六,然前尚有缺卷;其紀載至淳祐十一、二年止,避諱亦僅及理宗,其爲淳祐《志》無疑,殆即從季氏本轉録者,乃以厚價購之。……書雖不全,良足寶貴,遂與乾道、咸淳二《志》共藏,目爲宋臨安三志,並賦詩紀事。"

望日,在吴門,閲胡文焕所刻《事物紀原》,以所引原書對勘,校正數十字,跋之。(上海圖書館藏先生校本手跋)

十六日,偶檢《華陽國志》,因復重校一過,題識卷端。(耿文光《萬卷精華樓藏書記》卷四〇)

是冬,以黄丕烈仲夏所刻錢曾影宋大字本《孟子音義》,與通志堂本、盧氏抱經堂本、孔繼涵微波榭本及安丘韓岱雲刊本互證,究以此刻爲善,跋而存之。(《經籍跋文》

管庭芬鈔本)

於吴門購得厲鶚遺著《玉臺書史》,吴騫亦出所藏厲氏《東城雜記》,交易而觀,各鈔副本藏之。(《文鈔續編》卷二《東城雜記題識》,又《拜經樓藏書題跋記》卷四)

是年,段玉裁從先生處借得顧廣圻爲胡克家代撰《文選考異》,來書舉四事以論其誤。(《經韵樓集》卷一二《與陳仲魚書》)

按段氏此札未記年月,劉盼遂《段玉裁年譜》,據胡刻《文選》刊於己巳二月,因係於本年,今從之。

段氏復斥胡克家《文選序》用毋昭裔鏤版事爲杜撰,語之先生,蓋此《序》亦顧廣圻爲胡氏代撰也。顧君聞其説,寓先生書,論析段氏其説之非。(王欣夫《思適齋集補遺》)

顧氏《與陳仲魚孝廉書》云:"近段大令又掊擊果泉先生《文選序》用毋昭裔鏤版事,以載《五代史補》一語爲杜撰。不知《序》全取《揮麈餘録》,乃王明清目驗彼時《五代史補》而云然,烏得云杜撰耶!至於汲古閣刻《五代史補》無此條者,自非完書耳。《五代史補》是宋人著述,不依宋人目驗,而摭明末後出之本相難,不亦顛倒見乎?向考汲古閣此書僅據一無名鈔本刊刻,故與仲言所見不合,曾撰《跋》一首剖析原委,並及此條,蓋非大令所能知已。……大令素於小學類外多不寓目,只緣抵巇捭闔之心甚鋭,偶聞何許人談此云云,遂居爲奇貨,竟不遑查檢仲言元書,逢人便説,冀得其當。……昨聞其語達於左右,故輒申管見,以博一粲。舊跋别紙附呈覽。"

是年陳喬樅、陳立、馮桂芬生。洪亮吉、淩廷堪卒。

嘉慶十五年庚午(1810)　　五十八歲

正月,校計敏夫《唐詩紀事》,連類並及辛文房《唐才子傳》。日本《佚存叢書》有《唐才子傳》十卷,陸芝榮據以付刻,並撰《考異》一卷附後。先生展閲數過,爲訂補數十事,標題卷中,跋之。(《文禄堂訪書記》卷二)

按先生《唐才子傳》校本,現藏中國國家圖書館。《北海圖書館月刊》2卷第1號有趙萬里所録先生《唐才子傳簡端記》,即據先生原校迻録者。至先生所校《唐詩紀事》,今則莫知所歸矣。

三月三日,午後過吴騫山館茶話。吴氏出舊藏《西崑酬唱集》共讀,適見書内有吴騫亡姬蘭貞夾片"珠樓女史觀"遺筆。先生口吟王次回詩:"猶有一行遺墨在,元年三

月十三封",相與憮然者久之。(《吴兔牀日記》)

是春,得宋刻小字本《纂圖互注周禮》,每半葉十二行,行二十一字,缺《秋官》、《冬官》四卷,以余仁仲本補之。據其藏印,蓋經文徵明、王寵(雅宜)、季振宜先後遞藏也。以汲古閣本經文核之,頗多足正毛本之誤者,跋而識之。先生向藏宋刻《纂圖互注》本《詩》、《書》二經,今得此而三矣。(《經籍跋文》管庭芬鈔本)

閱吴翌鳳《東齋脞語》,先生極稱其解《論語》"臧文仲居蔡"、"季氏富於周公"二事,爲確不可易。其時皇侃《義疏》尚未傳中國,而書中已語及之,可謂卓識矣,跋之。(趙吉士《貞元石齋知見傳本書録》第25頁)

先生《跋》云:"鄙著《綴文》四卷有《山節藻梲考》一篇,實係少作,未見皇《疏》,蓋本於全謝山吉士《經史問答》,不主古訓;既而知其説之未安,然不及追改矣。"

夏初,五柳居主人陶蘊輝自都門歸,攜有宋刻《纂圖重言重意互注毛詩》一部,先生購得之。因取素所肄業之本,通校一過。(《蕘圃藏書題識》卷一,又《經籍跋文·宋本毛詩跋》)

四月,黄丕烈檢理五硯樓遺書,見有舊鈔《静春堂集》,因借先生所藏静春堂遺墨卷核之;先生并以《静春堂詩集》舊鈔本,屬爲勘對。(《蕘圃藏書題識》卷九)

五月一日,與黄丕烈、沈維樹偕訪寒石上人,將在吾與庵作一宿之留。是日雨甚,寒石招至見山閣,憑闌遠眺煙雲之變幻,以"賞雨茅屋"分韻賦詩,先生分得"茅"字。(釋古風輯《吾與彙編》卷九)翌日,適李體德至,李君善繪事,因屬繪《話雨圖》,黄丕烈撰《賞雨茅屋説》以紀其事。(《蕘圃雜著》第5頁)

沈維樹,字子逸,號玉遮,海寧人。李濬之《清畫家詩史》云:"工繪事,收藏書畫多精品,有《扶疏閣集》。"《兩浙輶軒續録·補遺》卷四選録其詩。

李體德,字近仁,號補樵,蘇州穹窿山道士。善山水,得法於王竹嶺、王二癡兩家,筆墨蒼厚,平生傑構有《長江萬里圖》四卷,題詠者甚夥,見馮金伯《墨香居畫識》卷七。

是月,以明繙相臺岳氏本《春秋經傳集解》,與明監本互勘,其經傳文字異者,大都與唐石經合,跋之。(《經籍跋文》管庭芬鈔本)

先生《跋》云:"相臺岳氏當日命良工刻梓家塾,且與明經老儒分卷校勘,不使有豪釐訛錯,視廖氏世綵堂本加詳焉。明時繙刻已次原版,殆如虎賁之于中郎,雖無老成人,尚有典型,後之讀者,當奉爲典型也可。"

黄丕烈得《楊太后宫詞》古寫本,即汲古閣刊入《詩詞雜俎》所謂潛夫輯本者。毛子晉云"舊跋潛夫不知何許人",黄君疑爲周密,質之先生,先生舉二事以證其説。(《蕘圃藏書題識》卷八)

六月,黄丕烈欲以"古"字名藏書之所,商之先生。先生爲名"求古居",黄君韙之。先生爰述其命名之義,撰《求古居記》一文貽之。(中國國家圖書館藏徐光濟輯《河莊詩文鈔》)

先生《求古居記》略云:"中吴黄君蕘圃有楹帖云:'希風二古,抗志九流。'余叩以'二古'之義,則云:'生平所好者書,蓋希毛氏汲古閣、錢氏述古堂也。每欲以"古"名我藏書之所,子其爲我思之!'余應之曰:'吾鄉馬氏道古樓,收儲圖籍甚精,心竊慕焉,亦曾以"觀古"名室,抑何與君素有同心耶!雖然,君之從事于古也深,更有超乎此者。吾儒言學,率本孔子,子不云乎:我非生而知者,好古敏以求之者也。夫聖人之道至高,學焉而各得其性之所近,曷以"求古"爲名?'蕘圃曰:'善!他人固未聞有是名,而與私心適相合。'……蕘圃公車數上,既得官,又不願爲之,拂衣而歸,閉關著述,泛覽群書,尤屬意于宋版,以其刻之最古。遇有善本,竭力求之,雖傾囊到篋,在所不惜。得而讀之,讀而刻之,其無失乎古人之用心而後止。即求而未得,亦必識其原委,特著爲《所見古書録》,以廣其傳,則未得猶得也。若是者,豈非以性之所近歟?……蕘圃所好者古而已,此外一無所求,而'求古居'之名已足千古矣。"按《蕘圃藏書題識》卷五壬申七月《硯箋題識》,末署"求古居主人黄丕烈識",即此。

七月,先生從吴賈購得宋刊大字本《周易注疏》,即今人所稱越刻八行本,爲《注》、《疏》薈刻之祖本,世所希覯也,惜缺首卷。聞周錫瓚香嚴書屋藏一影宋鈔全帙,因往借之,覓善書者補全,遂成完書,自謂生平一快事也。周本係錢孫保(求赤)故物,全書皆經硃筆點勘。前有《五經正義表》巋然冠首,尤昔人所未見,幸賴此以存。惟影寫不無譌錯,録畢,復以山井鼎《七經孟子考文》所引宋本覆校一過,題而誌之。

《吴兔牀日記》本年七月十四日條載:"河莊新得《周易注疏》宋刻本,每板八行,每行十九字,白文與《注疏》同,較世行本字句多有不同。(元注:如'力小而任重','小'作'少',與唐石經合。)并《注》與《疏》舊多連合處,而今本俱隔斷,非此本,不知其佳也;惜缺第一卷。"按先生此本現藏中國國家圖書館;日本足利學校遺跡圖書館亦藏一部,印刷在前,視先生藏本爲善,一九七三年東京汲古書院有影印本。

先生《跋》云:《繫辭傳》"力小而任重",此本作"力少",唐石經同,"顧亭林

《石經考》以'力少'爲誤,錢辛楣辨之,甚當。考《集解》本作'力少',《荀子·儒效篇》'是猶力之少而任重';景祐本《漢書·王莽傳》:'自知德薄位尊,力少任大';《後漢書·朱馮虞鄭周傳·贊·注》引《易》,亦作'力少';《三國志·王修傳·注》引《魏略》'力少任重'。今得宋本作'力少',尤可證俗間傳刻之失。其《注》、《疏》中可以勘今本之脱誤,更復不少。即如《咸·象傳·疏》一段,凡一百一字,今本全脱,宋本之足寶貴如此。"(《經籍跋文》管庭芬鈔本)

先生謂此書"避'敬'、'恒'、'貞'、'桓'等字,而不避'慎'字,……疑即《沿革例》所謂紹興初監本,其刷印則在乾道、淳熙間也"。斯説未確,按八行本《周易注疏》,乃《沿革例》所謂"越中舊本注疏",爲兩浙東路茶鹽司所刻,其刊刻年代,學者詳覈八行本《周易》、《尚書》、《周禮》三經原版書葉,避諱字至"構"字止,而"慎"字不避,今學界論定:此三經當刻於宋高宗紹興後期;而《毛詩》、《禮記》二經則刻於南宋紹熙二年;慶元六年,紹興知府沈作賓繼刻《春秋左傳》。而《論語》、《孟子》兩經,阿部隆一《中國訪書志》推論應刻於寧宗及理宗前期。

香嚴書屋鈔本有甲辰八月亭林老人題識,先生疑此非顧氏手筆,惟係鈔本所有,因復鈔之,並誌所疑於後。(《文禄堂訪書記》卷一)

先生云:"亭林先生此識,似非其手筆,文集中亦不載入,即《日知録》中未曾勘正及此。既避諱書'校'作'較',而不避'檢'之作'簡';所云偶憩傳是樓中檢得,而並無徐氏收藏印記。甲辰爲康熙三年,考亭林生於明萬曆四十一年癸丑,計是時年五十二,不合云'迄今皓首',且未必遽自稱曰老人。又按《日知録》有駁孔氏《正義》,而此云'闡發奥旨莫如仲達'。種種疑竇,因鈔本所有,姑附存焉。"

中元日,先生爲吴騫書"富春軒"額,吴氏即懸之西簃之下,有詩答謝。(《吴兔牀日記》,又《拜經樓詩集續編》卷四)

袁廷檮卒後,遺書先後散出。是秋,先生得其書若干種,中有元刻《禮記集説》十六卷。先生斥陳澔"株守窮鄉,妄欲説經垂世,而固陋空疏,弊端百出",嘗著《禮記參訂》一書,以訂其誤。惟以此本爲初刻之本,可訂正坊本之譌者甚多,七月十六日,跋而藏之。(《經籍跋文》管庭芬鈔本)

先生《跋》略云:"書凡十六卷,明刻本猶然。今本十卷,不知何時坊刻所并。《經義考》作三十卷,則又誤同《永樂大全》之卷,當改題爲十六卷也。……元人説經之書,而猶是初刻之本,斯爲難得耳。其經文之勝于今本,及不合古本,又其説之背于古者,具詳余所著《禮記參訂》。……余少時所誦習者,坊間刻本誤字孔多，今得以校正，遂跋而藏之。”

是月，復從周氏香嚴書屋借得影宋鈔《穀梁傳疏》單疏本，傳寫一帙。是本原出章丘李中麓家，缺文公以前五卷，且字多駁落，然可訂正明監本、汲古閣本之誤者甚夥，先生略舉二十事，謂此“皆足以資考證，雖斷圭殘璧，要自可寶耳”，跋而識之。（《經籍跋文》管庭芬鈔本）

按先生鈔本現藏北京大學圖書館；中國國家圖書館亦藏咸豐七年鐵琴銅劍樓鈔本一帙，即據先生鈔本迻寫者。①

黄丕烈來借先生所藏《纂圖重言重意互注毛詩》，補鈔其家所缺卷五至七等三卷。（《蕘圃藏書題識》卷一）

九月十四日，吴騫至吴門。翌日午刻，先生偕之至花橋，訪潘奕雋。（《吴兔牀日記》）

是秋，購得明嘉靖間徐氏翻宋本《儀禮》，其書“敬”字缺筆，而“徵”、“讓”等字不避，先生疑其書原本蓋出宋天聖以前，在黄氏求古居所藏宋嚴州本之前，因取向肄業之本詳校之，其經文與唐石經多合，《日知録》所言“監本脱落”者，一一皆在，其《注》亦無不存焉。九月，跋而識之，並撰《宋本儀禮校記》誌其異同。（《經籍跋文》管庭芬鈔本）

又跋宋刻《纂圖重言重意互注毛詩》。（同上）

先生《跋》云：“首題‘監本纂圖重言重意互注點校毛詩卷第一’，……每葉十二行，②行十八字。……所謂監本者，當即岳氏《沿革例》云‘監中現行本’也。《經義考》載有宋刻《纂圖互注毛詩》，當即此本，惟彼前有《毛詩舉要》二十五圖，此但存《毛詩圖譜》，並不知何人所刻。宋時各經、諸子皆有重言重意，蓋經生帖括之書。此本刻畫工整，紙墨精良，且原于監本，斯爲可貴。審其避諱，‘慎’字缺筆，‘敦’字則否，殆是孝宗時刻者。”按此説有誤，《中華再造善本》影印中國國家圖書館藏本，標題與此本同，其本半葉十行，行十八字，與先生藏本異。臺北故宫博物院藏宋刻《纂圖互注毛詩》二十卷，每半葉十二行，卷首圖一卷，題《毛詩舉要圖》，蓋即《經義考》所載者，與先生所藏亦非一本。蓋此類纂圖互注本，俱南宋建陽坊間所刻，名目不一，《毛詩》習讀者衆，坊刻非止一本也。

又按：《經籍跋文》管庭芬鈔本，此跋末繫“嘉慶十四年秋日，陳鱣識”。然據

① 張麗娟：《宋代經書注疏刊刻研究》，北京：北京大學出版社，2013年，第249-252頁。

② 按“每葉十二行”，“每”下應補“半”字。

黄丕烈庚午八月朔《纂圖重言重意互注毛詩題識》云:“今歲夏初,五柳主人從都中歸,攜有全部宋刻本,行款正同,謂可借以影鈔補全,無如已許售海寧陳仲魚,遂轉向仲魚借之,以了此願。鈔畢,復手校其誤”云云(《蕘圃藏書題識》卷一),則先生得此本在庚午夏,不得十四年已寫此跋,且黄《跋》全不及先生跋文,知此跋撰於其後也,今改次於本年。

五硯樓舊藏《劉子注》明人鈔本,後歸求古居,黄丕烈復借周錫瓚家藏活字本校之。先生屬黄君以厚價雇人摹鈔活字本以歸,並借五硯樓本校勘一過,自謂“劉書袁注差覺完善可觀,而世間通行程榮、何允中等刻俱堪廢矣”,跋而識之。(《文鈔續編》卷一)

十月三日,吴騫赴吴,暮泊上津橋。黄昏,先生過之,適魏鉽亦在舟中,相與縱觀吴氏所攜書畫。翌日,三人偕往觀劇;晚間,飲於先生中吴別業。(《吴兔牀日記》)

是月,從鮑廷博知不足齋借得釋贊寧《物類相感志》舊本十八卷,影摹一帙,因考贊寧事歷、著作,仲冬望日,跋識其後。(莫友芝《宋元舊本書經眼録》卷三)

先生《跋》略云:此書“目録結銜稱‘兩府僧統’,當是作于吴越國時,未入宋以前。贊寧爲吾浙名僧,又出勃海高氏。向藏是書,係《祕笈》本,每病其不全。今從鮑氏知不足齋影摹姚氏茶夢菴舊本,裝潢成册,寒窗展閱,眼目爲之一新,因書原委于後。”

十一月既望,爲海鹽馬應篪兄弟撰《抱樸墓堂記》。(拙稿《簡莊詩文鈔拾補》)

是冬,閲袁廷檮貞節堂鈔校本《宋季三朝政要》。十二月,跋之。先生謂此書載理宗以後史事,頗有得諸傳聞者,不免舛謬。卷末論及圖讖因果,亦覺鄙陋。惟所叙宋末軼事,頗有史所不載者,存之可備參訂也。(南京圖書館藏本先生手跋)

先生《跋》略云:“是本世罕流傳,今得吴中袁氏貞節堂所鈔,其關涉朝廷事皆空格,蓋猶照元本録出者。書中用朱筆校勘,係吾友壽階手跡。壽階名廷檮,收藏甚富,校録甚勤。惜乎中年辭世,後人不克守之,大半散失,閲此爲之憮然。”

先生向嘗校衢本《郡齋讀書志》,正誤甚多,比得五硯樓遺書,亦有此書,袁廷檮臨何義門、顧廣圻兩家校語,朱墨燦然,喜而跋之。(中國國家圖書館藏本先生手跋)

先生《跋》略云:“鱣向以刻本與《經籍考》互勘,文之多寡、字之異同,不可勝數。因研朱細書于旁,不足則以它紙書之,粘綴于上,如敗葉然,殊不便展閲。今復從亡友袁壽階家購得此本,乃其手臨何義門所校,又臨顧千里所校,朱墨燦然,尤堪珍重也。”

十二月,先生將自吴還里,適黄丕烈需金孔急,因與之商價,以三十金購渠所藏《周易集解》,視黄君當日以十金得之,加價兩倍矣。先生以終能遂厥初心,故不惜重值購之,且思異時重爲摹刻,以廣其傳。(《經籍跋文・宋本周易集解跋》)

十二日小寒,自吴中還里,先生攜新得宋槧《周禮重言重意》出示吴騫,是本紙墨俱佳,惜末三卷以别本配成。先生復告之:近見宋版《宋律》極精,爲自來簿録家所未及也。(《吴兔牀日記》)

十六日,假拜經樓所藏羅氏《識遺》一書,攜至吴門。以袁氏五硯樓鈔本校勘一過,補正甚多。(上海圖書館藏本先生手跋)

醉司命日,於吴中得明刻《心印紺珠經》,跋之。(趙氏《貞元石齋知見傳本書録》第351頁)

是月,撰《干氏考》,辨東晉名儒干寶乃姓干,宋以來學者多誤書作"于",宋本《周易集解》、汲古閣本《晉書》俱同,先生因考《元和姓纂》諸書,撰此文以辨之。(《文鈔續編》卷二)

> 按此文不記年月,惟據文中言:"近得宋本《周易集解》,其中引寶注皆作'于寶曰',不作'干寶'。"知撰於是年。文末云:"《鶴林玉露》載楊誠齋在館中與同舍談及晉于寶,一吏進曰:'乃干寶,非于也。'問何以知之? 吏取韻書以呈,'干'字下注云:'晉有干寶。'誠齋大喜,曰:'汝乃吾一字之師。'據此可見'干'字之誤爲'于',其來已久。"

是冬,以金氏翔和書塾繙刻相臺岳氏本玄宗《孝經注》,與明刻本互校,其經注頗有勝處,大都與石臺本合,跋之。(《經籍跋文》管庭芬鈔本)

> 先生《跋》略云:"此宋刻本向藏昆山徐氏。……今本爲桐鄉金氏翔和書塾精摹繙刻,視原本幾欲亂真,安得更有《周》、《儀》二禮,《公》、《穀》二傳及《論》、《孟》出焉,盡繙刻之,俾世人共見九經三傳相臺本之全邪!"

復借拜經樓藏高似孫《硯箋》舊鈔本,審其款式、筆跡,蓋明人影宋寫本,因屬善書者重爲影寫一帙,跋而藏之。(先生向山閣鈔本手跋)

> 按先生家鈔本,現藏滬友楊崇和教授楓江書屋。

歲暮,復假拜經樓藏《玄珠密語》舊鈔本,與先生新得五硯樓鈔本彼此互勘,補缺正譌,庶各得完善。除夕,跋之。(《拜經樓藏書題跋記》卷四,又《文鈔續編》卷一)

> 先生《跋》云:"唐啓元子《玄珠密語》,……自宋以來,流傳甚少。余得吴中袁氏鈔本十七卷,與《讀書敏求記》合。此本爲吴氏拜經樓舊藏,後有成孚氏《跋》,

知從宋版傳鈔,惟止十六卷。今以余所得本校之,則十一、十二兩卷并而爲一,又五行類《應紀篇》脱落數番,彼此互勘,庶得完善矣。"

是年陳澧、邵懿辰、李善蘭、李祖望、周學濂、徐鼒生。

嘉慶十六年辛未(1811)　　五十九歲

正月十三日,吴騫邀同陳敬璋午集富春軒,觀薛素卿白描觀音大士真跡。(《吴兔牀日記》)

上元日,午後,復至吴騫山館,快譚半日,際晚始别。(同上)

是月,以明神廟時刻《鶴林玉露》,與《稗海》本互勘,多所補正。十六日,跋之。(嚴寶善《販書經眼録》第197頁)

二月朔,跋舊鈔本許叔微《普濟本事方》。先生詳考許氏生平,以正《直齋書録解題》之誤。跋後數日,復於黄丕烈百宋一廛借得此書宋刻本,存前六卷,因補録許氏《自序》及目録後《治藥制度總例》四葉,以朱筆詳校一過。乃知此舊鈔並非自宋槧鈔出,即如各方次第、分量,俱有不同,爲害匪淺。其第七卷,復假得吴中老醫周藴石家藏鈔本校之。三月三日,再跋其後。(拙稿《簡莊遺文續輯·普濟本事方跋一、二》)

二月廿一日,周錫瓚七十壽辰(段氏《經韵樓集》卷八《周漪塘七十壽序》),先生賦七律二章,稱觴介壽。

按此詩《河莊詩鈔》未收,見周錫瓚《小通津山房文稿》稿本卷末(《清代詩文集彙編》本),兹不具録。

三月,黄丕烈從先生假得葉石君校藏《金國南遷録》舊鈔本,以校求古居所藏顧肇聲家鈔本。(《文禄堂訪書記》卷二)

是月,於吴閶書肆購得宋刊婺本《重言重意互注尚書》,爲巾箱小本,内鈐"傳家一卷帝王書"圓印,知爲錢曾舊藏。首尾完善,雕鏤精良,小可納懷,殊便展玩也。(《經籍跋文》管庭芬鈔本)

十三日寒食,自吴中歸,過吴騫富春軒,即以新得婺本《尚書》留示之。

《吴兔牀日記》載此本"每頁二十行,每行二十字,卷首題'婺本點校重言重意互注尚書卷第一',注全載孔氏《傳》,而附重言、重意于後。以明刻本校之,其以《疏》混爲《傳》,亦有以《傳》混于《疏》者頗不少也,惟此本可以正之。"

閏三月二十三日,自湖州歸,復過吴騫山館,劇談移晷。臨别,以宋刻婺本《尚書》歸還先生。

《吴兔牀日記》云："今行本'維天聰明'下，《注》與《疏》混淆(森按：見《説命中》)，惟此本不謌。"

是春，以曹寅(楝亭)所刻《硯箋》，與去年影鈔之本互勘一過，以赤筆細書其旁，未敢輕改也，跋之。(先生向山閣鈔本手跋)

四月，於吴門上津橋寓跋宋刻婺本《重言重意互注尚書》。先生《跋》中舉此本經文廿七事，皆與唐石經及相臺岳氏本合；其《傳》之勝於今本處，尤不可殫述。書中避諱"恒"、"桓"、"慎"、"敦"字俱缺筆，似紹熙以前刊本。(《經籍跋文》管庭芬鈔本)

按管鈔此《跋》末繫"嘉慶十三年夏四月，郭海陳鱣書于吴門上津橋寓舍"，然十三年春先生入都會試，閏五月六日始旋里，不得四月已在吴門。此婺本《尚書》先生十六年三月於吴門購得，則"十三年"，"三"字當爲"六"之誤，今改繫於本年。此本現藏臺北故宫博物院。

是月，撰《宋忠勇軍右進邊弟三指揮弟二都都虞侯記考》。(徐光濟輯《河莊詩文鈔》)

曲阜東野敬修於揚州舊城得一宋官印，頃過吴門，出以見示。先生以厚價收之，因釋其印文，並據《宋史・職官志》考其制，以正宋葆淳、江藩兩君考釋之誤也。惟據吴壽暘《宋忠勇軍弟三都都虞侯朱記考》云：此印文多刓損，未能明晰。三家所釋，"今細加審辨，似當以簡莊徵君釋爲正，惟'弟二都'則當作'弟三都'，篆文殘闕處尚有迹也。"(《拜經樓藏書題跋記・附録》)

端午，自吴中歸。午後，晤吴騫，以黄丕烈新刊宋本《宣和遺事》及王袓《春融堂集》示之。(《吴兔牀日記》)

五月二十日，與黄丕烈、陸損之(東蘿)放舟洞庭西山，訪寒石上人。夜宿吾與庵，晚間，以"清風徐來"四字分韻。(釋古風輯《吾與彙編》卷七)

是夏，以四十金從黄丕烈購得袁氏五硯樓舊藏宋刻《爾雅》單疏本，書内有文淵閣印，審係明内府舊儲者，裝潢精美，可稱向山閣藏書之神品也。(《經籍跋文》管庭芬鈔本)

按宋刻《爾雅》單疏本，乾嘉時存世者二部，皆在吴中，一爲黄丕烈所藏，一藏袁氏五硯樓，黄本印刷稍遜。先生《宋本爾雅疏跋》言："壽階既殁，藏書多散，《爾雅疏》亦爲蕘圃所得。蕘圃因其重複也，遂將己所有者歸諸余。余乃以白金四十兩購之，凡六册，中有文淵閣印，審係明内府舊儲，宋錦作韬，外用香楠製匣，鐫題名目，一一精良。印本雖稍遜壽階所藏，而裝潢之美則過之，可稱書庫中神品矣。"

先生復以錢十千,購得元刻大字本《毛詩注疏》,爲黄丕烈舊物流於外者。其本款式與先生所藏越刻八行本《周易注疏》略同,惟此本附《釋文》爲異也。其經文與宋刻《纂圖》本合者居多,然間亦有異者;《疏》文則多足正明本之誤者,跋而藏之。(《經籍跋文》管庭芬鈔本)

先生《跋》略云:"《毛詩注疏》二十卷,元刻大字本,向爲吴中黄蕘圃所收,云以白金十兩買諸五柳居書籍鋪者,偶爲友人乾没,余從其友人處出錢十千購得之。每葉十六行,行十八字,《傳》、《箋》、《釋文》及《正義》夾行,行二十五字,其款式與向藏《周易注疏》符合,匡格亦約略相同,惟此附《釋文》,而夾注字密耳。……今人校經,每以十行本爲祖,然其修補之葉居多,直至明正德止,故亦稱正德本。孰若此書元刻元印,並無修版,大字悦目,尤足寶貴也。"

按此八行本《毛詩注疏》附釋音者,世所罕覯。先生藏本今不知歸於何所?惟據先生《跋》文所述行款,余疑此蓋明永樂初刊本,非元刻也。臺北"中央圖書館"藏《尚書注疏》八行附釋音者,亦半葉八行十八字,與此本款式正同,日本静嘉堂文庫亦藏一部,爲永樂元年刻本;[①]《藏園群書經眼録》另著録日本田中氏藏八行本《周易正易》九卷、《釋文》一卷,明永樂二年刊,款式亦同。[②] 余嘗取"中央圖書館"藏本詳校一過,《注》、《疏》文字與越刻八行本時時或異,其誤處悉同十行本,而譌誤滋甚,知永樂本即從十行本出也。[③]

復從吴中書賈購得王鳴盛舊藏《王篛林題跋》兩種,隸書題識首册。

此本現藏中國國家圖書館,内爲《竹雲題跋》四卷、《虚舟題跋》十三卷。首册護頁先生識語云:"王虚舟吏部書法爲近時巨手,考據之學極其精深。是書係沈芥舟文學手筆,芥舟工畫,作書頗有眉山遺意。而此本又爲西莊光禄舊藏,印記粲然;間有評點處,乃其隨意作之,彌可愛玩,勿以時刻而忽視也。嘉慶辛未夏日,鱣記。"

先生既得《爾雅》單疏本,因於暇間取校《注疏》各本,乃知十行本以下,多妄加删改,誤處甚多,因撰《宋本爾雅疏校記》以訂之。孟秋既望,跋之。(《經籍跋文》管庭芬鈔本)

---

① 傅增湘:《藏園群書經眼録》,北京:中華書局,1983年,第27頁。

② 傅增湘:《藏園群書經眼録》,第10頁。傅氏以永樂本《易》、《書》兩疏爲明"翻宋本",其説未確。

③ 參拙文《禹貢注疏校議》,《大陸雜誌》79卷第5期,1989年,第19-36頁;又第6期,第6-20頁。

七月,黄丕烈獲一《硯箋》舊鈔本,借先生所録拜經樓本校之,並載其異同書於先生之本上。

先生此本現藏滬上楊崇和教授楓江書屋,有黄丕烈手跋,爲《蕘圃藏書題識》失收者,今録次:"余蓄書喜舊刻名鈔,時刻不存焉,故此書雖有揚州刻本,弗之取也。昨歲見髯翁借得舊鈔本,擬亦傳録其副,尚未轉假。適西賓陸東蘿從冷攤獲一鈔本,末有跋,云從宋本傳録。因從髯翁借此傳録本手校一過,似陸本勝此,爰校其異同于此册上;陸本亦有一二訛字,尚當據此改正。髯翁鈔此,愛護之至,故校揚州本,僅用硃筆細書于旁。余素性粗疏,下筆草率,點污之咎,知不免矣。辛未七月處暑節後六日,蕘翁黄丕烈校畢書。""續從坊間取揚州本對勘,知是本實與揚刻同,宜髯翁校此無大異也。今而後,不得不以余所校爲勝矣。復翁又識。七月十七日。"按《題識》卷五另有黄跋數則,可與此並觀。

十六日,跋影宋鈔本《周易集解》。(《經籍跋文》管庭芬鈔本)

先生《跋》云:此本係"從嘉定本影寫者,用明時户口册籍紙,上有'嘉靖伍年'等字,既薄且堅,反面印格摹寫,工整絶倫,纖豪無誤。前有'毛褒字華伯號質庵'印,褒即毛晉之長子,知爲汲古閣藏書。裝潢極精,以墨箋爲面背,藏經紙作籤,殆所謂'宣綾包角藏經箋'也。……獨怪毛氏既有是書,而所刊之本,絶不相照,豈付梓時猶未獲此書邪?又有盧氏雅雨堂刻本,爲惠定宇臆改百六十餘處,與宋本校對,時多乖違。且如《豫卦》,《集解》'豫'皆作'逸',乃避代宗諱,以故晁公武云'《集解》皆避唐諱'。今雅雨堂本盡改'逸'字作'豫',是亦弗思之甚,更不可爲典要矣。"按《周易集解》宋嘉定時鮮于申之原刊本,現藏波蘭雅蓋隆大學圖書館,則此影宋鈔本可謂中郎虎賁矣。惟先生此本現不知流落何所?浙江省博物館藏一汲古閣刻本,有先生校語,即先生得此影宋鈔本後,以毛本互校也。其本另有吴騫、黄丕烈批校之語(《中國古籍善本書目・經部》第43頁),惜無將諸家校語録出者。

是月,往縣橋巷訪黄丕烈。閲其家藏書目,知周蘊石所藏鈔本《普濟本事方》,黄君曾照式補鈔卷七至末,並鈔目録備覽。先生亟借以歸,當晚挑鐙將卷八至卷十等三卷並目録細勘其全,以緑筆一一校正。至是,此書遂完善,夙願得償,二十二日,跋之。(拙稿《簡莊遺文續輯・普濟本事方跋三》)

陸損之從常州賣家購得《一老庵文鈔》鈔本,以先生留心吴中往哲遺文,特以相示。先生傳録一本,七月晦日,跋識其後,仍以原書歸還陸君。(《辛巳叢編》本卷末)

按《一老庵文鈔》,明徐柯撰。柯字貫時,江蘇長洲人,徐枋(昭法)之弟也。先生鈔本,後展轉歸劉氏嘉業堂。先生另藏《一老庵遺稿》鈔本四卷,則徐柯遺詩,後歸張鈞衡適園。王欣夫並刊入《辛巳叢編》,俾與徐枋《居易堂集》並傳焉。據黄丕烈《硯箋題識》云:"此《硯箋》四卷舊鈔本,西賓陸東蘿得諸臨頓里冷攤以遺余者。"(《士禮居藏書題跋記》卷三)蓋其時陸君館於黄丕烈家也。

先生去年購得袁氏五硯樓遺書,中有陶宗儀《古刻叢鈔》鈔本一卷,是秋,借鮑氏知不足齋本點勘一過,並録周嘉猷《跋》及顧廣圻三《跋》。(上海圖書館藏五硯樓鈔本先生手跋)

十月九日,先生邀集吴騫父子及其侄駒昂,作展重陽兼湯餅筵。吴騫因雨未至,令子侄來會。(《吴兔牀日記》)

二十日,書賈持《普濟本事方》至先生中吴别業。此本前有吴趨吴瀚補鈔宋板錢聞禮原《序》一篇,爲黄丕烈收藏宋本所無者,因照寫於家藏舊鈔本之首。據錢《序》,知許叔微仕翰林學士,其書元名"證治普濟本事方",俗間傳本俱譌作"證類",可見書經三寫,遂變其初。而先生自幸一歲之間迭遇此書,竟得窺全豹,跋而識之。(拙稿《簡莊遺文續輯·普濟本事方跋四》)

是冬,訪得元鹽官知州申繼賢所撰《榮氏二奇女傳》。因稽核舊志,考申氏事歷,十一月望日跋其後。(《硤川續志》卷一一,又《文鈔續編》卷一)

臘月,於吴中得清初繙刻宋淳祐本《四書章句集注》,字大悦目,經、注字等,與先生向藏《易本義》、《詩集傳》諸宋本,規模具體而微。以今本校之,經文多與唐、宋石經及《七經孟子考文》合;注亦皆勝今本,《中庸》"天命之謂性"、"道也者"、"天下國家可均也"三注,皆依朱子未改之原本,前二條與《四朝聞見録》合。是月既望,舉此本之善者數十事,跋之。(《經籍跋文》管庭芬鈔本)

先生《跋》云:"其《注》之尤爲切要者:《大學》'此以没世不忘也',《注》'詠歎淫泆',作'淫液';《論語》'子問公叔文子',《注》'衛大夫公孫枝也',作'公孫拔'。按《困學紀聞》云:'《大學章句》"詠歎淫液",刊本誤爲淫泆。'又云:'《論語》孔《注》作公孫拔,《集注》云公孫枝,蓋傳寫之誤。'此在宋季已然,毛大可《四書改錯》妄加指斥,豈知本不誤也。《孟子》'紂之去武丁未久也',《注》'凡七世',作'九世',閻百詩《四書釋地》嘗言其誤,宋本並未曾誤。'抱關擊柝',《注》'柝,夜行所擊木也',作'行夜'。《四書釋地》引何屺瞻曰:'《集注》:"柝,行夜所擊木也",本用趙氏《注》,今皆訛爲"夜行",雖監本亦然。'百詩謂:'行夜、夜行,何啻霄壤!'假使兩家得見斯本,當亦爽然。"

是年莫友芝、葉名澧、方玉潤、吴雲生。臧庸、翁樹培、鳳韶卒。

嘉慶十七年壬申(1812)　　六十歲

正月初十日,吴騫過紫微講舍賀歲。(《吴兔牀日記》)

是月二十日,爲白香山誕辰。同人集紫微山白公祠設祭,預會者凡十有八人,先生撰祝文,蓮岫上人讀祝。禮成,飲福於丹井山房。(《吴兔牀日記》)

曹宗載選録有明至乾隆間硤石詩人之作,通得古今體詩二千餘首,編爲《硤川詩鈔》二十卷。二月三日,先生爲之序。(《文鈔續編》卷一)

先生《序》略云:"硤石爲海寧鉅鎮,實浙西勝地,山水清嘉,人文炳蔚。……余近寓斯土,獲見曹君桐石所輯《硤川詩鈔》而欣賞焉。其采取甚博,其體例甚嚴;又得及門顧君葛民勤於旁搜,佐其收合,舉凡已刻、未刻諸集,暨家乘之記載、寺觀之留題,無不訪求,桐石爲之選擇焉,闡揚焉,故多出于著述家所未見者。又人各作小傳,間取先哲題評,言簡而該,文約而富,綴其所著《紫硤文獻録》,大都發潛德之幽光,昭倫常之根本,詩也而關于史,是誠善説詩者乎!"

《海寧州志稿》卷二九:"曹宗載,字問渠,號桐石。歲貢生。……里居教授,敦行爲先。……王德浩修《硤川續志》,佐之采輯。復選自明至清乾隆中葉諸先哲之詩,名曰《硤川詩鈔》;其自爲詩則春容大雅。"另著《紫硤文獻録》二卷、《南湖避暑録》四卷、《硤川詞鈔》一卷、《東山樓詩文集》等。

三月十日穀雨,潘書城邀同曹宗載、孫詒仲、沈錫、史上林、沈德孚、諸會清、馬世芳、潘繡原、潘嵩、馬世英、吴錫輅、潘經、曹蔣復、張齊溶、祝德輿、高惟峻、蘇士樞、吴垣、莊善述、顧湘、陳詩、陸筠、劉潮、顧瀾、林上開等二十七人,於所居渚山樓分詠牡丹,凡三十四題。先生賦《接花》、《催花》、《折花》、《載花》七律四章。(中國國家圖書館藏《渚山樓牡丹分詠》)

按先生所詠《接花》、《催花》、《載花》三首,羊復禮已輯入《河莊詩鈔》。其《折花》一首,羊氏失收,今録存之:"但聞佳種綢豫繆,索向鄰家不用售。滿把拾遺無愧色,一叢誇豔却風流。尋芳豈爲飢驅去,叩户還如火急求。縱是名場堪引證(吴中有乞花場),瓊瑶難報木桃投。"

是春,從顧瀾(葛民)處得許焞(醇夫)所撰鄉賢《元祭酒榮肇傳》。未幾,復得榮氏遺文十數篇。惜其本經人塗抹批點,墨黯紙殘,殆不可卒讀。先生因别録一本,悉心校訂,諸同好將謀付梓而傳焉。孟夏,撰《榮祭酒遺文序》。(《文鈔續編》卷一)

按華喆、張帆撰《〈榮祭酒遺文〉辨僞》,疑榮肇非實有其人,此《遺文》蓋他人依託也。

四月七日,復爲曹宗載序所著《東山樓詩集》。

先生《序》略云:"近寓谷水,得交於曹君桐石,見其手輯《硤川詩鈔》,著誠去僞,闡微顯幽,余既爲序之矣。復示其所刊刻《東山樓詩集》八卷,余讀之而擊節欣賞,曰:'夫是之謂真詩,必傳於後無疑。'蓋桐石本世家,食舊德之名氏,誦先人之清芬,素性孝友,尚氣節,與世之希榮慕利者異趨。既已文不得志於有司,乃以著述自娱,而尤肆力於詩。……猥蒙不棄,問序於余。方屬草稿未就,適桐石造余果園,見新疊假山,指而稱賞,頃之步出;至谿山雲樹間,則眉飛色舞,而置假山於不論。蓋此間實據西山之勝,區區疊石,何能抗衡?夫乃歎誠僞之所由分。向之論詩不外乎一真,而桐石詩之真而可傳,亦猶是耳。"(拙輯《簡莊詩文鈔拾補》)

海寧見存唐石幢有五,皆刻《尊勝陁羅尼經》,其三在城中安國寺,兩會昌時物,一爲咸通六年刻;另二幢則在硤石惠力寺,俱咸通十五年五月所刻,邑志缺載。先生據《通鑑》載:咸通十四年三月,懿宗遣敕使詣法門寺迎佛骨,廣造浮屠;宰相以下,競施金帛。由是上行下效,民間多立經幢祈福。十四年七月懿宗崩,僖宗即位,明年十一月始改乾符元年,故此二幢仍署咸通十五年也。先生恐此二幢異時泯没無徵,五月,撰《唐石幢跋》以考其事。(《硤川續志》卷一四,又《文鈔續編》卷二)

六月二日,吴騫至硤川,祝先生六十壽。

《吴兔牀日記》載:"是夕有穿窬從東垣下,入竊去金腿十蹄,老人常膳爲之一空矣。"

夏,跋王簡可《硤川續志》。(《文鈔續編》卷一)

先生《跋》云:"近寓紫微講舍,與紫谿所居相近,晨夕過從,講求故實。又有曹桐石及其徒顧葛民惠然肯來,賞奇析疑"云云,蓋先生晚居硤石,與曹宗載、王簡可、顧灝諸君交尤密也。

《海寧州志稿》卷二九《文苑》:"王簡可,字仲言,號紫谿。父德浩,撰《硤川續志》二十卷,中道而殁。痛父志未成,廣爲搜羅,勤加補輯,歷數寒暑而始卒業,集貲付刊。秦瀛、梁同書、陳鱣俱爲之序。又輯邑先輩陸嘉淑古近體詩三千餘首,復按其事實作《年譜》,參互考證,多所依據。吴兔牀亟稱之。"

八月二十二晚,吴騫泊舟硤石,先生過之篷窗小飲。(《吴兔牀日記》)

硤石審山之南岡,舊有文昌分署,蓋自宋思陵駐蹕於杭,立廟吴山,此文昌祠遂謂之分署。署爲萬曆時所建,久毁。己巳夏,忽於壞壁獲明沈友儒所撰原碑,地方善士乃募捐重建。是秋告成,群推先生作《記》,勒諸貞石,以垂永久。(《硤川續志》卷一四)

先生《硤石南山重建文昌分署碑》,略云:"硤石山川秀麗,夙推聲名文物之鄉,若許睢陽、沈宣撫、榮祭酒,或以忠義,或以儒行,代有傳人。兹沈《碑》之顯,似爲景運中興、人文蔚起之兆,此文昌分署之所當重建,而遠近之所以樂從其事也。人世于土穀之廟、財帛之祠,猶且握粟布金,匡襄恐後,必使柧棱嵽嵲,藻棁高驤,以妥以侑。況有關于文風士氣,何可視爲迂緩,而不重新廟貌,壯厥觀瞻!繼自今肸蠁豐融,鍾靈毓秀,將見誦弦比户,涵育熏陶,咸能鼓舞自厲,知名教之可樂、實學之宜敦,且不囿于流俗,必有俊偉非常名公鉅儒出焉,豈僅在科第之夸一時、榮一鄉哉!余既幸舊蹟之廢而復興,又嘉諸君子之樂于爲善、勇于成功也,是以記之。"

先生與吴騫、錢馥等,壬子秋醵金爲張蒼水立碑墓道,相約每年九月七日蒼水正命之辰,齊集墓堂爲公祭焉。當年同人先後作古,今惟吴騫與先生存耳。是年登高前二日,吴君適游武林,遂攜觴酒獨往謁墓,賦詩紀事。歸作《秋山謁墓圖》,屬先生和焉。(《吴兔牀日記》,又《拜經樓詩集再續編・秋山謁墓》,吴壽照等《兔牀府君行述》)

九月,過黄丕烈百宋一廛。先是,今春先生過訪,黄氏言及其友沈恕欲刻唐宋婦人集,已梓者唐之魚玄機、薛濤,宋之楊后,欲刊朱淑真詩而未得舊刻。先生告以同邑蔣楷來青閣藏元刻鄭元佐注《斷腸集》,許爲借出。至是乃攜書至,將助成其事。(《蕘圃藏書題識續録》卷三)

沈恕,字屺雲,江蘇華亭人。諸生。所居静好樓,多聚法書名畫。袁廷檮卒後,遺書散出,沈氏先後得數十種,有汲古閣初印本《十七史》全部。又雅好刻書,曾刻《梅花喜神譜》等。王芑孫《惕甫未定稿》卷一二有《候選州同沈君墓誌銘》。

蔣楷,字三益,號夢華。監生。精賞鑑,家有來青閣,收藏甚富。《海寧州志稿》卷二九《文苑》有傳,云:"楷好吟詠,兼善倚聲。……尤嗜古,得顔魯公《清遠道士》詩、宋蘇文忠《圓覺經》兩真蹟,俱命工勒諸石。陳徵君鱣所獲絶句殘碑(按指東坡書《鹽官絶句》),後亦歸於楷。……此外,經籍之善本、圖畫之精品,收藏甚夥,故遠近稱賞鑑家,必首屈一指焉。"按蔣楷爲曹宗載之甥,蔣光煦從父,卒後遺稿散佚,光煦爲刻《來青閣遺稿》二卷。

十月二十一日,吴騫八十初度,秦瀛以《宋九賢像册》爲祝(《愛日吟廬書畫續録》卷六);同邑陳均(受笙)以梁同書是年年九十,吴騫、翁方綱並年八十,秦瀛七十,先生及孫星衍則年六十,因將六人合繪一圖,名《涒灘六壽圖》,洵壽朋佳話也。(吴壽照等《兔牀府君行述》)先生有壽詩二首。(張鎮西主編《海寧典藏》下册)

硤石西山廣福院之巔有文昌殿,殿前魁星閣下有三石碣,一爲唐人章孝標《西山廣福院》詩,一宋余弼《留題慧悟親師上方詩》,一熙寧五年鹽官縣令朱伯虎《留題西山上方詩》,俱宋慧悟禪師辨親所刻。其處地僻山深,人跡罕至,故歷來金石家鮮見著録,方志紀載復多失實。先生是年親訪其碣,手拓以歸,詳考諸人事歷,以訂咸淳《臨安志》諸書之誤,跋識其尾。(《文鈔續編》卷二《紫微山石刻跋》,又《硤川續志》卷一四)

是年,丁杰之子傳經來乞文以志父墓。

按吴騫編年詩,是年有《讀簡莊所撰丁小疋學博墓志感題二絶,倣少陵存没口號意》(《拜經樓詩集·再續編》),蓋丁杰是年始葬也。先生《墓誌》,阮元《儒林傳稿·丁杰傳》嘗引之(《揅經室續集》卷二),余訪之數年,迄未得見。

本年所爲文,另有《蔣烈婦傳》。(《硤川續志》卷九)

薛壽生。

嘉慶十八年癸酉(1813)　　六十一歲

孟春,借拜經樓藏《荆南倡和集》舊鈔本傳録一册,並勘對一過。(《拜經樓藏書題跋記》卷五)

按先生校録本現藏東京静嘉堂文庫,《静嘉堂秘籍志》卷四八著録。

二月三日,吴騫遊硤石,晚泊紫微橋下,邀先生、釋蓮岫篷窗小飲。先生言:今夕正東坡在黄州點燈會客,試錢塘藥玉船時也。乃相與盡歡,各賦詩而別。(《拜經樓詩集·再續編》)

孔平仲《珩璜新論》,外間流傳絶少,是月,先生從座師吴省蘭處得一舊鈔本,係朱彝尊故物,凡遇宋朝故事俱空一格,知出自宋刻,惜前有缺葉,後亦少數條。因借拜經樓本補鈔所缺,互勘一過。吴本亦多舛錯,甚有脱落數行者,亦爲訂譌補闕。十六日校畢,跋而歸之。(《文鈔續編》卷二)

按吴省蘭嘉慶三年擢工部右侍郎,爲先生戊午科鄉試正考官,旋奉命提督浙江學政;四年正月,調禮部右侍郎。《清史列傳》卷二八有傳。

春,以宋本《太平廣記》爲吴騫校拜經樓所藏明談愷刊本。(《拜經樓藏書題跋記》卷四)

夏初,先生攜所得清玩數種示吴騫,中有嘉靖年間所造剔紅妝域,雕鏤甚精,吴氏極愛賞,因共賦詩詠之。(《河莊詩鈔》,又《拜經樓詩集·再續編》)

硤石東山觀海峰絶頂,舊有塔,建自東晉。宋代重建,易名智標塔,數燬於火。丁卯冬,僧無礙募金重建,辛未秋告成,雲櫨星栱,頓復舊觀。是年春、夏之交,先生與曹宗載、李聘、顧洛諸君嘗偕往遊焉。一日,無礙至紫薇講舍,叩門請詣,手持《建塔緣起》來乞文。先生感其人一瓢一笠,到處生涯,見廢必興,行所無事,蓋奇男子而隱身浮屠者。五月,爲撰《重建智標塔碑記》書其事,並系以頌。(《硤川續志》卷一四,又《海寧州志稿》卷八)

《海寧州志稿》卷八《名蹟》門載:"智標塔,在硤石東山觀海峰絶頂。聞人倬《記》云:'始於東晉,初名八福。宋僧智標重建,改今名。'……乾隆五十四年七月遭火燬。嘉慶間僧無礙鳴魚募修,構茅蓬於塔下,鳩工飭材,遠近争施。落成於辛未八月,陳鱣爲之《記》。"

李放《皇清書史》卷二三:"李聘,字一徵,號作舟,一號静菴。嘉興人。擅隸書,工分隸。書法追秦漢,較張文魚(燕昌)徵君有過之無不及。"

顧洛,字禹門,號西梅,浙江仁和人。諸生。工畫,人物、山水、花卉無不精,尤以仕女名兩浙,與余集相頡頏。日本國人重其畫,恒以兼金購之。與奚岡友善,興會所至,或顧寫人物而奚補景,時稱雙絶。《墨林今話》卷一二有傳。

六月,至嘉興梅里,觀吴修所藏周曶鼎銘拓本及錢坫釋文,劉淳、蔣楷、蔣杰三人同觀。(邊成輯《曶鼎八家真本彙存》先生觀款)

吴修,字子修,號思亭,浙江海鹽人。監生。工詩,善寫生。其家與錢載爲世戚,少遊其門,因得縱覽名人真跡,知其宗派師承;壯歲出遊,復多識三吴鑒藏之家。郭麐《靈芬館詩話》卷六云:"修精鑒古,幾乎以手摸絹,可以别宋元明者。"喜集名人法書,嘗聚清代名人書札六百餘家,勒諸石,編爲《昭代名人尺牘》二十四卷。嘗校刻錢大昕《疑年録》,並爲《續疑年録》四卷。

七月,海寧膢,大歉。(《海寧州志稿》卷四〇《祥異》)

七夕,爲何元錫跋所藏顧升蔬果圖。此卷爲金冬心舊物,先生稱其落筆高簡,不減白陽、青藤;厲鶚爲題河傳十五闋,本集所不載,俱可珍也。(費寅《簡莊文鈔補輯·顧升蔬果卷跋》)

顧升,原名峒,字隅東,號石帆,浙江仁和人,監生。工書畫,書法宗顔平原,晚年得董華亭之神。畫倣元四大家,尤喜畫松,故又號髯松。康熙時,嘗供奉南齋。

著有《寫山樓題畫詩》四卷、《分緑窗詞鈔》二卷。乾隆《杭州府志》卷九四有傳。

何元錫,字敬祉,號夢華,浙江錢塘人。監生。從錢大昕、段玉裁等遊。精簿録之學,家富藏書,多舊本珍籍。嗜古成癖,精審金石,嘗於曲阜尋訪漢碑,搜幽索險,務獲乃已。佐阮元纂《山左金石志》、《兩浙金石志》,著《秋神閣詩鈔》。

周錫瓚香嚴書屋藏汲古閣影宋大字本《論語》、《孝經》兩《音義》,黄丕烈借之精摹重刊。九月,先生取《論語音義》,與通志堂本對校,多足正其本之誤者,與葉林宗影宋鈔本《釋文》多合,因跋其後,自謂"衰年見此,昭然若發蒙矣"。(《經籍跋文》管庭芬鈔本)

是月,復跋明人鈔本《升菴集》八十一卷。("中央圖書館"藏本先生手跋,又拙稿《簡莊遺文續輯》)

十月二十日,吴騫序先生《經籍跋文》。

吴《序》略云:"予與簡莊孝廉,少日皆酷嗜書籍,購置不遺餘力。凡經史子集,得善本,輒互相傳觀,或手自校勘相質,蓋數十年如一日云。予性懶質鈍,爲學多雜而不專,投老無成。簡莊精敏果鋭,強于記誦,而能專意于經學,又克廣攬窮蒐。今觀所撰諸經跋文,鈎深索隱,凡古本之爲後之妄人竄亂芟併者,莫不審考其原來次第;而字之更改淆混者,一一較正,令人復得見本來面目,不其偉而。……簡莊生平善于音注,在中吴,尤與錢辛楣宫詹、周漪塘明經、黄蕘圃主事,往復研究,故閲善本而悉品論其是非,靡不精核,有如此也。"(本書卷首)按此《序》之成,距吴騫卒僅三日耳,此見二人誠交篤逾恒也。

二十三日,吴騫以肺疾卒,年八十一。疾革時,延先生至卧榻前,晤言移時,屬爲料理平生著述。(吴壽照等《兔牀府君行述》)

《兔牀府君行述》云:"交游中氣誼最篤者,惟陳簡莊孝廉,居同里閈,時相過從,於是語,於是道古。簡莊博聞強識,資府君以講習;而府君亦自謂得一知己,可以不恨。疾革時,猶延至卧榻前,晤言移時,屬其料理平生著述。"

是月,友人錢大昭卒於其子東垣松陽縣署,年七十。(《清史列傳》卷六八本傳,又《瞿木夫自訂年譜》嘉慶十九年條)

是年汪曰楨、蔣光煦、陳介祺生。法式善、汪萊、莊逵吉卒。

嘉慶十九年甲戌(1814)　　六十二歲

是夏,與黄丕烈書,告以所著《續唐書》近將脱稿,十年心力,半耗於此。(《文鈔續

編》卷二)

《與黄主事丕烈》云:"鱣纂輯新、舊《五代史》,黜朱、梁諸僞,以李氏爲正統,此昔人續修《季漢書》例也。引書至七百餘種,十年心力,半耗於斯,近將脱稿,當呈閣下一糾其謬。"惟據姜安《續唐書跋》,此書庚戌、丁巳間已成十《志》,則距此前後二十五年矣。

六月,先生著《續唐書》七十卷告成。此書以李唐爲正統,而以後唐莊宗李存勗、明宗李嗣源、潞王李從珂,及南唐烈祖李昪、元宗李璟、後主李煜,皆嗣唐之統,則唐雖亡而實存也。因參用蕭常、郝經《續後漢書》之例,及本習鑿齒著《漢晉春秋》之志,審其順逆,著其正偏,上黜朱梁,下擯石晉及漢、周,以宋統繼唐,庶復李唐六十九年之祚。全書共《帝紀》七、《表》四、《志》十、《世家》十三、《列傳》三十六。糾薛、歐之體例,正馬、陸之乖違,廣考群編,兼徵實録,以上續劉昫《唐書》,故名曰《續唐書》。而《經籍》一志,及各傳忠義諸臣,尤深致意也。朔日,自爲《序》。

先生《自序》云:

唐受命二百九十年而後唐興,歷三十年,後唐廢而南唐興,又歷三十年而亡。此六十九年,唐之統固未絶也。後唐系出朱邪,然本於懿宗賜姓爲李,莊宗既奉天祐年號,至二十年始改元同光,立廟太原,合高祖、太宗、懿宗、昭宗爲七廟,唐亡而實存焉。

歐陽氏《正統論·序論》云:"伏見太宗皇帝時,嘗命薛居正等譔梁、後唐、晉、漢、周事爲《五代史》,凡一百五十篇。又命李昉等編次前世名號爲一篇,藏之秘府。而昉等以梁爲僞,梁僞則史不宜爲帝紀,而後唐之事當續劉昫《唐史》爲一書,或比二漢離爲前後,則無曰五代者,於理不安。"謹按:昉等黜梁,實屬大公至正,與前人黜莽、黜操正同。乃云於理不安,何歟?

《序論》又云:"今司天所用崇天曆,承天祐至十九年(森按:'承'下當有'後唐書'三字),而盡黜梁所建號。援之於古,惟張軌不用東晉太興而虚稱建興,非可以爲後世法。蓋後唐務惡梁而欲黜之,曆家不識古義,但用有司之傳,遂不復改。"謹按:崇天曆承後唐書天祐十九年,蓋所謂"周德雖衰,天命未改",且援之於古,亦不獨張軌爲然。昔周厲王失國,宣王未立,召公與周公行政,號曰共和。共和十四年,上不繫于厲王,下不繫于宣王,當時固未嘗云周之統絶也。以此爲例,則崇天曆所書,不可謂徒然矣。乃云不識古義,抑又何歟?

今有人焉,爲盗所殺,欲全據其基業;有僕挺身出而禦之,艱難辛苦,攘除奸凶,而不改故主之名稱,仍奉故主之宗廟,則將與盜乎?與僕乎?夫人而知與僕不與盜也。朱全忠大逆無道,甚于莽、操,人人得而誅之,何可不黜?後唐既係賜姓,收之屬籍,又有大勳勞于唐室,則繫于唐可耳。至石敬瑭叛主附敵,父人之父,聲實俱醜;將十六州内地割獻殊方,肆然偁帝,斯固魯仲連所欲蹈海而死者。南唐爲憲宗五代孫建王之玄孫,祀唐配天,不失舊物,尤宜大書年號,以臨諸國。即如當日契丹兒晉而兄唐,高麗遣使江南,入貢稱臣,彼尚懷唐之威靈,故尊其後裔,不敢與它國齒。今柰何以晉、漢、周爲正,而反以南唐爲偏據乎?劉旻本知遠母弟,北漢四主,遠兼郭、柴。宋太平興國四年受降,又後于南唐七年。宋統繼唐,勝于繼漢、繼周矣。

薛氏脩《五代史》,歐陽氏新脩《五代史記》,並稱"五代",所見俱不及此。馬、陸二家《南唐書》,雖欲推尊,然未將南唐上接後唐;戚光《年世總釋》,始發其凡,終未有專成一書,寧非缺事?又按薛《史》裁制冗長,今亦殘闕;歐《史》紛立名目,徒亂章程。且八書十志,馬、班相仍,各有譔述;乃誤信《史通》欲廢志之言,僅作《司天》、《職方》二考,以致唐季典章法度,無可稽求。馬、陸二書,互有得失。胡恢書久已無傳,然于烈祖已下謂之載記,早爲蘇頌所非,餘可概見。

蒙竊不自揆,更審其順逆,著其正偏,上黜朱梁,下擯石晉及漢、周,而以宋繼唐,庶幾復唐六十九年之祚。爲《帝紀》七、《表》四、《志》十、《世家》十三、《列傳》三十六,凡七十卷。糾薛、歐之體例,正馬、陸之乖違,廣考群編,兼徵實録,以上續劉昫《唐書》。續之名仿乎司馬彪《續漢書》,而此更參用蕭常、郝經等《續後漢書》例也。其十志,則於《經籍》一類多所收羅;各傳則於忠義諸臣,尤深致意。《經籍志》以補薛、歐之缺;而忠佞不別列傳者,人以類從,賢否自見也。紀傳之後,略綴斷辭,不曰"論"而曰"述"者,從何法盛《中興書》例也。凡後述者,多旁采墜典遺聞,補本篇未備,所謂事無重出,文省可知也。參用史文,儻義可從、事可據者,即仍其舊,所謂不以下愚自申管見也。

昔習鑿齒作《漢晉春秋》,以蜀爲正統,力矯陳壽《三國志》之非,世咸推服。後雖日久散佚,而本其意旨用以纂修者,不一其書。蓋天理長存,人心不死,尚論者求其是而已。斯編稿經累易,力殫窮年,因叙茲原委於簡端,明非出鄙人之私見。(本書)

按此《序》於先生正統論思想及是書之體製,言之綦詳,今備録之。先生與黄丕烈書云:"鱣纂輯新、舊五代史,……引書至七百餘種,十年心力,半耗於斯。"(《文鈔續編》卷二)又《序》末言"稿經累易,力殫窮年",蓋晚年精力多費於此,故支偉成纂《清代樸學大師列傳》,將先生歸於作史學家之列也。(支氏《列傳》卷一四)此書先生生前未及付刻,道光四年,阮元爲刻於粵東。

夏,大旱。(《海寧州志稿》卷四〇)

閲宋人何薳《春渚紀聞》,據以訂正今本杜牧《讀韓杜集》詩謌文三處,跋之。(上海圖書館藏《春渚紀聞》先生手跋)

七月一日,賦詩自題《續唐書》後。

> 先生詩云:"唐祚延年六十餘,舊名五代盡删除。河東自可共和比,江左還應季漢如。不羡子京添半臂,漫教無黨注新書。快哉此日翻成案,多少清流怨氣舒。"(本書卷末,又《河莊詩鈔》)

八月,米價騰貴,飢民大掠,食樹皮草根。(《海寧州志稿》卷四〇《祥異》,又拙稿《簡莊詩文鈔拾補・海寧州粤賢堂記》)

十三日,友人鮑廷博卒於家,年八十七。(翁廣平《聽鶯居文鈔》卷二〇《鮑緑飲傳》)

重九,至吴門,訪黄丕烈。黄氏以新校《却掃編》見示,蓋以錢天樹(夢廬)所藏宋刊本及士禮居藏穴硯齋舊鈔本,合勘於汲古閣本之上也。先生欣賞久之,借歸紫微講舍,適案頭有張氏照曠閣刊本,即取而臨校一過。照曠閣本有徐度《自序》及嘉泰壬戌邵康《跋》,則黄本所無,爲補録之。十九日,跋而歸之。(《文鈔續編》卷一,又《蕘圃藏書題識》卷五)

黄丕烈得一《蘆浦筆記》舊鈔本,取家藏穴硯齋鈔本,合校於吴翌鳳舊鈔本之上,吴君跋之,以其本歸先生。先生復取知不足齋刻本重勘一過,正誤甚多。是月十一日校畢,跋識其後。(鄧邦述《寒瘦山房鬻存善本書目》卷六,又傅增湘《藏園群書經眼録》卷八)

> 先生《跋》略云:"今年九月過吴門,適黄君蕘圃獲見舊鈔,並以其向藏穴硯齋鈔本,合校于吴君枚菴舊鈔本上,枚菴復跋之而歸諸余。余亟以鮑刻重勘,正誤甚多,既補第五卷所缺之九行,又補得劉昌詩《後跋》一篇。計是書先後三十年,歷經名家[手],屢有補正。惜渌飲已不及見是本,猶幸余與枚菴、蕘圃之得見也。"

先生前於玄妙觀書坊購得《慶湖遺老集》舊鈔本,止存上卷,因以其本移贈黄丕烈,蓋其家多舊鈔秘册,或可據以補全也。適黄氏於張紹仁(訒庵)處見此集下卷,因即以先生所贈本歸之,竟爲延津之合。九月十三日,其書裝潢甫竟,適先生至,乃索先生跋之。(《文鈔續編》卷一)

按此本現藏東京静嘉堂文庫,《静嘉堂秘籍志》卷三十四著録。

是月,從周錫瓚香嚴書屋假得明人舊鈔《五代會要》,詳勘一過。於江西坊刻脱誤錯亂處,多所是正,並補録慶曆、乾道二《跋》而書其後。(《適園藏書志》卷五)

先生《跋》略云:"近時所行官本,乃從兩江總督所進著録者。余收是本,又係江西書坊從官本翻刻,舛繆更多。頃假得吴楓周氏珍藏明人舊鈔本,詳勘一過,補正其脱誤,乙識其段落,且于第十六、第二十二卷内錯亂數條,一一標記。舊鈔每卷皆列子目,是古本款式,各史皆然。今于首卷照寫以例其餘,又補録慶曆、乾道二跋,庶幾完善。舊鈔行款似從宋出,然終以未得見宋刊爲恨耳。書非讎校不可,舊本且然,而況于時刻乎!"

十一月,先生著《恒言廣證》六卷成,自爲之序。

先生《序》略云:"自揚雄作《方言》,而後則有若服虔《通俗文》,厥後劉霽有《釋俗語》,沈約有《俗説》,無名氏有《釋常談》,龔頤正有《續常談》,其書或存或亡。近時翟晴江教授著《通俗編》,盛推繁富,然細案之,多未精當。及讀錢竹汀詹事《恒言録》,歎其實事求是,考證精明,自非經傳洽熟,旁通百家,何能至此!……鱣于披閲時,間有管見出于原録之外,及二家(阮長生、張鑑)所未補者,疏記上下,積而成帙,目曰《恒言廣證》。"(《文鈔續編》卷一)

顧頡剛先生《郊居雜記》,"陳鱣世系及其著述"條云:"《恒言廣證》原稿爲〔金〕元達所得,其文即以朱筆書于錢氏《恒言録》之書眉,字小如蠅頭,亦有模糊不可識者。不知彼將販賣至何處也?"(《顧頡剛讀書筆記》第1719頁)按此本現藏上海圖書館,即是書原稿也。

先生於敗簏中,得元人袁通甫(易)《静春堂詩集》諸名公手書序跋及題贈之作,蓋其家衰替流落人間者,亟購之歸,裝成長卷。冬臘,攜之吴門,潘奕雋爲跋其後。(陸心源《穰梨館過眼録》卷六)

按潘奕雋戊寅春再跋此卷:"静春齋翰墨雙卷,爲吾吴袁氏物,子孫不能守,爲海寧陳仲魚所得。仲魚既殁,仍歸於吾吴黄君蕘圃,楚弓楚得,洵爲快事"云云,則此卷後歸黄丕烈所有。

先生還居硤石後,與硤川吟朋時復過從,常招諸友於果園雅集。

蔣開《冰壺吟稿·自序》云:"甲戌歲,梅里李引樹孝廉來硤,同下帷於漱六軒,淳村(按蔣開基)族叔之書室也,相與談詩甚洽。……時陳簡莊徵君闢果園於西山之麓,爲著書地,時招同人雅集斯園。"集中有《冬仲曹廬峰招同陳簡莊、李引樹、吴榕園、曹桐石、家淳村叔、夢華弟(蔣楷)雅集淳村草堂,即席有作》;又曹宗載《東山樓詩集》有《同簡莊、引樹、冰壺、夢華、家廬峰集飲淳村聽彝齋,分韻得新字》。按此諸人即先生晚年詩友,其中蔣開基即衍芬草堂蔣光堉大父,蔣楷即蔣仁榮之父、蔣光煦從父,俱雅好藏書。

蔣開,字徑三,號冰壺,海寧人,諸生。早歲失怙,家貧,奉母下帷家塾,奮志讀書。工詩,爲法式善所賞,著《客硤存吟》,周春爲之序。復精篆刻,著有《西園草堂印譜》。《海寧州志稿》卷二九《文苑》有傳;另參《兩浙輶軒續録》卷二七潘藹人撰《傳》。

吴應和,字子安,號榕園,監生,吴修之兄。系出溦水名族,而不求聞達,著《榕園吟稿》十二卷,編有《浙西六家詩鈔》。又著《榕園詞韻》,周春爲之序,填詞家奉爲圭臬焉。《海寧州志稿》卷二九《文苑》有傳。

李超孫,字春墀,號引樹,浙江嘉興人。與弟富孫、從弟遇孫,並以才學稱於時,號"後三李"。乾隆六十年舉人,官會稽縣教諭,著《詩氏族考》六卷。《清史稿・儒林》有傳。

本年所爲文,有《儒童倪竹谿原聘朱貞娥傳》,記同邑朱氏女未嫁而夫死,女守貞全孝,克盡婦道,數十年如一日。先生因爲之傳,不曰"貞女"而稱"貞娥"者,蓋擬諸漢孝女曹娥也。(徐光濟輯《河莊詩文鈔》)

是年周壽昌、龍啓瑞、雷浚、徐時棟生。程瑶田、趙翼、張聰咸、張燕昌、辛紹業卒。

嘉慶二十年乙亥(1815)　　六十三歲

二月三日,三孫德瑩生。(《宗譜》卷一五)

春,米價益貴,飢民載道相望。(拙稿《簡莊詩文鈔拾補・海寧州粤賢堂記》)

五月,段玉裁《説文解字注》三十卷全書刻成。(段氏《説文解字注》一五篇下之末)

段書刊行後,先生見其書校改不無專輒處,所注亦有未盡當者,因取《説文正義》舊稿重理之,日課數字;遇客至少輟,夜必爇燈補之。

張廷濟《清儀閣筆記》己卯四月十六日記:"陳仲魚同年一生勤學,其用功尤在許南閣一書。朱履伯云:乙亥、丙子兩年,寓居硤石,日取舊時所著《説文正義》盡情改勘,日課數字。遇客至少輟,夜必爇燈以補,雖嗽作不止。至十一卷稿脱,病劇,不能舉筆。今此書尚未斷手,可痛可痛。"(王欣夫《蛾術軒篋存善本書録》

第192頁引)

按乾隆五十六、七年間,先生嘗以《説文正義》稿就正於段玉裁。段《注》於他人勝義,往往徑取之,掩爲己説;而記其名者,輒多商搉意見。[①] 鈕樹玉著《段氏説文注訂》,書中每斥段氏校改之字,"蓋本余説"、"全本余説",即其例也。今檢段氏全書明著先生名者,僅艸部"菑"字一條,《説文》:"菑,不耕田也。"先生校云:"'不',當爲'才',才耕田,謂'始耕田',才、財、材皆訓'始'。"段氏不以先生説爲然,謂:"'不',當爲'反'字之誤也"。(段氏《説文解字注》一篇下)然古無"反耕田"之稱,段改殊嫌杜撰,此當以先生校改"才"字爲是也。段氏於錢大昕、江聲、王念孫創説,亦多掩用之,故當時江南學術圈傳言,謂段氏竊取王念孫之説。[②] 先生殆見段氏引用己説皆不名,其書亦不無專輒處,故段《注》刊行後,先生復取《正義》舊稿重加參訂,蓋誠有不得已於言者。比閲《莫友芝日記》,同治元年四月九日條載:"馮子明相過,言海寧孝廉方正陳仲魚鱣先注《説文》,見若膺《注》出,毁其稿,更求于若膺所注之外。晚乃成書,未刻。"則清末學者尚有傳言其事者。

九月八日,段玉裁卒,年八十一。(光緒《金壇縣志》)

十一月,賦《梅里陳孝子歌》十六韻,詠嘉興梅里陳壽齡刲股療親事也。(徐光濟輯《河莊詩文鈔·梅里陳孝子歌》)

是年姚鼐、梁同書、周春、錢侗、洪震煊、祁韻士卒。

嘉慶二十一年丙子(1816)　　六十四歲

續訂《説文解字正義》。

二月二十一晚,管庭芬隨其父題雁謁先生於果園,於津逮舫中茗話久之,先生以《綴文》、《對策》兩書爲贈。

《管庭芬日記》本年二月二十一日條記:"晚,侍家大人至果園,謁陳簡莊徵君,並憩津逮舫,茗話久之。蒙以所著《綴文》四卷、《對策》四卷見賜;[③]時方纂《説文正義》,未輟業也。夜載月歸舟,抵家已三鼓矣。"

管庭芬,字培蘭,號芷湘,海寧路仲人。諸生,工詩,善繪事。熟諳鄉邦掌故,

---

① 陳鴻森:《段玉裁〈説文注〉成書的另一側面——段氏學術的光與影》,《中國文化》第41期,2015年,第175-192頁。

② 段氏《與王懷祖第三書》云:"《説文注》近日可成,乞爲作一序。近來後進無知,咸謂弟之學竊取諸執事者,非大序不足以著鄙人所得也,引領望之。"(劉盼遂輯《經韵樓文集補編》卷下)

③ 按此兩書俱六卷,此作"四卷"者,疑有誤。

錢泰吉纂《海昌備志》,佐之采輯,並纂《藝文》一門,復與釋六舟合纂《金石》門。館蔣光煦家最久,蔣氏刻《别下齋叢書》,大半資其校訂。著有《海昌經籍著録考》、《錢譜》、《天竺山志》等,並輯《花近樓叢書》等多種。先生晚著《經籍跋文》,未及付刻,身後遺稿散佚,管君得諸市肆,爲刻入《别下齋叢書》以傳。按管君嘉慶二年生,是年方弱冠耳。

是春,吴壽暘以拜經樓所藏《演繁露》舊本屬爲審定。先生取家藏嘉靖初印本校之,知其書爲昔人摘録之本,然亦簡而有要。三月朔日,跋而歸之。(中國國家圖書館藏本先生手跋)

海寧知州易鳳庭在官三年,理繁治劇,遇災荒,殫心周濟,曾賦《勸賑》詩,和者幾千人,傳爲盛事。以丁繼母憂去,士民感戴不忘,乃繪像勒石,以垂永久,先生撰《象贊》,以頌其德。(《文鈔續編》卷二)州人復議於葆真觀中築室三楹,與前牧吴嗣湖合祠之。二人者,皆粤人而賢,故以"粤賢"名其堂。五月,堂落成,先生仍應州人之請,撰《海寧州粤賢堂記》,勒石而措諸壁。(管元耀編《海昌觀》卷四一,又拙稿《簡莊詩文鈔拾補》)

按《海昌備志》卷一四《職官》易鳳庭條附記:"《勸賑》詩,見《藝文》十九;《象贊》碑在學官,《粤賢堂記》在葆真觀。"

五月望日,爲蔣楷跋息誼草堂所藏沈石田詩稿。(中國國家圖書館藏本先生手跋)

先生《跋》略云:"此石田手稿四册,凡百八十四葉,起正統己巳二十三歲,至成化癸卯五十七歲止,而晚年之作不與焉。展閲數過,皆得意疾書,不多點竄,而章章可誦。文徵仲嘗稱其詩,但不經意寫出,意象俱新,可稱妙絶,一經改削,便不能佳,觀此益信。至于書法,與年俱進,臻入逸品,所謂'初寫《蘭亭》,恰到好處'。蓋其人品甚高,天姿明敏,故事事極精,而清氣流行,超然塵埃之外。……是册向藏吴中繆氏寶宋樓,今歸吾鄉蔣氏息誼艸堂,惟望付梓,以廣其傳。"

七月既望,先生表弟歸觀成自京江歸,以所著《清暉齋詩鈔》屬爲點定。十月,爲序之。(《海昌藝文志》卷一六)

先生《序》略云:"余自春闈報罷……回南,築别墅於谷湖薇山之麓,二三知己,敷心晨夕,歸欣然表弟,尤所稱莫逆者也。欣然早歲能文,蜚聲藝苑,舉業暇,酷好吟詠,賓客過從飲酒無虚日。……丙子七月既望,欣然歸自京江,出所著《清暉齋詩鈔》示余,並囑點定。余讀之,一種孝友惻怛之思溢於楮墨間,所謂得江山之助而詩益工,李、杜之渾灝,庾、鮑之清俊,元、白之風流,孟、王之遒鍊,不拘一格,不名一家。"

歸觀成,字有聲,號欣然,海寧人,諸生,與先生爲中表兄弟。《清暉齋詩鈔》未見傳本,俟訪。

二十八日,管庭芬與其父題雁過訪,先生以東坡書《鹽官四絶句》殘碑拓本貽之。(《管庭芬日記》丙子七月二十八日條)

是年,續訂《説文正義》稿,至十一卷止,病劇,未能舉筆。(張廷濟《清儀閣筆記》)

按《説文正義》爲先生半生心力所注,乃身後未久,遺稿蕩佚,可哀也已。管庭芬《海昌藝文志》卷一三引吴振棫《杭郡詩續輯》云:"谿齋嘗欲爲《説文解字》作疏,未竟。命其子鱣仲魚續爲之,稿本已得十九。仲魚没,其子愚瞢,斥賣藏書,即折所録稿裹書以畀售者,此書遂飄散不可復問。"

成蓉鏡生。崔述、莊述祖、洪飴孫、楊鳳苞卒。

嘉慶二十二年丁丑(1817)　　六十五歲

二月二十二日,先生卒。(《海寧渤海陳氏宗譜》卷一三)

查有新《輓陳簡莊徵君》云:"鄉嬛十萬卷真儲,識字精研製字初(元注:君精《説文》之學)。絶學曾聞驚老輩,徵君屢見領公車(登孝廉方正大科,復舉於鄉)。小園晚遂幽棲志,外國争求近著書(所撰《論語古訓》行至朝鮮)。愛我相于逾廿載,老成頓謝淚沾裾。"(《春園吟稿》卷一〇)

黄丕烈《却掃編題識》云:"仲魚於丁丑二月中辭世,先得諸傳聞,後吴蘇閣札來,始知凶耗之的。待訃不至,擬往弔未果。案頭所借之書猶未還也。二十年來好友,一旦幽明暌隔,傷也如何。"(《蕘圃藏書題識》卷五)

明年四月,管庭芬復隨父至硤石,重過果園,有二律志感:"徵士今何在?空餘花一庭。只緣身跨鶴,不見榻横經(元注:園有横經亭)。谷水當窗緑,薇山入座青。重游增嘆息,亭榭漸凋零。""憶昔留精舍,掀髯獎後生。萬言尊叔重,六藝守康成(所著《説文正義》未就;鄭氏《六藝論》已刊行,一卷)。著述傳箕國(朝鮮使臣朴檢書求公所輯《論語古訓》回國),文章傲漢京。而今誰繼此,暗户鎖書城。"(《管庭芬日記》戊寅四月八日條)

配胡氏,太學生吴縣宗琦女,前卒。與先生合葬於西牌樓北孟婆兜。(《宗譜》卷一三)

《海寧州志稿》卷八《塋墓》載:"孝廉方正陳鱣墓,在新橋東北。"

側室周氏。(《宗譜》卷一三)

子二:長名箕,字元疇;次名簸,字少揚。(《宗譜》卷一四)

《宗譜》卷一四云:"箕,字元疇,號易田,生乾隆戊戌二月十六日,卒道光甲申五月十六日,年四十七。"又"簸,字少揚。生乾隆辛丑四月二十三日,卒道光癸未正月二十六日,年四十三。"

按錢馥《陳仲魚二子字說》:"陳君仲魚名其二子,曰箕,曰簸,謀所以字之。余請字箕曰子膺,字簸曰子粹。"(《小學盦遺書》卷四)先生撰《二子小字說》,則爲箕命字良士,簸字穀士。(《文鈔》卷六)二字皆不行,今從《宗譜》。

黄丕烈《長安志題識》云:"道光癸未秋七月下澣,海昌陳簡莊令嗣元籌,攜向山閣舊藏諸書,與予商措三十餅金。余愧囊空,無以應之。元籌亦怏怏,云即解纜歸矣。"(《蕘圃藏書題識》卷三)

女二:長適庠生候補府經歷秀水祝升恒,胡出;次適庠生卜周書,周出。(《宗譜》卷一三)

孫四人:德浦、德沛、德瑩(箕出),德倍(簸出)。(《宗譜》卷一五)

《宗譜》卷一五:"德浦,字噓雲,生嘉慶乙丑正月十九日,卒道光壬辰十月十六日,年二十九。……無子,以從弟德倍長子鳳詞爲後。""德沛,字子田,生嘉慶戊辰六月三日,卒年失傳。……無子,弟德瑩子宜權兼祧。""德瑩,字鉅如,生嘉慶乙亥二月三日,卒同治壬戌八月二十八日,年四十八。……子一:宜權,兼祧兄德沛後。""德倍,原名德培,字申禄,號載輿,太學生。生嘉慶丁丑九月二十六日,卒同治甲子十月九日,年四十八。……子三:鳳詞、鳳輝、鳳儀。"

按先生後嗣式微,其子若孫,僅德倍爲監生耳。

先生没不數載,遺書飄零,向山閣藏書大半歸同邑馬瀛。

吴衡照《海昌詩淑》:"簡莊先生……晚築講舍於紫微山麓,晨夕著書校勘其中,自以爲南面百城之樂,未有過也。……没不數載,後人無識,爲苕上書賈賺去。"(《簡莊文鈔》卷首《雜綴》引)

蔣光煦《東湖叢記》卷四《馬二槎藏書》條:"吾鄉陳仲魚徵君鱣向山閣藏書,大半歸馬二槎上舍瀛。上舍,余中表行也,時得借觀。"按《海寧州志稿》卷二九《文苑傳》:"馬瀛,字二槎,監生。好藏舊籍,陳徵君鱣向山閣遺書大半歸之。其《吟香仙館書目》,多世所未見之本。有宋槧《漢書》、《晉書》,因以漢晉名其齋。

《晉書》係天籟閣故物,尤爲士林瓌寶云。"

道光丁未、戊申間,朱緒曾署海寧知州,亦頗得先生遺書。咸豐三年,太平軍陷金陵,其家藏書多化煨燼。

《文瀾學報》第2卷《浙江文獻展覽會專號》"向山閣藏明馮紹祖《楚辭句解評林》"條,云:先生向山閣藏書,"後多歸金陵朱緒曾開有益齋。咸豐三年,金陵之陷,書多化去"。

《清儒學案》卷一九九:"朱緒曾,字述之,號燮亭。上元人。道光壬午舉人。以大挑知縣,分發浙江,補孝豐,歷署武義、秀水、嘉興等縣。……轉台州府同知,晉知府。……生平著述甚富,有《論語義證》、《爾雅集釋》、《續棠陰比事》,皆經亂散失。其刊行者,《開有益齋經説》五卷、《讀書志》五卷等。"按楊守敬《日本訪書志》卷一四著録《蔡中郎集》明刊本,係先生舊物,則先生向山閣藏書,清季已流散至日本矣。

光緒間,先生後人流寓濟南,聞尚守遺書百篋,然亦先後散去。

葉昌熾《緣督廬日記》光緒十年九月三十日條載:江建霞(標)來書,云:"陳仲魚先生文孫尚守遺書百篋,流寓濟南,宋本已化雲煙,元刊及手校各本多有在者,柳門能得之矣。"柳門即汪鳴鑾,時任山東學政,江標正在其幕。吴昌綬頗鄙汪氏爲人,渠與繆荃孫書,嘗言:"師所指數種,皆歸安吴氏物,柳門非巧取,即豪奪。……渠任東學,亦攘海源閣物。"(《藝風堂友朋書札》吴氏第九十六札)先生遺書其後是否爲汪氏所得,今未可知。惟前此已有部分藏書售予龔易圖,時龔氏任山東登萊青兵備道兼東海關監督,臺灣大學圖書館藏龔綸《烏石山房藏書簡明目録》油印本,卷首載龔易圖《雙驂園烏石山房藏書楹條款並引》,云:"嘗慨讀書難,藏書尤難;藏書既多且久,則尤難之難。……在山左時,始稍置書。癸酉(同治十二年)在煙臺,忽有海寧陳氏持其遺書來售,計三千餘種,急以重價得之。"又龔氏《烏石山房詩存》卷二丙子(光緒二年)編年詩,有《購海寧陳氏藏書三千餘種》二首,其購書之年,二者所言不一,然時間俱在《緣督廬日記》前,似光緒年間,先生僅存遺書在山東已先後流散矣。

龔氏得先生藏書後,光緒三年丁憂回籍,於福州烏石山西麓建雙驂園,構烏石山房以儲之,前後藏書約五萬卷,編有《烏石山房藏書目録》,今佚。龔易圖卒後,後人將烏石山房藏書售予日據時期臺北帝國大學,由當時任教該校文學院神田喜一郎氏赴閩挑選,共二〇九九部,三四八〇三册,以美金一萬六千八百元成交。①惟不知其中有先生藏書否?

一九八九年十二月二十七日初稿,時在臺安醫院。
一九九〇年三月一日在臺北榮民總醫院重訂畢,四月十八日録竟。
《新編》(上),二〇一七年十二月三十日定稿。
《新編》(下),二〇一九年二月十九日定稿,己亥元宵也。

〔著述考略〕

先生研精文字故訓,尤長於輯佚、校勘之學,著書滿家,惜生前梓刻者僅寥寥數種。繆荃孫《雲自在龕隨筆》卷四引翁方綱《詩境筆記》,載先生著作凡三十一種,②蓋皆中歲以前所爲者,故後來撰著各書此目皆未之及。今觀其目,先生早年之所業,以纂輯經注遺文佚義居多,其付刊者,惟《孝經鄭注》、《集鄭氏六藝論》、《鄭君年紀》、《新坂土風》等數種耳。而《説文正義》一書,爲半生精力之所萃,身後遺稿蕩佚,莫知所歸,尤可慨也。今纂先生年譜竟,因就聞見所及,考其著作名目,惜書稿多佚亡,僅如虎豹一鞟,徒遺其名於天壤間耳。

先生平生校書無數,藏弆家志目時或記之。其題跋有年月可考者,多已載入譜中。惟校勘之業,事有精麤,其略者固不得與著述比也。今未悉見原書,故諸書校本此俱不列,僅載其録有成稿者。如朱記榮《國朝未刊遺書志略》,著録先生《集韻》、《類篇》校本及《唐才子傳校勘記》,今但記後者,非有所軒輊,恐其多而流於浮濫也。

〔已刊行者〕

一、《論語古訓》十卷

《譜》甲寅條已見。有乾隆六十年士鄉堂原刊本、光緒九年浙江書局重刊本。有乾隆五十九年十二月《自序》、嘉慶元年阮元《序》。黄式三《儆居先生雜著》卷三有《陳氏論語古訓跋》。

① 參王國良:《晚清龔易圖藏書探析——以〈烏石山房簡明書目〉、〈大通樓藏書目録簿〉爲主的考察》,《故宫學術季刊》25卷第3期,2008年,第125–150頁。

② 繆荃孫:《雲自在龕隨筆》,北京:商務印書館,1958年,第158頁。按以下凡注《詩境筆記》者,並引自此書。

二、《孝經鄭注》一卷

《譜》壬寅條已見。有乾隆五十一年陳氏裕德堂原刊本、咸豐間蔣氏别下齋《涉聞梓舊》本、商務印書館《叢書集成簡編》排印本。有乾隆四十七年十二月《自序》;别下齋本、商務本有咸豐六年七月蔣光煦《跋》。又周廣業有此書《書後》,見《蓬廬文鈔》卷四。中國國家圖書館藏先生《聲系》稿本,卷首有先生自書《簡莊經籍目》,此書作《孝經譔集》一卷。

三、《六藝論》一卷

《譜》甲辰條已見。《詩境筆記》著録,題《集鄭氏六藝論》;段玉裁《綴文序》稱《六藝論拾遺》。有乾隆四十九年裕德堂原刊本、咸豐間别下齋《涉聞梓舊》本、商務印書館《叢書集成簡編》排印本。有乾隆四十九年正月《自序》。先生《簡莊經籍目》著録,作《六藝論譔集》一卷。

四、《禮記參訂》十六卷

手稿現藏香港大學圖書館,劉氏嘉業堂舊藏(周子美編《嘉業堂鈔校本目録》第8頁著録)。饒宗頤先生編《香港大學馮平山圖書館藏善本書録》云:"首有《元本禮記集説跋》稿。此書原題'禮記集説參訂卷第一',後塗去'集説'二字及'第'字。眉批增訂簽貼甚多。"(第117頁)"中央圖書館"藏一鈔本,文海出版社嘗影印行世,仍題"禮記集説參訂",書前《提要》云:"本書乃繼元陳澔《禮記集説》之研究,蓋以鄭《注》爲本,參訂諸注釋,而間有本於朱子《章句》者,補苴闕漏,堪爲陳澔之功臣。"此説未是。先生於陳澔《集説》頗呰其陋,《經籍跋文·元本禮記集説跋》云:澔"生平無它著作,株守窮鄉,妄欲説經垂世,而固陋空疏,弊端百出,《經義考》目爲兔園册子,殆不爲過"。明永樂時,胡廣等修《五經大全》,儒臣無識,《禮記》以陳氏《集説》爲主,功令遂用以取士,清代因之。先生乃撰是書,推闡鄭《注》,以訂陳澔之謬。據先生《經籍跋文·元本禮記集説跋》:"其經文之勝于今本,及不合古本,又其説之背于古者,具詳余所著《禮記參訂》。"則書名當以是爲定。

王欣夫《蛾術軒篋存善本書録》云:"此《參訂》十六卷,根據《注疏》,博徵群書,大抵兩漢古義,爲〔納喇性德〕《補正》所不及;而《補正》之誤,亦附正之。發隱糾誤,幾無完膚。……此稿書賈先以攜示適園主人,索值昂。及再見,則卷中附籤約少其半,因未與議價。蓋飛鳧人於書畫碑帖往往割裂題跋,配以僞跡,化一爲二,以售其欺,此書亦猶是也。仲魚心血横遭分宰,殊可憤懣。此張君芹伯親告余者。"録以備參。

五、《簡莊疏記》十七卷

此先生肄經札記也,有張氏《適園叢書》本。書後有民國四年張鈞衡《跋》,略云:"此書分疏各經,詮釋字義,頗與《經義雜記》、《讀書雜志》相近。鈔自武進盛氏,前六卷寫定本,後八卷則手稿也。"《清朝續文獻通考》卷二五九著録,亦作十四卷。刊本作十七卷者,蓋張氏付刻時所分析也。其中《詩經》三卷,《周禮》、《禮記》各二卷,其餘諸經經各一卷。稿本現藏中國國家圖書館。

六、《經籍跋文》

《譜》癸酉條已見。此書記所藏或所見諸經善本,各繫以跋,疏記經注異同,兼載版刻之歲月、册籍之款式,共《宋版周易注疏跋》、《宋本周易集解跋》、《宋咸淳本周易本義跋》、《宋本尚書孔傳跋》、《宋本書集傳跋》、《宋本毛詩跋》、《元本毛詩注疏跋》、《宋本周禮注跋》、《宋本儀禮注跋》、《宋本禮記注跋》、《宋本禮記注疏跋》、《元本禮記集説跋》、《宋本春秋經傳集解跋》、《宋本穀梁傳單行疏跋》、《宋本論語音義跋》、《宋本孝經注跋》、《宋本爾雅疏跋》、《宋本孟子音義跋》、《宋本四書跋》等,凡十九篇。有《别下齋叢書》本,惟蔣氏梓刻時,删去各跋文末年月,其後各本並沿之。另有光緒戊寅葉氏龍眠山房刊本、光緒辛巳晉石厂校刊本、章氏《式訓堂叢書》本、《校經山房叢書》本、商務印書館《叢書集成初編》排印本等。各本並有嘉慶癸酉十月吴騫《序》、道光丁酉四月管庭芬《跋》、許洪喬《跋》。先生卒後,遺稿散佚,管庭芬"於西吴書舫適見是册,爲徵君手稿,不覺狂喜,急以善價購歸"。其本現藏上海圖書館,今諦審之,實爲摹本,非先生手跡也。管君另寫一本,即别下齋刊刻之底本,現藏中國國家圖書館,跋末各具年月,本譜所據也。先生《文鈔》另有《宋本周易本義跋》、《宋本詩集傳跋》、《元本春秋左傳句讀直解跋》三篇,可與此並觀。

七、《恒言廣證》六卷

《譜》甲戌條已見。《簡莊文鈔續編》卷一有先生嘉慶十九年十一月《自序》。羊復禮《簡莊文鈔·跋》言:"《恒言廣證》六卷,舊爲吴氏竹初山房所藏,今亦存亡莫卜。"按先生原稿即書於錢大昕《恒言録》書眉,現藏上海圖書館,近年有影印本,收入《上海圖書館未刊古籍稿本》第十二册。另,1958年,商務印書館曾據原稿本排印,頗便閱讀。

八、《續唐書》七十卷

《譜》甲戌條已見。有道光四年阮元粵東刊本、光緒二十一年廣雅書局重刊本、商務印書館《叢書集成簡編》排印本。有甲戌六月先生《自序》。沈濤《十經齋文二集》有《書續唐書後》一篇。

九、《鄭君年紀》一卷

《譜》乙巳條已見。《詩境筆記》著録,作《北海鄭公年譜》;段玉裁《綴文序》稱《鄭君年譜》,法式善《朋舊及見録》稱《鄭司農年譜》,此俱以年譜目之。羊復禮《簡莊文鈔·跋》謂此書稿已泯没不傳,其説未確。按是書附刻於袁鈞《鄭氏佚書》之末,題《鄭君紀年》。本集有乾隆五十年六月《自序》,題《鄭君年紀》,今據此著録。錢大昕《潛研堂文集》卷二六有《鄭康成年譜序》一篇,孫志祖《申鄭軒遺文》亦有《鄭康成年譜跋》,皆爲是書撰也。

十、《對策》六卷

《譜》辛酉條已見。有士鄉堂原刊本、[①]章氏《式訓堂叢書》本、《校經山房叢書》本、商務印書館《叢書集成簡編》排印本。有嘉慶六年七月先生識語。

十一、《綴文》六卷

此爲先生文集,有嘉慶十一年士鄉堂原刊本,中國國家圖書館有藏本。光緒十四年,羊復禮重刊於粵東,易名《簡莊文鈔》,本《譜》所據即此本。羊刻書版1926年燬於火;時吴中蔣氏心矩齋亦覆刻此集,未畢工而中輟。是年杭州抱經堂購得其板,補刊成書,題《簡莊綴文》。各本有嘉慶十二年四月段玉裁《序》、嘉慶十年夏先生識語。粵東刊本另有光緒十四年羊復禮《跋》;抱經堂本則有丙寅陳乃乾《序》。李慈銘《越縵堂日記》云:"簡莊博究經籍,尤精字學,文章非其所長,固以考據重者。集内《埤蒼拾存》、《聲類拾存》兩《序》,辨别古今字詁,多段、錢諸君所未及。"(同治甲子正月十七日條)

十二、《簡莊文鈔續編》二卷

羊復禮蒐輯先生遺文,編爲二卷,光緒十四年,與《文鈔》、《河莊詩鈔》合刊於粵東。然羊氏所輯尚多闕漏,余摭拾所見,先後録爲《簡莊遺文輯存》(1988年,《大陸雜誌》76卷第3期)、《簡莊遺文續輯》(2002年,《書目季刊》35卷第4期)、《簡莊詩文鈔拾補》(2013年,《書目季刊》46卷第4期)。

十三、《河莊詩鈔》

羊復禮輯本,僅二十五首。余續輯得四十餘首,見《簡莊詩文鈔拾補》。

十四、《新坂土風》一卷

《譜》戊戌條已見。《詩境筆記》著録。光緒壬辰八月,羊復禮刊於桂林,有嘉慶丁巳八月秦瀛《序》、光緒十八年重九羊復禮《跋》。《清儒學案》卷八七著録,作"新坂風土記",誤。

〔訂訛〕《簡莊隨筆》一卷

繆荃孫刻入《煙畫東堂小品》第二册。按此非先生之書,王欣夫《蛾術軒篋存善本書録》云:"《簡莊隨筆》,係摘録錢牧齋題跋,非其自著,繆荃孫不辨而刻入《煙畫東堂小品》。"

---

① 按孫殿起《販書偶記》卷一六著録嘉慶十二年士鄉堂刊本;《販書偶記續編》卷一一則作嘉慶十年。孫《記》例不複見,然此二者當同爲一板。

〔未刊行者〕

一、《周易繫辭外傳》二卷

見翁方綱《詩境筆記》。

二、《周易存義》九卷

見《詩境筆記》,元注:"集馬、鄭、二王四家《注》,終以'謹案'發明四家之義。退《文言》於《繫辭》後,列《彖》、《象》於卦末。"法式善《朋舊及見録》卷四六"陳鱣"條亦載之(中國科學院圖書館藏梧門稿本)。按《簡莊經籍目》著録作十卷。

三、《周易鄭注後定》三卷

《譜》甲辰條已見。《詩境筆記》著録,元注:"從歸安丁小疋輯補本重加校定。其經文悉考原本,不從王弼所亂者。"書稿今佚,中國國家圖書館藏盧氏雅雨堂刻《鄭氏周易》三卷,有先生校跋,並録盧文弨、孫志祖、丁杰三家跋語(《北京圖書館古籍善本書目・經部》第12頁、《中國古籍善本書目・經部》第40頁),蓋即是書底本。

四、《逸書》二卷

見《詩境筆記》,蓋輯《尚書》逸文也。

五、《尚書鄭學》十卷

《簡莊經籍目》著録,稿佚。

六、《逸詩》一卷

見《詩境筆記》,蓋輯録先秦逸詩也。

七、《詩人考》三卷

《譜》壬寅條已見。《簡莊經籍目》、法式善《朋舊及見録》卷四六著録。《詩境筆記》云:"從齊、魯、韓、毛四家及諸子籍,考得《三百篇》作者四十餘人,大要以毛爲宗。後附《詩人辨》,專闢僞《詩傳》說。"《文鈔》卷二有先生乾隆四十七年四月《自序》;吳騫《愚谷文存》卷一亦有一《序》。羊復禮《簡莊文鈔・跋》:"《詩人考》三卷,尚爲余家所弆。"惜當日未及刻之,不知其稿尚在天壤間否?

八、《毛詩纂述》

見《海寧渤海陳氏宗譜》卷二六先生傳。

九、《三家詩拾存》六卷

《簡莊經籍目》著録,稿佚。鄧邦述《群碧樓善本書目》卷五著録先生著《三家詩拾遺》十卷,其本現藏"中央研究院"史語所傅斯年圖書館。今核其書,實范家相所著,先生手鈔之,鄧氏失核,誤以爲先生著也。

十、《集周禮干注》一卷

見《詩境筆記》。陸德明《釋文・序録》著録干寶《周禮注》十三卷,此輯干氏佚注也。

十一、《集周禮戚音》一卷

見《詩境筆記》。按《釋文・序録》云:"近有戚衮作《周禮音》。"其書隋、唐志不載,則亡佚久矣。

十二、《宋本儀禮校記》

《譜》庚午條已見,稿佚。

十三、《集儀禮喪服經傳馬注》一卷

見《詩境筆記》,元注:"未成。"

十四、《集禮記盧注》一卷

見《詩境筆記》,元注:"較杭氏所集倍增。"蓋據杭世駿《續禮記集説》所輯盧植《注》,重加增益也。

十五、《三禮目録箋》三卷

《簡莊經籍目》著録,稿佚。

十六、《集蔡氏月令章句》十二卷

見《詩境筆記》,元注:"較余氏《鉤沈》多三之一。"

十七、《釋禮》一卷

見《詩境筆記》。按《簡莊文鈔》卷六有《釋禮》一篇,蓋後來續有增益也。

十八、《春秋賈服注摭遺》十二卷

見《詩境筆記》,元注:"從元和惠氏及歸安丁氏本重輯。其經傳次第,亦從杜氏未亂之本。"

十九、《箴左傳膏肓摭遺》一卷

見《詩境筆記》。

二十、《發公羊墨守摭遺》一卷

按《雲自在龕隨筆》引《詩境筆記》,原無此目,惟據下條原注"以上三書"云云,則當有此書,繆氏傳寫脱去耳。

二一、《起穀梁癈疾摭遺》一卷

見《詩境筆記》,元注:"以上三書,俱從山西本、武進莊氏、歸安丁氏本重校,未寫定。"

二二、《春秋家法二十家》

《簡莊經籍目》著録,稿佚。

二三、《集賈氏國語注》

鈕樹玉《非石日記鈔》乾隆壬子二月二十九日條,記所見書稿,有"海寧陳氏所著

《賈氏國語注》,元注:其圖章曰'新坡卿印'",則先生所輯也。吴壽暘《拜經樓藏書題跋記》卷一載先生《北海經學七録》識語,自署"新坡陳鱣";又跋吴騫《國山碑考》,末署"新坡鄉人陳鱣跋"(《拜經樓叢書》本)。

二四、《五經異義摭遺》五卷

《簡莊經籍目》著録,稿佚。

二五、《駁五經異義後定》一卷

見《詩境筆記》,元注:"從武進莊氏、元和惠氏、嘉定錢氏本合參,依五經爲先後。"

二六、《論語經典通考》一卷

《清朝續文獻通考》卷二五九著録。此書未聞,俟考。

二七、《論語鄭注後定》二卷

見《詩境筆記》,元注:"與秀水陳梅軒、歸安丁小疋合訂,共增多五十條,較知不足齋刻本多三之一。"按中國國家圖書館藏知不足齋本《古文論語注》,有先生及吴騫校補並跋,先生並録丁杰訂補各條及跋文(《中國古籍善本書目・經部》第303頁),蓋此書底本也。

二八、《集孟子劉注》一卷

見《詩境筆記》,此輯劉熙佚《注》也。上海圖書館藏一鈔本,凡《梁惠王篇》六條,《公孫丑篇》二條,《滕文公篇》十二條,《離婁篇》一條,《萬章篇》六條,《告子篇》四條,《盡心篇》五條,共三十六條,有盧文弨校語。

二九、《孟子輯詁》七卷

《簡莊經籍目》著録,稿佚。

三十、《孟子弟子列傳》一卷

見《詩境筆記》。

三一、《四書疏記》四卷

稿本現藏浙江省圖書館(《中國古籍善本書目・經部》第350頁著録)。中國國家圖書館藏徐光濟編《汲修齋叢書》十六種,中亦有先生《四書疏記》一卷(《北京圖書館古籍善本書目・子部》第1920頁),未審二者異同如何?

三二、《古文孝經疏證》二卷

見《詩境筆記》,元注:"籍(森按:疑"證"字之誤)日本新出孔《傳》之僞。"

三三、《爾雅集解》三卷

謝啓昆《小學考》卷三著録,有先生《自序》。按《序》文,是書蒐采《釋文》、群經義疏、《文選注》及玄應《一切經音義》等書所引犍爲舍人、樊光、李巡、孫炎舊注,兼采舊音,以存漢魏古義。《詩境筆記》記先生所著書,有《集爾雅三家注》三卷,元注:"采集犍爲舍人、李巡、孫炎注,徵引群書約百餘種。"蓋今見存漢魏古注,三家爲多也。《簡莊經籍目》著録,作《爾雅集注》三卷。復旦大學圖書館藏此書朱元吕鈔本,題《爾雅舊注》,有許瀚校補並《跋》(《中國古籍善本書目·經部》第383頁)。

三四、《宋本爾雅疏校記》

見《經籍跋文·宋本爾雅疏跋》。

三五、《石經説》六卷

《譜》庚戌條已見;《簡莊經籍目》著録。先生《唐石經校文序》云:"鱣于乾隆五十五年作《石經説》六卷,蓋取漢熹平、魏正始、唐開成、蜀廣政、宋至和、宋紹興歷代所刻石,而稽考其異同也。自以漏略尚多,未敢出而問世。"(《簡莊文鈔》卷二)《簡莊疏記》稱"石經考"(卷二,第7頁),當同一書。書稿亡佚,中國科學院圖書館藏海寧徐光濟用拙齋鈔本,存《宋至和石經》一卷;顧廷龍嘗傳録一册,現藏上海圖書館,可藉覘全書梗概也。

三六、《説文解字正義》三十卷

《簡莊經籍目》、《小學考》卷一〇、法式善《朋舊及見録》卷四六、朱記榮《未刊遺書志略》並著録。《小學考》載乾隆五十七年王鳴盛《序》。此書乾隆末已有成稿,先生晚歲重加改訂,至十一篇病劇,全書未及寫定。今遺稿蕩佚,不可問矣。

三七、《聲系》十五卷

《簡莊經籍目》著録;《小學考》卷十作《説文聲系》十五卷,蓋同一書。按阮元《論語古訓序》,是書取《説文》九千字,以聲爲經,偏旁爲緯,若嚴可均《説文聲類》之比也。中國國家圖書館藏先生稿本《聲系》三卷(《北京圖書館古籍善本書目》第197頁、《中國古籍善本書目·經部》第488頁著録),蓋後來有删併歟。

三八、《説文繫傳釋詁》

查元偁《説文字通序》云:"余弱冠,受業於同里仲魚先生鱣。先生之學,長於《説文》,作《繫傳釋詁》十餘萬言,援據精博,丹鉛不去手。……所著書屢易稿,迄未授剞劂。迨余歷西臺,乞假南旋,則師已歿。後裔式微,求所著釋《説文繫傳》書,零落不可考。"(《琇齋文存》稿本)此所言《繫傳釋詁》,疑指《説文正義》也。蓋《正義》一書,乃先生中歲心力之所萃,先生文屢屢言之,如《埤倉拾存自叙》云:"鱣著《説文解字正義》,思盡讀倉、雅字書,每于古訓遺文,單詞片語,零行依附,獲則取之,以資左證。"(《文鈔》卷二)又《廣雅疏證跋》言:"鱣之《説文正義》用力已十餘年"(《文鈔》卷三),並其例也。獨不見有言及《繫傳釋詁》者。蓋此出查氏後來追憶,事歷既久,致失堅确歟;或查氏嘗見先生《繫傳》校本,致混之耳。王國維《傳書堂藏善本書志》經部"《説文解字繫傳》"條著録:"汪啓淑刻本,陳仲魚以大徐《説文》(王蘭泉、周漪塘二氏藏宋刊本,葉石君、趙靈均鈔本、汲古閣初印本等)、《五音韻譜》、《古今韻會》及諸字書手校,訂正頗多。"此本現藏中國國家圖書館。

三九、《埤倉拾存》二卷

《譜》己酉條已見。稿本現藏中國國家圖書館(見《北京圖書館古籍善本書目》第153頁、《中國古籍善本書目・經部》第390頁)。《小學考》卷九著録,稱《今本埤倉》。本集卷二有序,題《埤倉拾存自序》;又《小學考》卷二九著録《今本聲類》,本集卷二亦題《聲類拾存自序》。先生《綴文》後出,當以"拾存"之名爲定。

四十、《聲類拾存》一卷

《譜》己酉條已見。《小學考》卷二九著録,有先生《自序》及阮元《書後》。稿本現存中國國家圖書館(《北京圖書館古籍善本書目》第169頁著録)。

四一、《通俗文拾存》

稿本現存中國國家圖書館(《北京圖書館古籍善本書目》第169頁、《中國古籍善本書目・經部》第398頁著録)。卷首有先生《自序》,末屬"陳鱣識於硤谷紫微講舍",則丁卯以後乃寫定也。

四二、《古小學書鈎沈》十一卷

稿本現藏中國國家圖書館(《北京圖書館古籍善本書目》第158頁、《中國古籍善本書目・經部》第397頁著録),卷末有徐光濟《跋》。其書輯録《字書》、魏張揖《字詁》、樊恭《廣倉》、晉吕静《韻集》、王羲之《小學篇》、葛洪《字苑》、周成《難字》、晉李彤《字指》、阮孝緒《字略》、楊承慶《字統》、梁何承天《纂文》,共十一種,每種各一卷。其中《字詁》、《廣倉》、《字書》、《韻集》輯本,《小學考》卷八、卷九、卷一五、卷二九著録,各有先生《自序》。

徐光濟《跋》云:"字書十一種,吾邑陳仲魚徵君手筆輯録,别無傳本。光緒廿五年秋得於卜氏後人,閲是書者,幸勿忽之。越二年八月朔,歲次辛丑,寅盦居士徐光濟書於用拙齋鐙前。"依此,知原稿初無題名,今稱《古小學書鈎沈》者,疑藏者所擬。《小學考》卷一五載先生《字書拾存・自序》,文末云:"録此以附《小學拾存》之末"。所云《字書拾存》,即本書所輯之《字書》也;由此繹之,則此《古小學書鈎沈》,當本名《小學拾存》也。

四三、《别雅補篆釋》

見《詩境筆記》,元注:"仿《隸釋》,自周秦迄魏晉,稍溢至唐。"

四四、《讀書敏求記校記》

參本《譜》嘉慶丁卯條。

四五、《唐才子傳校勘記》一卷

《管庭芬日記》道光二十四年十二月初三日條記:“梅里張君丹芝藏有吾鄉陳簡莊徵君《唐才子傳校勘記》一卷,假録其副。”管君鈔本現藏中國國家圖書館(《北京圖書館古籍善本書目》第 411 頁)。趙萬里有《陳仲魚唐才子傳簡端記》,刊《北海圖書館月刊》2 卷第 1 號(1929 年),蓋據先生原校本迻録也。先生原校,現亦藏中國國家圖書館,王文進《文禄堂訪書記》卷二著録,有先生嘉慶十五年正月校《跋》,末云:“時余方校計敏夫《唐詩紀事》,因類及焉。”則先生復有《唐詩紀事》校本,惟不知録有成稿否?今附記於此,俟訪。

四六、《文選校理》

見法式善《朋舊及見録》卷四六“陳鱣”條。

四七、《小碎集》一卷

《譜》庚申條已見。此爲先生中歲詩稿,未見傳本。嘉慶五年春仲,吴騫爲撰《序》,見《愚谷文存》稿本(《國家圖書館藏鈔稿本·乾嘉名人别集叢刊》第十三册)。

四八、《簡莊詩集》十卷

管庭芬《海昌藝文志》卷一四著録,言有“寫本”;然光緒中羊復禮撰《簡莊文鈔·跋》,已稱稿佚莫睹。法式善《朋舊及見録》卷四六著録,作《簡莊歌詩》。

近年文物出版社影印《中國近代名賢書札》,中有《陳鱣詩稿册》一種(2006 年),原稿爲海寧某藏家所有,二〇一二年七月十三日,余親見此稿,審其文字,並非先生手筆;前後無序跋,惟卷末有“歲在嘉慶十二年八月十一日陳鱣記”題款一行。按羊復禮、徐光濟及余所輯先生佚詩,合計八十餘首,無一首見於此稿者。而《河莊詩鈔》及余輯本,先生詩多與乾嘉學人贈酬之作,此稿俱無之。而稿内却有《檢乙未鄉闈落卷有懷房荐師蕭公》一首,考乙未鄉闈爲道光十五年恩科,其時先生卒已十八年矣,即此一端,其稿非先生之詩斷斷可知矣。①

四九、《河莊詩文鈔》一卷

中國國家圖書館藏徐光濟編《汲修齋叢書》凡十六種,《河莊詩文鈔》其一也。計收《吾與庵記》、《求古居記》、《菊莊記》及《石田手稿跋》等文十七篇,另詩七首,蓋意在摭補羊復禮《文鈔續編》及《詩鈔》之遺也。

五十、《簡莊文鈔補輯》一卷

費寅輯,稿本藏上海圖書館。目録後費氏識語云:“羊辛楣先生刊《簡莊文鈔》六卷,復輯《文鈔續編》二卷于後,仲魚徵君之遺文,可云大備。惟是故書手跋,睹記所

① 參拙稿《錢大昕陳鱣詩稿二種辨僞》,《中國文哲研究集刊》第 43 期,2013 年,第 217-237 頁。

及,妄思補輯。數年以來,留儲行篋,懼其久而散佚,先付校印。更俟博聞廣見有以增益之耳。後學費寅謹記。”費《輯》計收《周禮句解跋》、《博古圖録考正跋》等共十七篇,與徐光濟所輯互有異同。

五一、《選詩話》十卷

見《詩境筆記》,元注:“昔人評論涉《文選》者”。

五二、《武林寓目記》

見《吴兔牀日記》乾隆庚子三月八日條。由書名度之,蓋記先生往來杭州所見舊籍、書畫、金石、古器也,稿佚。

五三、《銘心絶品録》三卷

見《詩境筆記》,元注:“所見金石書畫。”

五四、《河莊篆刻》

見《詩境筆記》。按先生能治印,見《譜》癸卯條,此蓋先生篆刻印譜也。

五五、《松研齋隨筆》

《詩境筆記》、李遇孫《金石學録》卷四、《海昌藝文志》卷一四著録。翁方綱《兩漢金石記》卷一八《吴禪國山碑》條曾引其説。

五六、《修業録》

見《詩境筆記》,蓋先生讀書筆記也。

〔附録〕

采自《簡莊文鈔》卷首

《清史列傳》卷六九《儒林傳》

陳鱣,字仲魚,浙江海寧人。父璘,字昆玉,諸生,嘗著《許氏説文正義》,未成而歿。鱣博學好古,彊於記誦,尤專心訓詁之學。時同州人吴騫拜經樓多藏書,鱣亦喜聚書,得善本,互相鈔藏,以故海昌藏書家推吴氏、陳氏。嘉慶元年,舉孝廉方正,督學阮元稱浙中經學鱣爲最深,手摹漢隸“孝廉”二字,以顔其居,復爲書“士鄉堂”額以贈。三年,中式舉人。在公車時,與嘉定錢大昕、大興翁方綱、金壇段玉裁質疑問難。後客吴門,與黄丕烈定交,取所藏異本往復異(森按:當爲“易”字之譌)校。

鱣學宗許、鄭,嘗繼其父志,取《説文》九千言,〔以〕聲爲經,偏旁爲緯,竭數十年之心力,成《説文正義》一書。又以“鄭康成注《孝經》,見於范書本傳,《鄭志》目録無之;《中經簿》但稱‘鄭氏解’而不書其名,或曰是其孫小同所作。然鄭《六藝論》序《孝經》,序《春秋》,皆云‘玄又爲之注’;鄭注《春秋》未成,後與服子慎,遂爲服氏《注》,故從來列鄭注無及《春秋》者。竊以其注《孝經》亦未寫定,小同追録成之,故不敢載入目録。《中經簿》所題,蓋要其終;范書所紀,則原其始也。”因綴(按當作“掇”)拾遺文,爲《孝經鄭注》一卷;又以《六藝論》未見輯本,廣爲蒐討,成一卷;又著《鄭康成年譜》一卷。又著《論語古訓》十卷,凡漢人之注及皇《疏》無不采取。玉裁見所著諸書,歎其精覈。

晚築講舍於紫薇山麓,寢處其中,一意撰述,有《石經説》六卷、《聲類拾存》一卷、《埤蒼拾存》一卷、《經籍跋文》一卷、《續唐書》七十卷、《恒言廣證》六卷、《綴文》六卷、《對策》六卷、《詩人考》三卷、《詩集》十卷。二十二年卒,年六十五。

《清史稿》卷四八四《文苑傳》

陳鱣,字仲魚。強於記誦,喜聚書。州人吴騫拜經樓書亦富,得善本,互相鈔藏。嘉慶改元,舉孝廉方正;又明年,中式舉人。計偕入都,從錢大昕、翁方綱、段玉裁遊。後客吴門,與黄丕烈定交,精校勘之學。

嘗以朱梁無道,李氏既系賜姓,復奉天祐年號,至十年(森按:當作“十九年”),立廟太原,合高祖、太宗、懿宗、昭宗爲七廟,唐亡而實存焉。南唐爲憲宗五代孫建王之玄孫,祀唐配天,不失舊物,尤宜大書年號,以臨諸國,於是撰《續唐書》七十卷。又有《論語古訓》、《石經説》、《經籍跋文》、《恒言廣證》諸書。卒年六十五。

《海昌備志》卷一七本傳(錢泰吉撰)

陳鱣,字仲魚,號簡莊,又號河莊。嘉慶丙辰,以郡庠生舉孝廉方正,戊午舉人。少承其父許氏《説文》之學;而兼宗北海鄭氏,於《論語注》、《孝經注》、《六藝論》,皆采輯遺文,并據本傳,參以諸書,排次事實爲《年紀》,嘉定錢氏大昕謂爲粲然有條,咸可徵信。好購藏宋元雕本書及近世罕見之本,與吴槎客騫互相鈔傳。晚營果園於紫微山麓,中搆向山閣,藏書十萬卷,次第校勘。册首鈐小印二,一曰"得此書,費辛苦;後之人,其鑒我",一爲小像。

仲魚美鬚髯,喜交游,槎客謂其力學嗜古、魁奇俶儻之概,與宜興陳經景辰同,多髯又同,作《兩陳髯行》。後仲魚與景辰修士相見禮,以謝在杭小草齋精鈔《古靈先生集》贈景辰,槎客爲之跋尾。嘉慶辛酉,會試至京,於琉璃廠書肆識朝鮮使臣朴修其檢書,各操筆以通語言。朴修其以所撰《貞蕤稿略》貽仲魚,仲魚報以《論語古訓》,各相傾許,一時以爲佳話。其舉孝廉方正也,儀徵阮相國爲舉主,手摹漢隸"孝廉"二字,以顔其居,并爲書"士鄉堂"額。仲魚既没,遺書散佚,相國爲刊《續唐書》於粤東。(又見《碑傳集補》卷四八)

森按:《海寧州志稿》卷二九《儒林》本傳,其文略同,不復録。

《海寧渤海陳氏宗譜》卷二六本傳

簡莊諱鱣,字仲魚,文學昆玉之長子也。賦性穎異,讀書過目成誦。昆玉年未艾,即得心疾,簡莊舌耕以養,能得親歡。弱冠後,補博士弟子,旋以優等食餼。親歿後,遊學都中,名公卿皆樂與之交。

嘉慶丙辰,詔天下督撫、學臣舉孝廉方正。時浙學使者爲儀徵阮芸臺相國,素耳公名,舉以應詔,并手摹漢隸"孝廉"二字,以顔其居,復爲書"士鄉堂"額以贈。旋登戊午賢書。己未春,計偕入都,闈卷薦而不售。凡六上春闈,遂不復作出山計。歸築講舍于紫薇山麓,寢處其中,一以著書爲事。邑中遇有公事,施賑、建祠、創修書院,咸樂得公董其役,輒謝不出,惟作《粤賢堂記》以應其請。

生平一無所好,獨于古名人書畫,不惜重價購之。所心賞者,鈐以二章,一肖己像,上題"仲魚圖像"四字;一綴以十二字,曰"得此書,費辛苦;後之人,其鑒我"。嗚呼!觀於此,可以知其志趣所在,而義方之訓從可識矣。所藏最富,惜今已散佚。所著《論語古訓》、《孝經鄭注》、《説文正義》、《毛詩纂述》、《續唐書》、《恒言廣證》、《六藝論》、《埤倉拾存》、《綴文》、《對策》、《新坂土風》若干卷,半已鏤板行世。

引用書目

一、傳統文獻

〔唐〕羅隱著,〔清〕吴騫校《讒書》,《拜經樓叢書》本。

〔宋〕不著撰人《宋季三朝政要》,南京圖書館藏袁廷檮貞節堂鈔校本。

〔宋〕周煇《清波别志》,“中央圖書館”藏陳鱣校本。

〔宋〕晁公武《郡齋讀書志》,中國國家圖書館藏陳鱣校本。

〔宋〕高似孫《硯箋》,陳鱣向山閣鈔本,上海楊崇和教授楓江書屋藏。

〔宋〕高承輯《事物紀原》,胡文焕刻《格致叢書》陳鱣校本,上海圖書館藏。

〔宋〕程大昌《演繁露》,中國國家圖書館藏陳鱣校本。

〔宋〕羅璧《識遺》,上海圖書館藏陳鱣校本。

〔元〕陶宗儀輯《古刻叢鈔》,上海圖書館藏陳鱣校本。

〔明〕朱有燉《誠齋牡丹百詠》、《誠齋梅花百詠》、《誠齋玉堂春百詠》,“中央圖書館”藏嘉靖十二年刊本。

〔明〕徐柯《一老庵文鈔》,《辛巳叢編》本。

〔清〕王德浩纂,曹宗載重訂《硤川續志》,收入《中國地方志集成·鄉鎮志專輯》,1992 年,上海書店。

〔清〕王澍《王篛林先生題跋二種》,收入《國家圖書館藏古籍藝術類編》,2004 年,北京圖書館出版社。

〔清〕朱記榮輯《國朝未刊遺書志略》,光緒二十年徐士愷輯《觀自得齋叢書》本。

〔清〕江慶柏編《清朝進士題名録》,2007 年,北京:中華書局。

〔清〕江標纂,王欣夫補《黄丕烈年譜》,1988 年,北京:中華書局點校本。

〔清〕吴文炳《香雪山莊詩集》,中國國家圖書館藏道光二年刻本。

〔清〕吴壽照、吴壽暘《顯考兔牀府君行述》,中國國家圖書館藏嘉慶間刻本。

〔清〕吴騫《吴兔牀先生未刊稿八種》,上海圖書館藏吴氏稿本。

〔清〕吴騫《拜經樓詩文稿》,收入《國家圖書館藏鈔稿本乾嘉名人别集叢刊》,2010 年,北京:國家圖書館出版社。

〔清〕吴騫《拜經樓詩集續稿》,1974 年,臺北:文海出版社《清代稿本百種彙刊》據“中央圖書館”藏著者手定稿本影印。

〔清〕吴騫《愚谷文存續編》,《續修四庫全書》本。

〔清〕李慈銘《越縵堂日記》,民國九年,上海:商務印書館據李氏稿本影印。

〔清〕阮元《揅經室集》,《續修四庫全書》本。

〔清〕周中孚《鄭堂讀書記》,民國十年吴興劉氏嘉業堂刊本。

〔清〕周在浚《南唐書箋注》,上海圖書館藏向山閣鈔本。

〔清〕法式善《存素堂詩初集録存》,《續修四庫全書》本。

〔清〕查有新《春園吟稿》,《清代詩文集彙編》本。

〔清〕段玉裁《説文解字注》,嘉慶間經韵樓刊本。

〔清〕孫志祖《申鄭軒遺文》,《清代詩文集彙編》本。

〔清〕孫星衍《平津館文稿》,《續修四庫全書》本。

〔清〕耿文光《萬卷精華樓藏書記》,民國排印本。

〔清〕張惠言《茗柯文編》,光緒九年蛟川張氏花雨樓刊本。

〔清〕章鈺《錢遵王讀書敏求記校證》,民國十五年章氏刊本。

〔清〕莫友芝《宋元舊本書經眼録》,同治十二年獨山莫氏刊本。

〔清〕莫友芝《莫友芝日記》,2014 年,南京:鳳凰出版社張劍點校本。

〔清〕許宗彦《鑑止水齋集》,《續修四庫全書》本。

〔清〕陳文述《頤道堂詩外集》,《續修四庫全書》本。

〔清〕陳鱣、潘學詩撰《渚山樓牡丹分詠》,收入《國家圖書館藏鈔稿本乾嘉名人别集叢刊》,2010 年,北京:國家圖書館出版社。

〔清〕陳鱣《恒言廣證》,收入《上海圖書館未刊古籍稿本》,2008 年,上海:復旦大學出版社。

〔清〕陳鱣《經籍跋文》,中國國家圖書館藏管庭芬鈔本。

〔清〕陳鱣《對策》,光緒間章氏《式訓堂叢書》本。

〔清〕陳鱣《綴文》,嘉慶十一年士鄉堂原刻本。

〔清〕陳鱣《禮記參訂》,收入《清代稿本百種彙刊》,1974 年,臺北:文海出版社。

〔清〕陳鱣著,徐光濟輯《河莊詩文鈔》,收入《汲修齋叢書》,中國國家圖書館藏鈔本。

〔清〕陶樑《紅豆樹館書畫記》,《續修四庫全書》本。

〔清〕陸心源《穰梨館過眼録》,光緒十七年吴興陸氏家塾刊本。

〔清〕鈕樹玉《段氏説文注訂》,《續修四庫全書》本。

〔清〕鈕樹玉《匪石山人詩》,光緒二十一年《靈鶼閣叢書》本。

〔清〕黄丕烈撰,潘祖蔭輯《士禮居藏書題跋記》,光緒十年滂喜齋刻本。

〔清〕葉昌熾《緣督廬日記》,《續修四庫全書》本。

〔清〕葛嗣浵《愛日吟廬書畫續録》,《續修四庫全書》本。

〔清〕管元耀編《海昌觀》,海寧市圖書館藏鈔本。

〔清〕管庭芬《管庭芬日記》,2013 年,北京:中華書局點校本。

〔清〕慶桂等輯《欽定辛酉工賑紀事》,嘉慶七年刊本。

〔清〕蔣開《冰壺吟稿》,中國社會科學院文學研究所圖書館藏本。

〔清〕鮑昌熙摹印《金石屑》,光緒二年刊本。

〔清〕瞿中溶纂《瞿木夫自訂年譜》,民國二年《嘉業堂叢書》本。

〔清〕瞿良士輯《鐵琴銅劍樓藏書題跋集録》,2005 年,上海:上海古籍出版社。

〔清〕邊成輯《曶鼎八家真本彙存》,中國國家圖書館藏民國三十四年影印本。

〔清〕嚴可均《説文校議》,《續修四庫全書》本。

〔清〕釋古風《倚杖吟》,嘉慶年間黄氏士禮居刊本。

〔清〕釋古風輯《吾與彙編》,嘉慶二十二年原刊本。

〔清〕顧廣圻《思適齋集》,道光二十九年上海徐渭仁刻本。

〔朝鮮〕柳得恭《冷齋集》,收入《韓國文集中的清代史料》,2008 年,桂林:廣西師範大學出版社。

〔日本〕河田羆編《静嘉堂秘籍志》,大正六年静嘉堂排印本。

〔近代〕支偉成《清代樸學大師列傳》,1998 年,長沙:岳麓書社。

〔近代〕趙爾巽等《清史稿》,1977 年,北京:中華書局點校本。

〔近代〕繆荃孫《雲自在龕隨筆》,1958 年,北京:商務印書館排印本。

二、近人著作

中國古籍善本書目編輯委員會編《中國古籍善本書目·經部》,1985 年,上海:上海古籍出版社。

王欣夫輯《蕘圃藏書題識續録》、《蕘圃雜著》,民國二十二年秀水王氏學禮齋刊本。

王欣夫輯《思適齋集補遺》,民國二十五年秀水王氏學禮齋刊本。

王國良《晚清龔易圖藏書探析——以〈烏石山房簡明書目〉、〈大通樓藏書目録簿〉爲主的考察》,2008 年,《故宫學術季刊》25 卷第 3 期,第 125-150 頁。

北京圖書館編《北京圖書館古籍善本書目》,1987 年,北京:書目文獻出版社。

朱澤寶《張問陶〈京朝集〉稿本考略》,《文獻》2017 年第 3 期,第 171-181 頁。

吴哲夫《從〈畫一元龜〉談日本古漢籍的收藏》,2001 年,《書目季刊》35 卷第 3 期,第 9-16 頁。

李慶《顧千里研究》,1989 年,上海:上海古籍出版社。

孫殿起《販書偶記》,1959 年,北京:中華書局。

孫殿起《販書偶記續編》,1980 年,上海:上海古籍出版社。

張舜徽《清人文集别録》,1963 年,北京:中華書局。

張鎮西主編《海寧典藏》,2008 年,杭州:西泠印社。

張麗娟《宋代經書注疏刊刻研究》,2013 年,北京:北京大學出版社。

莫伯驥《五十萬卷樓藏書目録初編》,民國二十五年,上海:商務印書館。

陳鴻森《禹貢注疏校議》,1989 年,《大陸雜誌》79 卷第 5 期,第 19-36 頁;又第 6

期,第6-20頁。

陳鴻森《錢大昕陳鱣詩稿二種辨僞》,2013年,《中國文哲研究集刊》第43期,第217-237頁。

華喆、張帆《〈榮祭酒遺文〉辨僞》,2009年,《國學研究》第24卷,第205-234頁。

虞坤林輯《陳乃乾文集》,2009年,北京:國家圖書館出版社。

趙吉士《貞元石齋知見傳本書録》,1981年,臺南:趙氏家印本。

劉盼遂輯《經韵樓集補編》,收入《段王學五種》,1936年,北平:來薰閣書店。

嚴佐之《陳仲魚手校本〈蔡中郎文集〉版本考略》,《文獻》2013年第4期,第55-66頁。

嚴寶善編《販書經眼録》,1994年,杭州:浙江古籍出版社。

饒宗頤編《香港大學馮平山圖書館藏善本書録》,1970年,香港:龍門書店。

顧廷龍校《藝風堂友朋書札》,1980-1981年,上海:上海古籍出版社。

顧頡剛《顧頡剛讀書筆記》,1990年,臺北:聯經出版公司。

作者簡介:

陳鴻森,蘇州大學文學院講座教授、"中央研究院"史語所兼任研究員。近三年代表作有《〈文獻家通考〉舉正》(2016年,南昌大學國學院《正學》第4輯)、《被遮蔽的學者——朱文藻其人其學述要》(2017年,《傳統中國研究集刊》第16輯)、《朱文藻年譜》(2017年,南京大學《古典文獻研究》第19輯下卷)、《論語"唐棣之華偏其反而"解》(2018年,《"中央研究院"歷史語言研究所集刊》89本第4分)、《翁方綱復初齋佚札考證》(2018年,南京大學《古典文獻研究》第21輯下卷)。

清璜川吴氏庋藏刊印經書考

王瑾

内容摘要 璜川吴氏爲清代蘇州知名藏書世家,其藏書活動自雍正間吴銓始,迄乎嘉道間之吴志忠,綿延四世不絶。吴銓晚年歸田後,遷居蘇州木瀆,築遂初園,自題書屋名曰"璜川書屋",以藏書、校書爲事,數至萬卷,多宋元善本。其後三代皆有藏書、校書、著述等活動。璜川吴氏刻書亦成果豐碩,以"璜川吴氏本"著稱於世,足有可述。本文主要通過對璜川吴氏所藏、刻經部書籍事蹟的綜合考證,盡力還原其四代藏書、刻書活動原貌,以豐富清代吴中私家藏書史之研究。

關鍵詞 璜川吴氏　藏書　刻書　經書

清康乾盛世,江南經濟繁榮,文化昌盛,而吴郡自明朝始,便爲藏書世家迭出之地,璜川吴氏即起於此盛世中的吴縣。據《休寧璜源吴氏族譜》,新安吴氏璜源之族,從石嶺分支,爲在郡五十八支之一支,自後漢乾祐間判丞公始遷,實爲璜源始祖,迄今歷數百年。[1] 雍正間,吴氏先德容齋先生吴銓於木瀆建璜川書屋,廣求諸家舊鈔密籍。吴銓(1672-?),又名文祖,字繩其、容齋,號璜川。銓父吴中毅,字遠公,少年時,隨其父國璉公橋寓上海之周浦。[2] 吴銓晚年着力於購藏各家善本珍本,至萬卷,多爲宋元善本,與吴中名士如惠棟等有文字交,其曾孫吴志忠記述:

> 璜川者,我曾祖容齋先生,自題其書屋之名也。……所以題書屋曰"璜川"者,以我曾祖生於新安之璜源,……以故里題其讀書屋處,懷舊之思也。是時,載

---

① 吴銓:《續修璜源族譜記畧》,見《休寧璜源吴氏族譜》卷端,清康熙六十年(1721)刻本,第3A-3B頁。

② 勵雙傑《清刻家譜一隅·康熙:安徽〈休寧璜源吴氏族譜〉》一文,認爲吴志忠《璜川吴氏經學叢書緣起》中吴銓"生於徽州歙縣之璜源,始隨父遷居松江"一説"不太正確",見http://blog.sina.com.cn/s/blog_4b98a71f0100ao6i.html。

酒問奇而來者,如惠松崖徵君輩,盡吴下知名士。而我家遂以"璜川吴氏"著矣。[①]

然其身後,書即多散佚。第二代主人吴用儀(1701-?,譜名作成儀)爲吴銓長子"性耆風雅,以唐爲歸",[②]"復購書數萬卷於其中,多宋、元善本"。[③] 吴銓幼子成佐(1718-1794)"早棄科舉之業,而專心鄉學",[④]"後重自搜羅,建書樓三楹,環列四周",[⑤]其嫡孫吴志忠曾嘗憶曰:

忠在髫歲,常見我祖於書樓讀書,寒暑不輟。其誦詠聲希,則抽筆箸書時也。每脱稿,即命我嚴君暨諸叔父輩鈔録編次,刻之有《懶庵偶存稿》八卷、《讀史小論》二卷行於世。歲久版蠹,家君重校付梓,更名《經史論存》。[⑥]

第三代泰來(1730-1788)、元潤(1730-?)爲用儀子,吴英(字簡舟)爲成佐子。泰來"少無宦情,壯而彌甚",[⑦]而其才情秀逸,早負詩名,與王昶、王鳴盛、錢大昕、趙文哲、曹仁虎、黄文蓮等合稱"吴中七子"。[⑧] 後泰來、元潤生隙鬩牆,兄弟析産、藏書散售。[⑨]而吴英中歲棄舉業,專事著述,著有《經句説》二十四卷、《六書解》等。名儒陳奂爲吴英内姪,道光元年(1821)嘗云:

奂嘗聞吴簡舟姑丈云:《論語》子以四教,文、行、忠、信,有餘力,則以學文,文學子遊、子夏……邇日,姑丈以近作《六書解》見示,奂有戴東原先生《六書説》先入之言爲主,故雖讀而不敢阿附。但奂平日以爲經術之事欲求其文之恉意,當先明其字之形聲,今更於經句之外,詳及六書之意。此奂之所樂聞也。[⑩]

可見二人多以治經之事往來交流。第四代主人吴志忠即吴英子。志忠,字有堂,號妙道人。諸生。少繼祖業,長於目録校勘之學,與知名學者黄丕烈、顧廣圻交往頗深。道光三年(1823),志忠撰《璜川吴氏經學叢書緣起》,整理其家四代藏書、著述之淵遠,是

---

① 吴志忠:《璜川吴氏經學叢書緣起》,《璜川吴氏經學叢書》十四種卷首,清道光十年(1830)寶仁堂刻本,復旦大學圖書館藏。

② 沈德潛:《全唐詩鈔序》,見吴成儀輯《全唐詩鈔》,乾隆二十四年(1759)璜川書屋刻本,上海圖書館藏。

③ 王昶著,周維德校點:《蒲褐山房詩話新編》,北京:人民文學出版社,2011年,第85頁。

④ 石韞玉:《懶庵先生經史論存序》,《璜川吴氏經學叢書》十五種,清道光十年(1830)寶仁堂刻本,上海圖書館藏。

⑤ 吴志忠:《璜川吴氏經學叢書緣起》,《璜川吴氏經學叢書》十四種卷首。

⑥ 吴志忠:《璜川吴氏經學叢書緣起》。

⑦ 王昶:《湖海詩傳》卷二三,又見《蒲褐山房詩話新編》,第86頁。

⑧ 見《清史稿》卷四八五《文苑・曹仁虎傳》,北京:中華書局,1998年,第13381頁。

⑨ 參丁紹儀:《聽秋聲館詞話》卷一八,醫學書局鉛印本,1931年,第7-8頁。

⑩ 陳奂:《璜川吴氏經學叢書序》,見《經學叢書》十四種。

吴氏第三、四代主人已無力繼續購藏,乃刻意勘刻流佈家藏手鈔善本,以承先志。

一　璜川吴氏庋藏经書考略

顧廣圻嘗云:"吴茂才有堂家藏足本",其"先世在吴中負藏書望,所謂'璜川吴氏'者也"。[①] 乾隆间徐揚《盛世滋生圖》(後更名《姑蘇繁華圖》)中所繪吴中私家園林、堂會等場景之屬,即是當時的木瀆吴氏遂初園。遂初園位於蘇州木瀆東街,吴銓雍正間歸田後修築於此,後歸葛氏;咸豐間,歸洞庭西山徐氏;三易主而屬柳氏。[②] 遂初園爲靈岩名跡,吴氏四代於此園中各有藏書之處,其室名曰璜川書屋(吴銓)、香雨齋(吴成儀、吴元潤父子)、樂意軒(吴成佐)、硯山堂與净名軒(吴泰來)、真意堂(又名真有意堂,吴英、吴志忠父子)等。璜川吴氏四代藏書事跡,吴志忠於道光三年(1823)所撰《經學叢書緣起》中,言之甚詳:

> 璜川者,我曾祖容齋先生自題其書屋之名也。……而我家遂以"璜川吴氏"著矣。曾祖歿後,我祖最幼,故無如書籍之散佚。若北宋本《禮記單疏》,今歸曲阜孔氏者,其最顯者耳。我祖懶庵先生重自蒐羅,書樓三楹,環列四周,有《樂意軒書目》四卷。……然樂意軒所藏書,至今又分析遺散矣。[③]

吴氏藏書多散失,然其所藏之富,終究爲世人所稱道。據志忠所言,初時璜川書屋有兩書最爲珍稀,一爲北宋本《禮記》單疏足本,一爲《前漢書》。吴銓卒後,《前漢書》呈進,入《天禄琳琅書目》;《禮記》則歸曲阜孔繼涵家,世遂不得復見。

(一)已知吴氏庋藏經書五種

今璜川吴氏藏書目録不存,其四代之所藏善本總量亦不可計,兹將已察吴氏藏書内經部書籍,按宋元明刻之序摘録於下,以窺其庋藏經書之鳞爪。未臻完備處,尚待續訪。

1.《禮記正義》七十卷,宋紹熙三年兩浙東路茶鹽司公使庫刻宋元遞修本。是書左右雙邊,白口。半葉八行,行十四、十六或二十一字不等,注疏小字雙行。跋文題"壬子秋八月三山黄唐謹識"。孔繼涵、盛昱、完顏景賢、袁克文、潘宗周遞藏。潘氏寶禮

---

① 顧廣圻:《吕衡州文集序》,見唐吕温:《吕衡州文集》,清道光七年(1827)刻本。

② 張壬士輯:《木瀆小志》.,《中國方志叢書》本,臺北:成文出版社,1983 年,第 93–94 頁。按書云"康熙間,吉安太守吴銓(字容齋)所築……(柳商賢《遂園》:遂初園裏藏書富,太守歸來未老年。體作遂園原偶爾,璜川舊槧證前緣。)"。吴銓雍正間遷居於長洲,即柳商賢詩文亦道"太守歸來",可知"康熙間所築"或爲誤。

③ 吴志忠:《璜川吴氏經學叢書緣起》。

堂即因此書得名，並於1927年將之影刻行世。中有季印振宜、滄葦、御史之章、北平孫氏、惠棟、定宇、孔繼涵、景行維賢、小如庵秘笈、袁克文等印。1949年後，由潘宗周之子潘世茲捐贈國家。現藏國圖。

2.《儀禮註疏》十七卷，明崇禎九年毛氏汲古閣刻本。是書白口無魚尾，左右雙邊。清江沅校並跋，清吴志忠跋。藏印鈐有吴志忠印、志忠手校、有堂、曾經妙道人眼等。現藏上圖。

3.《周易集解》十卷，影宋寫本。是書注云宋版影鈔。陳鱣云："注云宋版影鈔，定價銀五兩，以呈潘稼堂，不知幾易主，後爲潢川吴氏所有。"①

4.《相臺書塾刊正九經三傳沿革例》一卷，清初錢曾也是園影元鈔本，有吴志忠跋。列入第四批珍貴古籍名録中，現藏國圖。

5.《轉注古音略》五卷。明楊慎著，李元陽校，蓋刻於滇中者也。附顧亭林手評。半葉九行，每行二十字。歷藏璜川吴氏、曲阜孔氏，有微波榭跋語。有璜川吴氏收藏圖書、孔廣根印、孔繼涵印、葒谷各印。②

（二）吴氏藏書之散逸

璜川吴氏藏書散佚，非一夕之間。第一代藏書主人吴銓身後，"璜川書屋"所藏即多散售。第二代吴成儀所繼承之藏書，後因其子泰來、元潤兄弟鬩牆，亦多有散失。吴銓幼子成佐重自搜羅，至道光十年《璜川吴氏經學叢書》刊刻流布之時又多散佚。吴氏藏書，四代間聚散數度，自第四代之後，其家藏善本紛售離析，至咸豐十年兵燹，終告散盡。清徐珂《清稗類鈔》"吴用儀藏書於遂初園"條載：

> 吴企晉，名泰來，號竹嶼，長洲人。乾隆庚辰進士，内閣中書。其大父吉安太守銓告歸，築遂初園於木瀆，雲林杳藹，花藥參差。其尊人用儀復購書數萬卷於其中，多宋、元善本，遂與江、浙諸名士流連觴詠，座無俗客。既而兄弟爭析産，出藏書而遂貨之，並售其園。③

清末藏書家葉昌熾從甘肅歸吴，賃居園中數年，於此事亦感懷頗深。《藏書紀事詩》有云："門外香溪送客帆，氛氳花藥滿靈岩。池塘猶繞孤山夢，兄弟何嘗痛不咸。"④詩中"池塘猶繞孤山夢"一句，化用吴元潤《園居春晚有懷竹嶼兄時客武林・祝英台近》中

---

① 陳鱣：《經籍跋文》，清光緒四年（1878）葉氏龍眠山房成都夫容書院刻本，復旦大學圖書館藏，陳經跋四。

② 傅增湘：《藏園群書題記》，上海：上海古籍出版社，1989年，第60-63頁。

③ 徐珂：《清稗類鈔》第9册，北京：中華書局，1986年，第4237頁。

④ 葉昌熾撰，王欣夫箋正：《藏書紀事詩》卷四，清宣統二年（1910）刻本。

“幾回夢繞池塘”、“思君門掩孤山”兩句。[①] 顯然，昌熾詩句摹寫遂初園勝景之時，更充盈着對吴氏兄弟鬩牆的無盡遺憾。

王獻唐先生言及吴氏藏書，雖無一字作“惜”，然惋惜之意已分明躍然紙上：

> 吴下藏書世澤之永，莫吴氏若也。……葉氏《藏書紀事詩》亦著録。近年京滬各處，時見吴氏藏書鈐“璜川吴氏”印記，殆已不守矣。[②]

“物聚於所好，而有力者得之。”至璜川吴氏第三代，財之不力已初見端倪。吴英嘗謂其子志忠曰：“我今不能如先世之富於收藏。”[③]未久，“兄弟争析産”、藏書“分析遺散”之後，更爲有力的藏家逐一登場。其中不乏收藏名家、大家，如曲阜孔氏、士禮居等，此亦足證璜川吴氏藏書之精良。

因無法集全璜川吴氏所藏書目，故亦無法準確分析其散逸之後藏家的地域分佈情況、何人收藏最多等等，現僅作客觀著録，對璜川吴氏家所藏之書散逸情況略作考述。

1.曲阜孔氏。清乾隆間，曲阜孔繼涵(1739－1783)，所收吴氏藏書有宋刊《禮記正義》七十卷四十册、[④]《轉注古音略》五卷。[⑤]

2.五柳居。乾隆間北京琉璃廠書坊主人陶庭學，多收璜川吴氏舊藏。李文藻云：“五柳居陶氏在路北，近來始開，而舊書頗多，與文粹堂皆每年購書于蘇州，載船而來。五柳多潢川吴氏藏書。”[⑥]黄丕烈稱“五柳多璜川吴氏藏書，嘉定錢先生云，即吴企晉舍人家物也。其諸弟析産，所得書遂不能守”。[⑦]

3.士禮居。清嘉道間吴縣黄丕烈(1763－1825)，所收吴氏藏書有李好文《長安志

---

① 按：元潤早年與兄泰來關係融洽。泰來客杭，曾作詞懷之，云：“竹風輕，花露滴。暝色映簾箔。手拓西窗，誰與共琴酌。唤愁葉底鵑聲，暗催春去，渾不管、倦懷寥落。歎離索。幾回夢繞池塘，相思渺難託。夜雨聯牀，空憶舊時約。思君門掩孤山，倚闌吟遍，對滿院楊花飄泊”。(《園居春晚有懷竹嶼兄時客武林·祝英台近》)杭州孤山文瀾閣有“太乙分青室”，供天下仕子閲讀、鈔録《四庫全書》。故孤山文瀾閣訪書爲一時盛世，“孤山夢”與元潤詩中“舊時約”或可指此。

② 王獻唐：《雙行精舍書跋輯存》，濟南：齊魯書社，1983 年，第 230 頁。

③ 吴志忠：《璜川吴氏經學叢書緣起》，見《經學叢書》十四種。

④ 潘宗周編，柳向春標點：《寶禮堂宋本書録》，上海：上海古籍出版社，2007 年，第 152 頁。案其謂：“先爲吴中吴泰來家所藏，後歸於曲阜孔氏，陳仲魚亦有是言。其後由孔氏入於意園盛氏，盛氏書多爲景樸孫所攫，卷内有‘孔繼涵’及‘小如庵’印記，其授本末爲甚明，惟絶無‘璜川書屋’印記。……然則惠跋所謂北宋本者，或即志忠所云之單疏。”

⑤ 傅增湘：《藏園群書題記》，第 60－63 頁。

⑥ 李文藻：《南澗文集》卷上《琉璃廠書肆記》，清光緒間吴縣潘氏刻功順堂叢書本，復旦大學圖書館藏。

⑦ 黄丕烈撰，余鳴鴻、占旭東點校：《黄丕烈藏書題跋集》，上海：上海古籍出版社，2013 年，第 133 頁。

圖》、宋敏求《長安志》。①

4.平陽汪氏藝芸書舍。清嘉道間長洲汪士鐘(1786－?)所收吴氏藏書有《姚牧庵集》不分卷鈔本二册、《山書》十八卷鈔本。②

5.平江貝氏。清嘉道間吴縣貝墉(1780－1846),所收吴氏藏書有《陶學士先生文集》二十卷六册。③

6.雲間韓氏讀有用書齋。清嘉道間松江韓應陛(1800－1860),所收吴氏藏書有《陸右丞蹈海録》王乃昭手鈔本,④現藏上圖。

7.皕宋樓。清末光緒間陸心源私家藏書,所收吴氏藏書有《嵇康集》十卷、《緡雲先生文集》四卷附一卷、《佩韋齋集》二十卷,現皆存日本静嘉堂文庫,爲十萬卷樓舊藏本一三函二六架、一四函二三架、一五函九架。⑤

8.清末藏書家愛新覺羅・盛昱(1850－1900)鬱華閣。

9.近代潘明訓寶禮堂。以上二家並見上"曲阜孔氏"條。

興衰無常,聚散無常,私家藏書亦各有其命、各歸其途。若細品之異同,吴氏"未能藏之久遠"之因,似有跡可循。私家藏書能守藏"世澤之永"者,關鍵仍舊在人,如吴英所言,"未嘗一刻從事於省身克己之功,亦未嘗一日肄習於求志達道之業"之人。⑥璜川吴氏四代自吴銓始,子輩、孫輩中文采博揚者衆多,工詩文、善校勘者不止一二,而至第四代,惟吴志忠一人而已。縱觀中國私家藏書刻書歷史,若論家藏世守之難,比之黄虞稷千頃堂所處明清之交、陸心源皕宋樓所臨債務之巨,璜川吴氏未見得能够與之比肩。然前二家之藏書,皆能大致完整存世,並有書目傳世,不可不謂整存之功。璜川吴氏藏刻書之散,或可首罪"析"字。比之天一閣"代不分書,書不出閣"的族規,或者璜川吴氏第二代藏書的散盡,便已拉開其殘舸漂流的序幕。藏書制度並嚴苛繼承的缺乏,亦或是璜川吴氏藏書之一大憾事。

(三)吴氏藏書特色與影響

1.所藏之書珍善稀見

吴氏庋藏當多有世坊罕有之書,若非此則斷然不會有吴下知名士載酒問奇而來之

① 黄丕烈撰,余鳴鴻、占旭東點校:《黄丕烈藏書題跋集》,上海:上海古籍出版社,2013年,第133頁。

② 張元濟:《涵芬樓燼餘書録》,《張元濟全集》第8卷,北京:商務印書館,2010年,第172、253－254頁。

③ 黄丕烈撰,余鳴鴻、占旭東點校:《黄丕烈藏書題跋集》,第435－436頁。

④ 潘景鄭:《著硯齋讀書記》,沈陽:遼寧教育出版社,2002年,第91－92頁。

⑤ 事亦載河田羆《静嘉堂秘籍志》卷三一、三五、三八,見賈貴榮輯《日本藏漢籍善本書志書目集成》,北京:北京圖書館出版社,2003年,第88－92、537－539、800－802頁。

⑥ 吴英:《序》,《璜川吴氏經學叢書十四種》卷首,道光十年(1830)寶仁堂刻本。

盛况。璜川吴氏所藏經部之中,宋紹熙三年兩浙東路茶鹽司公使庫刻宋元遞修本《禮記》最爲著名。是書系宋朝南渡之後三山黄唐所刊,爲《十三经》经、注、疏最早合刻本之一。民國間潘宗周聘江南名家董康(誦芬)募工鐫刻,印至百部,以往深藏私府、外人不得一見之秘笈珍本得以公諸士林。1984 年中國書店據上海市文管會藏潘宗周覆刻南宋紹熙三年(1192)兩浙東路茶鹽司刻本《禮記正義》書版影印,①實可謂嘉惠後學。因現國圖藏本無吴氏藏印,故是否爲璜川吴氏所藏本仍有争議。

舊鈔因其更接近古書原貌之故,世人視爲上品,其中書法雋逸精好者,更屬難得。吴氏所藏即多有精鈔本,如《穆天子傳》、《天下金石志》(今皆藏上海圖書館)等。第二代吴成佐重新搜羅網備至數萬卷,亦不乏書法精美之鈔本。吴志忠所藏跋影宋鈔本《戰國策》中顧廣圻跋云:"此有堂吴氏先世之遺,亦從安氏本影鈔,行款筆跡幾乎無二。……唯每册有'錢楚殷'圖記爲少異。……想乾隆間入璜川者。"②類此者尚多。

璜川吴氏所收之書中不乏名家舊藏,如黄虞稷家藏明萬曆四十六年刻本《姑蘇雜詠》二卷(今在上海圖書館),卷端鈐"黄虞稷印"、"璜川吴氏收藏圖書"朱文方印兩枚。吴氏藏書散出後,遞藏之家亦皆是藏書大家、名家,由此其書之珍貴難得或可一證。

2.爲"讀書者之藏書"

《璜川吴氏經學叢書緣起》有言:"昔人論藏書有二,一則聚書者之藏書,一則讀書者之藏書。如我祖,非所謂讀書者之藏書與?"③吴志忠此言,雖爲單獨評論其祖父,而璜川吴氏,尤其之後三代,皆可當此稱讚。吴氏藏書,是爲"讀書者之藏書"。璜川吴氏舊藏傳至第四代吴志忠時,多有跋文、小記。如《嵇康集》十卷道光十五年"妙道人書"、《儀禮注疏》十七卷道光二十年"吴志忠跋"等。此外,吴氏亦非獨自賞校其家藏善本,常借与别家校勘。如《禮記》七十卷,吴氏嘗借惠棟以校汲古閣本,陳鱣云:

> 宋本禮記注疏跋……向爲吴門吴拙菴行人所藏,傳於其子企晉博士。乾隆十四年,惠定宇徵君取校毛氏刻本,計脱誤萬餘字,爲跋而識之有云:"四百年來闕誤之書,犂然具備,爲之稱快。"④

吴氏所藏之珍貴,本爲文中之意,然其"讀書者之藏"亦由是可見。

---

① 參蕭新祺:《覆刻宋本〈禮記正義〉重印述要》,《古籍整理研究學刊》1986 年第 4 期。

② 顧廣圻:《影鈔安氏本〈戰國策〉跋》,載黄明標點《思適齋書跋》,上海:上海古籍出版社,2007 年,第 25 頁。

③ 吴志忠:《璜川吴氏經學叢書緣起》。

④ 陳鱣:《經籍跋文》,清光緒四年(1878)葉氏龍眠山房成都夫容書院刻本,復旦大學圖書館藏,陳經跋二一。

吴氏多用鈔本勘刻成書,流布藝林。如其門人任時懋之《四書自課録》,乃吴成儀、吴成佐多次"請授"任書手稿而刊梓。又如硯溪先生惠周惕《詩説》三卷附録一卷,乃吴英"從姪步周之家藏,鈔録付刻"。而對於其本家所藏之書,吴氏一族更是不吝嗇,不私藏。

二　璜川吴氏刊印經書考略

吴英嘗謂其子志忠曰:"古書不易購,我今既不能如先世之富於收藏,即案頭所有者,又烏知後來之不更散失哉?予將次第刊行之,一廣其傳。"①清末沈家本言"藏書之家,有二便",其一"編成目録",其二"刊刻尤善":"爲宏編巨帙,集貲固難。若數卷之書,以至十數卷之書,算字無多,勼工尚易。一付剞劂,則孤者不孤,密者不密,以一人好書之心,推天下人好書之心,其心至公,其事斯溥,尋常之深藏固秘而等於無用者,如是則皆有用矣。"②沈氏所言,與吴英之語異曲同工,皆以一人好書之心,推天下人好書之心。

(一)吴氏經部刻書舉隅

1.《四書自課録》三十二卷,清任時懋撰。乾隆四年(1739)璜川書屋刻本,現藏復旦;道光九年(1829)璜川書屋刻本,現藏上圖。

2.《有竹石軒經句説》二十四卷,清吴英撰。乾隆間璜川書屋刻本,現藏北大(前七卷);嘉慶十五年(1810)璜川書屋刻本,現藏蘇州圖書館(四卷);嘉慶二十年(1815)璜川書屋刻本,現藏北大、復旦等。

正文前有吴英嘉慶乙亥《自叙》、吴英嘉慶戊寅《又叙》。

3.《釋名》八卷《補遺》一卷,漢劉熙撰,清江聲疏補。乾隆五十四年至五十五年(1789-1790)璜川書屋刻本,現藏國圖。吴志忠手校,顧千里撰《略例》刊附於後。

4.《璜川吴氏四書學》三種六卷,吴英輯,嘉慶十六年(1811)真意堂影宋刻本,江寧周啓友鎸。含《四書章句附攷》四卷、《四書章句集注定本辨》及《四書家塾讀本句讀》各一卷。

5.《詩説》三卷《附録》一卷,清惠周惕撰。嘉慶十七年(1812)璜川吴氏真意堂刻本。

6.《真意堂五種》,清吴志忠編。嘉慶十八至二十三年刻彙印本,現藏中科院。含

① 吴志忠:《璜川吴氏經學叢書緣起》。

② 沈家本:《枕碧樓叢書·自序》,1913年刻本,第1A-2B頁。

《三正考》二卷,清吴鼐撰;《春秋疑義》二卷,清華學泉撰;《有竹石軒經句説》十三卷,清吴英撰;《道德真經集注釋文》一卷,宋彭紹耜撰;《懶庵先生經史論存》四卷,清吴成佐撰。

7.《彙刻書目初編》十卷,清顧修輯。嘉慶二十五年(1820)璜川吴氏刻本,十册。内封題"璜川吴氏重刊彙刻書目",正文前有載棻厓自序,附《補編》。有總目。《彙刻書目續編》長洲無夢園陳氏本,即以璜川吴氏所刻之《彙刻書目初編》爲底本而增補,陳光照自序云:"越二十一年庚辰,璜川吴氏重刊之。迄今閲六十載,兼值兵燹之餘,原板燬失,購求不易。余行篋中藏有是書。友人璞山盛子,適有《續編》鈔本二卷,惜未載作者姓名,繕寫多舛漏,因别無善本校對,姑存以闕疑。就前編所無者,列入數種,加"增輯"二字以别之,一併付梓,以公同好。"①

8.《璜川吴氏經學叢書》,清吴英、吴志忠輯,道光十年(1830)寶仁堂刊本。實有兩類,一爲十四種八十一卷(《中國叢書廣録》著録),一爲十五種七十一卷(《中國叢書綜録》、《中國古籍總目》著録)。十五種本,較之十四種,多收入《經史論存》一種。上圖藏本《璜川吴氏經學叢書》十五種,凡六函四十册,總目:甲集:《春秋説》十五卷;乙集:《詩説》三卷《附録》一卷、《大學説》一卷、《左傳杜解補正》三卷、《禮説》十四卷;丙集:《易説》六卷、《三正攷》一卷、《群經補義》五卷、《疑辨録》三卷、《章水經流攷》一卷、《九經三傳沿革例》一卷、《春秋疑義》二卷、《道德真經集注釋文》一卷;附集:《經史論存》四卷、《經句説》十卷。

以筆者訪書所見,璜川吴氏所刊各書,除上述各種外,尚有《樂意軒書目》四卷、《重刻宋本群經音辨》七卷(清樂意軒刻本)。若合吴氏四代所刊計之,其數當遠不衹此。

(二)吴氏經部刻書來源

囿於材料所限,無法考知璜川吴氏四代刻書總量,故未能進行各類底本之具體所占比例的分析(如稿本、鈔本、刻本所占比例;又宋、元、明本分布情況),謹就所能目驗之璜川吴氏刻書之來源略作分析。

1.吴氏藏書。道光初,吴志忠受命其父,校輯《經學叢書》,並撰《緣起》,曰:"家君獨好甲部書,故中歲棄舉業,專事著述。今所刻者,有《經句説》十餘卷,其續者正未央也。嘗謂忠曰:古書不易購,我今既不能如先世之富於收藏,即案頭所有者,又烏知後來之不更散失哉?予將次第刊行之,一廣其傳。校讎之役,汝能勉之與?忠謹受命,鳩

① 陳光照:《彙刻書目續編序》,光緒元年(1875)長洲無夢園陳氏刻本。

工集事,數年之間,裒然成帙。排比甲乙,題曰‘璜川吴氏經學叢書’。”①如志忠所言,吴氏刻書來源於“案頭所有者”(吴氏藏書)。就目前調查所得,吴氏家藏之書,付梓者有《全唐詩鈔》。

2.吴氏著述。璜川吴氏刻書,亦有吴氏一族的著述。寓目所及,吴氏著述付梓者,計有吴成佐《偶存稿》、《懶庵先生經史論存》,及吴英《經句説》等。

3.門人著述。吴氏門人任時懋之《四書自課録》,乃吴成儀、吴成佐多次“請授”任書手稿而刊梓。其事詳見於任氏《四書自課録》自序,②如任氏所言,成儀、成佐兄弟時隔六年,仍念念不忘向其請討底本,此亦可謂用心誠而用力摯。

4.友朋著述。吴氏《經學叢書》之底本廣求美備,如惠氏《易説》、《經句説》等。對此,江沅《易説》序文中,言之頗詳:“松厓徵君與璜川吴氏企晉交好,故半農先生《易説》、《春秋説》,皆吴氏所刊。今企晉從兄弟簡舟、簡舟令嗣有堂雅好經術,服膺惠氏,重鐫《易説》,分布藝林。”③而研溪先生《詩説》三卷《附録》一卷,世間難覓,乃吴英“從姪步周之家藏,鈔録付刻”。

5.舊版重印。吴氏刻書,多舊版重印。現以道光十年(1830)刊行的吴氏《經學叢書》爲例,將其十五種重印之底本,及相關依據,一併羅列於下。

表二　璜川吴氏《經學叢書》重印底本來源

序號	書名卷數	所據底本	文獻依據
1	春秋説十五卷	清乾隆己巳(1749)璜川吴氏刻本	江沅《易説》序文
2	詩説三卷附録一卷	清嘉慶十七年(1812)璜川吴氏真意堂重刻本	是書吴英《序》
3	大學説一卷	清嘉慶三年(1798)蘭陔書屋刻本	是書段玉裁《識》
4	左傳杜解補正三卷	據《四庫全書》刊刻	是書卷端
5	禮説十四卷	清嘉慶三年(1798)蘭陔書屋刻本	是書吴紹杲《跋》
6	易説六卷	清乾隆己巳(1749)真意堂原刻	吴英《重刻惠半農先生易説序》
7	三正攷一卷	《真意堂五種》原刻	《真意堂五種》書目
8	群經補義五卷	未知	未知

① 吴志忠:《璜川吴氏經學叢書緣起》。

② 任時懋:《四書自課録・自序》,乾隆四年(1739)吴氏璜川書屋刻本,復旦大學圖書館藏。

③ 江沅:《易説・序》,見吴志忠《璜川吴氏經學叢書十四種》。

續表

序號	書名卷數	所據底本	文獻依據
9	疑辨録三卷	未知	未知
10	章水經流攷一卷	未知	未知
11	九經三傳沿革例一卷	清嘉慶庚辰也是園影宋本重刊	是書卷端
12	春秋疑義上下卷	清嘉慶十九年(1814)真意堂刻本	《真意堂五種》書目
13	道德真經集註釋文一卷	清嘉慶吴志忠刻	《真意堂五種》書目
14	經史論存四卷	清嘉慶十九年(1814)真意堂刻本	石韞玉《懶庵先生經史論存序》
15	經句説二十二卷	清嘉慶二十年(1815)真意堂刻本	《真意堂五種》書目

據上表可知,《璜川吴氏經學叢書》多據家刻本重印,於道光十年(1830)又行付梓。而新入之書,其底本亦皆精良。後張之洞《書目答問》及范希曾《補正》,以告學子何書何本當讀,其中提及"璜川吴氏"、"吴志忠"書者共計九種,除《通鑑外紀》十卷《目録》五卷外,其餘皆爲經部之書。[①] 足見《璜川吴氏經學叢書》選本之善,校勘精審,符合學界甄選善本的標準。

(三)吴氏刻書重印與繙刻

因璜川吴氏所刻書,其底本精善,校勘嚴謹,鐫刊精良,世人得之,争相藏弆不出數年,便頗難覓,並有被諸家書局書坊重印、繙刻者。其"璜川吴氏本"亦常爲校書之據。[②] 茲就目驗之書,列舉二種:1.《釋名》八卷。同治十二年(1873)粤雅書局《小學彙函》繙刻本、光緒十五年(1889)湘南書局《小學彙函》繙刻本,皆藏上圖。2.《四書學三種》,其中《四書章句集注》夙負重名,自嘉慶十六年(1811)刊行時已爲世所珍,因其校勘精審,數百年來,重刻翻印不輟,如光緒間(1875-1908)大梁馮氏重刻本、光緒七年(1881)淮南書局刻本、光緒二十年(1894)點石齋書局石印巾箱本、民國間商務印書館《叢書集成初編》本、民國間中華書局《四部備要》本、民國間上海文瑞樓影印原刊本、民國間世界書局拼縮影印原刊本(即《銅板四書五經》)、中國書店重印世界書局《銅板四書五經》(名《宋元人注四書五經》)、中華書局整理排印《新編諸子集成》本(以吴刻爲底本,校以清初内府刊本)、浙江傳古樓輯印《四部要籍叢刊》(吴刻《四書》即其第

① 張之洞編,范希曾補正,孫文泱增訂:《增訂書目答問補正》,北京:中華書局,2011年,第15、41、44、62、70、87、92頁。

② 参惲毓鼎光緒廿二年(1896)日記,《惲毓鼎澄齋日记》,杭州:浙江古籍出版社,2004年,第110、114頁;鄧之誠著,鄧瑞整理:《鄧之誠文史劄記》,南京:鳳凰出版社,2012年,第1183頁。

一種,以浙江圖書館藏吴氏原刊本爲底本影印,現已由浙江大學出版社出版)、臺灣新文豐出版社《叢書集成三編》影印民國間上海文瑞樓本等。

(四)吴氏刻書特色與影響

1."獨愛甲部"。璜川吴氏四世中,雖吴泰來以詩稱譽吴中,爲"吴中七子"之一,而自成佐英以至志忠,皆沉潛經學。其第三代吴英,畢生治經,成果斐然。其家刻本中,經部之書獨多。考其緣由,蓋因清代學術,最重經術,而治經刻經,緣於家風。璜川吴氏四世居吴中,濡染時風,且與吴派經學巨擘惠氏有交,故於經學著述,極爲關注。嘉慶庚午(1810),其刻惠半農《春秋説》,吴英爲之序曰:

> 半農先生精深於《周禮》,即以通《周禮》者通《春秋》。人讀其書,一若聖人之旨,有不難知者,其故曷以?孔子曰:"爲國以禮。"又曰:"道之以德,齊之以禮。"《傳》稱:"齊仲孫湫曰:魯猶秉《周禮》。"《周禮》,國之本也。蓋聖人修《春秋》,亦非徒手以成之,而必有所本,以爲修之之具者,非《周禮》而何哉?假使孔子修《春秋》,不本《周禮》,而徒以意成,己則不臣,又何以懼亂賊與?然通《周禮》者,亦多以通《周禮》者通《春秋》,人可能之,奚必半農?不知半農之通《周禮》,萃取萬卷,有非人之所及;而其通《春秋》也,又熟詳于三《傳》、兩漢諸儒訓詁,又于自來先儒論説之醇疵,昭昭如黑白分。……此則皆有繫世道之文,不當僅以長于漢學目之。[①]

此序雖句句爲"半農先生"辯白,而其自淑其身,以通經致用之志,亦顯見矣。

2."不惟漢學"。《璜川吴氏經學叢書》之《經句説・又叙》:"英之不惟漢學是主也。"[②]此一原則,自始自終貫穿於其稿本選擇、校勘注引等刻書活動中。李慈銘曰:"英字簡舟,即志忠之父。其學不主漢宋,兼采諸家,頗有所折衷。"[③]英此修爲,若深詳其跡,或可源自其父懶庵先生。沈杲之《讀史小論》序文曰:

> 吴懶庵先生,當世通儒也。……其識之卓者,更能發前人之未發,而不爲苟同,乃不爲苟同矣,而于是非予奪間,揆其時,度其勢,一稟乎大中至正,無纖毫存偏倚意,見與前人不相符者,其迹;而與前人適相合者,其理也。[④]

懶庵先生吴成佐"無纖毫存偏倚意",其子吴英"不惟漢學",由是而見似一脈而成。及

---

① 吴英:《春秋説序》,《璜川吴氏經學叢書》十四種。

② 吴英:《經句説序》,《璜川吴氏經學叢書》十四種。

③ 李慈銘撰,由雲龍輯:《越縵堂讀書記》"吴氏經學叢書"條,北京:中華書局,2006年,第1136頁。

④ 沈杲之:《讀史小論序》,見吴成佐:《讀史小論》二卷,乾隆三十九年(1774)璜川吴氏刻本。

則英子志忠,校書時兼采豁朗之氣亦更爲明顯。

3.精校精刻。現傳世之璜川吴氏刻書,多爲第三、第四代吴英、吴志忠父子所校勘刻印者。校書時,底本之選擇,字句之讎勘,皆一絲不苟,用心摯而用力勤,故所刻之書,質量頗佳,稱譽學林。陳奐《師友淵源記》云:"吴志忠字有堂,……承庭訓,又與同郡黄蕘圃、顧澗薲交遊,故長於目録校勘之學。"①吴氏家藏宋鈔本《嵇康集》十卷,有顧廣圻、黄丕烈、吴志忠三人跋語,其共同校書,此或可爲一例。嘉慶十六年(1811),吴志忠校劉道原《通鑑外紀》十卷並目録五卷,顧千里以宋槧詳節本見示,並詳論校勘。②道光二十年(1840)吴氏校録《儀禮》十七卷,云:"《儀禮》經注疏就今存於世者,經以唐開成石經,注以宋嚴州本,疏以宋五十卷單行本,皆爲第一善本。……嘉慶間,蘇郡士禮居黄氏廣蓄秘笈,物以所好而集,於是單疏本及嚴州單注本兩書皆出。復得我故友顧君千里參互考訂,遂獲流通,藝林得讀之,洵良會也。"又云:"顧甫昔來稿册,係其師江鐵君沅以段懋堂集釋校注單疏校書之本,續于乃祖艮庭先生舊讀本,故有朱墨緑黄之别,惜其中有未盡善。方之鐵君所云精擇,擇之實未精,蓋賈文古邃,僅以時文之眼讀之,簡奥處或翻以爲誤,去而不取一也。段校集釋並雜以鍾人傑,不知鐘刻較明代諸劣刻則善,若之嚴本,尚去天壤也。集釋雖佳,何如嚴本?段亦得見嚴本者,乃去嚴而從李之也。有此之未善而所謂之善者失矣。"③由此,其善校之名,亦可窺一斑。又,嘉慶十七年(1812)吴志忠於《經學叢書·詩説附校》云:"按研谿先生《詩説》三卷,并詩文合刻。每卷末有款云'小門生某謹録'。書法雋逸精好,而魚魯亦不少。兹既重刻,難以仍譌,竊爲校正如右。乃近見此《詩説》,外間刻者紛紛,而校正者惟此。恐坊間反指校正者爲誤字,故標出之。"④又《璜川吴氏四書學》三種六卷,成爲《四書集注書》之通行版本。周中孚《鄭堂讀書記·四書章句集注》中,對此書作如下評價:

> 《四書章句集注》二十六卷,真有意堂刊本。宋朱子定本,國朝吴志忠輯。……有堂以宋真氏德秀《四書集編》、趙氏順孫《四書纂疏》、元詹氏道傳《四書纂箋》、胡氏炳文《四書通》,及翻宋淳祐本《四書朱注》、《儀禮經傳通解》、黄氏震《讀書日鈔》各本,以求朱子《章句集注》最後改定之本,及傳寫未誤者,别録一部,而並記考注四卷,附于後。有疑,則折衷于其父伯和英。凡改一字一句,無不各有所本。即所著《經注》句讀,亦非漫然下筆。

① 陳奐:《師友淵源記》,上海圖書館藏汪氏郎亭清稿本。

② 吴志忠跋文,見同治間江蘇書局刻本《通鑑外紀》。

③ 見《儀禮註疏》,明崇禎九年毛氏汲古閣刻本,上海圖書館藏。

④ 吴志忠:《詩説附校》,《經學叢書》十四種。

吴氏父子爲刻此書,參校重本,一絲不苟,質量極高。周氏對此不吝褒揚,曰以爲“從此四百餘年以來《朱注》之誤本,一旦得以盡發其覆。若吴氏父子者,可謂有功于《朱注》非尠矣”。①

三　結語

璜川吴氏所藏之秘笈多已散逸,而其家刻本,却未亡佚不傳,而“璜川吴氏本”也隨之長存於各家目録、筆記、書劄之中。吴英所願“一廣其傳”終不負初心。吴氏藏書聚散、刻書興衰的半個世紀,正是清朝由盛而極,由極而弱的時光,對其所藏、刻經書歷史進行回溯與考察,對私人藏書史、私家刻書史的研究,均有重要意義,亦可由其精校精刻甲部之書,一探清代樸學繁盛之風貌。本文撰寫多以吴氏相關材料(藏書、刻書)爲考察依據,因其藏、刻之書目前散見全國各地及日本諸多收藏機構,蒐羅整理週期較長,故而寫作頗爲倉促,且筆者學殖淺薄,結撰尚有諸多不足,未免有不完不備、無足觀摩之誚,有待他日繼續完善。

作者簡介:

王瑾,女,1979 年生,上海人,復旦大學中華古籍保護研究院研究生。主要研究方向爲清吴中私人藏書交游。

① 周中孚:《鄭堂讀書記》卷一二,上海:商務印書館,1940 年,第 246 頁。

清代《左傳》學者對常州《公羊》學的回應※
——以沈欽韓、李貽德、儀徵劉氏爲例

楊瀟沂

内容摘要 《左傳》學者對常州《公羊》學的回應是目前清代《左傳》學研究的薄弱之處。常州《公羊》學興起後,《左傳》學者紛紛做出回應,改變了清初以來平視三傳、不分門户的學風。沈欽韓重提門户,維護《左氏》、批駁《公羊》;李貽德不立門户,擇善而從,接受《公羊》微言大義,並指出《左氏》舊注本於《公》《穀》,體現出調和《左》《公》的傾向。隨着常州《公羊》學聲勢漸漲,沈、李的回應方式各顯缺失。嘉道至同光時期,儀徵劉氏三代總結前人觀點及方法,採取以周禮明《春秋》的策略,從内部完善《左氏》體系,與常州《公羊》學抗衡;對李貽德論《左氏》舊注本《公》《穀》所帶來的家法混淆之弊,劉氏變換説法,強調《左氏》自有家法。清代《左傳》學者在回應《公羊》學的過程中不斷探索,使《左傳》學體系漸趨完善。

關 鍵 詞 《左傳》 《公羊傳》 沈欽韓 李貽德 儀徵劉氏 常州學派

一 引言

清代《左傳》學者推重漢學古義,湧現出一批補注與新疏,如惠棟《左傳補注》、洪亮吉《左傳詁》、馬宗璉《左傳補註》、沈欽韓《春秋左氏傳補注》、張聰咸《左傳杜注辨證》、李貽德《春秋賈服注輯述》、儀徵劉氏《春秋左氏傳舊注疏證》等等。已有研究多

※本文爲國家社科基金重大項目“皮錫瑞《經學通論》注釋與研究”(15ZDB010)部分研究成果。本文初稿承蒙台灣大學中文系張素卿先生諸多指點,僅此致謝。

從匡杜糾孔的綫索考察他們的成績,並由此勾勒清代《左傳》學的縱向演進。[①] 匡杜糾孔的確是清儒恢復漢儒舊注的集體努力,卻不是後人考察清代《左傳》學發展的唯一綫索。

清初漢學萌芽,《春秋》學繼承宋明兼采三傳之風,以《左傳》爲主而"不分門户,各取所長";乾隆以後,"許、鄭之學大明,治宋學者已少",學者開始分治三傳,是爲"專門漢學"。[②]《公羊》學應勢而起,[③]孔廣森、劉逢禄、凌曙、陳立等人皆以此爲任,其中劉逢禄代表的常州《公羊》學與衆不同。章太炎説:"若凌曙之説《公羊》,陳立之疏《白虎》,陳喬樅之輯三家《詩》、三家《尚書》,衹以古書難理,爲之徵明,本非定立一宗旨者,其學亦不出自常州,此種與吴派專主漢學者當爲一類,而不當與常州派並存也。"[④]如章氏所示,常州《公羊》學與孔氏等人的不同在於是否"定立一宗旨",進一步説,即是否標新立異、樹立門派。而常州《公羊》學標榜門户肇始於劉逢禄。劉逢禄治《公羊》標榜何休一家之學,指斥其他《公羊》學家不守家法;認爲《穀梁傳》不傳《春秋》通三統、張三世等大旨;而《左氏》不傳《春秋》,其經説凡例皆爲劉歆僞造。[⑤] 這些觀點具有强烈的排他性,[⑥]"其學術之假想敵,是掌握話語權的漢學家;而表現出來的學術特徵,是當代兩種不同學術信念的對話"。[⑦] 因此學者稱其學説"形成可與乾嘉漢學相抗衡的今文經學體系,並通過對《左傳》的否定,開啓了清代的今古文經學之争"。[⑧] 且

---

① 總論清代《左傳》學的論著有:張素卿《清代"漢學"與〈左傳〉學——從"古義"到"新疏"的脈絡》(臺北:里仁書局,2007年)、劉宗棠《清代〈左傳〉文獻研究》(山東大學2008年博士學位論文)、金永健《清代〈左傳〉考證研究》(北京:社會科學文獻出版社,2013年)、羅軍鳳《清代〈春秋左傳〉學研究》(北京:人民出版社,2010年)、孫錫芳《清代〈左傳〉學研究》(北京:中國社會科學出版社,2017年)。幾本書的着眼點雖有不同,但都以匡杜糾孔爲主要綫索和内容。相關研究也以匡杜糾孔爲中心,兹不具引,唯舉於此綫索有所延伸增益者,如吴仰湘《一部不爲人知的〈左傳〉杜解補正力作——皮錫瑞〈左傳淺説〉學術成就評析》(《中國哲學史》,2012年第1期)發掘皮錫瑞《左傳淺説》規杜的成果,填補了上述研究在晚清時段的空白;宋惠如《復漢之舊?——清代〈左傳〉學對杜預學的接受與衝突》(《淡江中文學報》第29期,2013年)不拘於駁杜糾杜,注意清儒對杜預《春秋》學的接受及其産生的衝突與影響。

② 皮錫瑞著,周予同注釋:《經學歷史》,北京:中華書局,2004年,第249頁。

③ 乾隆四十八年(1783)孔廣森成《公羊通義》,嘉慶十年(1805)劉逢禄成《公羊釋例》,嘉慶二十四年(1819),凌曙成《公羊禮疏》《公羊禮説》《公羊問答》,同治八年(1869)陳立成《公羊義疏》。

④ 章太炎:《章太炎先生論訂書》,載支偉成《清代朴學大師列傳》,長沙:嶽麓書社,1986年,第4頁。

⑤ 可參鍾彩鈞:《劉逢禄的公羊學概述》,《第一屆清代學術研討會論文集》,1989年,第157-179頁。

⑥ 艾爾曼認爲:"家族可以根據相對於周圍社會環境而獨立的一個特定家族的文化策略,履行排他性的角色。"見氏著《經學、政治和宗族——中華帝國晚期常州今文學派研究》,南京:江蘇人民出版社,1998年,第5頁。

⑦ 蔡長林:《從文士到經生——考據學風潮下的常州學派》,臺北:"中央研究院"中國文哲研究所,2010年,第27頁。

⑧ 黄開國:《劉逢禄〈公羊〉學的意義》,《哲學研究》2008年第2期,第28-36頁。

不論當時是否已有"今古文之争",劉逢禄攻伐異己、否認《左氏》傳經,無疑是對《左傳》學的挑戰。《左傳》學者紛紛就此作出回應,促使清初平視三傳、不分門户的《左傳》學風發生變化,這成爲後人觀察清代《左傳》學發展的另一視角。①

常州《公羊》學興起之初,《左傳》學大體上仍秉承清初不分門户的漢學傳統。如洪亮吉(1746-1809)《左傳詁》平視三傳,於《公》《穀》多有採獲;馬宗璉(? -1801)輯補三傳古注,著有《左傳補註》《公羊補註》《穀梁傳疏證》,兼治三傳而不墨守一家;張聰咸(1783-1814)《杜注辨證》糾補杜注之失,也常引述《公》《穀》。但與此同時,也出現了不同的聲音,如李貽德《春秋左氏傳賈服舊注輯述》雖同樣三傳兼采,但特別留意《左氏》舊注與《公》《穀》之同,這是洪亮吉、馬宗璉、張聰咸都没有關注的問題;沈欽韓則一反前人,重提門户,專治《左氏》、排斥《公》《穀》,直指劉逢禄。其後,常州學在宋翔鳳(1776-1860)、莊綬甲(1774-1828)、魏源(1794-1857)、龔自珍(1792-1841)等人的傳播與發揚下,由《公羊》擴展至《詩》《書》,由常州散佈到其他省縣。而儀征劉氏三代(劉文淇、刘毓崧、劉壽曾)所著《春秋左傳舊注疏證》正見證了這一過程,他們總結前人的觀點及方法,通過完善《左氏》體系維護《左氏》,體現出對常州《公羊》學的進一步回應。

不過,以上所提到的《左傳》學者,除了沈欽韓以外,都極少直接傳達對《公羊》學的態度。原因在於:第一,從學術風潮看,《左傳》學爲當時主流,故無意對常州《公羊》學給予太多回應;第二,從學術風格看,漢學講求實事求是,專注整理考訂,較少直接發表個人意見;第三,舊注輯述、補充與撰寫新疏的體裁,要求以傳注爲本進行疏通解釋,這也限制了個人態度的直接闡發。因此要考察他們對常州《公羊》學的回應,需比較這些著作中註疏經傳的具體内容,尤其是有關《左氏》舊注與《公》《穀》相合的討論。故本文選取沈欽韓、李貽德以及儀徵劉氏爲例,通過横向比較沈、李,呈現嘉道時期《左傳》學者對《公羊》學的不同態度;再縱向比較儀徵劉氏與沈、李,探求由嘉道至同光時期,劉氏三代如何取捨前人,完善《左傳》學體系,回應《公羊》家的挑戰。通過以上比較,呈現清代中晚期《左傳》學與《公羊》學互動的一個截面,彌補學界已有研究的缺失。

---

① 已有學者注意到清代《左傳》學者對常州《公羊》學的回應,但多從晚清今古文之争的視角進行回溯。如艾爾曼指出:"今文學者康有爲與古文學者劉師培的争論聞名於20世紀,這場争論起源於揚州劉氏與常州莊、劉兩族的學術對立,這一點長久以來爲人忽略了。"(見《經學、政治和宗族》第7頁)張素卿稱:"沈欽韓一改惠棟兼信《公》《穀》二傳之風,轉而强調專門,這跟劉逢禄等常州學者墨守《公羊》以攻《左傳》正相對應,今、古文的分野逐漸鮮明。"(見《清代"漢學"與〈左傳〉學》第191頁)羅軍鳳認爲,嘉道以後《左傳》經學研究有注重義例的新趨向,這"只能是今文經學興起之後,古文經學深自壁壘的一個表現方式"。(見《清代〈春秋左傳學〉研究》第225頁)但由於研究側重點的不同,尚未對此展開深入討論。

二 沈欽韓嚴立門户與李貽德擇善而從

沈欽韓(1775-1831)《春秋左氏傳補注》與李貽德(1783-1832)《春秋左氏傳賈服舊注輯述》都撰寫於嘉慶、道光之間,體例相似,所收經、傳文總量也相近,[①]但兩人的學術立場與治學風格却大不相同:沈欽韓對常州《公羊》學不滿,進而嚴立門户,強烈批駁《公羊》;李貽德則不以門户自限,擇善而從,有緩解常州《公羊》學與《左氏》之争的傾向。

沈欽韓"不喜《公羊》",[②]對《公羊》學的批評直接針對劉逢禄。他在給劉文淇的信中,道出對劉逢禄的不滿:"尊舅爲劉逢禄輩所誤,溺於《公羊》,獨足下余波不染,誠爲卓犖。"[③]此外,沈氏批駁《公》《穀》的言論也暗與常州對應,他認爲《公》《穀》"晚出戰國""向壁虚造",[④]更將《公羊傳》斥爲"僞學",[⑤]這與劉逢禄宣稱"《左氏》不傳《春秋》"正相對。其《擬策問》中批評後世"治經之家"發揚《公羊》學,也暗指常州學者:

《公羊》六傳而著竹帛,十口相承,寧無褫亂,遭雜伯之世,其藝獨顯,得毋刑

---

① 沈欽韓,字文起,號小宛,江蘇吴縣人。"早年形雕詞章",中年以後轉向經、史之學,"誦《禮》十七篇、《春秋》十二經","好兩漢書尤篤",四十歲(嘉慶十九年)開始,先後著《兩漢書疏證》《左傳補註》《三國志補註》《水經注疏證》等書(参沈欽韓《上潘副河書》)。他對《公羊》的態度集中體現在《漢書疏證》《左傳補註》以及與劉文淇、周保緒、包世臣等人的書信中。李貽德,字天彝,号次白,一号杏村,浙江嘉兴人。著有《春秋左氏傳賈服舊注輯述》《詩經名物考》《十七史考異》,另有詩集《揽青阁诗钞》及《梦春庐词》,但諸書除《輯述》及詩集外均已亡佚,考察他的《春秋》學立場,僅能依靠《輯述》一書。兩書撰寫時間相近,沈書作於《漢書疏證》完稿之后即嘉慶二十二年(見沈氏《與黄修存書》《漢書疏證序》),道光元年季夏爲《左氏傳補註》作序,且此年春初開始寫作《查注蘇詩正誤》《水經注註疏》等書(據《復董琴南書》),因此沈氏《左氏傳補註》初稿大約完成於嘉慶、道光之際;李貽德作《輯述》的年代,據劉毓崧《通義堂文集》内《輯述後序》考證,其"甲戌、乙亥見,謁孫淵如通奉於江寧,事以師禮",而作《輯述》之緣起,"實因遊於通奉之門",即嘉慶十九年,而其卒於道光十二年,可知此書也作於嘉、道之際。體例上,李書先列經或傳文,次列賈、服舊注,再列作者對舊注的考證評疏,其討論的中心始終圍繞賈、服;沈書没有專門列出舊注,而是在經傳文下直接開始評述,對賈、服、杜預、劉敞以及清儒的註疏之誤進行糾駁。筆者統計,沈書共收經、傳文1348條;李書略少,約1030條。有關後者總數,曾聖益統計爲1210條(見《儀徵劉氏春秋左傳學研究》,臺灣大學中國文學研究所博士論文,2005年,第113頁);金永健統計,其中賈曰大約280條,服曰約600余條,賈服曰約40條,總條數有900余條(《清代〈左傳〉考證研究》,第272頁)。

② 劉文淇曾請沈欽韓爲舅氏凌曙《公羊通義》作序,信中説:"先舅氏曉樓先生所箸書,最精者莫如《公羊禮疏》,……極知先生不喜《公羊》,然先舅氏一生勤學,非先生孰表章之?"見劉文淇:《與沈小宛先生書》,《清溪書屋文集》卷三,《清代詩文集彙編》第564册,第18-19頁。

③ 沈欽韓:《與劉孟瞻書》,《幼學堂文稿》卷七,《清代詩文集彙編》第514册,第399頁。

④ 沈欽韓:《與周保緒書》,《幼學堂文稿》卷七,第390頁。

⑤ 沈欽韓:《漢書疏證》卷六,《續修四庫全書》第266册,第188頁上欄。

法家附聖經以逆時王歟？……彼何休者，憾其家敗績失據，橫樹頰頦，益復猖狂，以《春秋》王魯，儀父、宿男盟而得封，滕子、薛伯朝而進爵，是非以周王爲天囚歟？……治經之家猶欲揚其波，是亦天資刻薄者矣。①

沈氏不滿《公羊傳》，批評何休"益復猖狂"，進而對後世"治經之家"也提出批評，這里的"治經之家"大概不僅包括他多次提到的宋儒孫復、劉敞、胡安國等人，也暗指當時的常州《公羊》家。

與沈欽韓相比，李貽德的治學風格平實客觀，對常州《公羊》學没有直接的評論，加上他一生沉潛寡友，書又多亡佚，因此只能通過《輯述》中的具體論述探求他的《春秋》學立場。下面對比兩書，突顯李貽德的學術立場，並直觀地呈現兩者的區别。

（一）門户觀念

沈欽韓嚴於門户，注重專門之學。他批評杜預不守專門，"爲《左氏》之疻痏而得罪於聖經者，無如杜預也"。認爲杜預攘取賈、服之精爲己用，最大的問題在於"盡翻家法"："移《左氏》之義以就其邪辟曲戾，創《長歷》以爲遷附移掇之計，造《釋例》以成其網絡文致之私……左氏之學亡，而杜預儼然專門名家矣。"②因此，他也批評清初《左傳》學"不足爲專門之學"，認爲顧炎武《補正》"膚淺不逮所望"，惠氏《補註》"篤信《穀梁》"，"弋獲《公羊》，持兩歧之見"。③

相比之下，李貽德雖然没有直接表達門户立場，但與沈書進行對比，可知他貼近漢學傳統，實事求是，不拘於門户。

就兩人引述《公羊》的情况看，沈書有22條引述《公羊》，其中批駁《公羊》者佔8條，此外有6條解釋字意，5條列舉異文或指出三傳無異義，而從《公羊》義者僅3條。而李書引述《公羊》約100條，不僅多引《公》《穀》證《左氏》舊説，更指出《左氏》舊説同或本《公》《穀》。

其一，多引《公》《穀》證《左氏》舊説。如隱九年傳"敗不相救，先者見獲，必務進"，服曰："言必不往相救，先者見獲，各自務進，言其貪利也。"李氏用《穀梁》僖元年傳注"救，赴急之意"解釋賈"必不往相救"爲"戎人不往赴其急"之意。④ 桓十四年經"秋八月，壬申，御廩災。乙亥，嘗"，服曰"魯以壬申被災，至乙亥而嘗，不以災害爲恐"。李氏以《公羊》解釋"御廩"："御廩，即《月令》所云神倉。鄭注'重粢盛之委'，是

① 沈欽韓：《擬策問五道》，《幼學堂文稿》卷三，第315頁。

② 沈欽韓：《與周保緒書》，《幼學堂文稿》卷七，第390頁。

③ 沈欽韓：《惠氏左傳補注後序》，《幼學堂文稿》卷六，第373頁。

④ 李貽德：《春秋左氏傳賈服舊注輯述》卷二，臺北：鼎文書局，1973年，第18頁下欄。

也。《公羊傳》'御廩者何？粢盛委之所藏'。"[①]諸如此類,不勝枚舉。

其二,指出《左氏》舊注同或本《公》《穀》。書中共指出26條賈、服注同或本《公》《穀》,兼涉訓詁與義例。

訓詁之例。如僖二年經"滅夏陽",服曰:"夏陽,虢邑也,在大陽東三十里城南。案:《左氏》作下陽,《公羊》作夏陽,服本同《公羊》,《漢書地里志》'弘農郡陝'自注云'故虢國,北虢在大陽',服所本也。"[②]僖十四年經"沙鹿崩",服曰:"沙,山名。鹿,山足,林屬於山曰鹿。"李氏曰:"沙,山名,本《穀梁傳》。"[③]襄三年傳"凡民逃其上曰潰",賈曰:"舉國曰潰,一邑曰叛。"李氏曰:"《公羊》僖四年傳'國曰潰,邑曰叛',賈所本也。"[④]

義例之例。如桓三年經"春正月",未書"王",賈曰:"不書王,弒君、易祊田、成宋亂,無王也。元年治桓,二年治督,十年正曹伯,十八年終始治桓。"李氏指出"賈並用《穀梁》説"。[⑤] 莊八年經"師次于郎,以俟陳人、蔡人",賈曰:"陳、蔡欲伐魯,故待之。"服曰:"欲共伐郕。"李氏曰:"案賈説本《穀梁傳》……服説本《公羊傳》。"[⑥]十一年傳"宋公靳之",賈曰"恥而惡之曰'靳'",李氏曰:"服氏尋《公羊傳》文,故知爲'恥而惡之'。"[⑦]又如宣元年經"遂以夫人婦姜至自齊",服曰:"古者一禮不備,貞女不從,……宣公既以喪娶,夫人從亦非禮,故不稱氏,見略賤之也。"李氏《輯述》曰:

> 《公羊傳》曰:"夫人何以不稱姜氏?貶。曷爲貶?譏喪娶。喪娶者公也,則曷爲貶夫人?内無貶于公之道也。内無貶于公之道,則曷爲貶夫人?夫人與公一體也。"《穀梁》之意亦然。服本二傳爲説,以見公與夫人一體,喪娶非禮,若以《行露》之貞女相例,則亦不女從可也,乃竟來嫁於魯,故不稱氏以略賤之。[⑧]

公子遂爲剛即位的魯宣公逆妻於齊,經書"遂以夫人婦姜至自齊",《左傳》以爲"尊夫人也",[⑨]《公》《穀》都認爲書"夫人"而不稱"氏"是譏宣公喪娶,因此李貽德指出服虔"不稱氏,見略賤之"是"本二傳爲説"。又襄二十三年傳:"八月,叔孫豹帥師救晉,次

---

① 李貽德:《春秋左氏傳賈服舊注輯述》卷三,第31頁。

② 李貽德:《春秋左氏傳賈服舊注輯述》卷六,第50頁下欄。

③ 李貽德:《春秋左氏傳賈服舊注輯述》卷六,第58頁上欄。

④ 李貽德:《春秋左氏傳賈服舊注輯述》卷八,第77頁下欄。

⑤ 李貽德:《春秋左氏傳賈服舊注輯述》卷三,第23頁下欄。

⑥ 李貽德:《春秋左氏傳賈服舊注輯述》卷四,第35頁下欄。

⑦ 李貽德:《春秋左氏傳賈服舊注輯述》卷四,第38頁上欄。

⑧ 李貽德:《春秋左氏傳賈服舊注輯述》卷九,第89頁上欄。

⑨ 杜預注,孔穎達疏:《春秋左傳正義》卷二一,《十三經注疏》,臺北:藝文印書館,2001年,第361頁上欄。

于雍榆，禮也。”賈曰：“禮者，言其先救后次，爲得禮也。”《輯述》全引《正義》，《正義》指出賈氏本《公羊》，但並不同意《公羊》説，認爲書次、救之先後“皆隨事實，無義例也”，[①]而李貽德只取《正義》論賈氏本《公羊》，不引後文反對賈氏的部分。[②] 以上諸例，皆可見李貽德意在指出《左傳》舊注所本，不存在門户之見。

由此可知，沈欽韓注重專門之學，書中較少引述《公》《穀》爲證，而李貽德不僅多用《公》《穀》證《左氏》舊説，更多次指出舊注本於《公》《穀》，與沈氏相比，其不拘門户的態度顯而易見。雖然李貽德是從追述賈、服源流的角度指出三傳相合，但其預設便是認同三傳有相通之處，從這個角度來看，李氏有彌合三傳之争的意圖，但同時也給讀者留下《左氏》多取《公》《穀》或三傳相通的印象，對於維護《左傳》的學者來説，無疑有混淆家法之病，因此引起了劉毓崧、劉壽曾的回應，詳見後文。

（二）對《公羊》微言大義的態度

沈欽韓對《公羊》微言大義不以爲然。他在《漢書疏證》中借批評司馬遷《孔子世家》，道出對孔子與《春秋》關係的看法：

> （《史記》）云“作《春秋》”，“據魯、親周、故殷”，傅合《公羊》僞學，是全不曉六藝之恉，其謬十一也。[③]

他否認孔子與《春秋》的直接關係，也不相信《春秋》有微言大義，認爲這些觀點都是錯信《公羊》僞學。李貽德《輯述》中也有相關論述。隱元年經“春，王正月”，服注云“孔子作《春秋》，於春每月書王，以統三王之正”，李貽德用《公羊》《孟子》中的内容釋“作”：“《公羊》二十九年舊注云‘有所增益曰作’，蓋孔子因史文增益之故，孟子亦曰‘孔子作《春秋》也’。”[④]在他看來，孔子對《春秋》有所增益，在史書的基礎上進行了增删潤色。又昭十二年傳“是能讀三墳、五典、八索、九邱”，服注“八索”曰“八索，素王之法”，李貽德述曰：

> 八索爲“素王之法”者，《釋文》云：“索，本又作素。”是古本作素，故以素王之法釋之。《殷本紀》云：“伊尹從湯，言素王及九主之事。”是素王古有其稱。賈氏《春秋序》云：“孔子覽史記，就是非之説，立素王之法。”《漢書·董仲舒傳》：“孔子作《春秋》，先正王而繫萬事，見素王之文焉。”曰“立”、曰“見”，明孔子作《春秋》準素王之法，舊有其書，特準之爲法耳。是素王之法，即此八索也。《釋名·

① 《春秋左傳正義》卷三五，第 604 頁下欄。
② 李貽德：《春秋左氏傳賈服舊注輯述》卷一二，第 124-125 頁。
③ 沈欽韓：《漢書疏證》卷六，第 188 頁上欄。
④ 李貽德：《春秋左氏傳賈服舊注輯述》卷一，第 2-3 頁。

> 釋典藝》云:“八索。索,素也。著素王之法,若孔子者,聖而不王,制此法者有八也。”云“素王之法”是也,謂孔子“制此法有八”,失之。[①]

李氏先考證字詞,指出索字“古本作素”,“素王古有其稱”,然後引用《春秋序》《董仲舒傳》《釋名》中“孔子作《春秋》”、“準素王之法”,説明孔子通過《春秋》制素王之法。

又如桓二年傳“立華氏”,沈氏《補註》云:“督有弑君之罪,無以自立,故爲此會以湔洗之。經書‘成宋亂’者以此。惠氏言立華氏爲證桓公罪,此《公羊》家言,非也。”[②]桓公二年,宋華督弑君引發宋國内亂,后督與齊、陳、鄭會於稷。經曰:“二年春,王正月戊申,宋督弑其君與夷,及其大夫孔父。……三月,公會齊侯、陳侯、鄭伯于稷,以成宋亂。”《公羊傳》認爲“以成宋乱”是爲隱公諱桓公失德受賄:“内大惡諱,此其目言之何?……隱亦遠矣,曷爲爲隱諱?隱賢而桓賤也。”何休進一步説:“宋公馮與督共弑君而立,諸侯會於稷,欲共誅之,受賂便還,令宋亂遂成。”[③]而《左氏》傳文則没有述及桓公。[④] 沈氏從《左氏》説,並批評惠棟取《公羊》義。對於此事,李貽德《輯述》云:“《傳》云:‘會于稷,以成宋亂,爲賂故,立華氏也。’宋亂由華,納賂立之,昧討賊之義,經特書之‘以成宋亂’,實由公也。”[⑤]李氏承認宋國内亂由華督而起,但也認爲桓公促成宋亂,這顯然是《公羊》的觀點,雖然他没有直接引述,但的確採納了《公羊》説。

此外,李氏也相信《公羊》三統之説。如其解釋服虔“《春秋》,於春每月書王”,用何休“二月、三月皆有王者,二月,殷之正月也,三月,夏之正月也”;解釋“統三王之正”,引用《漢書·劉向傳》《禮·三正記》《尚書大傳》等材料,最後也歸結爲《公羊》説:

> 《郊特牲》疏引《異義》曰:“《公羊》説存二王之後,所以通夫三統之義。”蓋周監二代,其通三統,亦猶不相沿樂而《成均》存《夏濩》,不相襲禮而養老用饗食也,《傳》於此經著之曰王周正月,正見王二月則殷正月,王三月則夏正月,舉一反三也,不然,告朔頒時,王所建習之固然,誰不知爲王正月也,而必舉周以示例乎?[⑥]

李氏以《公羊》通三統之義理解服虔“統三王之正”,並爲之申辯,以爲通三統中的存二王之義,與周朝沿襲夏、商禮樂制度一樣,雖不號爲沿用,但實際上均有保存。

---

① 李貽德:《春秋左氏傳賈服舊注輯述》卷一六,第175頁上欄。

② 沈欽韓:《春秋左氏傳補注》卷一,《叢書集成初編》本,上海:商務印書局,1937年,第9頁。

③ 何休解詁,徐彥疏:《春秋公羊傳注疏》卷四,《十三經注疏》,臺北:藝文印書館,2001年,第48頁下欄。

④ 《春秋左傳正義》卷五,第90頁。

⑤ 李貽德:《春秋左氏傳賈服舊注輯述》卷三,第20頁上欄。

⑥ 李貽德:《春秋左傳賈服注輯述》卷一,第2頁。

由此可見,沈氏反對孔子作《春秋》,對於《公羊》家喜言爲隱公諱、喜用殷禮皆不以爲然;李氏則認同孔子制素王之法,對三傳之説擇善而從,在一定程度上接受了《公羊》的微言大義。沈、李之作均得益于漢學的發揚,但沈氏轉向了維護《左氏》、駁斥《公》《穀》,而李氏仍遵循漢學傳統,不拘門户,擇善而從,隱藏着平息争端的意圖,兩者代表了嘉道時期應對常州《公羊》學挑戰的不同態度。换言之,對於當時學術界漸漸發展起來的《公羊》學,沈氏的回應是區别門户,堅决維護《左氏》、駁斥《公羊》;李氏則不立門户,擇善而從,意圖調和争端。

三　儀徵劉氏:以周禮爲本,完善《左氏》體系

隨着常州學的不斷壯大,以沈、李爲代表的兩種應對措施都顯得各有缺失:沈氏專駁《公》《穀》,失之偏激;[①]李氏實事求是、平息争端的想法也難以彌合兩方意見,不適應學術分化的趨勢。嘉道至同光時期,儀徵劉氏撰《春秋左氏傳舊注疏證》,被譽爲清代《左傳》學之大成。此書由劉文淇(1789-1854)草創,纂輯長編八十卷,寫定隱元年至四年,爲第一卷;隱五年至襄五年主要由其孫劉壽曾(1838-1882)撰寫,其子毓崧、孫貴曾也先後參與其中。[②] 三代人面對的學術環境不盡相同,學術態度也略有區别。劉文淇站在漢學立場,雖治《左氏》,却不否認《公羊》,並指出應以禮治經、注重家法;毓崧、壽曾繼承家學,但爲回應常州《公羊》學、今文經學,强調《左氏》優於《公》《穀》,並進一步以周禮爲本,豐富《左氏》内涵,完善《左氏》體系,區别《公羊》。下面從完善《左氏》體系、明確《左氏》家法兩個方面,看劉氏家族對沈、李的修正及發展。[③]

(一)以周禮爲本,完善《左氏》體系

劉氏家族以周禮明《左氏》的原則受到沈欽韓的影響。沈欽韓有意將《左傳》與禮

---

① 如皮錫瑞在日記中寫到:"沈欽韓《左傳補註》,痛駡《公》《穀》、史公,以治《公》《穀》者爲罪人,未免叫囂。"見皮錫瑞著;吴仰湘點校:《師伏堂日記》,《皮錫瑞全集》第11册,北京:中華書局,2015年,第1751頁。

② 有關《疏證》的編纂過程,可參李樹桐:《整理後記》,《春秋左氏傳舊注疏證·附録》,臺北:明倫出版社,1970年,第3頁。

③ 《疏證》廣引述清人《左傳》學專著,以洪亮吉、沈欽韓及李貽德三家最多(詳參曾聖益《儀徵劉氏春秋左傳學研究》第四章第六節"《左傳舊注疏證》引證之清人經説")。按劉文淇與沈氏有書信往來,與李貽德未見交往痕跡;且李書直到同治年間纔付梓,因此《疏證》中引李貽德的内容乃由劉毓崧、劉壽曾撰寫。《疏證》成書歷經三代,隱五年以後的内容主要由劉壽曾撰寫,書中觀點,尤其是針對常州《公羊》學的内容應該是劉壽曾的觀點,但由於具體内容難以一一明確歸屬,下文若無特别説明,統稱爲劉氏。

結合：

> 禮者，奠天下之磐石也。禮廢，則天子無以治萬邦，諸侯無以治四境，大夫無以治一家。時則下陵上，裔亂華，亡國破家，殺身如償券。孔子傷之，欲返諸禮而無其位，故因《春秋》以見意，以爲修整于既往，其召福祥也如彼；勑亂于當今，則嬰毒禍也如此。左氏親受指歸，故于禮之源流得失，反復致詳焉。[①]

孔子有感於禮崩樂壞而作《春秋》，"左氏親受指歸"，因此對於《春秋》中"禮之源流得失，反復致詳"，最能符合孔子本意，因此，沈氏由禮入手，其《春秋左氏傳補註》"臚陳典章之要"，[②]"意主發明《左氏》禮學"，[③]其中許多論述及觀點都爲劉氏《疏證》直接引述。劉文淇曾反復閱讀沈書，自稱"已録副本，披尋再四"，而"思爲《左氏疏證》"，書中大量吸取沈氏觀點，"疏中所載，尊著十取其六"，並稱讚沈氏："近今爲《左氏》之學，未有踰先生者"。[④] 其所言"十取其六"或爲誇大，但他認同沈氏治《左傳》的方法與成就是毋庸置疑的。

沈氏述周代典章之要，但論述較爲簡略，而且常激烈地批評《公》《穀》，相比之下，劉氏廣引前人，疏證細密詳明，雖然同樣維護《左氏》，但態度較沈氏温和公允，如桓二年傳"立華氏"、閔公二年"乃縊"等條，劉氏都同意沈氏之言，但對《公》《穀》不再嚴辭相加。之所以如此，與劉氏家族用周禮明《春秋》的疏證方法有直接關係，通過闡明周禮證明《左氏》解《春秋》，從内部堅守《左氏》，便無須大力批評《公》《穀》。《疏證·注例》第一條即説明：

> 釋《春秋》必以周禮明之。周禮者，文王基之，武王作之，周公成之，周禮明，而後亂臣賊子乃始知懼，若不用周禮而專用從殷。（原注：公羊家言《春秋》"變周之文，從殷之質"，殊誤。）則亂臣賊子皆具曰予聖，而藉口於《春秋》之改制矣。"（原注：《鄭志》曰："《春秋經》所譏所善，皆於禮難明者也。其事著明，但如事書

① 沈欽韓：《春秋左氏傳補註序》，《幼學堂文稿》卷六，第369頁。
② 沈欽韓：《春秋左氏傳補註序》，《幼學堂文稿》卷六，第369頁。
③ 李慈銘：《越縵堂讀書記》，北京：中華書局，1963年，第124頁。
④ 劉文淇：《與沈小宛先生書》，《青溪舊屋文集》卷三，第9頁。

之,當按禮以正之。”所謂禮,即指周禮。)①

劉氏提出以周禮明《春秋》,直接針對《公羊》家以殷禮説《春秋》。《公羊》家認爲《春秋》“王魯、尚黑、絀夏、親周、故宋”,②由“通三統”而倡言改制,劉逢禄將改制説與孔子文質論相結合:“夫子所謂從周質,從其監二代也。從其監二代而損文用忠,變文從質,乃所謂文王在兹也。”③陳立發揚其説:“大約《公羊》一經,多言禮制。而禮制之中,有周禮有殷禮,以孔子有舍從質之説,故言禮多舍周而用殷。”④由此可見,劉氏强調以周禮明《春秋》,不僅針對常州《公羊》學,也針對受常州學影響的今文經學。因此學者稱,劉氏以周禮明《左氏》,“對内找到了賈、服等漢儒舊注的源頭,爲其疏證舊注奠定了基礎;對外與漢代的《公羊》學乃至《穀梁》學劃清了界限”。⑤ 下面由對隱公即位的討論看其如何通過辨明周禮,達到區分《公羊》、完善《左氏》體系的目的。

隱元年經“春,王正月”,未書“即位”。《公》《穀》及《左氏》舊説都認爲隱公行即位之禮,不書“即位”是孔子成全隱公讓桓的書法;⑥杜預、孔穎達反對這種説法,《左傳》曰“不書即位,攝也”,杜認爲隱公“假攝君政,不脩即位之禮,故史不書於策,傳所以見異於常”,史官依史書之,故無即位之文;《正義》順勢批評賈、服而同意杜説。⑦杜、孔認爲《春秋》是史書,《公》《穀》的書法、微言大義多不成立,這的確有效地達到了樹立門户、區别《公》《穀》的目的,但同時也存在自限門户之失,爲了立異而立異,故結論常與《左氏》舊注相出入。沈欽韓、李貽德没有處理這個問題,沈書未録此條,但從前文對其學貴專門、不信《公羊》微言大義的論述推斷,其觀點應與杜、孔一致;李貽

---

① 劉文淇:《春秋左氏傳舊注疏證·注例》,臺北:明倫出版社,1970 年。對比上海圖書館所藏原稿本及清鈔本第一卷,可知注例爲劉壽曾筆跡。此外,宣統年間劉師培召集衆人所謄鈔稿本,其中第一卷中並没有鈔注例,由此推測劉師培認爲注例非劉文淇所撰。又田漢雲認爲這句話“顯然是針對清末今文家的”(氏著《中國近代經學史》,西安:三秦出版社,1996 年,第 153 頁),張素卿推測“這可能是劉壽曾的想法”(《清代“漢學”與〈左傳〉學》第 328 頁)。

② 董仲舒撰,凌曙注:《三代改制質文》,《春秋繁露注》,北京:中華書局,1975 年,第 236 頁。

③ 劉逢禄:《公羊廣墨守》,《春秋公羊釋例》卷二,上海:上海古籍出版社,2013 年,第 337 頁。

④ 陳立:《上劉孟瞻先生書》,見劉師培:《跋陳卓人上劉孟瞻先生書》,萬仕國點校《讀書隨筆(外五種)》,揚州:廣陵書社,2013 年,第 94 頁。

⑤ 徐興無:《釋〈春秋〉必以周禮明之——讀劉文淇〈春秋左氏傳舊注疏證·注例〉》,《南京曉莊學院學報》2006 年第 3 期,第 50-55 頁。

⑥ 《公羊傳》曰:“公何以不言即位? 成公意也。何成乎公之意? 公將平國而反之桓。”(《春秋公羊傳註疏》卷一,第 10 頁上欄)《穀梁傳》曰:“成公志也……將以讓桓也”。(范甯注 楊士勛疏:《春秋穀梁傳注疏》卷一,《十三經注疏》,臺北:藝文印書館,2001 年,第 2 頁下欄)賈、服以爲“公實即位,孔子修經乃有不書,不書即位,所以惡桓之篡。”見李貽德《春秋左傳賈服注輯述》卷一,第 4 頁上欄。

⑦ 《春秋左傳正義》卷五,第 34 頁下欄。

德衹疏通賈注,没有處理隱公是否行即位之禮的争論。[1] 對此,劉氏通過辨明周禮中攝位與攝政的區别,明確隱公行即位之禮,雖然結論與《公》《穀》及《左氏》舊説一致,但却匠心獨運地完善了《左氏》自身體系:

> 按《明堂位》疏引鄭《發墨守》云:"隱公攝位,周公攝政,雖俱相幼君,攝政與攝位異也。"是隱公攝位,非攝政。況《傳》明云"公攝位而欲修好於邾",攝位則行即位之禮,杜預之説非也。《正義》既知隱公之攝爲攝位,而又謂攝位不行即位之禮,曲護杜氏,謬矣。[2]

根據《禮記》疏所引,攝位與攝政不同,而《左氏》傳文中的"攝"指攝位,攝位需行即位之禮。這表面上是以《左氏》舊注糾正杜、孔之説,但本質上却通過周禮豐富了《左氏》内涵,使之具有自身的理論體系。

隱元年傳文也追述了隱公即位之事:"故仲子歸於我,生桓公而惠公薨,是以隱公立而奉之。"賈逵的解釋較爲模糊:"隱公立桓爲太子,奉以爲君"。李貽德引《公》《穀》釋賈義:"今惠公已薨,而隱公立桓爲太子者,承惠公志也……隱公攝也,故元年不書即位,……不敢自以爲君,而以君道讓桓也。"[3]劉氏仍由周禮入手,解釋傳文、疏通賈義,但自成一説,不牽涉《公》《穀》。《疏證》曰:

> 按《禮記·曾子問》云:"君薨而世子生,如之何?孔子曰:卿、大夫、士從攝主,北面于西階南,大祝裨冕,執束帛,升自西階,盡等,不升堂,命毋哭。祝聲三,告曰:'某之子生,敢告。'三日,衆主人、卿、大夫、士如初位,北面。大宰、大宗、大祝皆裨冕,少師奉子以衰,祝先,子從,宰宗人從,入門,哭者止,子升自西階,殯前北面。"鄭《注》:"攝主,上卿代國君聽國政。"……按隱之攝位,雖異於上卿之攝主,然立桓爲太子,必告殯宫,是時隱未即位,其告殯之禮,桓自爲主,當與子同生三日告殯禮同,隱當與衆主人北面立於西階南,桓公升自西階,北面告殯,是隱以君道奉桓,故賈云隱立桓爲大子,奉以爲君也。[4]

劉氏徵引《禮記》所載國君死而世子始生的殯禮儀式,由此證明傳文中的"立而奉之",不過是對告殯禮儀的描述,"隱當與衆主人北面立於西階南,桓公升自西階,北面告

---

① 見李貽德:《春秋左傳賈服注輯述》,第 4 頁上欄。
② 劉文淇:《春秋左氏傳舊注疏證》,第 3 頁。
③ 李貽德:《春秋左傳賈服注輯述》卷一,第 2 頁上欄。
④ 劉文淇:《春秋左氏傳舊注疏證》,第 2 頁。

殯,是隱以君道奉桓",同様,賈逵所説的"奉以爲君"也是從禮制的角度解釋。劉氏隻字未提《公》《穀》所謂"隱公之志"與"夫子之筆削",也没有批評李貽德牽涉《公》《穀》的做法,但由周禮入手,豐富了《左氏》内涵與價值,自然也與《公》《穀》相區别。

通過以上舉例可知,劉氏以周禮爲本,通過考索儀禮制度明確《左氏》與《春秋》相符,這種由内部堅實《左氏》的策略從根本上完善了《左氏》學體系,因此即使不直接批評《公》《穀》,也能給其有力的回擊。

(二)明辨《左氏》舊注引《公》《穀》之説,明《左氏》家法

對於《左氏》舊注與《公》《穀》相合的情況,李貽德在《輯述》中認爲舊注本于《公》《穀》,這對於《左氏》學來説存在混淆家法之嫌。爲此,劉氏《疏證》一方面承認李貽德所指爲事實,另一方面更維護《左氏》,強調《左氏》自有家法。

一方面,劉氏承認"賈、服間以《公》《穀》釋《左傳》"。[①] 如桓三年經"春正月",賈曰:"不書王,弑君、易祊田、成宋亂,無王也。元年治桓,二年治督,十年正曹伯,十八年終始治桓。"李氏引出《穀梁傳》原文及范甯注,並指出"賈並用《穀梁》説",劉氏在此基礎上引《左傳正義》中"先儒多用《穀梁》之说",指明"先儒取《穀梁》義注此經,不止賈氏一人"。[②] 僖三年經"正月不雨,夏四月不雨",《疏證》云"賈注此取《穀梁傳》";[③]僖四年經"楚屈完來盟于師,盟於召陵",疏云"服用《穀梁》説也"[④]宣十五年經"夏五月,宋人及楚人平",《疏證》云:"《穀梁傳》'人者,衆辭也。平稱衆,上下欲之也',賈用《穀梁》義。"[⑤]成三年經"鄭伐許",《疏證》云:"賈謂夷狄之者,謂例之夷狄相伐。……賈君蓋用二傳舊説。"[⑥]除此之外,劉氏還增加了一些條目,所得較李書爲多。如桓十三年經"公會紀侯、鄭伯,己巳,及齊侯、宋公、衛侯、燕人戰"、十七年經"葬蔡桓侯"以及莊元年傳"不稱姜氏,絶不爲親,禮也"等條,均爲劉氏指明而李氏未及者。[⑦]由此可見,劉氏在指出舊注源流時,並未迴避其與《公》《穀》相合的事實,承認賈、服以《公》《穀》釋《左氏》。

劉氏之所以能够對李貽德《左氏》舊注本《公》《穀》的説法泰然處之,根源在於以

① 劉文淇:《春秋左氏傳舊注疏證》,第42頁。
② 劉文淇:《春秋左氏傳舊注疏證》,第80頁。
③ 劉文淇:《春秋左氏傳舊注疏證》,第251頁。
④ 劉文淇:《春秋左氏傳舊注疏證》,第253頁。
⑤ 劉文淇:《春秋左氏傳舊注疏證》,第731頁。
⑥ 劉文淇:《春秋左氏傳舊注疏證》,第808頁。
⑦ 李貽德:《春秋左傳賈服注輯述》,第31頁上欄、32頁上欄、35頁上欄;劉文淇《春秋左氏傳舊注疏證》,第117、127、136頁。

周禮釋《春秋》、明《左氏》家法的根本策略。由前文劉氏對即位禮的討論可以看到，他們並不像杜預那樣企圖在結論上與《公》《穀》立異，而是通過考辨周禮豐富《左氏》内涵，明確《左氏》自有家法，這樣一來，即便"賈、服間以《公》《穀》釋《左傳》"，也不影響《左氏》自身的價值體系。

另一方面，劉氏注意指出舊説非襲《公》《穀》，《左氏》自有家法，在細節的處理上體現出維護《左氏》家法的用心。如隱元年經"春，王正月"，李氏認爲服虔用《公羊》"通三統"之義；劉氏則换了一種説法，認爲服虔義本自劉歆，意圖説明《左傳》本身就有三統説。劉歆認爲《春秋》春三月皆书王，蓋"元之三统也"，所謂三統，乃三德、三體之統：

> 元典曆始曰元。《傳》曰："元，善之長也。"共養三德爲善。又曰："元，體之長也。"合三體而爲之原，故曰元。于春三月，每月書王，元之三統也。

亦爲《易》三極之統：

> 春秋二以目歲，《易》兩儀之中也。於春每月書王，《易》三極之統也。於四時雖亡事必書時月，《易》四象之節也。①

《春秋》的命名、春三月皆書王以及四時必書時月均與《易》有關，是《春秋》與《易》通"天人之道"的表現，這顯然與《公羊》的三統説不同。《疏證》指出《左氏》舊注中的"三統"用劉歆義，非用《公羊》義，由此從根本上解決《左氏》家法的混淆。又如莊十一年經"宋公靳之"，服曰："恥而惡之曰靳。"李氏以爲"服氏尋《公羊傳》文，故知爲恥而惡之"，《疏證》則批評李氏"不必援《公羊》義證服注也"。② 僖二年經"夏五月，……虞師、晉師滅下陽"，服以爲"下陽"即"夏陽"，李氏曰："案《左氏》作下陽，《公羊》作夏陽，服本同《公羊》。"③而劉氏認爲："服氏本自作夏陽，非取《公羊》。"④這都可見劉氏家族雖在一定程度上承認兩者相合的事實，但更有意於解決兩者相合所造成的家法混淆。

劉氏從《左傳》自身的價值系統出發，由周禮入手，通過辨明《左傳》所載的典章制度維護《左氏》解《春秋》的地位，對《公羊》的態度表面上比沈欽韓温和，但實際上却

① 劉文淇：《春秋左氏傳舊注疏證》，第 3 頁。
② 李貽德：《春秋左傳賈服注輯述》卷四，第 38 頁上欄；劉文淇《春秋左氏傳舊注疏證》，161 頁。
③ 李貽德：《春秋左傳賈服注輯述》卷六，第 50 頁下欄。
④ 劉文淇：《春秋左氏傳舊注疏證》，第 247 頁。

更爲有力。無論是其總體的學術立場還是對細節的處理，都體現出對沈、李兩人的修正與發展，這雖然是學術發展的必然趨勢，但應該看到的是，在回應常州《公羊》學的過程中，劉氏家族如何吸取前説，在不同的學術立場及治學方法之中"披尋再四"，最終以更爲根本、細密的方式維護《左氏》。

四 结语

《左傳》學雖居於清代《春秋》學的主流，但在常州《公羊》學的刺激下也不得不做出相應調整。如沈欽韓與李貽德，雖出於相似的學術信仰，浸潤於同樣的學術潮流中，却表現出兩種截然不同的態度，這體現出《左傳》學者内部對於常州《公羊》學的不同意見；隨着常州《公羊》學的發揚與學者治學愈加精研，儀徵劉氏在前人基礎上有新發展，他們維護《左氏》，以周禮釋經豐富《左氏》内涵，完善《左氏》學體系，從而能够修正沈欽韓對《公羊》學較爲偏激的態度，從容應對李貽德提出的三傳相通問題。由沈、李至儀徵劉氏三代，可以看到清代中期以來《左傳》學者對《公羊》態度的差異，以及對於如何處理這種差異的不斷探索，在他們的共同努力下，《左傳》學體系漸趨完善。這一過程雖是《左傳》學自身發展的趨勢，但也是常州《公羊》學的發展在《左傳》學領域産生的迴響與投射。

再要指出的是，雖然沈欽韓、李貽德及儀徵劉氏家族對《左氏》舊注本《公》《穀》的討論仍存在不足之處，如對賈、服與《公》《穀》相合之處的統計有遺漏，[①]對相合之處的評價不一等等，但他們多無法迴避《左氏》舊注間采《公》《穀》的事實。其實，《春秋左傳正義序》已明確指出："前漢傳《左氏》者，有張蒼、賈誼、尹咸、劉歆，後漢有鄭衆、賈逵、服虔、許惠卿等，各有詁訓，然雜取《公》《穀》，以釋《左氏》。"[②]可見漢代《左傳》先師對各家旁采兼及，並無避忌，三傳門户森嚴之風，實由《公羊》何休、《左氏》杜預樹立。清儒的《左氏》舊注研究與之遥遥呼應，提出了重新看待漢代《春秋》家法的

---

① 如對《春秋》命名的討論，李貽德列出賈説："取法陰陽之中，春爲陽中，萬物以生，秋爲陰中，萬物以成，欲使人君動作不失其中也。"並認爲"賈義本劉歆"；沈、劉則未討論此條。而實際上徐彦疏已指出："《公羊》何氏與賈、服不異，亦以未欲使人君動作不失中也。"（見李貽德《輯述》第1頁、《春秋公羊傳註疏》第6頁下欄）又如隱元年傳"三月，公及邾儀父盟於蔑"。賈服曰："儀父嘉隱公有至孝謙讓之義，而與結好，故貴而字之，善其慕賢説讓。"沈未列此條，李、劉均僅解釋賈、服意，實則此條與《公羊》義通，區别只在於服注重事、何注重義，見《輯述》第3頁下、《疏證》第5-6頁、《公羊傳註疏》第11頁下欄。

② 《春秋左傳正義·序》，第3頁下欄。

問題。總之,清代《左傳》學與《公羊》學的博弈理應受到重視,而由清人成績上溯漢代的經學面貌也是研究的另一方向。

作者簡介:

楊瀟沂,女,1990年生,湖南長沙人,湖南大學岳麓書院博士研究生。研究方向爲中國經學史、《春秋》學。

經史之間:侯康《穀梁禮證》詮釋理路研究※

許超傑

内容摘要 侯康《穀梁禮證》是清中期《穀梁》學之重要著作。陳澧、伍崇曜分别爲《穀梁禮證》指出了一個面向史學的學術體系與接續《春秋》禮學的經學脈絡,可謂兩條理解《穀梁禮證》頗爲歧異的途徑。二者都論述了侯康及《穀梁禮證》的一個側面。事實上侯康之學術傾向於史學考據,而《穀梁》則重在經學義理,故侯康學術與《穀梁》屬性之間存在一種牴牾與矛盾,這也造成了《穀梁禮證》搖擺於經史之間的性質。而侯康最終未完成《穀梁禮證》,亦並不單單是由於其英年早逝,更是由他的學術路向所決定的自我選擇。

關鍵詞 侯康 《穀梁禮證》 陳澧 伍崇曜 經史之間 《春秋古經説》

侯康(1798-1837),字君謨,番禺人,道光十五年舉人,撰有《穀梁禮證》《春秋古經説》《補後漢書藝文志》《補三國志藝文志》《後漢書補注續》《三國志補注》等書。[②]《穀梁禮證》爲侯康《春秋》學之代表作,亦是清代《穀梁》學的重要著作。《穀梁禮證》實爲侯康遺著,由其弟侯度整理刊發。今本《穀梁禮證》分爲二卷,卷一二十九條,卷

※本文爲湖南省社科基金基地項目"生成史視域下的《四庫全書總目·經部》綜合研究(18JD16)"、教育部高校古委會直接資助項目"《穀梁》舊注匯釋(1841)"階段性成果。

② 參見《清史稿》卷四八二《儒林三》,北京:中華書局,1977年,第13286頁。吴連堂認爲侯康之字爲"君模"而非"君謨",其言曰:"'模'據陳澧《穀梁禮證序》《二侯傳》;《續皇清經解》及《清史稿》作'謨'。案侯康原名廷楷,取字'君模'較爲切合,且陳澧與侯康交誼甚久,陳氏當不誤,以作'模'爲是。"附記於此,以備一説。參吴連堂《清代穀梁學》,新北:花木蘭文化事業有限公司,2016年,第324頁。

二二十三條,共五十二條,要皆考求《穀梁》禮儀、禮義者也。[①] 此書篇幅雖短小,但就前人對此書之探討而論,其經史屬性却頗爲複雜。陳澧、伍崇曜分别爲《穀梁禮證》安排了一個面向史學的體系與接續《春秋》禮學的經學脈絡,可謂是《穀梁禮證》的兩種最爲重要也頗有歧異的理解模式。然前賢對此二家之説似尚無深入探討,故不揣鄙陋,分疏二家對侯康《穀梁禮證》之詮解,以就教於大方之家。

一　伍崇曜論侯康《穀梁》學之經學脈絡與"《春秋》禮學"源流

《穀梁禮證》經侯度整理之後,由伍崇曜爲之刊發,伍氏跋《禮證》曰:

> 按《左傳發凡》,杜預謂皆周公禮典。韓起見《易象》《春秋》,亦謂周禮在魯。孫復作《春秋尊王發微》,葉夢得譏其不深於禮學,故其言多自牴牾。蓋禮與《春秋》本相表裏,故自宋張大亨《春秋五禮例宗》、魏了翁《春秋左傳要義》、元吴澄《春秋纂言》、明石光霽《春秋鉤元》、國朝萬斯大《學春秋隨筆》、毛奇齡《春秋毛氏傳》、惠士奇《半農春秋説》,皆於典禮三致意焉。三代之文章、禮樂猶可考見其大凡,然要皆詳於《左氏》而略於《公》《穀》。夫典制莫備於《左氏》,而義理莫精於《穀梁》,惟《公羊》雜出衆師,時多偏駁耳。[②]

自伍崇曜跋語視之,"禮與《春秋》本相表裏",故自可由《春秋》而論禮也。伍氏所列雖以《左傳》爲主,然其以爲"典制莫備於《左氏》,而義理莫精於《穀梁》",則認爲《春秋》禮學仍當以《穀梁》爲義理之據,故伍崇曜此跋可謂爲《穀梁禮證》編排了一個《春秋》禮學的傳承脈絡,也就是將《穀梁禮證》擺置在接續《春秋》禮學的經學體系之中。事實上,伍氏此跋並非特創,要皆得之於《四庫全書總目》。《總目·春秋五禮例宗提要》曰:

> 考《左傳》發凡,杜預謂皆周公禮典,韓起見《易象》《春秋》,亦謂周禮在魯。

① 學界對於《穀梁禮證》之研究較少,要言之,蓋惟文廷海、吴連堂二家。文廷海《清代春秋穀梁學研究》(巴蜀書社 2006 年版)從詮釋的角度對《穀梁禮證》予以概述,以點及面。吴連堂《清代穀梁學》是今見對《穀梁禮證》最爲詳細的考論,吴氏分爲作者傳略、概述、成就、價值四部分對《穀梁禮證》予以考察,尤其是成就部分,對十餘條《禮證》文本予以詳盡的梳理、分析,對侯康《禮證》"證禮"之得失作了深入的探討,頗有價值。但無論是文氏還是吴氏,多是從具體禮儀入手對《禮證》予以考察。筆者以爲,除分析《禮證》之内容、方法外,亦應對侯康的學術傾向及《穀梁禮證》的定位予以研究。惟其如此,才能更好地認識《穀梁禮證》,也更易於將其放到侯康的學術體系及清代學術史的角度予以探討。由於吴氏對《禮證》之内容已有詳盡分析,故筆者只就吴氏研究尚可深入或其未曾涉及之點予以探討,側重就其學術史意義予以研究。

② 伍崇曜:《穀梁禮證跋》,《穀梁禮證》,《嶺南遺書》道光三十年刻本。

> 孫復作《春秋尊王發微》,葉夢得譏其不深於禮學,故其言多自牴牾。蓋禮與《春秋》本相表裏。大亨是編,以杜預《釋例》與經踳駮,兼不能賅盡,陸淳所集啖、趙《春秋纂例》亦支離失真,因取《春秋》事跡,分吉凶軍賓嘉五禮,依類别記,各爲總論。……元吴澄作《春秋纂言》,分列五禮,多與此書相出入。[①]

由此條提要可知,伍崇曜跋語自是襲於此文而來,非但張大亨、吴澄等源流一致,即便述"禮與《春秋》本相表裏"之言、葉夢得批駁孫復之語,亦原文照録。然伍氏爲侯康《穀梁禮證》勾勒一《春秋》禮學之脈絡,亦不爲無功,伍崇曜將其擺置到《春秋》經學的傳承脈絡之中,從中亦可看出侯康《禮證》之所以是"禮證",便是自葉夢得所源出。伍氏歷數葉氏以下,自宋迄清以禮治《春秋》之諸家,可見伍氏不僅爲侯康勾勒了一個系譜,也爲侯康論證了以禮治《穀梁》之可能。就《春秋》禮學之建構而言,葉夢得可謂最具代表者。葉氏《春秋考·序》曰:

> 去古既遠,聖人之道不明,先王之典籍殘缺幾亡。《春秋》立大法而遺萬世者也,不知聖人之道,孰與發其義;不見先王之典籍,孰與定其制。當孔子時,夏商之禮已無可據。韓宣子適魯,始見周禮盡在魯地,他國蓋無有也。至於論爵之辨,孟子已不能得其詳。……故吾讀《周官》至五等諸侯封國之數,大國、次國、小國之軍制,與夫諸侯之邦交、世相朝者,喟然皆知其出於僭亂者之所爲,而上下數千餘載之間,卒未有辨者。則居今之世而求古之道,茲不亦甚難而不可忽歟?雖然文武之道未墜于地,六經之所傳、百世之所記猶在。吾所謂失者非苟去之也,以其無當於義也,蓋有當之者焉;吾所謂非者,非臆排之也,以其無驗于事也,蓋有驗之者焉,則在夫擇焉而已。[②]

葉夢得認爲,當孔子之時,禮崩樂壞,夏商之禮無可據,周禮獨在魯,而他國無焉。及至孟子之時,已不能論爵制。即當孔孟之時,禮文禮典缺失,以孟子之聖,亦不能知之者。故而葉氏認爲《周官》所載之禮雖號爲周禮,然並不能爲其所信,而當是後世僞書。然"不見先王之典籍,孰與定其制",要之,蓋以《春秋》定之。周禮獨在魯,夫子據之以修《春秋》,則《春秋》者,夫子所定大經大法,亦即夫子所定之禮典也。張大亨《春秋五禮例宗》與之相仿佛,其言曰:"蓋周禮盡在魯矣,聖人以爲法。凡欲求經之規範,非五禮

---

① 魏小虎編撰:《四庫全書總目彙訂》卷二七"春秋五禮例宗"條,上海:上海古籍出版社,2012年,第805頁。

② 葉夢得:《春秋考·原序》,《景印文淵閣四庫全書》第149册,臺北:臺灣商務印書館,1986年,第248頁下-249頁上。

何以質其從違者,或無間於古今,則當信予言之不妄也。"[①]

其所以可自《春秋》考求夫子之禮者,吴澄、石光霽之論可爲之據。吴澄論曰:"凡《春秋》之例,禮失者書出,出于禮則入于法,故曰刑書也。"[②]《四庫全書總目》"春秋鈎元"條亦曰:"以《春秋》書法分屬五禮,凡失禮者則書之以示褒貶。"[③]夫子因禮崩樂壞、禮樂征伐自諸侯出而作《春秋》,褒貶譏絶,要皆在"禮"。吴氏、石氏認爲《春秋》"失禮則書之",是亦的論。故以《春秋》而求夫子之禮,其禮可得也。

但在《春秋》禮學的脈絡中,歷代學者多認爲《左傳》較之《公》《穀》更爲重要。如伍跋所論及之《春秋左傳要義》《春秋毛氏傳》皆持此論。《四庫全書總目》"春秋左傳要義"條曰:

> 其書節録注疏之文,每條之前各爲標題,而系以先後次第,與諸經《要義》體例並同。……凡疏中日月名氏之曲説煩重瑣屑者,多刊除不録。而名物度數之間,則削繁舉要,本末燦然。蓋《左氏》之書詳於典制,三代之文章禮樂,猶可以考見其大凡,其遠勝《公》《穀》,實在於此。了翁所輯,亦可謂得其要領矣。[④]

《四庫全書總目》"春秋毛氏傳"條曰:

> 奇齡是書分改元、即位、生子、立君、朝聘、盟會、侵伐、遷滅、昏覿、享唁、喪期、祭祀、蒐狩、興作、甲兵、天賦、豐凶、災祥、出國、入國、盜殺、刑戮,凡二十二門。……其説以《左傳》爲主,兼及他家。[⑤]

由是可見,無論是魏了翁還是毛奇齡,皆認爲"《左氏》之書詳於典制,三代之文章禮樂",故説《春秋》禮學,當以《左傳》爲主,亦即勝於《公》《穀》。然則,侯康何以捨《左傳》而論《穀梁》呢?即侯康爲什麼要撰寫《穀梁禮證》呢?且鄭玄有"《左氏》善於禮"之論,[⑥]陳澧言侯康"尤好《左氏傳》",然則"尤好《左氏傳》"之侯康,何以不作《左氏禮證》,而撰《穀梁禮證》呢?蓋《左傳》與《公》《穀》有别也。葉夢得可謂以《春秋》説禮

---

① 張大亨:《春秋五禮例宗·原序》,《景印文淵閣四庫全書》第148册,第460頁下。

② 吴澄:《春秋纂言·原序》,《景印文淵閣四庫全書》第159册,第336頁下。

③ 魏小虎編撰:《四庫全書總目彙訂》卷二八"春秋鈎元"條,第846頁。

④ 魏小虎編撰:《四庫全書總目彙訂》卷二七"春秋左傳要義"條,第817頁。

⑤ 魏小虎編撰:《四庫全書總目彙訂》卷二九"春秋毛氏傳"條,第872頁。

⑥ 楊士勛《穀梁疏》曰:"三家之傳,是非無取,自漢以來廢興由於好惡而已,故鄭玄《六藝論》云:'《左氏》善於禮,《公羊》善於讖,《穀梁》善於經。'是先儒同遵之義也。言《左氏》善於禮者,謂朝聘、會盟、祭祀、田獵之屬不違周典是也;《公羊》善於讖者,謂黜周王魯及龍門之戰等是也;《穀梁》善於經者,謂大夫曰卒、諱莫如深之類是也。"(《春秋穀梁傳注疏·序》,《十三經注疏》第7册,臺北:藝文印書館,1973年,第3頁上。)

最爲重要之一家,其論《左傳》與《公》《穀》之别曰:

> 《春秋》爲魯而作乎?爲周而作乎?爲當時諸侯而作乎?爲天下與後世而作乎?曰爲魯作《春秋》,非魯之史也。曰爲周作《春秋》,非周之史也。曰爲當時諸侯作《春秋》,非當時諸侯之史也。夫以一天下之大,必有與立者矣。可施之一時,不可施之萬世,天下終不可立也。然則,爲天下作歟?爲後世作歟?故即魯史而爲之經,求之天理則君臣也、父子也、兄弟也、朋友也、夫婦也,無不在也;求之人事則治也、教也、禮也、政也、刑也、事也,無不備也;……夫《春秋》者,史也;所以作《春秋》者,經也。故可與通天下曰事,不可與通天下曰義。《左氏》傳事而不傳義,是以詳於史而事未必實,以不知經故也。《公羊》《穀梁》傳義不傳事,是以詳於經而義未必當,以不知史故也。①

葉夢得將《春秋》分爲史、事、經三個層面,"《左氏》傳事而不傳義","《公羊》《穀梁》傳義不傳事",各得一偏。以葉氏之論觀之,"《左氏》之書詳於典制,三代之文章禮樂,猶可以考見其大凡"云云,"典制莫備於《左氏》"之説,莫非"傳事而詳於事"者也。至於其義,則當以《公羊》《穀梁》爲主。與之相仿,惠士奇"承其家學,考證益密,於《三禮》核辨尤精。"《半農春秋説》"以禮爲綱,而緯以《春秋》之事,比類相從,約取三傳附於下,亦間以《史記》諸書佐之。"其論則"大抵事實多據《左氏》,而論斷多採《公》《穀》。"②惠氏之説,實亦祖述葉夢得之論,事實即事與史,論斷之依據即義。惠氏以事實、論斷分《左傳》與《穀梁》《公羊》之所偏重,實繼葉氏而發。

我們從伍崇曜跋文入手,對其所排列的"《春秋》禮學"源流予以考察,可以發現伍氏爲侯康編排了一個以《春秋》治禮的經學脈絡。如伍氏所論非虚,則以《春秋》禮學源流脈絡上溯、下探,可知學人之鑽研《春秋》禮學,其要在希圖藉助《春秋》而重探以至恢復夫子之禮。沿此脈絡而論,則侯康《穀梁禮證》之目的,蓋亦在恢復夫子之禮,則其鵠的在"經"而不在"史"。

二　侯康《春秋》學之史學面向:以《春秋古經説》爲中心

相較於伍崇曜爲侯康編排《春秋》禮學的經學脈絡及其可能性,陳澧則更傾向於將侯康之學指向於"史"。陳氏與侯康交遊甚久,其論侯康之學,頗有知人論世之感。

---

① 葉夢得:《葉氏春秋傳·原序》,《景印文淵閣四庫全書》第149册,第2頁下-3頁上。

② 魏小虎編撰:《四庫全書總目彙訂》卷二九"半農春秋説"條,第883頁。

陳澧嘗爲侯康撰傳曰：

君模幼孤好學，喜讀史，……後乃研精注疏，盡通諸經，而史學尤深。正史之外，旁蒐群籍，倣裴松之注《三國志》例，注隋以前諸史。嘗曰：國初以梅氏算書、顧氏《讀史方輿紀要》、李氏《南北史合鈔》稱天、地、人三奇書。論者謂李書未可鼎足，吾書成，其將取而代之。①

陳東塾雖然説侯康"盡通諸經"，但其爲侯氏所撰之傳，述其學術，其要仍在於史，即所謂"史學尤深"者也。而就《春秋》三傳而言，東塾亦徑言侯康"尤好《左氏傳》"。② "尤好《左氏傳》"的提出，一定程度上似乎亦可視爲"史學尤深"論在侯康《春秋》學中的延續。東塾之論自非無據，侯康曾撰《春秋古經説》一書，分上下卷，共輯録三傳所附《春秋》經異文五十八條。凡此數十條之異，侯氏皆以"古經"爲是，而以《穀》《公》爲非。東塾"尤好《左氏傳》"之説，或即由此而來。《春秋古經説》篇幅雖與《穀梁禮證》相仿，然條目遍佈《春秋》十二公，非隨意選取，而是徧該全書異文之論，當爲完書。自此書觀之，侯氏之《春秋》學似有偏於《左傳》之傾向。如其於"隱三年夏四月君氏卒"條曰：

"君"，《公》《穀》作"尹"，云天子之大夫。按：左氏親見國史，不應以男子爲婦人，乖謬至是。蓋經本作君氏，後字脱其半而成尹，如《戰國策》以"趙"爲"肖"、以"齊"爲"立"。③

侯氏以"左氏親見國史"爲説，認爲《春秋》三傳"君氏""尹氏"之别，當時流傳過程中字有脱漏，故譌"君"爲"尹"。此説之前提在於"左氏親見國史"，亦即將《春秋》經文指向魯史舊文。但夫子脩《春秋》，《春秋》之經固不必等同於魯史之文。是以，當侯康提出"左氏親見國史"之時，已將《春秋》經文與魯史舊文混同，《春秋》的"經/史"屬性也有所混淆。即便回到三傳，亦非是"親見國史"一語即可解三傳文字之異。《左傳》此條曰：

夏，君氏卒，聲子也。不赴於諸侯，不反哭于寢，不祔于姑，故不曰薨；不稱夫人，故不言葬。④

《左傳》將"君氏"指向"聲子"，"聲子"即隱公之母：

---

① 陳澧：《東塾集》卷五《二侯傳》，《陳澧集》第1册，上海：上海古籍出版社，2008年，第195-196頁。

② 陳澧：《二侯傳》，第196頁。

③ 侯康：《春秋古經説》卷一，《嶺南遺書》第五集，第1B頁。

④ 杜預注，孔穎達疏：《春秋左傳注疏》卷三"隱公三年"條，《十三經注疏》第6册，第50頁下右。

惠公元妃孟子,孟子卒,繼室以聲子,生隱公。宋武公生仲子,仲子生而有文在其手,曰"爲魯夫人"。故仲子歸于我,生桓公而惠公薨。是以隱公立而奉之。[①]

因爲"仲子生而有文在其手,曰'爲魯夫人'",故惠公薨後,隱公雖立,但仍有奉仲子之子桓公爲太子之意。故隱公"不書即位,攝也"。[②] 但"聲子"一說,只是《左傳》一家之言,《公羊》《穀梁》並無"聲子""仲子"出現。故無論是"君氏卒"還是"尹氏卒"出現在《春秋》經文中時,如何指向"聲子",這是《穀》《公》所不能承擔也不必承擔的課題。我們不妨來看《穀》《公》如何言說"尹氏卒"。《穀梁》曰:

尹氏者何也?天子之大夫也。外大夫不卒,此何以卒之也?於天子之崩爲魯主,故隱而卒之。[③]

《公羊》說與此有同有異,其言曰:

尹氏者何?天子之大夫也。其稱尹氏何?貶。何爲貶?譏世卿,世卿非禮也。外大夫不卒,此何以卒?天王崩,諸侯之主也。[④]

從上引文字可以看出,《穀》《公》皆上探經文"三月庚戌,天王崩"條爲說,即將"尹氏"的身份指向上一條的"天王崩",認爲尹氏"於天子之崩爲魯主"。《公羊》以"譏世卿"爲說,則更是指向昭公二十三年"尹氏立王子朝",[⑤]以尹氏爲世卿,故《春秋》貶之。但無論是譏世卿,還是爲諸侯主,《公》《穀》都是在經文脈絡中尋找"尹氏"之經義。《左傳》有"聲子""仲子"之說,將"君氏"指向"聲子",亦是《左傳》體系内的詮釋。但侯康以"親見國史"四字說《春秋》經文當作"君氏"而非"尹氏",則是忽略了《穀》《公》的傳文脈絡,同時也是忽略了《左傳》作爲《春秋》之"傳",而非"國史舊文"的"經學"指向。侯康在一定程度上將《春秋》經文的是非指向了"史",而不是"經"。易言之,從對此條異文的分析中可以看出,侯康對《春秋》經傳之研究,具有一定程度的史學指向。

如果說"尹氏"之論只是經文異文選擇傾向的一種體現,那麽,"隱五年春,公矢魚于棠"條則可明顯看出侯康並不遵守經學脈絡。侯康曰:

"矢",《公》《穀》作"觀",《史記·魯世家、十二諸侯年表》《漢·五行志下

① 杜預注,孔穎達疏:《春秋左傳注疏》卷二,第28-29頁。

② 杜預注,孔穎達疏:《春秋左傳注疏》卷二"隱公元年"條,第34頁上左。

③ 范甯注,楊士勛疏:《春秋穀梁注疏》卷一"隱公三年"條,第15頁上左。

④ 何休注,徐彥疏:《春秋公羊注疏》卷二"隱公三年"條,《十三經注疏》第7册,第27頁下。

⑤ 何休注,徐彥疏:《春秋公羊注疏》卷二四"昭公二十三年"條,第300頁下。

上》皆作"觀"。按臧僖伯有"則公不射"之語,故葉氏夢得云古者天子、諸侯必親射牲,因而獲禽以共祭。春,獻魚之節也,公將盤遊,託射牲以祭焉。惠氏《補注》亦引《周禮・射人》祭祀則贊射牲、司弓矢,共射牲之弓矢,及《外傳》"左史猗相"語證之。又《淮南・時則訓》"季冬命魚師始漁,天子親往射魚",則矢魚更有明文矣。《淮南》以夏令紀事,夏之季冬,正周之春。蓋公本意在觀而託名于矢,言矢則觀見,言觀則矢不見,古經爲長。①

對於《左傳》"矢魚"與《穀》《公》"觀魚"的文字差異,侯康以《周禮・射人》《淮南子・時則訓》爲據,認爲周代有諸侯春行矢魚的記載,即春行矢魚之禮的存在,從而認爲"矢魚"爲周禮,當以"矢魚"爲是。侯康對"矢"與"觀"的分析,都是從"文獻有徵"的角度所作的史學探討,但作爲"經説"而言,却難以使人信服。

侯康曰"《史記・魯世家、十二諸侯年表》《漢・五行志下上》皆作'觀'",不妨先來看看《史記》《漢書》之説。《史記・魯世家》曰:"隱公五年,觀漁於棠。"②《十二諸侯年表》曰:"公觀魚于棠,君子譏之。"③《魯世家》文同與《公》《穀》所附經文,但更爲重要的是《十二諸侯年表》直接提出"君子譏之",則太史公並不是單單將"公觀魚于棠"放在"史"的脈絡中,而是將"公觀魚于棠"視爲"君子"視域下的譏貶事件。也就是説,《史記》是在循着經學的脈絡論述"公觀魚于棠"這一事件。易言之,在太史公的視域中,"公觀魚于棠"是一"經學書寫",而非簡單的"公矢魚于棠"之"史學事件"。《漢書・五行志》曰:"隱公五年'秋,螟'。董仲舒、劉向以爲時公觀漁于棠,貪利之應也。"④也就是説,《漢書・五行志》在論説"隱公五年'秋,螟'"之時,是將"秋,螟"拉到了此年春的"公觀魚於棠"。"公觀魚於棠"在此不是簡單地作爲歷史事件出現在《漢書》中,而是作爲災異感應的觸發點予以提出。

也就是説,《春秋》經文"矢魚"還是"觀魚"的争議,在《史記》《漢書》中都不僅僅是"文獻有徵"就能解決的。至少在《史記》《漢書》的漢人經學觀念中,只有"觀魚"才能成立。就此而言,最終仍需回到《穀梁》《公羊》的傳文脈絡之中。《穀梁》曰:"傳曰:'常事曰視,非常曰觀。'禮:尊不親小事,卑不尸大功。魚,卑者之事也。公觀之,非正也。"⑤《公羊》曰:"何以書?譏。何譏爾?遠也。公曷爲遠而觀魚?登來之

① 侯康:《春秋古經説》卷一,《嶺南遺書》第五集,第2頁。
② 司馬遷:《史記》卷三三《魯周公世家第三》,北京:中華書局,2013年,第1841頁。
③ 司馬遷:《史記》卷一四《十二諸侯年表第二》,第683頁。
④ 班固:《漢書》卷二七下之上《五行志第七下之上》,北京:中華書局,1962年,第1445頁。
⑤ 范甯注,楊士勛疏:《春秋穀梁注疏》卷二"隱公五年"條,第21頁上右。

也。"[①]無論是《穀梁》的"常事曰視，非常曰觀，……尊不親小事"，還是《公羊》的"譏"公"遠而觀魚"，都是建立在"觀魚"爲"非常之事"的基礎之上，因其非常，故而非正，故而可譏。但侯康將"矢魚"指向"射魚"，並進一步指出這是天子、諸侯之常禮。在《穀梁》《公羊》的傳文脈絡中，"常事不書"。如"矢魚"爲常禮，則本不必書。故此處之所以需要特書"公觀魚於棠"，則"觀魚於棠"非爲常事可知。以《穀》《公》傳文體系回溯，亦可知《穀》《公》所附經文必不能爲"矢魚"。易言之，以《穀》《公》體系衡之，夫子書寫下的《春秋》本就不能是"矢魚"。

侯氏以葉夢得説爲基礎，又以《周禮·射人》《淮南子·時則訓》爲據，提出春秋之時有天子、諸侯射魚以祭之禮，並進而提出《春秋》經文當以"矢魚"爲是。侯康雖然以《左傳》所附經文爲是，但事實上也没有在《左傳》的傳文脈絡中予以分析。《左傳》曰：

> 五年春，公將如棠觀魚者，臧僖伯諫曰："凡物不足以講大事，其材不足以備器用，則君不舉焉。君，將納民於軌物者也。故講事以度軌量謂之軌，取材以章物采謂之物。不軌不物，謂之亂政。亂政亟行，所以敗也。故春蒐、冬狩，皆於農隙以講事也。三年而治兵，入而振旅，歸而飲至，以數軍實，昭文章，明貴賤，辨等列，順少長，習威儀也。鳥獸之肉不登於俎，皮革、齒牙、骨角、毛羽不登于器，則公不射，古之制也。若夫山林川澤之實，器用之資，皁隸之事，官司之守，非君所及也。"公曰："吾將略地焉。"遂往，陳魚而觀之。僖伯稱疾不從。書曰"公矢魚于棠"，非禮也，且言遠地也。[②]

在《左傳》體系中，雖然《春秋》經文書"矢魚"，但《左傳》傳文仍指向"觀魚"，並以臧僖伯之口譏"公觀魚於棠"之事。如果按照侯康以"矢魚"爲正禮的説法，《左傳》以"觀魚"代换爲"矢魚"，自不合理。事實上，侯康引葉夢得爲據，但葉夢得在《春秋左傳讞》中，却是在論述《左傳》以"觀魚"説"矢魚"之非，其言曰：

> 經書"公矢魚于棠"，《公羊》《穀梁》以爲"觀魚"，今傳亦以爲"觀魚"，蓋傳不曉"矢魚"之義，誤訓爲陳，故曰"陳魚而觀之"。若然，當言"觀魚"，不得言"矢魚"。古者祭君必親射牲，田而獲禽，亦以共祭。今公以春行則冬田之時也，蓋欲因冬田射魚爲名而縱其淫獵，然魚亦非所射也，故臧僖伯以不射爲諫。矢者，射

① 何休注，徐彦疏：《春秋公羊注疏》卷三"隱公五年"條，第34頁上右。

② 杜預注，孔穎達疏：《春秋左傳注疏》卷三"隱公五年"條，第58-60頁。

> 也。以魚爲非所射,則固矢魚,非觀魚也。①

葉夢得顯然不同意《左傳》以"觀魚"釋"矢魚"之説,認爲是"傳不曉'矢魚'之義,誤訓爲陳,故曰'陳魚而觀之'"。在葉氏的詮釋中,臧僖伯所以諫止隱公者,在"古者祭君必親射牲",隱公借"冬田射魚爲名而縱其淫獵","然魚亦非所射也,故臧僖伯以不射爲諫"。也就是説,葉夢得認爲臧僖伯諫止的是隱公用射牲之禮行射魚之事。在葉氏的詮釋中,雖有乖離《左傳》之處,但大要仍以《左傳》臧僖伯之諫爲詮釋之核心。

但侯康比葉氏走得更遠。在侯康的筆下,《左傳》經傳體系固然不見,即便是葉氏之説,似乎也没有被擺置在《春秋》經傳體系之中予以探討,而僅僅只是作爲一種"矢魚"的可能性予以提出。其所以論證《春秋》經文當以"矢魚"爲是者,則是以惠棟《春秋左傳補注》所引《周禮・射人》《國語・楚語》爲據。但我們來看《左傳補注》原文,會發現侯康與惠棟之間,其實存在着南轅北轍之異。惠棟曰:

> 五年傳"則公不射":此指祭祀射牲。《夏官・射人》云:"祭祀則贊射牲,司弓矢,共射牲之弓矢。"《外傳》"左史倚相曰:天子禘郊之事必自射,諸侯宗廟之事必自射其牛、刲羊、繫豕"是也。朱子據傳曰:"則君不射,是以弓矢射魚,如漢親射蛟江中之類。"恐未然。②

惠棟之説,雖在論天子、諸侯禘郊、宗廟之事"必自射",但要其歸,則是在釋臧僖伯所謂"則公不射"。也就是説,在惠棟的《補注》中,仍然是在指向"公矢魚于棠"之非。也正是在這一理解下,當朱子提出"則君不射,是以弓矢射魚,如漢親射蛟江中之類"之時,惠棟要予以反駁,認爲"恐未然"。即惠棟仍是在《左傳》貶斥隱公"矢魚"的傳文體系中闡釋"公矢魚于棠"。

但在侯康筆下,惠棟之論則成了論證古有射魚之禮的佐證,加之以《淮南子》之説,更證"矢魚更有明文"。至是,《左傳》貶斥隱公矢魚之説,葉夢得、惠棟不以射魚爲是之論,完全轉化爲以"矢魚"爲是。在這一轉化過程中,侯康完全拋棄了《左傳》的"矢魚"詮釋理路,而將古代是否有"矢魚"之禮作爲衡量《春秋》經文的依據。易言之,侯康是將對《春秋》文本的分析從經學降爲史學,"矢魚"與"觀魚"的異文也從經學脈絡降爲史學脈絡。就此條而言,侯康雖以《春秋古經説》爲名,然實未考求"經説",只是一種"史説"罷了。在這種"經/史"傾向下,侯康對《春秋》三傳之選擇必然導向於《左傳》。蓋《左傳》雖亦爲《春秋》經之傳,但就文本而言,《左傳》最爲近史。

---

① 葉夢得:《春秋左傳讞》卷一,《春秋三傳讞》,《景印文淵閣四庫全書》第 149 册,第 504 頁上。

② 惠棟:《春秋左傳補注》卷一,《文淵閣四庫全書》第 181 册,第 124 頁上。

故其於《春秋古經説序》曰:

> 《春秋經》一而已,自三傳分而經并其卷數亦分。《漢志》載《春秋古經》十二篇者,《左》經也;經十一卷者,《公》《穀》經也。今以三傳參校之,…… 大要《古經》爲優。而自漢以來,即有取《公》《穀》亂《古經》者,……宋元諸儒避實蹈虚,尤好舍《古經》而用二傳。①

由是可見,上文雖衹是管窺蠡測,但就侯康對三傳附經之異文而論,確乎傾向於《左傳》。故從總體上説侯康傾向於《左傳》,亦非無根之談。而從上文分析亦可知,侯氏之所以傾向於《左傳》,亦不無"史學"傾向之影響。易言之,侯康之《春秋》學雖以"經""傳"爲名,然要其歸,實可謂"出於經而入於史",將經學指向了史學。陳東塾直言侯康尤好《左氏傳》、精於史學,實看到侯康《春秋》學的史學傾向。

侯康於禮學專研頗深,陳澧謂:"君模之學,最精《三禮》,以《三禮》貫串漢、晉、南北朝諸史志,精深浩博,爲諸儒所未有。"②從東塾此言可知,侯康之學,以禮最爲專家。侯康撰有《漢魏六朝禮儀》一書,③當即"以《三禮》貫串漢、晉、南北朝諸史志"之作。但東塾續言:"此編雖未成之書,亦略見一斑矣。"④東塾之意,《穀梁禮證》雖未完書,然亦可見侯康之禮學。然自東塾序文觀之,可推知另一層意義,即《穀梁禮證》亦與"以《三禮》貫串漢、晉、南北朝諸史志"相仿佛者也。以是言之,則《穀梁禮證》雖爲證《穀梁》之作,然就其"經/史"屬性言之,似亦在經史之間。即《穀梁禮證》非純粹《穀梁》家學,而是面向於史學者也。

三　經史之間:侯康《穀梁》學的"經/史"兩面性

伍崇曜跋《穀梁禮證》曰:"是書據《穀梁》以證《三禮》,而排詆《公羊》者獨多,惜其未完而竟卒。此絕學也,爰與孝廉弟子琴大令假得叢稿,釐爲二卷,與《春秋古經説》並刊焉。"⑤即視侯康《穀梁禮證》爲絕學。陳澧序《穀梁禮證》,提到侯康曾言"此傳今爲絶學"云云,陳澧亦以"絶學"視《穀梁》。陳澧《穀梁禮證序》曰:"余異時得讀二君書,或《釋例》竟可不作,但使海内有人明此絶學,何必其書之出於己耶!"又序柳

---

① 侯康:《春秋古經説·序》,《嶺南遺書》第五集。

② 陳澧:《東塾集》卷三《穀梁禮證序》,第117頁。

③ 《(同治)番禺縣志》卷二五,同治十年刊本。

④ 陳澧:《東塾集》卷三《穀梁禮證序》,第117頁。

⑤ 伍崇曜:《穀梁禮證跋》,《穀梁禮證》,《嶺南遺書》道光三十年刻本。

興恩《穀梁大義述》,開篇即曰:"《穀梁春秋》,千年以來爲絶學。"①東塾所以如此言者,蓋《穀梁》學歷來不受學人重視,自范甯作注、楊士勛作疏之後,久無《穀梁》學專門之家、專門之書。及至清中後期,《左傳》《公羊》皆多有專門之學,而《穀梁》則闕如。阮元亦多次以"絶學"言《公羊》,如"六朝時何休之學猶盛行於河北,厥後《左氏》大行,《公羊》幾成絶學矣。"②蓋嘆其學不傳之義也。然阮元又言梅文鼎之算學,"近世推絶學"。③ 則"絶學"之義有二,一則無人賡續前修,是爲絶學;二則,造詣獨到之學。陳澧以"絶學"視《穀梁》,則是前義,即無人賡續之學,亦以此義屬之侯康。而伍崇曜跋言"惜其未完而竟卒,此絶學也"云云,則是將《穀梁禮證》放在"造詣獨到之學"的脈絡中予以梳理,則與陳澧之論不同。這種對"絶學"理解的不同,似乎亦指向了伍、陳二家對《穀梁禮證》性質的不同理解。

"《春秋》禮學"有"事""義"二途,伍崇曜雖爲侯康構建了一條偏於"義"的經學路徑,陳澧則暗示侯康之學實近於"史"。事實上,伍氏、陳氏皆得《穀梁禮證》之一偏。就侯康學術傾向而言,其學實近於"史"。但就《穀梁禮證》而論,侯康却是希望通過考求經典文本中的禮典、禮儀,以求得禮義,並進一步以《春秋》《穀梁》等經典之禮義而"正"當下之禮。這無疑是指向經學致用的一條路徑。伍崇曜無疑看到了侯康的此一企圖,故爲侯康構建了一個"《春秋》禮學"的脈絡體系。但就陳澧而言,其就侯康整體學術出發,將《穀梁禮證》置於侯康學術體系之中予以考察,故更多地指向偏於"史學"的禮學研究。事實亦如是,《穀梁禮證》中雖有如"妾子爲君"等考求"禮義"以"正"當下之禮的條目,然要之則以考求禮制、禮儀、禮典爲主。這是由侯康的學術取向所決定的。易言之,伍崇曜更傾向於抓住侯康撰寫《穀梁禮證》的鵠的,而陳澧則更多地看到了侯康的整體學術觀。祇有將二者結合起來,我們才能真正了解《穀梁禮證》之"義"。要言之,祇有看到《穀梁禮證》"經史之間"的學術特色,我們才能知道何謂"穀梁禮證"。

餘論:再論《穀梁禮證》之"完"與"未完"

侯度於刊刻《穀梁禮證》之先,曾請陳澧爲之序。陳澧《東塾集》收有《穀梁禮證

① 陳澧:《東塾集》卷三《柳賓叔穀梁大義述序》,第117頁。

② 阮元:《揅經室集一集》卷一一《春秋公羊通義序》,北京:中華書局,1993年,第246頁。

③ 阮元:《揅經室集二集》卷四《李尚之傳》,第482頁。

序》一則[1],陳氏曰:

> 《穀梁禮證》者,吾友侯君模孝廉未成之書也。甲午歲,余治《穀梁春秋》,君模出示此編曰:"此傳今爲絶學,君當努力,吾方治諸史,未暇卒業也。異時君書成,當以此相付。"因舉鄭康成、服子慎説《左傳》事語,相與歡笑。……未及,而君模卒。……此編雖未成之書,亦略見一斑。[2]

陳澧序文"鄭康成、服子慎説《左傳》事"云云,見於《世説新語》所載,其文曰:

> 鄭玄欲注《春秋傳》,尚未成時,行與服子慎遇宿客舍,先未相識,服在外車上與人説己注傳意。玄聽之良久,多與己同。玄就車與語曰:"吾久欲注,尚未了。聽君向言,多與吾同。今當盡以所注與君。"遂爲服氏注。[3]

鄭康成注《春秋傳》未成而將己稿付之於服子慎,則付稿之後,自己已無續完之意。侯康於《補後漢書藝文志》"服虔《春秋左氏傳解誼》"條引及此文,[4]則侯康以鄭康成、服子慎之事爲比,自是亦無完成《穀梁禮證》之念,而欲將《穀梁》之業託之於陳東塾。東塾雖念念以"未成之書"爲憾,更在《柳賓叔穀梁大義述序》中言:"昔吾友侯君模著《穀梁禮證》,未成而殁。"[5]然究察是時侯康之心曲,即以"鄭康成、服子慎《左傳》事"爲比,則是時侯康當本無"完書"之念。故《穀梁禮證》之未完,雖有其"未成"的無奈,實亦是侯氏自己的選擇,即便假以時日,侯氏似亦不擬再作補苴、完稿,而期《穀梁》之學於陳東塾矣。

結合侯康偏於"史"的學術特色與《穀梁》偏於"義"的理論體系,我們可以看到,在侯康與《穀梁》之間實存在"史學"與"經學"的牴牾,這或許也是侯康未能最終卒業《穀梁》的一大緣由。或許正是因爲偏於史學的學術傾向的影響,侯氏雖曾欲撰《穀梁禮證》一書,然終未能卒篇。但就侯康學術傾向和學術轉向而言,這種未卒篇的"未完",事實上却代表了侯康本人的"已完",蓋《穀梁禮證》雖爲未完之書,然實亦侯氏已告"終結"之文也。

---

① 今《嶺南遺書》本無陳澧此序,未知伍崇曜何以不收。中山大學圖書館藏有《穀梁禮證》稿本一種,有陳澧跋文,筆者尚未寓目。

② 陳澧:《東塾集》卷三《穀梁禮證序》,第116-117頁。

③ 余嘉錫:《世説新語箋疏》,北京:中華書局,1983年,第192頁。

④ 侯康:《補後漢書藝文志》卷一,《嶺南遺書》本,第21B頁。

⑤ 陳澧:《東塾集》卷三《柳賓叔穀梁大義述序》,第117頁。

作者簡介:

許超傑,男,1985年生,文學博士,湖南大學嶽麓書院助理教授,主要研究中國經學史、《春秋》學。近期主要論著有《正隱以治隱:〈穀梁〉體系中的隱公敘事》(《中國哲學史》2016年第4期)、《孫德謙致曹元弼書劄七通考釋》(《文獻》2017年第2期)、《〈穀梁〉"西狩獲麟"義解》(《孔子研究》2017年第3期)等。

《洪範》"三德"章新釋

張懷通

内容摘要 《洪範》第六疇"三德"章論述的是貴族家族内部關係準則的問題,可以分爲兩節,"平康正直"一節論述宗子辟處理以兄弟爲代表的親屬成員之間關係的準則,"惟辟作福"一節論述宗子辟與臣僕關係的準則。因此"三德"章體現的是家國一體社會政治結構中的宗統,而宗統的最高代表是王,與"皇極"章論述的王與官民關係的準則——君統,既相互對應,又相互經緯,從而成爲治理國家的根本大法之一。由甲骨卜辭所載臣爲各級貴族層層佔有的特性以及小臣的作爲看,"三德"章的形成時代,可能在商代後期以前。

關鍵詞 《洪範》 三德 辟臣 平康 友 宗統

"三德"章是《洪範》九疇中的第六疇,原文是:

> 次六,曰乂用三德。……六,三德:一曰正直,二曰剛克,三曰柔克。平康正直,強弗友剛克,燮友柔克。沈潛剛克,高明柔克。
>
> 惟辟作福,惟辟作威,惟辟玉食;臣無有作福作威玉食。臣之有作福作威玉食,其害于而家,凶于而國。人用側頗僻,民用僭忒。①

其中自"惟辟作福"到最後一句"民用僭忒",南宋學者王柏認爲:"言此分之不可幹也,舊綴於三德之下,其義紊戾",應該移到"皇極"章中去,置於"天子作民父母,以爲天下王"的後面。② 金履祥認爲:"此五福六極之總傳",應該移到"五福六極"章中去,置於

① 楊筠如:《尚書覈詁》,西安:陝西人民出版社,1959年,第138、144-145頁。

② 王柏:《書疑》,《四庫全書存目叢書》經部書類,濟南:齊魯書社,1997年,第179-180頁。筆者按:《韓非子·有度》云:"先王之法曰:'臣毋或作威,毋或作利,從王之指;毋或作惡,從王之路'。"(王先愼撰、鐘哲點校:《韓非子集解》,北京:中華書局,1998年,第36頁)。該段引文將《洪範》"三德"與"皇極"兩章的文句糅合在一起。郭沫若先生説:"《有度篇》論到荆、魏等國之亡,事在韓非死後,可知本非韓非所作。作者殆秦漢間人"(《先秦天道觀之進展》,《青銅時代》,北京:科學出版社,1957年,第8頁)。這説明兩章意思相同的主張在秦漢之間就出現了。但鑒於《有度》没有説明具體理由,本文將其放在注釋中介紹。

"六曰弱"的後面。[①] 元代學者王充耘則認爲:"(三德是)人君禦世之權","剛克則糾之以猛,所謂'惟皇作威'是也。柔克則待之以寬,所謂'惟辟作福'是也",[②]不必上移下措,應該放在原處不動。當代學者曾運乾先生贊同王柏的主張,[③]劉起釪先生贊同王充耘的主張。[④]

古今學者的認識分歧,向我們提出如下問題:首先,"惟辟作福"一節講的是什麽内容?與"皇極"、"五福六極"兩章分别是什麽關係?其次,"三德"章講的是什麽内容?爲什麽是治理國家的九項大法之一?第三,"三德"章産生於什麽時代?根植於怎樣的社會土壤?這些問題解決了,對於深入理解《洪範》的内容與思想,認識《洪範》的製作時代,[⑤]無疑有很大的裨益。爲此,筆者不揣淺陋,嘗試在前輩學者已有研究成果的基礎上,結合古文字學等相關學科的最新進展,對"三德"章進行新的解釋。不妥之處,敬請方家批評。

一 釋"辟"

"惟辟作福"一節的内容,我們只要稍事體會,就可以明白,是講辟與臣的關係,主旨是尊辟抑臣。古今學者都將辟解釋爲君主或君王,將臣解釋爲臣下或官員,[⑥]認爲辟臣關係就是君臣關係,就是最高統治者君王與臣下的關係。這當是王柏認爲應該將其前移到闡述君臣君民關係的"皇極"章中的原因。其實,將辟臣關係理解爲君王與

① 金履祥:《書經注》,《叢書集成初編》,北京:中華書局,1991年,第179頁。

② 王充耘:《讀書管見》卷下·六,《通志堂經解》,康熙十九年(1680)版。

③ 曾運乾撰、黄曙輝點校:《尚書正讀》,上海:華東師範大學出版社,2011年,第142頁。

④ 顧頡剛、劉起釪:《尚書校釋譯論》,北京:中華書局,2005年,第1176頁。

⑤ 對於《洪範》時代的研究,可以從多個角度進行。本文研究的對象是《洪範》第六疇"三德"章,所得結論只是就這一章而言,與多角度研究《洪范》全文所得結論,自然有别,但後者對於本文的研究有重要參考價值。古代學者一般認爲《洪范》是商周之際的文獻,近代史學産生後,學者對於《洪範》時代的認識有較大分歧,丁四新先生對之進行了考察梳理,歸納了大約六種觀點:(1)夏商説,(2)商代説,(3)西周説,(4)春秋説,(5)戰國説,(6)漢初説。六種觀點之中,還有早中晚的不同。見氏著《近九十年〈尚書·洪范〉作者及著作時代考證與新證》,《中原文化研究》2013年第5期。丁文發表後,學者有的與之商榷,有的進行補充,代表學者與論文如李若暉《〈尚書·洪范〉時代補證》,《中原文化研究》2014年第1期;周浩翔《〈尚書·洪范〉時代及思想源流考論》,《中國哲學史》2016年第2期。本文的寫作充分參考了前賢時哲的大作,但由於學術定位的原因,正文中没有臚列枚舉,請讀者明鑒。

⑥ 皮錫瑞撰,盛冬鈴、陳抗點校:《今文尚書考證》,北京:中華書局,1989年,第263頁。王柏:《書疑》,《四庫全書存目叢書》經部書類,濟南:齊魯書社,1997年,第179-180頁。顧頡剛、劉起釪:《尚書校釋譯論》,北京:中華書局,2005年,第1174、1203頁。屈萬里:《尚書今注今譯》,北京:新世界出版社,2011年,第67頁。

臣下的關係不妥當，這是在用秦漢以後的君臣關係，即帝王與大臣及民衆的關係，來勉強套解商周春秋時代的辟臣關係。[①] 之所以出現這種情況，原因主要在於學者對辟與臣的含義，以及辟臣含義産生時代性質的認識有誤。

商周時代金文中的辟字，陳英傑先生已經進行了很好的研究，足資取法借鑒。[②] 此處在陳先生成果的基礎上，以便於對"惟辟作福"一節中辟字的理解爲前提，將商周金文中辟字的含義表述如下。

商周時代辟的字形，"商銘多作㘥，西周早期還有沿用。西周時期大多寫作從卩從○從辛，○或寫作扁方形，形近'口'，因此個别字形中又訛寫爲'口'。"[③]辟字的含義，《爾雅·釋詁》云"君也"，[④]《説文解字》口部云"君，尊也。從尹，發號，故從口"。[⑤] 也就是説，辟的本義是發號施令的人，而不必僅限於君王。考之于商周春秋時代的金文，辟指稱的對象確實是包括君王在内的所有發號施令者。

首先，指稱丈夫。例如商代後期麐婦觚（《集成》12.7312）的"甲午，麐婦賜貝於𡚱，用【作】辟日乙尊彝"，西周晚期孟姬㴰簋（《集成》7.4071）的"孟姬㴰自作饙簋，其用追孝于其辟君武公，孟姬其子孫用寶"。

其次，指稱父親、宗子或君長。例如西周中期㦰方鼎（《集成》5.2824）的"㦰曰：嗚呼！王唯念㦰辟烈考甲公，王用肇使乃子㦰率虎臣禦淮戎"。西周晚期禹鼎（《集成》5.2833）的"禹曰：丕顯桓桓皇祖穆公，克夾紹先王奠四方。肆武公亦弗遐忘朕聖祖考幽大叔、懿叔，命禹肖朕祖考，政于邢邦。肆禹亦弗敢惷，惕恭朕辟之命"。

第三，指稱王。例如西周早期克盉（《近出》942）的"王曰：太保，唯乃明，乃鬯享于乃辟，余大封"，西周晚期眉壽鐘（《集成》1.40）的"年無疆，堪事朕辟皇王，眉壽永寶"。

---

① 陳英傑先生説："'君'單用及以之爲中心詞的語詞也未見確指周王用例。"見氏著《談金文中"辟"字的意義》，《中國文字學報》第2輯，北京：商務印書館，2008年。

② 陳英傑：《談金文中"辟"字的意義》，《中國文字學報》第2輯。筆者按：商代甲骨文中有辟字。"花東子卜辭"中的辟，劉一曼、曹定雲等學者釋爲"丁"，見氏著《殷墟花園莊東地甲骨》，昆明：雲南人民出版社，2003年。李學勤先生釋爲"辟"，見氏著《關於花園莊東地卜辭的所謂"丁"的一點看法》，《文物中的古文明》，北京：商務印書館，2008年。裘錫圭先生釋爲"帝"，見氏著《"花東子卜辭"和"子組卜辭"中指稱武丁的"丁"可能應該讀爲"帝"》，《裘錫圭學術文集(1)》，上海：復旦大學出版社，2012年。花東卜辭之外的甲骨文中的辟字，見姚孝遂等《殷墟甲骨刻辭類纂》，北京：中華書局，1989年，第968頁。據徐中舒主編的《甲骨文字典》(成都：四川辭書出版社，1989年，第1015-1016頁)可知，甲骨文中的辟有三個義項：1.嬖臣，2.子辟，3.辟門。鑒於學者對於甲骨文辟字的隸釋存在較大分歧，爲了保持材料的純潔性，使立論的基礎牢靠一些，此處暫不討論甲骨文辟字的問題。

③ 陳英傑：《談金文中"辟"字的意義》，《中國文字學報》第2輯。筆者按：辟字字形的隸釋，學者間意見有所不同，本文從陳英傑先生説。

④ 徐朝華：《爾雅今注》，天津：南開大學出版社，1994年，第2頁。

⑤ 許慎：《説文解字》，北京：中華書局，1963年，第32頁。

第四,指稱諸侯國君。例如西周早期麥方尊(《集成》11.6015)的"王令辟邢侯出坯,侯于邢",西周中期臣諫簋(《集成》8.4237)的"諫曰:拜手稽首,臣諫□亡,母弟引庸有忘,子□余朕皇辟侯。余𥝢作朕皇文考寶尊,唯用妥康令于皇辟侯,祈【永福】"。

第五,指稱官吏。例如西周早期大盂鼎(《集成》5.2837)的"王若曰:……我聞殷墜命,唯殷邊侯甸與殷正百辟,率肆于酒,故喪師矣"。春秋早期秦公鐘(《集成》1.270)的"秦公曰:……余雖小子,……烈烈桓桓,萬姓是敕,咸畜百辟胤士"。

以上是辟的五種君義義項。由於"古人文字名動相因,君謂之辟,引申之,事君亦謂之辟"①,所以辟又引申出事君,以及治理、佐助、以……爲法則等義項。爲了行文簡潔,此處不再一一贅述。

現將金文中辟的君義義項製成如下表格,以見其分佈狀況及出現頻率。

◎殷商、西周、春秋、戰國時代金文中辟的君義義項統計表②

詞義	時代					
	商代後期	西周早期	西周中期	西周晚期	春秋	戰國
丈夫	2	1	0	1	1	0
父親、宗子或君長	0	1	1	2	3	0
王	0	5	8	9	0	0
諸侯	0	6	2	0	1	3
官吏	0	1	0	0	1	0

① 楊樹達:《積微居金文説》,上海:上海古籍出版社,2013年,第77頁。

② 本表字例的出處是:一、丈夫義項共5例。商代後期2例:1.麇婦觚(《集成》12.7312),2.麇婦爵(《集成》14.9029-9030)。西周早期1例:庚姬尊(《集成》11.5997)。西周晚期1例:孟姬簋(《集成》7.4071-4072)。春秋早期1例:晉姜鼎(《集成》5.2826)。二、父親、宗子或君長義項共7例。西周早期1例:召圜器(《集成》16.10360)。西周中期1例:㦰方鼎(《集成》5.2824)。西周晚期2例:1.禹鼎(《集成》5.2833),2.師害簋(《集成》7.4116-4117)。春秋早期2例:秦子戈(2例,《集成》17.11352)。春秋中或晚期1例:𬭚鎛(《集成》1.271)。三、王義項共22例。西周早期5例:1.大盂鼎(《集成》5.2837),2.克盉(《考古》1990年第1期),3.克罍(《考古》1990年第1期),4.獻簋(《集成》8.4205),5.作册魁卣(《集成》10.5432)。西周中期8例:1.師𩛥鼎(4例,《集成》5.2830),2.史墻盤(2例,《集成》16.10175),3.師訇簋(2例,《集成》8.4342)。西周晚期9例:1.眉壽鐘(《集成》1.40-41),2.小克鼎(《集成》5.2796-2802),3.逑盤(《考古與文物》2003年第3期),4.虢叔旅鐘(《集成》1.241),5.大克鼎(2例,《集成》5.2836),6.毛公鼎(2例,《集成》5.2841),7.伯公父簠(《集成》9.4628)。四、諸侯義項共12例。西周早期6例:1.獻簋(《集成》8.4205),2.邢侯方彝(《集成》16.9893),3.麥方尊(3例,《集成》11.6015),4.叔趩父卣(《集成》10.5428)。西周中期2例:臣諫簋(2例,《集成》8.4237)。春秋晚期1例:叔尸鎛(《集成》1.285)。戰國早期3例:1.屭羌鐘(《集成》1.157-161),2.子禾子釜(《集成》16.10374),3.梁十九年亡智鼎(《集成》5.2746)。五、官吏義項共2例。西周早期1例:大盂鼎(《集成》5.2837)。春秋1例:秦公鎛(《集成》1.270)。

本表的統計,不以器物爲單位,而以字例爲單位,相同的銘文按一例統計(叔多父盤等器,《殷周金文集成》没有收録,因而其中的辟本表没有統計在内)。由本表顯示的金文辟的君義義項分佈狀況及出現頻率可知:1.辟指稱丈夫出現得較早,持續的時間也較長,從商代後期到春秋没有間斷。2.辟指稱父親、宗子或君長在金文中出現頻率一般,但較爲恒定,從西周一直持續到春秋。3.辟指稱王出現頻率較高,主要集中在西周,春秋以後直至戰國一例也没有。4.辟指稱諸侯、官吏頻率不高,且間有空缺,但持續時間較長,尤其戰國時代僅有的三例辟都集中在諸侯上。

綜合以上四項内容,我們可以作出如下判斷:首先,辟在先秦時代不僅僅是君王個人的稱呼,而是所有發號施令者的通稱。其次,辟既可以指稱丈夫、父親、宗子或君長,也可以指稱國王、諸侯、官吏,表明辟是一個兼攝宗統與君統、族權與政權的尊號,反映了先秦時代家國一體的社會政治結構。[①] 第三,由丈夫、父親、宗子或君長的義項出現得較早看,辟的含義的發展可能經歷了一個從家族推及國家的過程。

以這樣的判斷爲基礎,再來看"惟辟作福"一節中的辟,我們就應對辟的宗統屬性給予格外關注。

二 釋"臣"

臣,在"惟辟作福"一節中與辟對應,古今學者都將其解釋爲與君王相對的臣下,即君王之外所有的臣民,這顯然誤解了臣在商周春秋時代的特殊性質。

臣的本義是奴僕,早期來源主要是被征服者,西周早期的榮作周公簋(《集成》8.4241)云:"唯三月,王令榮眔内史曰:介邢侯服,賜臣三品:州人、重人、鄘人。"楊寬先生説:"所謂'臣三品',當是西周所滅亡的三個氏族或部落,全部被當作了奴隸,'州人'等當是他們原來氏族或部落的名稱。"[②]這是在衆多青銅器銘中選取的較爲典型的一例,足以説明臣在我國上古時代的一般境況。關於臣的造字本義,以及俘虜轉化爲臣的過程,郭沫若先生有形象的解釋,他説:"蓋男囚有柔順而敏給者,有愚戇而暴戾者。其柔順而敏給者則懷柔之,降服之,用之以供服御而爲臣。其愚戇而暴戾者初則

---

① 陳英傑先生説:"(辟)可能是大宗宗子的指稱(有尊稱意味),這反映出當時國家系統的君統和家族系統的宗統、政權和族權是緊密結合在一起的。"見氏著《談金文中"辟"字的意義》,《中國文字學報》第2輯。筆者按:陳先生在注釋中説,辟字的這項内涵是黄天樹先生提示。商周時代各級官員的職務的高低都由其所在家族的地位決定,因而辟先是宗統,然後是君統。

② 楊寬:《西周史》,上海:上海人民出版社,1999年,第284頁。

殺戮之,或以之爲人牲,繼進則利用其生産價值,盲其一目以服苦役,因而命之曰民。"[①]郭先生對民字的解釋,或容有可商之處,但對臣的來源、轉化及用途的解釋則非常中肯。此外,楊樹達、寒峰、張永山、朱鳳瀚、王進鋒諸位先生也對商周春秋時代臣的來源、臣的類型、臣的政治經濟地位、臣的發展演化趨勢等問題作了很好的研究,[②]足資借鑒。出於本節考察臣與辟關係的需要,此處結合學者論述,對臣的相關問題特地作兩點具體説明。

第一點,臣的主要來源是俘虜,一般用途是"服御"、"服苦役",但在現實中臣的來源及政治經濟地位要複雜的多。首先,商周春秋時代有一類臣叫小臣,是王室或公室的侍奉人員。西周春秋時代小臣的出身,没有材料可資説明,姑且存而不論。商代後期有一些小臣,甲骨卜辭顯示,出身於商王國或方國的貴族子弟。由於卜辭簡約,具體原因爲今人所不知。有學者推測,方國貴族子弟而作小臣,或與方國和王朝之間的質信有關。[③] 其次,"委質爲臣"。《國語・晉語九》云:"委質爲臣,無有二心。委質而策死,古之法也。"[④]説這句話的是春秋後期鼓國之臣夙沙釐。夙沙釐所謂古,時代上限不好確定,但大致説來,委質爲臣的歷史很悠久,是一項淵源有自的文化傳統。[⑤] 這類臣主要是各級貴族的家臣,春秋時代中後期他們的名稱雖然仍是臣,但"主要職能已由過去專在具體家族事務的管理漸向對家主政治上的輔弼過渡"。[⑥] 再次,個別的臣由於某種機緣,受到主人的賞識提拔,從而擁有權勢、田地、奴僕,躋身貴族之列。顯著的例證主要有,商代早期輔助湯滅夏、使湯"咸有九州,處禹之堵"的小臣伊尹(春秋早

① 郭沫若:《釋臣宰》,《甲骨文字研究》,《沫若文集》第14卷,北京:人民文學出版社,1963年。

② 楊樹達:《臣牽解》,《積微居小學金石論叢》,上海:上海古籍出版社,2013年,第116-117頁。寒峰:《商代"臣"的身份縷析》,《甲骨文與殷商史》,上海:上海古籍出版社,1983年。張永山:《殷契小臣辨正》,《甲骨文與殷商史》,上海:上海古籍出版社,1983年。朱鳳瀚:《商周家族形態研究》(增訂本),天津:天津古籍出版社,2004年,第314-321,482-489頁。王進鋒:《説"王臣"——兼論西周分封制的統治功能》,《人文雜誌》2009年第6期。

③ 張永山:《殷契小臣辨正》,《甲骨文與殷商史》,上海:上海古籍出版社,1983年。

④ 上海師範大學古籍整理研究所校點:《國語》,上海:上海古籍出版社,1988年,第485頁。《左傳》僖公二十三年云:"九月,晉惠公卒。懷公立,命無從亡人,期,期而不至,無赦。狐突之子毛及偃從重耳在秦,弗召。冬,懷公執狐突,曰:'子來則免。'對曰:'子之能仕,父教之忠,古之制也。策名、委質,貳乃辟也。今臣之子,名在重耳,有年數矣。若又召之,教之貳也。父教子貳,何以事君?'"(楊伯峻《春秋左傳注》,北京:中華書局,1990年,第402-403頁)此外,《左傳》襄公二十一年、二十三年、二十五年等,都有類似記載,可以互相參考。

⑤ 黄天樹先生説:"我們推斷,非王卜辭中的多臣很可能是指家族内協助族長進行管理的家臣。就是説商人家族内存在一套類似西周、春秋的家臣制度。"見氏著《子組卜辭研究》,《黄天樹古文字論集》,北京:學苑出版社,2006年。

⑥ 朱鳳瀚:《商周家族形態研究》(增訂本),第487頁。

期，叔夷鐘，《集成》1.272-8)，[①]商代晚期帶兵與王“比伐”危方大獲全勝的小臣牆(小臣牆刻辭，《合集》36481 正)，西周早期受到家主賞賜“貝十朋，臣三家”的小臣昜𠙷(小臣昜𠙷簋，《集成》7.4043)，以及西周早期受到家主賞賜“厥祖僕二家”的家臣蝺(蝺鼎，《集成》5.2765)等。

第二點，臣爲各級貴族層層佔有，其與最高統治者王的關係，是間接隸屬的性質。例如：(1)商末的王臣、子商臣、子效臣、有元臣(《合集》5567，11506 反；636，637；195 甲，195 乙；5856)等，臣之前的稱號與名字是臣的所有者，王進鋒先生説，“在商代，各地方國裏的臣民都是爲各地方伯所有的，並不爲商王所擁有。商王要想徵召方國裏的臣民必須通過方伯”。[②] 也就是説商王與方伯各有各的臣，而不是都歸商王所有。(2)西周早期畢公家族小宗分支楷伯家的名字叫獻的家臣，西周早期獻簋(《集成》8.4205)云：“楷伯命厥臣獻金車，對朕辟休，作朕文考光父乙。十世不忘，獻身在畢公家，受天子休”。所謂十世不忘，就是極言對於主人的忠誠。這是一方面，而另一方面則是“獻認爲此次得到榮寵實乃沐浴天子之光澤”，由此可知“當時家臣雖直接臣服於家主，但仍尊崇天子，奉天子于家主之上”。[③] (3)春秋早期齊國的管仲，《左傳》僖公十二年載：“冬，齊侯使管夷吾平戎于王，……王以上卿之禮饗管仲。管仲辭曰：‘臣，賤有司也。有天子之二守國、高在，若節春秋來承王命，何以禮焉？陪臣敢辭。’”關於陪臣的含義，楊伯峻先生説：“陪，重也，隔一層之臣子曰陪臣。諸侯臣於天子，列國之卿大夫臣於諸侯，故《曲禮下》云：‘列國之大夫入天子之國自稱曰陪臣某’，即此陪臣之義。大夫臣於諸侯，大夫之家臣臣於大夫，故家臣於諸侯亦曰陪臣”。齊國有三卿，其中的國、高二氏爲天子所命，是上卿；管仲爲桓公所命，是下卿，所以管仲在周王面前自稱陪臣，而不敢受上卿之禮。陪臣之名，強調的是其與主人之主人的間接隸屬關係，表示其在主人之主人面前是更爲低微的臣，即管仲所説的“賤有司”，所以管仲辭掉了上卿之禮，最後只“受下卿之禮而還”。[④] 類似的情況還有晉國國君平公之於河神，晉

① 另參《赤鵠之集湯之屋》，《清華大學藏戰國竹簡(三)》，上海：中西書局，2012 年，第 167、168 頁。

② 王進鋒：《説“王臣”——兼論西周分封制的統治功能》，《人文雜誌》2009 年第 6 期。

③ 朱鳳瀚：《商周家族形態研究》(增訂本)，第 316 頁。

④ 楊伯峻：《春秋左傳注》，北京：中華書局，1990 年，第 341-342 頁。

國之卿欒書、欒盈之於周天子,[①]可以相互參證。

臣爲各級貴族所有的特性,決定了臣的服務對象是主人,然後由主人推及於主人的主人,前者是本職,後者是替主人向主人的主人盡職。臣如果越過或撇開主人而向主人的主人盡職,就是僭越,是違犯道德的事情。《左傳》昭公十二年記載,"(魯)季平子立,而不禮於南蒯。南蒯謂子仲:'吾出季氏,而歸其室於公,子更其位,我以費爲公臣。'……南蒯之將叛也,其鄉人或知之,過之而歎,且言曰:'恤恤乎,湫乎攸乎!深思而淺謀,邇身而遠志,家臣而君圖,有人矣哉!'"[②]於此可見,當時人對於臣應忠誠於自己主人原則的一般認識。之所以臣有這樣的特性,是因爲商周春秋時代的社會,不是秦漢以後大致縱向的垂直的結構,而是縱向垂直與橫向分層相互交織的複合結構。

三 釋"臣"與公卿的關係

臣由俘虜轉化而來,爲貴族"服御"、"服苦役",有被各級貴族層層佔有的屬性,同時個別人因某種機緣而躋身統治者行列,那麼這些躋身統治者之列的臣與公卿是怎樣的關係呢?

這個問題在我們既有的觀念中似乎不能成立,因爲公卿是臣,臣是公卿,是古今學者共同的認識,是一些論著描述商周職官時常用的表達模式。但實際上先秦時期臣與公卿的關係經歷了一個從界限分明到逐步融合的過程,有必要進行簡略考察。臣的基本情況已如上述,現在主要考察公卿。

公,《爾雅・釋詁》云"君也"。[③] 王獻唐先生説:"銘文的公,……只爲國君一種尊稱,……早期甲骨卜辭未見這種稱謂,武乙時才有,指的是殷王祖宗。《方言六》'凡尊老,周晉秦隴謂之公',《漢書・眭閎傳》注'公,長老之號'。公就是翁字的古文,稱公亦猶稱翁。殷王以祖宗爲公,後世也然,《史記・外戚世家》'封公昆弟',《索隱》'公,

① 《左傳》襄公十八年載:"晉侯伐齊,將濟河,獻子以朱絲系玉二穀,而禱曰:'齊環怙恃其險,負其衆庶,棄好背盟,陵虐神主。曾臣彪將率諸侯以討焉'。"楊伯峻先生注:"彪,晉平公名","曾臣猶陪臣。曾與陪皆有重(平聲)義。天子於神稱臣,諸侯爲天子之臣,故於神稱曾臣。"(《春秋左傳注》,北京:中華書局,1990年,第1036頁)貫徹的都是間接隸屬性的臣服原則。再,襄公二十一年載:出奔楚國的"欒盈過於周,周西鄙掠之。辭於行人曰:'天子陪臣盈得罪於王之守臣,將逃罪。罪重於郊甸,無所伏竄,敢布其死:昔陪臣書能輸力於王室,王施惠焉。'"(《春秋左傳注》,北京:中華書局,1990年,第1061-1062頁)書,是欒盈的祖父欒書。欒盈祖孫都是王的陪臣,而且欒書曾因有勞於王室而受到王的賞賜。筆者推測,其情形可能與管仲相近。

② 楊伯峻:《春秋左傳注》,北京:中華書局,1990年,第1335-1336頁。

③ 徐朝華:《爾雅今注》,第2頁。

祖也'。中國歷史傳統是尊老敬老的，因而公爲尊稱，用於祖宗，用於長老，周代早期周公、召公及二王之後稱公，即由此出。"[①]王先生從甲骨文、金文及傳世文獻總結出"公"的含義有兩個要點，一是死稱的祖宗，一是生稱的長老，都是尊稱。非常中肯。

卿，甲骨文作𩙿等形，徐中舒先生說："從卯從皀，皀爲食器，象二人相向共食之形，爲饗之初字。饗、鄉、卿初爲一字，蓋宴饗之時須相向食器而坐，故得引申爲鄉，更以陪君王共饗之人分化爲卿。"[②]由徐先生對於卿的論述可知，卿的特徵主要是"陪君王共饗"。

公是長老，卿陪君王共饗，二者的身份地位都非常尊崇，於是到商周時代公卿逐漸演化爲王朝中少數幾位最高執政者的稱謂。由此反觀臣，與公卿相比，無論出身，還是地位，高下立判。遍檢甲骨文、金文，能够確認身份的殷商西周時代的公卿，無論在施政的場合，還是在册命的場合，即使"拜手稽首"、"對揚王休"，都未見自稱或他稱臣的例證。[③] 臣的字眼在這些場合倒是經常使用，但都是動詞或副詞，例如西周中期追簋的"畯臣天子"(《集成》8.4219)，西周中期師𩛥鼎的"臣保天子"(《集成》5.2830)等，這樣的臣，無論自述，還是他述，都是比喻，即像臣一樣地侍奉或保衛天子。

既然如此，公卿與王是什麽關係呢？傳世文獻與出土材料顯示，二者之間的關係是匹、偶【耦】、仇等。例如《尚書・君奭》的"汝明勖偶王在亶乘兹大命"，[④]西周中期史牆盤(《集成》16.10175)的"惟乙祖弼匹厥辟"。對此，楊筠如先生說："古者稱臣或曰友，或曰朋，或曰疇，或曰匹，其義一也。"[⑤]張政烺先生也說："國之重臣與王爲匹

① 王獻唐：《黄縣㠱器》，李圃、汪壽明《古文字詁林(一)》，上海：上海教育出版社，1999年，第656頁。

② 徐中舒：《甲骨文字典》，第1014頁。

③ 姚孝遂等：《殷墟甲骨刻辭類纂》，北京：中華書局，1989年，第226—229頁。張亞初：《殷周金文集成引得》，北京：中華書局，2001年，第941—943頁。寒峰：《商代"臣"的身份縷析》，《甲骨文與殷商史》，上海：上海古籍出版社，1983年。張永山：《殷契小臣辨正》，《甲骨文與殷商史》。趙誠：《金文的"臣"》，《中國文字研究》2007年第1輯，鄭州：大象出版社，2007年。高明：《論商周時代的臣和小臣》，《高明學術論集》，上海：上海古籍出版社，2013年。筆者按：西周中期的豳公盨中有"生我王，作臣"句，李學勤、李零二位先生均指出其與西周早期中方鼎(《集成》5.2785)的"錫于武王作臣"是類似的辭例。見氏著《論燹公盨及其重要意義》、《論燹公盨發現的意義》，二文均載於《中國歷史文物》2002年第6期。同時，中方鼎還記載了王賞賜中采邑的史事，而且在銘文的最後綴上"唯臣尚中臣"。高明先生說："中的身份是王臣"。見氏著《論商周時代的臣和小臣》。那麽這兩例銘文中的臣都不是公卿。

④ 于省吾：《雙劍誃尚書新證》，北京：中華書局，2009年，第232—233頁。

⑤ 楊筠如：《尚書覈詁》，西安：陝西人民出版社，1959年，第215頁。

耦”,“君臣遭際自有匹合之義”。[①] 楊、張二位先生所用詞語“臣”、“重臣”、“君臣”等,既是一種慣性思維,也是一種近而似之的表達方式,無可厚非,而他們指出王與公卿之間的“匹合”關係,值得我們高度重視。

這只是問題的一個方面,問題的另一個方面是,在傳世文獻與出土文獻中,西周時代的某些公卿確實自稱或他稱臣。例如《召誥》云:“(召公)拜手稽首曰:予小臣敢以王之仇民百君子越友民,保受王威命明德”。[②] 其中的“予小臣”,顯然是召公的自稱,這應是後世公卿在王的面前自稱臣的先聲。但這僅是個例,不能作爲普遍現象來對待。[③]

爲什麽甲骨文、金文與傳世文獻、出土文獻對於公卿是否稱臣的記載有所差異呢?筆者認爲,原因主要有兩個,首先,二者場合有所不同。相關青銅器銘文記載的多是册命,而册命講究的是官制,因此對於與官制相關字詞的使用較爲嚴謹。例如《尚書・君奭》説商代的官制是“小臣屏【並】侯甸,矧咸奔走”,[④]《尚書・康誥》説周代的官制

---

① 張政烺:《“奭”字説》,《甲骨金文與商周史研究》,北京:中華書局,2012 年。筆者按:《左傳》襄公十四年記載師曠的話:“天生民而立之君,使司牧之,勿使失性。有君而爲之貳,使師保之,勿使過度。是故天子有公,諸侯有卿,卿置側室,大夫有貳宗,士有朋友,庶人、工、商、皂、隸、牧、圉,皆有親昵,以相輔佐也。”(楊伯峻《春秋左傳注》,第 1016-1017 頁)大致上體現了還没有受到後世君臣尊卑觀念影響的王與公卿關係的古風古韻。再,《左傳》昭公七年:“王臣公,公臣大夫,大夫臣士,士臣皂,皂臣輿,輿臣隸,隸臣僚,僚臣僕,僕臣台。”(楊伯峻《春秋左傳注》,北京:中華書局,1990 年,第 1284 頁)筆者認爲,首先,這是用戰國時代的概念解説西周時事;其次,這樣的排列,是整齊劃一的結果,只能説明等級關係,不能説明實際的隸屬情況,所以俞正燮説:“自皂以下,得相役使,故曰臣曰等也。”(俞正燮撰,涂小馬、蔡建康、陳松泉校點《癸巳類稿・僕臣台義》,瀋陽:遼寧教育出版社,2001 年,第 62 頁)。意思是説皂以前的臣字,以及等級的劃分,是探下而來。真正把握了這句話的真諦。

② 楊筠如:《尚書覈詁》,第 209 頁。

③ 筆者按:清華簡《皇門》云:“昔在二有國之哲王則不恐於恤,乃惟大門宗子邇臣,懋揚嘉德,迄有寶,以助厥辟,勤恤王邦王家”;又云:“自釐臣至於有分私子,苟克有諒,罔不懔達,獻言在王所”;又云:“朕遺父兄眔朕藎臣,夫明尔德,以助余一人憂”(清華大學出土文獻研究與保護中心、李學勤《清華大學藏戰國竹簡【一】》,上海:中西書局,2010 年,第 164、164、164-165 頁)。其中的邇臣、釐臣、藎臣,李學勤、李均明二位先生認爲是“親近的大臣”,“治國大臣”、“忠臣”(清華大學出土文獻研究與保護中心、李學勤《清華大學藏戰國竹簡【一】》,上海:中西書局,2010 年,第 166、167、171 頁)。藎臣,也見於《詩經・大雅・文王》(程俊英、蔣見元《詩經注析》,北京:中華書局,1991 年,第 749 頁)、清華簡《芮良夫毖》(清華大學出土文獻研究與保護中心、李學勤《清華大學藏戰國竹簡【三】》,上海:中西書局,2012 年,第 145 頁)等文獻。總之,這三個臣字,二位先生認爲指稱公卿。筆者認爲,由上文對於臣的性質的考察所得結論看,此處的臣應是貴族家族内部管理人員的頭目,性質是奴僕,與公卿有别。大門、宗子是周公從宗法角度對於王朝執政公卿的稱呼,與稱呼家族管理人員的頭目爲邇臣、釐臣、藎臣,協調一致。具體詳盡的論述,容另文進行。另外,《酒誥》云:“予惟曰:女劼毖殷獻臣,侯甸男衛,矧大史友,内史友,越獻臣百宗工;矧惟爾事,服休服采”。(楊筠如《尚書覈詁》,第 193 頁)歷代注家對於獻臣皆未達詁,從文意看,獻臣與侯甸男衛的地位大致相當,二者是一,還是二,不好確定。但由共處同一語境看,獻臣與侯甸男衛應不是一回事。

④ 楊筠如:《尚書覈詁》,第 247 頁。

是"惟厥正人越小臣諸節","越厥小臣外正",[①]都是小臣與侯甸、正人、外正相對而言,絲毫不能馬虎。相對而言,誥命是布政之辭,[②]現場感較強,情緒顯露,心意懇切,用詞自然較深較重,於是臣這個本義爲卑賤的字眼就被高貴的公卿用來自稱或他稱,以表達對於王的無比忠誠之意。其次,公卿稱臣有一個循序漸進的過程。寒峰先生說:"'臣'從奴隸的專一概念過渡到君臣意義的專一概念,中間經歷了整個奴隸制社會的發展到崩潰的歷史時代,其中又表現爲臣的概念多項化的過程,實際上就是反映了奴隸發展過程中隨着社會的進展,奴役形式的多樣化。奴役形式相對地逐漸緩和,臣字原有的貶義也逐漸減少,最後變爲只作對官員的稱呼,這已經是封建制社會確立的時候了。"[③]寒先生所講封建制的確定是在戰國時代,此前則是二者此消彼長、浸假融合的漫長過程,而《召誥》無疑居於這一漫長過程的開端位置。[④] 所以我們看到的是,周初文誥中公卿在有的場合稱臣,在多數情況下是王的匹偶,而在青銅器銘中没有一例公卿稱臣的現象。王國維先生說:"自殷以前,天子、諸侯君臣之分未定也。……蓋諸侯之于天子,猶後世諸侯之于盟主,未有君臣之分也。周初亦然,於《牧誓》、《大誥》皆稱諸侯爲'友邦君',是君臣之分未全定也。"[⑤]王先生說的是諸侯,對於公卿也基本適用,大致上是西周初年的實際情況。

能够從一個側面體現這個過程細節的是專用名詞"王臣"。[⑥] 王臣的含義是王的臣。在商代甲骨文中王臣與冠以其他貴族名號的臣相對而言,王進鋒先生說:"商朝有一類'王臣'是商王的私兵,他們平時活動在商王左右,戰時要出征,而且能够戰勝一些方國,説明其軍事實力是相當可觀的;這一類的商王私兵的來源主要是商王以外的貴族供給、致送。商朝還有一類'王臣'主要協助商王進行占卜活動。商代'王臣'内部也有等級之分,'小王臣'可能是'王臣'中級别比較高的一類","商王以外的貴

---

① 楊筠如:《尚書覈詁》,第 180、181 頁。

② 李零:《論𧶜公盨發現的意義》,《中國歷史文物》2002 年第 6 期。

③ 寒峰:《商代"臣"的身份縷析》,《甲骨文與殷商史》。

④ 高明先生說:"從甲骨文中還可以看到另外一種情况,那就是當時稱王的人,並不僅是商王自己,同他一起共事的軍事首領和地方領袖(這些人同時又是氏族或部落酋長),都以王稱,當時有"多王"共存。……在商代的卜辭中記載這樣的氏族很多,丁山統計有一百四十餘個,其中稱王者,葛英會同志共收集了二十餘個。這些氏族都有自己一塊從事生活和生産的地方,都有自己的成員,有時還參加商王的祭祀,甚至還有從事征伐的武裝。"見氏著《從甲骨文中所見王與帝的實質看商代社會》,《古文字研究》第 16 輯,北京:中華書局,1989 年。

⑤ 王國維:《殷周制度論》,《觀堂集林》,石家莊:河北教育出版社,2001 年。

⑥ 甲骨卜辭中關於"王臣"的字例主要有:1.【王】臣其有[illegible];【王】臣弗……有[illegible]。(《合集》117)2.王【占】曰:……;王臣【占】曰:□途首,若。(《合集》11506 反)3.貞:吴弗其氐王臣?(《合集》5567)。

族所擁有的'臣'有自己獨特的稱呼,並不能被稱爲'王臣'"。[①] 由王先生的論述可知,王臣在商代只是各級貴族所屬之臣的一個類型。西周金文中王臣的身份地位可以由西周早期大盂鼎(《集成》5.2837)記載的"王曰:……錫汝邦司四伯,人鬲自御至于庶人六百又五十又九夫。錫夷司王臣十又三伯,人鬲千又五十夫"來觀察,[②]高明先生說:"'王臣'是管理人鬲的人,由 17 伯分管'邦司'與'夷司'兩個機構。'人鬲'顯然是奴隸,分別由'邦司'與'夷司'兩個機構管轄。'邦司'是管理周族奴隸的機構,由 4 位王臣負責;'夷司'是管理外族奴隸的機構,由 13 位王臣負責。銘文中雖僅言'邦司四伯',……全文應與'夷司王臣十又三伯'句型一樣,當作'邦司王臣四伯'。無論'邦司'或'夷司',管理他們的人統稱'王臣'。……王臣是替貴族奴隸主管理奴隸的頭人和管家,……王臣可能因主人的更變而改爲盂的家臣,所擔當的職務,則仍然是貴族奴隸主監督奴隸的耳目和爪牙。"[③]高先生認爲"人鬲"是奴隸,或容有可商,但對於王臣的"頭人"、"管家"、"家臣"、"耳目"、"爪牙"性質的認定則是正確的。

西周與商代不同的是,除了王臣,未見其他的臣冠以貴族或地域稱號的例子,只是有較爲簡單的所有格形式的"厥臣",如《梓材》中的"以厥庶民暨厥臣,達大家;以厥臣達王,惟邦君",[④]厥是代詞,表示的是臣爲具體主人所有的性質,這或可表明西周的政治社會結構已經與商代逐漸有了分別。能够肯定的是,隨着封邦建國制度的推行,"到了西周晚期,'王臣'的内涵已經大大地擴展了,可以説整個周王國的範圍裏除周王之外所有的人都屬'王臣'的範疇",[⑤]《詩經・小雅・北山》所云,"溥天之下,莫非王土。率土之濱,莫非王臣",[⑥]反映的正是這種政治局面。[⑦] 再經春秋時代的早中期,到了春秋晚期王臣被君臣取代。由目前掌握的材料看,君臣對應關係的出現,以《論

① 王進鋒:《説"王臣"——兼論西周分封制的統治功能》,《人文雜誌》2009 年第 6 期。

② 中方鼎"兹𢦏人入事,賜于武王作臣"(西周早期,《集成》5.2785)顯示,西周的王臣和商代的王臣一樣,也是來源於征服或貢納。

③ 高明:《論商周時代的臣和小臣》。

④ 楊筠如:《尚書覈詁》,第 196 頁。

⑤ 王進鋒:《説"王臣"——兼論西周分封制的統治功能》,《人文雜誌》2009 年第 6 期。筆者按:清華簡《芮良夫毖》云:"昔在先王,既有衆庸,□□庶難,用建其邦"。(清華大學出土文獻研究與保護中心、李學勤《清華大學藏戰國竹簡【三】》,第 145 頁)芮良夫稱先王的公卿爲衆庸,與《北山》的"率土之濱,莫非王臣"的意思相同,都是西周後期的思想觀念。

⑥ 程俊英、蔣見元:《詩經注析》,北京:中華書局,1991 年,第 643 頁。

⑦ 《左傳》襄公二十一年所載諸侯是王的"守臣",襄公十八年所載諸侯的某些卿大夫之于天子是"官臣",僖公十二年所載諸侯自己任命的卿大夫是王的"陪臣"等名號,(楊伯峻《春秋左傳注》,第 1062、1036、342 頁)反映的是西周晚期以後的情況,還是西周早期以來的情況,目前還不能確定。

語》爲最早,[1]從此王與公卿、王與官員、王與民衆的關係就凝結爲一個專用詞語"君臣"。

考察了公卿的概況,梳理了臣與公卿的關係,現在將臣與公卿的異同,歸結爲四點,一是臣出身卑賤,公卿出身高貴。二是臣有爲各級貴族層層佔有的屬性,其中爲王之外貴族佔有的臣,與王是間接隸屬關係;王朝公卿以及重要諸侯國中的多數公卿,都由王任命。三是臣中的個别人由於某種機緣而躋身統治者行列,此時其地位和作爲與公卿相差無幾。四是臣的職責所在本來是各級貴族的家,即使個别人的作爲可以與公卿比肩,甚至權傾朝野,但其進身之階,也一定是從家内臣僕到王朝公卿;公卿的職責所在主要是國,雖然不能排除家也是其關心對象,但至多也就是家國並重。[2]

以上述論證爲前提,再來看"惟辟作福"一節中辟與臣的關係。辟有宗統與君統、族權與政權的雙重屬性,而宗統、族權是第一位的屬性;臣的根本屬性是各級貴族的臣僕,爲各級貴族層層佔有,個别人雖有較大作爲,甚至位列公卿,但與公卿尤其是西周中期以前的公卿有本質的區别。將辟與臣的屬性作一對比,可知其交集主要在"家"。也就是説,只有在貴族家族内部辟與臣才完全統一起來,才形成彼此的對應,才生成各自的功能和意義。由此可以得出明確判斷:"惟辟作福"一節講的是各級貴族家族内部的辟與臣即宗子與臣僕的關係。

因爲是講宗子與臣僕的關係,所以在強調"惟辟作福,惟辟作威,惟辟玉食;臣無有作福作威玉食"之後,進一步作出假設,如果"臣之有作福作威玉食",後果將是"其害于而家,凶于而國。人用側頗僻,民用僭忒",由家出發,推延而至於國,影響及於人(百官)、民(庶民)[3]。家是整個推理的原點,那麽"惟辟作福"一節所講,是各級貴族家族内部的辟臣即宗子與臣僕的關係,就更加確定無疑了。

---

① 楊伯峻:《論語譯注》,北京:中華書局,1980年,第128頁。

② 筆者按:今本《逸周書》的《皇門》及清華簡《皇門》中有"臣",前者是"乃維其有大門宗子勢臣,内不茂揚肅德,訖亦有孚,以助厥辟,勤王國王家。"(黄懷信等《逸周書匯校集注》【修訂本】,上海:上海古籍出版社,2007年,第546頁)後者是"乃惟大門宗子邇臣,懋揚嘉德,迄有寳,以助厥辟,勤恤王邦王家"(清華大學出土文獻研究與保護中心、李學勤:《清華大學藏戰國竹簡(一)》,第164頁)。筆者認爲"勢臣"、"邇臣"是貴族的管家,是有較高地位的奴僕。《皇門》與周公攝政結束後繼續做王家太宰有關,因此講話對象是"大門宗子勢臣"。但這個問題較爲複雜,需要大量篇幅進行論證。爲了避免枝蔓,筆者在此點到爲止,以待另文詳論。

③ 曾運乾先生云:"人謂百官,民謂庶民。"見氏著《尚書正讀》,142頁。其他學者的解釋,大致與之相同。

四 釋"平康"、"友"、"乂"

"惟辟作福"一節講的是貴族家族内部宗子與臣僕的關係,已如上述。實際上,在貴族家族内部,除了宗子與臣僕的關係,還有宗子與兄弟、宗子與諸父、宗子與子侄的關係等;在兄弟、諸父、子侄中還有嫡庶之分、遠近之别。宗子處理與這些家族親屬成員關係的準則,就是與"惟辟作福"一節相對的"平康正直"一節所講的内容:"六,三德:一曰正直,二曰剛克,三曰柔克。平康正直,強弗友剛克,燮友柔克。沈潛剛克,高明柔克"。與辟臣關係的較爲明確相比,宗子與家族親屬成員的關係較爲複雜,條理繁多,層級鱗次櫛比,呈現了一個立體的結構形式,很難抽繹出像"辟臣"一樣精確的字眼,所以就籠統地講述原則,而没有出現"主語"。儘管如此,本節所講主體仍然有跡可尋,這就是其中的"平康"、"友"、"乂"等字詞。

平康在本節中與"正直"聯用,作"平康正直",是正直準則適用的對象。在《洪範》第八疇"庶征"中有"家用平康"的話,兩個"平康"應有内在的聯繫,其上下文是這樣的:

> 王省惟歲,卿士惟月,師尹惟日。歲月日時無易,百谷用成,乂用明,俊民用章,家用平康,日月歲時既易,百穀用不成,乂用昏不明,俊民用微,家用不寧。庶民惟星:星有好風,星有好雨。日月之行,則有冬有夏;月之從星,則以風雨。①

這段文字的主旨,是將王、卿士、師尹、庶民比喻爲歲、月、日、星,王、卿士、師尹像歲、月、日一樣有序運行,就會生活富足,家族和睦,庶民就會像星繞日月運轉一樣,服從統治,天下太平。其中"俊民用章,家用平康"與"俊民用微,家用不寧"相對,主語都是"俊民"。楊筠如先生説:"俊,《説文》'才過千人也'。"②所謂俊民,代指各級貴族。由此可見,平康是指家而言,而且是各級貴族家族。以這一認識爲前提,就可以推斷,"三德"章中的"平康正直"也應該指貴族家族而言。既然三德之一的"正直"適用對象是貴族家族,那麽其他二德"剛克"、"柔克"適用對象也應該是貴族家族,也就是説"平康正直"全節都是講貴族家族内部行爲準則的問題。同時"俊民"一詞提示我們,"平康正直"全節暗含的主語應是貴族家族之長。

友甲骨文作 𠬪 形,徐中舒先生説:"自甲骨文字形觀之,當是一人之手外另加一人

① 楊筠如:《尚書覈詁》,第148–149頁。

② 楊筠如:《尚書覈詁》,第149頁。

之手,謂協助者爲友。"[1]即友的本義是協助者。協助之義可以轉化爲保佑之義,例如"丁未卜,争貞:令庸以𡳾族尹𠂤,𡳾友"(《合集》5622),郭沫若先生説"'𡳾友',讀爲有祐",[2]即友是祐,保佑的意思。到了西周時代的金文中,友指兄弟。西周中期的衛鼎(《集成》5.2733)云"衛肈作厥文考己仲寶鼎,……乃用饗王出入使人暨多朋友",這是作爲宗子的衛表達對於兄弟的友好之情。《爾雅・釋訓》云:"善兄弟爲友。"[3]友的"範圍不僅包括同胞兄弟,也包括從父以至從祖兄弟等"。[4] 兄弟之義可以轉化爲善待之義,例如《康誥》的"兄亦不念鞠子哀,大不友于弟",[5]其中的友,是善待的意思。到了春秋時代後期,友的含義發展爲"同志爲友",[6]指稱範圍有較大擴展。與此同時,本義同志與轉化之義友好,已經相提並論,難分彼此。

在商周春秋三個時代中,西周的友,應該給予特别關注。友在西周青銅器銘中經常與辟出現在同一語境。請看下列例證。

師訇簋(西周晚期,《集成》8.4342):王曰:師訇,……今余唯申就乃命,命汝惠雍我邦小大猷,邦𢦏潢嬖,敬明乃心,率以乃友捍禦王身,欲汝弗以乃辟陷于艱。

𡒊盨(西周晚期,《集成》9.4469):王曰:𡒊,敬明乃心,用辟我一人,善效【教】乃友内【入】𡨦,勿使暴虐縱獄……。

師訇簋中的辟,與王相對成文,兼攝君統與宗統,顯然指周王,情形類似於商代後期甲骨卜辭中的"小臣成(?)辟王"(一期,《合集》5584),以及西周早期作册魖卣(《集成》10.5432)中的"公太史咸見服于辟王"。這個辟是師訇及其友捍衛保護的對象,何景成先生説:"'友'是指一般的屬吏,這類屬吏在西周時期主要是由同族的兄弟充任。"[7]很顯然,這是王從宗統與君統兩個方面對師訇提出的要求,而其中的"乃友"、"乃辟",即你的友、你的辟,無疑是宗統的方面。𡒊盨中的𡨦是爲了避免與上一個辟重複而特加了寶蓋兒。楊樹達先生説:"效當讀爲教,内與入同,𡨦與辟同,此命𡒊善教其寮屬使入而事君也。"[8]楊先生所用寮屬一詞較爲迂曲,還是用其本字友,即兄弟,較爲準確恰當。另外,將辟解釋爲君,較爲含混,其含義應該是宗子辟。在這兩點之

① 徐中舒:《甲骨文字典》,第 295 頁。

② 郭沫若:《卜辭通纂》,北京:科學出版社,1983 年,第 458 頁。

③ 徐朝華:《爾雅今注》,第 150 頁。

④ 朱鳳瀚:《商周家族形態研究》(增訂本),第 297 頁。

⑤ 楊筠如:《尚書覈詁》,第 179 頁。

⑥ 鄭玄《論語》注,何晏集解、皇侃義疏《論語集解義疏》卷一引,文淵閣《四庫全書》經部四書類,臺北:臺灣商務印書館,1983-1986 年。

⑦ 何景成:《論西周王朝政府的僚友組織》,《南開學報》2008 年第 6 期。

⑧ 楊樹達:《積微居金文説》,第 221 頁。

外,楊先生對於整個句意的解釋,還是比較中肯的,應予以採納。銘文中的"善教乃友内【入】辟"一句話,不僅友與辟直接對應,而且"内【入】"字很形象地説明了辟與友就是家族内部宗子與兄弟的關係。

巧合的是,"平康正直"一節中的"燮友柔克",《史記·宋世家》引《洪範》將這句話改作"内友柔克",[①]段玉裁説:"古'内'、'入'通用,'入'、'燮'同部,此今文《尚書》作'内'也。"[②]衆所周知,司馬遷爲寫作《史記》而對於《尚書》某些篇章的稱引,往往用當時通行的容易理解的文字代替較爲生澀難懂的文字。《宋世家》引《洪範》將燮作内,就屬此類情況。這説明"燮友"就是"内【入】友"。内友的含義,既可以從入與燮古音同部的角度來理解,是與"強弗友"相對的和順友好的意思;也可以從與塱盨"善效【教】乃友内【入】辟"相照應的角度來理解,是家族内部兄弟和睦相處共同敬事宗子辟的意思。内【入】友含義的兩個方面的關係,如同商代甲骨文中保佑之友和協助者之友、西周金文與文獻中善待之友和兄弟之友的關係,前者是轉化義,後者才是本義。

友在西周青銅器銘中也經常與孝出現在同一語境。例如西周早期的曆方鼎(《集成》5.2614)云"曆肇對元德,孝友唯型",友是横向的血緣關係,對象是兄弟;孝是縱向的血緣關係,對象是父考,由此形成家族的經緯網絡。因此周人將宴饗父兄當作非常重要的事情來對待,西周晚期的伯公父簠(《集成》9.4628)云,"伯大師小子伯公父作簠,……我用紹卿事、辟王,用紹諸考、諸兄"。其中雖然没有出現友與孝,但體現的仍然是友與孝的精神和原則。

不過,此處需要着重強調的是,由於"善父母爲孝",[③]所以宗子對於諸考,更多的是由孝延伸而來的收族的職責和友好相待的情感。從這一點來看,友相對於孝,在表述宗子與家族内部親屬成員的宗法關係上,更有代表性與包容性。

乂在文獻典籍中作𤔲,《説文解字》辟部云:"𤔲,治也。從辟,乂聲。《虞書》曰:'有能俾𤔲'。"[④]王國維先生認爲,"此𤔲字蓋辥字之訛,初以形近訛爲辟,後人因辟讀與辥讀不同,故又加乂以爲聲,經典作乂、作艾亦辥之假借",乂、艾既有治的意思,也有相、養的意思[⑤]。張亞初先生將商周青銅器銘文中含義是治理的辥字都隸定爲𤔲。[⑥]由此可見,"平康正直"一節中"乂用三德"之乂,原是辥,訛爲辟,假借作乂,𤔲是辥的

① 司馬遷:《史記》,北京:中華書局,1982年,第1616頁。

② 段玉裁:《古文尚書撰異》,《皇清經解》卷八五,光緒十四年(1888)五月滬上石印本,第36頁。

③ 徐朝華:《爾雅今注》,第150頁。

④ 許慎:《説文解字》,北京:中華書局,1963年,第187頁。

⑤ 王國維:《釋辥上》,《觀堂集林》。

⑥ 張亞初:《殷周金文集成引得》,第1387頁。

訛字與假借字的合成。

爲什麽有這樣的訛誤與合成？筆者認爲,除了字形相近之外,可能還與辟的含義有較大關係。西周中期的史牆盤(《集成》16.10175)云"唯辟孝友",于省吾先生認爲是"孝友唯辟"的倒文,"'辟'作名詞用,應訓爲'法則'。這是史牆贊誄其文考乙公以孝友爲法則"。[①] 辟與孝友緊密相連,表明其適用對象是家族内部親屬成員之間的關係。之所以用辟來表示孝友的法則,是因爲辟在家族中是宗子的專稱,而宗子在家族中處於主導的地位。上文第一節已經指出,無論含義爲治理的辟,還是含義爲法則的辟,根源都是本義爲宗子的名詞的辟。所有這些都表明,在當時人的意識中,"乂【嬖】用三德"的主語應該是家族的宗子辟,講的是宗子辟處理與家族内部親屬成員關係準則的問題。

"平康"的指向是家,"俊民"的指向是家族之長;"友"是兄弟,代表了父考子侄等親屬成員的關係,指向是家族的宗子辟;"乂"訛作從辟的嬖,指向也是家族的宗子辟,那麽"平康正直"一節所講内容,就是宗子辟處理與家族内部親屬成員關係準則的問題。辟之所以没有出現,是因爲與辟相對應的親屬成員較多,兄弟之友只是代表,而不是全部,不可能歸結爲如同辟臣一樣的單一對應的關係。更爲主要的原因可能是,在當時的社會背景和語言環境中,"平康正直"一節所講内容是宗子辟處理與家族内部親屬成員之間關係的準則,是人所共知,不言而喻的事情。

金文的頌辭性質,決定了其顯示的辟與兄弟等家族親屬成員的關係是正面的,而現實中的情況要複雜得多,既有正面的,也有反面的,因此辟與兄弟等家族親屬成員關係的準則,確定爲正直、剛克、柔克。林沄先生説:"商代晚期的省卣記載:'子賞小子省貝五朋,省揚君賞。'西周的麠簋記載:'休朕匋君公伯賜厥臣弟麠'。均可證家族内部諸成員和族長的關係,是君臣關係。《左傳・哀十一年》記魯國三分公族之後,'孟氏使半爲臣,若子若弟。'《左傳・桓二年》:'士有隸子弟'。可見,子弟對族長的關係,至少是半奴隸性的。"[②]林先生所舉例證,從商末經西周,一直到春秋時代,基本上概括了這一歷史時期中貴族家族内部宗子與兄弟等親屬成員之間的關係,而賞賜、隸屬、半奴隸性等詞匯,也大致上體現了正直、剛克、柔克的準則。這與宗子辟對於家族親屬成

① 于省吾:《牆盤銘文十二解》,《西周微氏家族青銅器群研究》,北京:文物出版社,1992年。

② 林沄:《從武丁時代的幾種'子卜辭'試論商代的家族形態》,《古文字研究》第1輯,北京:中華書局,1979年。

員,既有充分的權力,又要承擔一定義務的情形完全符合。①

"平康正直"一節講的是宗子辟與兄弟等親屬成員之間的關係,"惟辟作福"一節講的是宗子辟與臣僕的關係,將二者結合起來看,"三德"章講的就是貴族家族内部宗子與兄弟等親屬成員、宗子與臣僕的關係。由於辟與兄弟等親屬成員的關係和辟與臣僕的關係相比,居於主導的地位,所以就用辟處理與兄弟等親屬成員關係的準則"三德"來賅下,以概括整章的内容與主題。王充耘認爲剛克是惟辟作威,柔克是惟辟作福,混淆了貴族家族内部宗子辟與兄弟等親屬成員關係和宗子辟與臣僕關係的區别,顯然是錯誤的。

家族之中既包括了衆多親屬成員,也包括了衆多臣僕,需要訂立準則,認真經營管理,是商周春秋時代貴族家族的常態。

商代後期的甲骨卜辭中有王族、子族、多子族、多姓等,指的是各級各類與商王同姓或異姓的商人貴族家族。這些商人貴族家族的内部結構,西周初年魯國受封的殷民六族可作參照,《左傳》定公四年云:"分魯公以……殷民六族,條氏、徐氏、蕭氏、索氏、長勺氏、尾勺氏,使帥其宗氏,輯其分族,將其類醜,以法則周公。"②童書業先生説:"'宗氏'者,宗族也,有'大宗'率領。分族者,宗族之分支,蓋有'側室'、'小宗'等之長率領,與'大宗'相和輯,受'大宗'管轄。'類醜'者,蓋指'宗人'與'臣僕'"。③ 楊伯峻先生則認爲類醜"謂附屬此六族之奴隸"。④ 二位先生對於類醜的解釋稍異,但對於其中有臣僕或奴隸的認識一致。其中宗氏與分族的關係,就是宗子辟與兄弟等親屬成員的關係;宗氏、分族與類醜的關係,就是宗子辟與臣僕的關係。

西周時代的金文中有三族、公族、王家、公室等,指的是各級各類與周王同姓或異姓的周人貴族家族。⑤ 例如:

---

① 裘錫圭先生説:"據現代很多學者研究,周代的宗法制度,實質上就是以父家長大家族爲基礎的晚期父系氏族制度保留在古代社會貴族統治階級内部的經過改造的形態。在宗法制度下,一族的主要財産掌握在世代相傳的族長,即所謂'宗子'手裏。大家族的公社性由宗子'庇族'、'收族'的義務歪曲地反映出來。"見氏著《關於商代的宗族組織與貴族和平民兩個階級的初步研究》,《裘錫圭學術文集》(5),上海:復旦大學出版社,2012 年。

② 楊伯峻:《春秋左傳注》,第 1536 頁。

③ 童書業:《春秋左傳研究》(校訂本),北京:中華書局,2006 年,第 136 頁。

④ 楊伯峻:《春秋左傳注》,第 1536 頁。

⑤ 何簋中何的職責是治三族,其職官名稱可能是公族。公族是王的宗族,管理公族的人也稱公族,如同虎賁、百工等。公族作爲職官稱謂,就目前掌握的材料看,最早出現在西周中期的牧簋(《集成》8.4343)中;在西周晚期的番生簋蓋(《集成》8.4326)、毛公鼎(《集成》5.2841)中與卿事寮、太史寮並列,尤其在前者中排在兩寮的前面,其情景或與清代的宗人府類似。公族與王家可能是上下位概念,王家應是公族的核心。

何簋:惟八月公柬殷年,公錫何貝十朋,乃令何治三族,爲何室。用茲簋設公休,用作祖乙尊彝。[①]

宰獸簋(西周中期,《近出》490):王呼内史尹仲册命宰獸曰:“昔先王既命汝,今余唯或申就乃命,更乃祖考事,總司康宫王家臣妾僕庸,内外毋敢無聞知。”

逆鐘(西周晚期,《集成》1.60-63):叔氏若曰:逆,……用總於公室僕庸、臣妾、小子室家,毋有不聞知,敬乃夙夕,用屏朕身,勿廢朕命,毋墜乃政。

師訇簋(西周晚期,《集成》8.4311):伯龢父若曰:師訇,……余命汝尸我家,總司我西偏、東偏僕馭、百工、牧、臣、妾,董裁内外,毋敢否善。

何簋中的“治三族”,李學勤先生認爲:“《周禮·小宗伯》云:小宗伯‘掌三族之别,以辨親疏。其正室皆謂之門子,掌其政令。’鄭玄注:‘三族,謂父、子、孫,人屬之正名。……正室,適(嫡)子也,將代父當門者也。政令,謂役守之事。’可知掌三族是關於族姓宗法的職務。”[②]對於何簋涉及的人與事,張光裕先生認爲:“所指應爲平定‘三監之亂’事無疑,而本銘‘公柬殷年’之‘公’,更可推斷非‘周公’莫屬。”[③],由此可知西周時代管理王族宗法事務官職的設立很早。宰獸簋中的宰獸是王家的宰,負責管理的“臣妾僕庸”是王家的各類臣僕。[④] 王家應是王族或何簋中“三族”的核心。宰獸簋所載正可與何簋互補,共同證明王家或王族内部既有與宗子辟相對的親屬成員,又有與宗子辟相對的各類臣僕。逆鐘中的逆是叔氏的家臣,總理叔氏公室的全部事務,包括僕庸、臣妾、小子室家。小子室家就是與宗子辟相對的親屬成員,僕庸臣妾就是與宗子辟相對的各類臣僕。[⑤] 師訇簋中的師訇是伯龢父的家臣,其所管理的西偏、東偏僕馭、百工、牧、臣、妾,是與宗子辟相對應的各類臣僕[⑥]。與何簋、宰獸簋、逆鐘、師訇簋所載

---

① 張光裕:《何簋銘文與西周史事新證》,《文物》2009年第2期。李學勤:《何簋與何尊的關係》,《三代文明研究》,北京:商務印書館,2011年。

② 李學勤:《何簋與何尊的關係》。筆者按:清華簡《皇門》的“乃惟大門宗子邇臣,懋揚嘉德,迄有寶,以助厥辟,勤恤王邦王家”,以及叔向父禹簋(西周晚期,《集成》8.4242)的“奠保我邦我家”,都是邦家相對而言。

③ 張光裕:《何簋銘文與西周史事新證》,《文物》2009年第2期。

④ 筆者按:宰獸簋與逆鐘等中的僕、庸、臣、馭等,都是臣僕,但從事的勞役有所不同。裘錫圭先生説:“在西周春秋時代,僕和庸雖然一般都是異族(指跟統治階級不同族)的被奴役者,但是二者的性質仍有明確的區别。庸主要給統治階級提供農業和土木工程等方面的勞役以及各種生產品。僕大部分主要被使用在戰鬥、守衛等工作上”。又説:“遭到奴役的人究竟會成爲戎臣,還是會成爲庸,跟他們原來的身份大概是有關係的。在古代,貴族和平民之間往往存在着軍事和生産的分工。貴族有射、御等技術,善於打仗,但不從事生産,平民正好相反。因此,在遭到奴役的時候,原來的貴族成爲戎臣,原來的平民成爲庸的可能性,顯然是很大的。”見氏著《説“僕庸”》,《裘錫圭學術文集(5)》,上海:復旦大學出版社,2012年。

⑤ 朱鳳瀚:《商周家族形態研究》(增訂本),第319頁。

⑥ 朱鳳瀚:《商周家族形態研究》(增訂本),第319、336頁。

内容類似的西周青銅器銘,還有西周中期的𤼈鼎(《集成》5.2765)、西周晚期的蔡簋(《集成》8.4340)等,可以互相參照。

對於商周時代貴族家族的組織結構,及其在社會政治生活中的功能和地位,《國語・魯語下》有較爲清晰的論述:"天子及諸侯合民事于外朝,合神事於内朝;自卿以下,合官職於外朝,合家事於内朝;寢門之内,婦人治其業焉。"[①]外朝是"合民事"、"合官職"的場所,體現的是君統,内朝是"合神事"、"合家事"的場所,體現的是宗統,而君統與宗統又通過各級宗子,最後集中在王的身上。[②]

因爲商周春秋時代存在君統與宗統兩個社會政治體系,所以《洪範》分列兩章來專門論述。"皇極"章講的是王與官員、王與民衆的關係,着眼點是君統,"三德"章講的是王與親屬成員、王與臣僕的關係,着眼點是宗統。此處對於"三德"章内容的概括之所以强調王,是因爲雖然辟與親屬成員、辟與臣僕的關係存在于各級貴族家族之中,但其最高體現還是王,具體講就是王的與君統相對的宗統的側面。王兼有宗統與君統兩個側面,所以"三德"章堪與"皇極"章並列,具有了獨立作爲治國大法之一的條件。王柏認爲"惟辟作福"一節應前移到"皇極"章中去,混淆了王的宗統與君統兩個身份的區别,顯然是錯誤的。金履祥認爲應後移到"五福六極"章中去,混淆了家族内部宗子辟與臣僕關係準則與王治理國家的賞罰兩個權柄的區别,顯然也是錯誤的。

五　對"三德"章時代的推測

上文用了四節分别對"三德"章中的關鍵詞辟、臣、平康、友、乂進行了解釋,在此基礎上,對"三德"章所講貴族家族内部宗子辟與親屬成員、宗子辟與臣僕關係的準則;"三德"章反映的王的宗統方面與"皇極"章反映的王的君統方面相互協調統一等問題,進行了論證,現在以此爲前提,對"三德"章的時代進行大致推測。

從宏觀角度看,"三德"章顯示的貴族家族形態,存在於商代後期、西周、春秋三個歷史階段,根植于宗統與君統二分,同時又協調統一,横向分級與縱向垂直相互疊加的

---

① 上海師範大學古籍整理研究所校點:《國語》,上海:上海古籍出版社,1988 年,第 204 頁。

② 張亞初先生説:"最高的主宰者商王是高高在上的,自稱'余一人'。其下是師、傅、保(三史、三事),再下面是兩僚機構,即以卿史(士)爲首的卿史僚與以大史爲首的太史僚。卿史僚包括政治、經濟、軍事的各種職官,以及族長、百姓和侯、田、任(男)、子等諸侯。大史僚包括宗、祝、卜、史等各種史官和聖職。如果説,師、傅、保爲决策核心領導的話,那麽卿史僚和太史僚就是其下的執行機構了。至於宫廷官吏,則是隨王左右爲王室服務和警衛的各種職官,直屬商王支使。"見氏著《商代職官研究》,《古文字研究》第 13 輯,北京:中華書局,1986 年。這種情況,在西周春秋時代也存在。

複合社會政治結構之中。戰國時代的諸侯國内已是官僚與郡縣相互經緯的中央集權的社會政治體制,秦始皇統一天下後,又將這一體制推向全國,這種大致縱向垂直的較爲單一的社會政治結構,已經没有了産生"三德"章所反映的特定形態的貴族家族的土壤。由此可見,"三德"章的時代只能是春秋時代以前。

從微觀角度看,可以從三點着眼。首先,臣的時代特徵。商周春秋時代的臣具有被各級貴族層層佔有的屬性,表現最爲典型的時代是商代後期。商代後期的臣有的被冠以貴族的名號,而到了西周時代除了"王臣"之外則未見冠以其他貴族名號的臣。對於這種狀況形成的原因,王進鋒先生説:"(西周)分封制中推行的'授民'的政策逐漸突破了以前爲諸侯或爲貴族所有的臣民不爲王所有的界限,從而使得本來爲貴族所有的'臣'也劃歸到了'王臣'的範圍裏。"①此其一。其二,商代後期小臣當政的現象較爲突出,張永山先生説:"武丁前後的小臣頭目,儘管是王室各種事物的負責人,但是極少見到以小臣身份代表商王參與軍政活動的事例。而廩辛、康丁以後小臣的職責已經越出了管理王室一般事物的範圍,經常以國王親信的面貌參加對周圍方國的征伐,或肩負使命往來于商王國的四境,反映出這時的小臣成爲國王行使統治權的特殊助手,似乎可以説這是開了内臣干預朝政的先河。"②相對而言,内臣干預朝政的現象,西周時代較少,而且也不太嚴重。西周中期的穆王朝有些跡象,清華簡《祭公》記載祭公謀父向穆王進諫説:"汝毋以嬖御塞爾莊后,汝毋以小謀敗大作,汝毋以嬖士塞大夫卿士,汝毋各家相乃室,然莫恤其外。"③其中的嬖御、嬖士、家相,都是侍奉于王身邊、服務於王室的臣僕,而家相則是臣僕的頭目。祭公的話表明,家臣受到穆王的信任,由此阻隔公卿進身盡職的道路,已經引起一些王朝元老的警覺。可能有了這些元老的提醒勸諫,西周後期儘管仍然有幽王時期褒姒擾亂王室的事情發生,但敗壞朝綱的人大多是公卿,如榮夷公、虢石父等。到了春秋時代,魯、晉、齊等國出現陪臣執國命的現象,但這已是戰國時代官僚制度的先聲,與商代後期小臣的所作所爲完全不可同日而語。因此,由臣的典型性質以及臣的作爲來推測,"三德"章可能形成于商代後期以前。

其次,"三德"名目的時代性。"三德"作爲一個專用詞語,在上古文獻中多次出現。商周之際的《逸周書·商誓》中有"三德",原文是"我聞古商先哲王成湯克辟上帝,保生商民,克用三德"④。《商誓》是武王伐紂勝利後對殷遺民的講話,武王雖没有

① 王進鋒:《説"王臣"——兼論西周分封制的統治功能》,《人文雜誌》2009年第2期。

② 張永山:《殷契小臣辨正》,《甲骨文與殷商史》。

③ 清華大學出土文獻研究與保護中心、李學勤:《清華大學藏戰國竹簡(一)》,第174-175頁。

④ 黄懷信等:《逸周書匯校集注》,上海:上海古籍出版社,2007年,第461頁。

説明“三德”的具體内容,但提到“三德”的名目。

西周初年的《康誥》約引了“三德”。《康誥》是周公封康叔于殷人故地建立衛國的誥命,其中自“元惡大憝,矧惟不孝不友”,到“我惟有及,則予一人以懌”,闡述處理家族内部關係的準則。可以分爲兩個部分,第一個部分講處理父子、兄弟之間關係的問題,明確指出,如果“子弗祗服厥父事,大傷厥考心;于父不能字厥子,乃疾厥子。于弟弗念天顯,乃弗克恭厥兄;兄亦不念鞠子哀,大不友于弟”,就堅決地“刑兹無赦”。第二個部分講處理宗子與家人、臣僕、正長之間關係的問題,也明確指出,如果“亦惟君惟長不能厥家人,越厥小臣外正;惟威惟虐,大放王命,乃非德用乂”,就堅決地“速由兹義率殺”。[①] 這兩個部分與“三德”章講述貴族家族内部宗子辟與親屬成員關係準則的“平康正直”和宗子辟與臣僕關係準則的“惟辟作福”兩節正相對應,而有些詞語,如乂、德、友、臣、威等,也在“三德”章中出現。[②]

清華簡《説命》中有“三德”。《説命下》云:“王曰:説,昔在大戊,克漸五祀,天章之用九德,弗易百姓。惟時大戊謙曰:‘余不克辟萬民。余罔墜天休,式惟三德賜我,吾乃敷之于百姓。余惟弗雍天之嘏命。’”[③]《説命》是學者公認的“商書”名篇,“記載了武丁對傅説講説的大量内容”,引文是武丁“追述太戊的功績”,[④]其中的“九德”、“三德”,武丁没有説明具體内容,但顯然都是意有所指的成語。

“虞夏書”中的《皋陶謨》有“三德”,語境是:“日宣三德,夙夜浚明有家。日嚴祗敬六德,亮采有邦。翕合敷施,九德成事,俊乂在官。”其中的“九德”,《皋陶謨》有解釋:“寬而栗,柔而立,願而恭,亂而敬,擾而毅,直而温,簡而廉,剛而塞,強而義”[⑤]。其中的“三德”、“六德”,没有具體内容,與“九德”是怎樣的關係,也不好確定,但二者是縮略語,是成語,則可以肯定。[⑥] 值得特别注意的是,《皋陶謨》將“三德”與家、“六德”

① 楊筠如:《尚書覈詁》,第178-181頁。

② 筆者按:除了《商誓》、《康誥》,周書中的《吕刑》也有“三德”名目,作“惟敬五刑,以成三德”。(楊筠如《尚書覈詁》,西安:陝西人民出版社,1959年,第305頁)僞孔《傳》、孔穎達、蔡沈都認爲這個“三德”就是《洪範》中的“三德”。(孔氏傳、孔穎達疏《尚書正義》,阮元校刻《十三經注疏》,北京:中華書局,1980年,第249頁;蔡沈撰、王豐先點校《書集傳》,北京:中華書局,2017年,第223頁)筆者認爲,《吕刑》遠在《康誥》之後,既然《康誥》約引了“三德”,那麽《康誥》的時代就是《洪範》“三德”章時代的下限。

③ 清華大學出土文獻研究與保護中心、李學勤:《清華大學藏戰國竹簡(三)》,第128頁。

④ 李學勤:《新整理清華簡六種概述》,《夏商周文明研究》,北京:商務印書館,2015年。李學勤先生還説:“‘九德’、‘三德’,都見於《尚書·皋陶謨》,‘三德’又見《洪範》、《吕刑》,也可看出《尚書》各篇間的聯繫。”。

⑤ 楊筠如:《尚書覈詁》,第32-33頁。

⑥ 對於《皋陶謨》中德的名目及其性質,學者有不同看法,大家可以參見顧頡剛、劉起釪《尚書校釋譯論》,第400、410頁。

與邦、"九德"與天下分别對應。這提示我們,"三德"是適用于家族的行爲準則。《皋陶謨》是稽古之作,有歷史素地在其中,"三德"與家族相對,或源自《洪範》"三德"章的觀念。

將《皋陶謨》、《説命》、《商誓》、《康誥》顯示的關於"三德"的信息進行綜合分析,並且將《洪範》"三德"章與之進行對比,可知"三德"作爲一個專用詞語,作爲行爲準則的名目,不僅起源很早,性質與家族相關,而且内容至晚在西周初年就已經與《洪範》"三德"章相聯。由此可見,《洪範》"三德"章的時代應該在西周初年以前。

第三,德字含義的時代性。《洪範》"三德"章中的德,指的是正直、剛克、柔克,是"三種統治方法",[①]包含了正與反兩個方面的内容,而没有道德的意思。德的這個屬性與西周初年誥命中的德字完全相同,于鬯説:"蓋德本無美不美之義,故曰懿德曰明德,而亦曰凶德、曰惡德,皆配字以見義。專言德則可以爲美辭,即無不可以爲不美之辭。"[②]對於德字本義兼指正與反兩個方面行爲的性質,徐復觀先生也有論述,他説:"周初文獻的'德'字,都指的是具體的行爲;若字形從直從心爲可靠,則其原義亦僅能是直心而行的負責任的行爲;作爲負責任行爲的悳,開始並不帶有好或壞的意思,所以有的是'吉德',有的是'凶德';而周初文獻中,只有在悳字上面加上一個'敬'字或'明'字時,才表示是好的意思。後來乃演進而爲好的行爲。"[③]以古今學者揭示的德字本義爲標尺,衡量《洪範》"三德"章中的德,可知這個德無疑具有西周初年以前德字的時代特徵。

除了這三點之外,友的時代性也較爲突出,基本上是西周時代的觀念。但商代後期甲骨文中含義爲協助者的友字,爲從西周出發向前追溯《洪範》"三德"章中友字的源頭,打開了較大空間。

綜合以上從宏觀與微觀兩個方面觀察所得認識,筆者認爲《洪範》"三德"章産生的時代應該是在商代後期以前。

作者簡介:

張懷通,男,1963 年生,歷史學博士,河北師範大學歷史文化學院教授,博士生導師,研究方向爲先秦史,代表論著有《〈逸周書〉新研》(中華書局 2013 年版)等。

---

① 顧頡剛、劉起釪:《尚書校釋譯論》,第 1173、1175 頁。

② 于鬯:《香草校書》,北京:中華書局,1984 年,第 187 頁。

③ 徐復觀:《中國人性論史(先秦篇)》,上海:上海三聯書店,2001 年,第 21 頁。

《尚書・召誥》"其自時中乂王厥有成命"的斷句

黄傑

《尚書・召誥》"旦曰其作大邑其自時配皇天毖祀于上下其自時中乂王厥有成命治民今休王先服殷御事"一段,斷句和理解尚有可討論之處。

"今休",原來一般屬上與"治民"連讀,或單獨讀爲一句。于省吾《雙劍誃尚書新證》舉效父彝"休王錫效父貝三"(釋爲"效父以王之錫貝爲休美"),將"今休王先服殷御事"及上文"今休王不敢後"讀爲一句,解釋爲"今休美王之先服殷御事"、"以王之不敢後爲休美"。于先生的斷句可信。西周早期▇父鼎(《殷周金文集成》2453-2455)"休王易(賜)▇父貝,用乍(作)氒(厥)寶障彝",西周早期效父簋(《集成》3822、3823)"休王易(賜)效父金三,用乍(作)氒(厥)寶障彝",都是"休王"的用例,可與本篇相參照。于省吾、唐蘭《西周銅器斷代中的"康宫"問題》、裘錫圭《〈洛誥〉"其作周匹休……"新解》都認爲"休王"之"休"是動詞。我們認爲,"休王"之休是形容詞,應當理解爲休美。

"其自時中乂王厥有成命",學者基本上都將"其自時中乂"斷讀爲一句。僞孔傳解爲"則其用是土中大致治",金履祥《書經注》卷九引朱熹説解爲"自此居中以爲治",孫星衍《尚書今古文注疏》卷一八解爲"其從是致治于中土",王先謙《尚書孔傳參正》卷二一解爲"其自是於此土中致治"。楊簡《五誥解》卷三則解爲"自是居中乂治天命",將"乂"的對象看作天命、成命。另外,戴鈞衡《書傳補商》卷一〇將"中"解爲成、"中乂"解爲成治。王樹枏《尚書商誼》二將"中"解釋爲和均。學者們對此句句義的解釋雖然有分歧,但都將"乂"理解爲治。查閲《書》類文獻不難發現,"乂"在表示此義時,一般接賓語,如《康誥》"用保乂民"、"乃其乂民"、"用康乂民",本篇下文"用乂民",《洛誥》"曰其自時中乂萬邦,咸休"(此句一般斷讀爲"曰其自時中乂,萬邦咸休",實際應當斷爲"曰其自時中乂萬邦,咸休",清華簡《祭公之顧命》簡17"亓(其)皆自寺(時)中(中)乂(乂)萬邦"可爲佐證。),《多士》"保乂有殷",《君奭》"巫咸乂王家"、"保乂有殷"、"用乂厥辟",《多方》"爾曷不夾介,乂我周王",《立政》"以乂我受民"、"茲乃俾乂國",《顧命》"保乂王家"。而"其自時中乂"缺乏賓語,所以會有學者認爲其賓語是天命、成命。

我們認爲,"其自時中乂王"應當讀作一句。"乂王"可以參看《多方》"爾曷不夾介,乂我周王,享天之命?"、《君奭》"惟茲惟德稱,用乂厥辟"、毛公鼎(《集成》2841)"亦唯先正▇辪(乂)氒(厥)辟"。"乂"爲輔相之意。《爾雅・釋詁下》:"艾,相也。"《經義述聞》卷二六王引之云:"艾與乂同,乂爲輔相之相。""其自時中乂王"意爲"將要自此中土輔相王"。細味文意,"其"帶有比較強烈的主觀意願,所以可將"其"譯作"將要",猶今言"我要"、"我們要"。

"其自時中乂王,厥有成命"中,"厥"是連詞,相當於乃。類似用法的"厥"見於《書・酒誥》"乃穆考文王肇國在西土,厥誥毖庶邦庶士越少正、御事",《史記・太史公自序》"左丘失明,厥有《國語》",《漢書・武帝紀》"三人並行,厥有我師"。

綜上所述,上引《召誥》文字應當斷讀爲:

> 旦曰:其作大邑,其自時配皇天,毖祀于上下;其自時中乂王,厥有成命,治民。今休王先服殷御事……

大意是,周公旦説:將要建造大邑,將要從這裏配匹皇天,謹慎地祭祀於上下(神祇);[①]將要從這中土輔助王,乃有成命,治理民衆。現在休美的王先任用殷的治事人員……

(本文得到"山東大學青年學者未來計劃"(2018WLJH14)和中国博士后科学基金第63批面上资助(2018M630770)支持。作者單位:山東大學儒學高等研究院。)

---

① "毖祀"又見於《洛誥》"予沖子夙夜毖祀"。這裏暫且依舊説將"毖"解爲慎。

曹元弼先生《尚書》學初識

鄧國光

内容摘要 曹元弼先生《尚書》之學凡三變,民元前處張之洞幕下,欲溝通諸經大義,尚未成專門之著述而好爲大言,此一變。民元至日軍侵華以前,有意注釋《尚書》,其説具載《復禮堂述學詩》之《述書詩》四十一篇中,粗陳主意,外緣材料大體具備,然注尚未可成,此第二變。中華抗戰之際,受摯友唐文治先生之提點,以敬天命爲前提,本孔子"七觀"之法,而以《孟子》之闡釋《尚書》義爲門徑,採用唐文治先生所蒐之孫星衍《古文尚書馬鄭注》爲底本,以十年時間完成《古文尚書鄭氏注箋釋》四十卷,1951年告成,曹先生經義之學至於大成。曹先生研治《尚書》之三變,具體展示巨變時代"苦難經學"之典型,乃今後治經所不能繞過之時代學術氣脈。

關鍵詞 經義 生命之學 曹元弼 《古文尚書鄭氏注箋釋》 唐文治

一 前言

曹元弼先生(1867-1953)近世純儒,行誼具載其門人王大隆欣夫先生所撰《吴縣曹先生行狀》。先生字穀孫、師鄭、懿齋,號叔彦、新羅仙吏、復禮老人,江蘇吴縣人,書齋名復禮堂。光緒十一年(1885)入讀江陰南菁書院,問學黄以周,治經學訓詁,與學侣唐文治、張錫恭等先生朝夕切磋,交往甚篤。後入張之洞幕,爲撰《十四經大義》,欲以儒家經世大義撥亂反正,時代關懷與道德勇氣,勇猛非常人可比,以讀書著述用力過度,遂致目眚,此學人至痛者也。清末鼎革,義存氣節,未事新朝。民初至共和國開國之初,皆隱居求志,全力治經,終其一生,徧注群經,其著者《周易鄭氏注箋釋》十六卷、《大學通義》一卷、《中庸通義》二卷、《孝經鄭氏注箋釋》三卷、《復禮堂述學詩》十五卷、《古文尚書鄭氏注箋釋》四十卷。而至成熟輝煌者,是其晚年耗逾十年所撰之《古文尚書鄭氏注箋釋》四十卷,1951年定稿。其深知時日無多,見梓於世,實在異想,故親付其門人王欣夫先生保存,以待後來。從此書隔人天,幸王欣夫先生貢獻書稿予復旦大學圖書館,而上海古籍出版社收入於《續修四庫全書》經部之中,於 2002 年梓行,遂得以流通於天下矣。然自此稿之成,因未流通,而曹先生尚未見重學界,以故其書至今未顯,於《尚書》學而言,殊爲可惜,蓋其中精義迭出,義理、訓故、辭章,三者水乳交融,實在是現代經典傳注之奇葩。不才過去皆有探論,唯祇及《古文尚書鄭氏注箋釋》之表象與行跡,未能縱貫其一生學術内在理路,猶未免隔靴搔癢。痛定思痛,經深入反省,一改前徹,欲以先生一生具代表意義之著述,就《尚書》之問題,先後比勘,專題處理,或可照見一隅景象,至於全貌,則未敢妄爲。所選之標杆性質文獻,第一種是在鼎革前於張之洞幕下武昌兩湖書院擔任經學習教時所編輯之《經學文鈔》,第二種是二十年代鄉居蘇州所作之《復禮堂述學詩》,第三種乃抗日戰争至共和國開國時期發奮而作之《古文尚書鄭氏注箋釋》,三書縱貫其逾七十年治經生涯,亦經歷過去不曾有之動蕩不安之苦難時期,則其注經之精義,或可以此主因與外緣得知一二也。惟三書分量之重,而皆未行世,是亦後起者有責焉者也。今謹略識大要如下。

二　《經學文鈔》之《尚書》學内容

光緒二十一年(1895),曹先生登進士,未實授官;二十三年(1897)張之洞移節兩湖,禮聘主講兩湖書院,任湖北存古學堂總教習;先生因報知遇之恩,復本其憂國傷時之素心,奮力經術,發揚張之洞《勸學篇》經學大義宗旨云:"經學通'大義'。切於治身心、治天下者,謂之'大義'。凡'大義'必明白平易,若荒唐險怪者乃異端,非'大義'也。"[①]復準以"明例""要指""圖表""會通""解紛""闕疑""流别"七種方式,[②]依次規模編寫《十四經學》,成《周易學》八卷、《禮經學》九卷、《孝經學》七卷,務求"平易明白",内容則期盼其"切於治身心、治天下者",即修己治人之儒家理想也。曹先生復撰《原道》《述學》《守約》三篇闡述儒學義理大綱,此曹先生早年用世之經世意識,總以道術爲歸,非徒自炫才智,皆見收於曹先生《復禮堂文集》卷一,開宗明義,一以貫之。既言修己治人,則培養人才,自是先務,故其在兩湖書院之時,即與番禺梁鼎芬同心合力,欲共同編輯《經學文鈔》十七卷,然世變之亟,非意料所及,雖共署名梁氏,人事多磨,最後實則曹先生之力一人獨編,至民初始告成,遺民撰述,無復依傍,流佈無從,唯其摯友與學侶唐文治先生講學,始推薦學子閱讀,然世人注意力已經不在經學,則此書

① 張之洞:《勸學篇》内篇《守約第八》,苑書義、孫華峰、李秉新主編:《張之洞全集》,石家莊:河北人民出版社,1998 年,第 9727 頁。

② 《勸學篇》論經學意義部分,實出曹先生手,蓋曹先生《守約》具説此七條之目,見載《復禮堂文集》(1917 年曹氏家刻本)卷一,第 22-24 頁。

並不爲世重,綿綿若存,以至於今,識者有限,讀之者更鮮也。

《經學文鈔》其實是一部精心結撰之經學總集,其在叙例第一條,已表明所録"皆發揮大義、叙述源流之文",重在經義自身與及觀念之歷史演變,换言之,即一部經義發展史。全書十七卷,首兩卷"卷首"屬總論,以下十五卷,專屬《易》《書》《詩》《禮》《春秋》《論語》《孟子》《小學》等。今專言其《尚書》所屬,整體内容不足一卷,與《四禮》之邊幅之巨不可同日而語。所涉及之專題與收録作品,列目如下,方便理解:

統論《詩》《書》一篇:阮元《詩書古訓序》。

統論《尚書》今古文六篇:戴震《尚書今文古文攷》、江聲《尚書集注音疏述》、《尚書集注音疏後述》《募刊尚書小引》附録《與孫淵如論堯典質疑書》、孫星衍《尚書今古文注疏序》。

專説《古文尚書》三篇:孫星衍《古文尚書馬鄭注序》、段玉裁《古文尚書撰異序》、王鳴盛《尚書後案序》。

專論《今文尚書》五篇:孫星衍《伏生不肯口授尚書論》、沈彤《尚書大傳考纂序》、盧見曾《尚書大傳序》、陳壽祺《尚書大傳箋序》、陳喬樅《今文尚書經説攷自序》。

專論《尚書逸文》一篇:孫星衍《尚書逸文序》。

辨僞《古文尚書》十四篇:《尚書序》、孔穎達《尚書正義序》、阮元《尚書注疏校勘記序》、孫星衍《尚書考異序》、顧廣圻《校定尚書考異序》、沈彤《書古文尚書冤詞後一》《書古文尚書冤詞後二》《古文尚書考序》、惠棟《古文尚書考自序》、錢大昕《古文尚書考序》、阮元《引書説》、焦循《尚書補疏序》、王先謙《尚書孔傳參正序例》、陳壽祺《與臧拜經辨臯陶謨增句疏證書》。

專説《尚書》篇目一篇:黄紹箕《尚書今古文篇目考》。

專説《禹貢》五篇:胡渭《禹貢錐指例略》、焦循《禹貢鄭注釋序》、汪萊《禹貢鄭注釋跋》、成蓉鏡《禹貢班義述自序》、劉文淇《禹貢班義述序》。

專説《尚書》微言大義有十九篇,全編之冠,録入己作三篇:孫星衍《帝堯臯陶稽古論》、淩廷堪《擬璿璣玉衡賦》、孫星衍《唐虞象刑論》、焦循《象刑辨》、曹元弼《書象刑周禮刑象解》、錢大昕《臯陶論》、洪榜《典樂教胄子説》、孫星衍《後父在官解》、馬端臨《文獻通考·序輿地》《文獻通考·序土貢》、孫星衍《睿作聖論》《武王從諫還師論》《周公不誅管蔡論》《周書罪不相及論》、曹元弼《書康誥周禮族師異義辨》、淩廷堪《讀顧命》、曹元弼《吕刑周官刑典輕重論》《書周禮從坐法辨》、馬端臨《文獻通考·序刑》。

專論傳經博士一篇:孫星衍《咨請會奏置立伏鄭博士稿》。

附論《逸周書》二篇:謝墉《校刻逸周書序》、朱右曾《逸周書校釋序》。

總觀以上類别與篇章收録情況,可得以下印象:一,注意今古文《尚書》及辨僞之傳統問題,收録有關論文凡二十八篇。二,注意微言大義問題,收文十九篇。此兩部分是從《文鈔》收録情況決定者。首二卷通論經學者,皆非就《尚書》而發。則"辨僞"與"微言大義"二者,乃曹氏早年《書》學之關注焦點。

三 《復禮堂述學詩》之《尚書》學内容

曹先生《復禮堂述學詩(並自注)》十五卷,因家刻關係,向未流傳,故知之者尠,故有必要説明大概。此書乃以詩並自注方式通盤闡明經學之述學著述,運詩家七絶句組詩,以詠讀經體會心得,然後自注陳明本事。據曹先生自序,自1917年9月始,日作數詩,綜括數十年治經心得,並"坦廓心事,三月間成詩六百三十九首";而詩篇組合皆循義例,即每經題詩,"先舉大義,正宗旨也;次詳源流,明傳信也"。首明經學大義,乃秉承武昌存古學堂編撰《十四經學》《經學文鈔》之用意,講明經學大義,所以端正世人對經書意義之理解,方能復興正道,反歸於正而不邪不偏。其中概括經學源流正變,乃學術求真所不可或缺之環節。但曹先生亦深明諸經流傳之複雜,尤其是清末民初之際,意氣高漲,故此際説經,已不能偏執一隅,故先生云:"經義淵深,經師家法,源遠末分,百家得失,參錯不齊。"故整理總結,刻不容緩,否則坐待消亡。故先生自注,詳釋本事本意,於1936年至1938年,三年方成,其實質乃一部完整之經學史。全書十五卷,作詩六百三十九首,乃全書骨幹;而其自注之解釋,則爲血肉。今綜其書之結構,可分六大單元:

第一單元:卷一,述《易》四十首。卷二,述《書》四十一首。卷三,述《詩》五十四首、統論《詩》《書》一首。

第二單元:卷四,述《周禮》六十二首。卷五,述《禮經》六十一首。卷六,述《禮經》六十六首。卷七,述《禮記》六十六首。卷八,述《大戴禮記》二十首。卷九,述《禮》總義九首。

第三單元:卷十,述《春秋》六十二首。卷十一,述《左傳》三十二首、述《國語》八首。卷十二,述《公羊傳》二十二首、述《穀梁傳》四首。

第四單元:卷十三,述《孝經》八首、述《論語》十八首、述《孟子》八首、統論《論語》《孟子》三首、統論《孝經》《四書》一首。

第五單元:卷十四,述小學、《爾雅》類五首、《説文》類八首、音韻類六首。

第六單元:卷十五,述群經總義三十二首。①

---

① 以上《復禮堂述學詩》之詩目數量,乃據原書點清,因其目録與内容出入不同,故不能依據原目録。

與《尚書》直接相關之内容,在第一、六單元:述《書》詩凡四十一篇。一至十二首闡明《書》學大義,十三至四十首叙秦漢以至作者師門之《書》學流變,而最終一首自表箋釋《尚書》鄭注廿九篇之宏願,是後來《古文尚書鄭氏注箋釋》之張本也,故其注《尚書》,原非偶發之娱慶意念也。末附書目,列出講習書十六種、參考書九種、支流書籍三種。

其《述尚書詩(並自注)》第一首,開宗明義云:"孔子得書始帝魁,百篇獨載帝堯來。成天平地開千古,聖治爲民禦大災。"自注:

> 《書緯》云:"孔子求《書》,得黄帝玄孫帝魁之書,迄於秦穆公。斷遠取近,定可以爲世法者。"(《尚書序正義》)《史記·五帝本紀贊》曰:"《尚書》獨載堯以來。"《春秋·僖公二十四年左氏傳》引《夏書》曰:"地平天成。"案:《孟子》言:"當堯之時,天下猶未平。洪水横流,禽獸偪人。堯獨憂之,舉舜敷治。舜使益掌火。禹治水,稷教稼穡,契教人倫。"又言:"天下之生,一治一亂。堯時水逆行,民無所定,使禹治之,然後人得平土而居。"蓋洪荒之世,生民之患至多,人與禽獸,雜處無别。自伏羲氏作《八卦》定人倫,而民始别於禽獸,作綱罟教佃漁,而民始不爲禽獸所害。歷神農、黄帝、少昊、顓頊、高辛,備物致用,立成器以爲天下利。而屯蒙猶未盡闢,至唐虞之際,然後天地之災盡去,烝民乃粒,萬邦作乂,百姓親,五品遜。蓋三皇五帝,繼天立極之功於是成;而三王以下,萬世治安之基於是奠。《堯典》發首,稱粤若稽古,明其集上古帝皇之大成,以與天同功也。揚子曰:"治始於伏羲而成於堯,故孔子贊《易》述伏羲,而删《書》首《堯典》。"

宣明《尚書》乃華夏文明步入"人道"而遠離禽獸階段之標誌,此乃經義之大。《尚書》之爲經,因其人倫人道大義之端元,是謂"堯舜之道"。治經,此爲端元,不得假借者也。

第二首:"泰伯諸章堯曰篇,尚書大義括其全。天書垂法皆民事,無逸勤民克顧天。"自注云:

> 陳氏灃《東塾讀書記》曰:"經學之要皆在《論語》。《論語》言《易》《書》者少,然有恒、無大過、思不出其位,《易》之精義也。孝友施於有政,《書》之精義也。'巍巍乎舜禹之有天下也'數章,及《堯曰》'咨'一章,論堯舜禹湯文武,《尚書》百篇,此提其要矣。"案:讀《論語》此數章,可以見古帝王聖德之純粹中正,王道之光明正大,所以能參贊天地,保民無疆,大經大法,奠安萬世。而雜霸功利,不足與於治,邪説矯誣,不待辯而息。此治《書》之大要也。鄭君《書》贊云:"孔子撰《書》,乃尊而命之曰《尚書》。尚者上也,蓋言若天書然。"(《經典釋文序録》《尚書序正義》)案:《書》務以天言之,故發首稱曰若稽古,稽古所以同天也;曰欽若昊天、曰

惟時亮天功、曰天工人其代之、曰天叙有典、天秩有禮、天命有德、天討有罪，明王者立法，一本天道，而其所以敕天命、承天休者，則惟體天地生生之大德，以愛敬生養斯民。民心即天心，故曰："天聰明自我民聰明，天明威自我民明威。"《孟子》引《泰誓》曰："天視自我民視，天聽自我民聽。"百篇中言天必及民，故曰天顯民祇，曰以小民祈天永命，曰天命自度治民，祇懼不敢荒寧。凡聖帝明王，夙夜兢兢，乾惕震懼，敬德無逸，皆以勤恤民隱，而顧諟天之明命也。天道蕩蕩乎大無私，王者愛民，其仁如天，因民之所利而利之，因民之所惡而去之，因民受天地之中固有之知覺而覺之。堯命舜曰："天之歷數在爾躬，允執其中。"孔子稱舜之大知，用其中於民。此萬世爲人君者，敬天勤民之準則也。

此開端兩首定調《尚書》學必須歸宗孔子，萬世人道大經大法，皆見《論語》之中，經之本在《尚書》，而其義在《論語》。正本清源，經學意義之《尚書》學，其爲聖王之道根本，堯舜之道其爲治世庸民之標準，端在於是。

最後第四十一首，宣示衷情云："羿浞横行禹九州，生民浩劫幾時收。杜林漆簡珍如璧，衛賈傳經願待酬。"自注：

生民多難，運厄窮新，神禹九州，陸沈溟海。端門《六藝》，術破秦灰，元弼獨抱遺經，潛蹤空谷，撫西州之漆簡，傳人有待宏、巡，振東漢之儒風，茂矩敢希桓、卓。我生七十年之歲月，已付浮沈，鄭注廿九篇之經文，願言箋釋。以高密作訓之本，實先聖寫定之遺，明見《説文》，旁徵遷《史》，故據爲典要，更博采通人，文主古而義兼今，去其非而存其是；歐、夏、衛、賈之詁，各如其説以通。濟南棘下之傳，必溯其源之合，務使文從字順，理得條通。本立道生，學可從政，炳燭微明，把卷興歎，若農力穡思而已。

一再表明風骨節義，而伸箋釋廿九篇之經文與鄭注之願。曹先生之堅持，氣截雲霓。

四　《古文尚書鄭氏注箋釋》之要義

曹先生雖年届七十，未忘初衷，奮其餘生，實現美願。《復禮堂述學詩》自序元衷，時已在國難之際，其終始不渝摯友唐文治先生，時避難上海租界，得知其意，於 1941 年致函曹先生叙心云：

昨奉覆書，欣譫一是。左右研究《尚書》學，至爲佩仰。竊維典、謨、訓、誥，以"敬天"爲宗旨。堯曰："欽若昊天。"舜曰："勑天之命。"禹曰："天其申命用休。"道統相傳，皆以畏天爲主宰。故宣聖亦曰"畏天命"、"小人不知天命而不畏也"。

《孟子》言“畏天者保其國”,引《詩》“于時保之”爲證,今久晦矣。兄於《書》中,每喜讀《金縢》《召誥》《無逸》三篇。而《召誥》“節性日邁”,以“敬”字爲本。召公之“以引以翼”,壽至二百餘歲,一“敬”足以該之。質之吾弟,以爲何如?兹寄奉拙著《尚書大義》一册,祈切實指正。[①]

唐先生毫無保留向曹先生抒述數十年研治《尚書》之心得,“敬天”大旨,乃聖道之樞紐,乃唐先生之深切體會,非後世斤斤於文字之表者。此孔孟道統心法所在,聖君本其天德施於有政,天德乃本心之善念,故必敬其根本之天,是爲“敬天”,此貫通《尚書》整體之精神。敬天之旨,列聖相傳爲“道統”。“道統”乃宋明性理學之核心意識,唐先生本《尚書》溯源“道統”,綰理學與經學爲一,通體根本於天德天性,皆啓源於“敬”之一念,王道之可能,皆本此尊敬天德之本然善念而出。如此,《孟子》之存心,其爲造美之意志。唐先生此讀書心得,[②]無所計較而通盤透出,足見其學術公心之由衷,而友道之真誠也。而曹先生欣然接受,此學術精進之道,原不在專己守殘。

曹先生得摯友道義扶持,遂奮力撰寫《古文尚書鄭氏注箋釋》,以逾十年成其功。此須一表者,乃其時曹先生亦目眚,與唐先生同病,故其著書,艱難可知。世但知陳寅恪晚年目盲著書,虚譽充斥,何曾得知兩大純儒四十年目眚而著述不倦之艱苦卓絶哉!《古文尚書鄭氏注箋釋》一書書稿,幸慶保存於復旦大學圖書館,而上海古籍出版社收於《續修四庫全書》之中,今得流通於天下矣。神理護佑,正氣不息。曹先生嘗於1951年撰《古文尚書鄭氏注箋釋》序文,自陳著書苦況。不才前撰《道濟天下》一文,[③]詳細比論唐、曹、二先生經學大義,曾全引其文,篇中“余少好治經,用力過猛,年未三十,兩遭蓼莪之痛,目光早衰”、“師友徂謝,風雨繾綣,積悲數十年,積學數十年,病目安得不瞑”、“終日戰戰兢兢,如臨帝天,如對聖賢,思之思之,又重思之,義有絲毫未愜,輒數易其稿,必問心無憾而後已。耳校口授,諄復不厭,必一字無誤而後已,其勞視未失明時不啻十倍”數句,尤可見曹先生失明著書,此唐先生所言之心術幾微,其強大經世抱負,從而衍生之巨大而不可思議之意志。

唐先生“敬天”重旨,曹先生因細研《尚書》,進而透悟“堯舜之道”大義之存乎《孟子》“道性善”之旨,此爲《書》學之關鍵,系統總結之於《古文尚書鄭氏注箋釋序》而大書特書,詳爲抉示。此精彩而透徹之體會,拙撰《道濟天下》一文亦嘗具録,並檢核《孟子》原文出處,以饗有道。由此可知,曹先生已經絶對洞悉《尚書》大義,盡攝於《孟

① 唐文治:《答譜弟曹君叔彦書(辛巳)》,《茹經堂文集四編》卷五,《民國叢書》第5編第95册,第145-146頁。

② 唐文治《天命論》乃此旨之完整論證,載《茹經堂文集一編》卷一。按:此編曹元弼序,先後相隔十三年左右,故唐先生乃表明一以貫之之心得。

③ 鄧國光:《道濟天下——唐文治曹元弼二先生經學大義比論》,《中國經學》第23輯。

子》,確定不疑。"性善"者,大義淵源《尚書》,本"孝弟"而開出"王道"淵旨,平平乎公道之平章,王政不假外求,但"道"而出之,推爲大愛,一皆繫於善念之推致。存乎其人,豈兒戲之虚論?《尚書·虞書》典則也,此身歷世變之真切體會也。而孟子經世,曹先生謂其深得先聖立心、立政、立教之神旨,豈虚言哉?相對於其時,白鳥庫吉傳販崔述疑古之論,而神州疑古之史學,亦沾沾於"堯、舜、禹否定論",肆張黄口,以逞心快,而妄顧道義維構民命之苦心。則唐先生與曹先生,其用心可見。以故唐先生提點"心術"邪正之幾,曹先生於《尚書》得之矣,而其樞紐,則在《孟子》。此曹先生經義之歸宿也。然孟子有言"盡信《書》,不如無書",又言"頌其《詩》,讀其《書》,知其人論其世",斯曹先生復進解云:"非不信《書》也,亦如《詩》當以意逆志,而不可盡泥其辭。"復因之指示治《書》竅門,以爲"凡治《書》之要有二:一精考訓詁,一詳繹辭意",推之以治群經皆可,蓋讀書治學貴乎取義,經旨大義之爲"神恉",乃神而明之在乎其人,則與唐先生無異致。

讀經乃在實現"堯舜之道",以見人道之正,明明白白,此長治久安之道。兩先生於危難之時,同本《孟子》,貫通群經大義,《尚書》大義,乃存在於綿綿不絶之道統精神氣軸之中。

結論

通過縱貫通式之《尚書》學生命史之實在孜察,曹元弼先生之《尚書》學,其大義追求,先是受制於張之洞虚張聲勢之論,虚耗其青春歲月於《十四經學》《經學文鈔》,諸書雖曹先生精心結撰,然所得尚未臻於弘深之境。鼎革後反思所學,在撰寫《復禮堂述學詩(並自注)》時方大徹大悟,確定孔子之爲經義之奠基者,《論語》乃《尚書》大義解讀詮釋之依據,方始踏進經學堂廡。於是再奮其餘生,决志發揚孔子之志。經過摯友唐文治先生之提點與支持,最終洞悉《孟子》一書實爲《尚書》之義疏。於是孔孟道統核心之"堯舜之道",一言以蔽之,曰孝弟而已,根源即在反己,又與程朱陸王同途共徹矣。因曹先生之《尚書》學全幅之理解,而更確定經學與理學,本爲一體之義,此又回歸其師黄以周之會通之路。

作者簡介:

鄧國光,男,1955年生,廣東三水人。現任澳門大學中國文學系教授、香港新亞研究所榮譽教授。專注於經學與文論研究,近年傾力於整理唐文治、曹元弼等先賢著述。

古禮大射"將祭擇士"説研探※
——兼及其與天子視學養老禮之關係

彭美玲

内容摘要 周代禮射有三,大射爲大,《儀禮·大射儀》所載屬諸侯禮。鄭玄本於《禮記·射義》,謂古禮大射乃天子、諸侯"將祭擇士"而射,後世不乏質疑鄭説者。本文則以爲鄭玄會通《儀禮》、《禮記》,能得大射之全體大用。欲掌握大射禮意,猶應兼顧《文王世子》披露的天子視學之禮,其間兼事養老,乞言合語,又使衆學士澤宫習射,實爲大射正禮的重要前奏,意趣深遠。然則"澤宫習射"與"射宫正射"兩者異同關係如何,二射何以宜乎"擇士助祭",又"澤宫之射"爲何與養老之禮並行,均有待深入探索。爲釐清上述問題,本文採取文獻研究法,鈎稽三《禮》經傳注疏,期能疏理"澤宫之射"與"大射"的名實和禮意,藉以增進對古代禮射的了解。本文並主張,天子視學養老之禮與澤宫之射相結合,呈現較藝觀德、序賢擇士、敬長尊老、乞言合語等多重儀文旨趣,溯其遠源,當與氏族部落注重射獵、敬事長老、以歌樂舞傳承部族記憶的文化特點相關。

關鍵詞 大射 澤宫 養老 擇士

一 引言

遠古時代注重男子體能與射事,儒者謂弓矢之物起於黄帝,②而今考古發現已將

※本文初稿宣講於2018年8月25日"第四届禮學國際學術研討會"(北京清華大學中國禮學研究中心、嘉禮堂主辦,上海金澤)。

② 《世本》云:"揮作弓,夷牟作矢。"《注》云:"揮、夷牟,黄帝臣。"唐孔穎達因而推證"弓矢起於黄帝"。見《禮記注疏》卷六二《射義》孔《疏》,臺北:藝文印書館,1960年影印《十三經注疏》本(以下所引群經俱採此本),第1014頁。

中國境内弓箭的起源上推至史前時期。[①] 兩周以來,禮樂射御書數合爲士君子"六藝",冠昏喪祭射鄉朝聘諸禮並提。射禮固然以射箭活動爲主幹,在周代貴族的禮儀生活中,却往往與其他重要活動相結合,諸如配合天子、諸侯將祭擇士,是爲"大射";配合貴族賓主相見,是爲"賓射";配合貴族燕飲合歡,是爲"燕射";配合鄉大夫、鄉先生與鄉中青年集會,是爲"鄉射"。要之,射禮應屬嘉禮,[②]三《禮》所言"禮射"包括大射、賓射和燕射三種,鄉射基本上可歸屬賓射,故不煩多立一類。[③]

若從大處掌握"禮射"的通性,當與"主皮之射"、"貫革之射"區分對言。《儀禮・鄉射》"'禮射'不主皮",鄭《注》明言:"不主皮者,貴其容體比於禮、其節比於樂,不待(射)中爲備(按:阮校作"僞")也。"相對觀之,"主皮者無侯,張獸皮而射之,主於獲也。"[④]復次,禮射尤異乎"貫革之射"。孔穎達(574-648)指出,後者"所謂軍射也。言軍中不習於容儀,及無別物,但取甲鎧張之而射,唯穿多重爲善,謂爲貫革也"。[⑤] 曹元弼則綜括道:"禮射尚德不尚力,重中不重穿;即主皮之射主中,亦惟以中爲僞,不計穿與否。重穿者,惟治兵射甲革者,《禮記》所謂'貫革之射',《春秋傳》所謂'蹲甲而射之,徹七札'是也。"[⑥]其説申明"禮射"旨在禮樂薰習,而非只求"命中鵠的"甚至"貫穿箭靶",有助於禮射本質的了解。

談到"禮射"既有的研究,陳夢家《射與郊》、[⑦]楊寬《射禮新探》,可謂當代先驅之作。近年學界對古代射事、射禮重予關注,如彭林先生積極推展《儀禮》復原研究及影像呈現,並於 2017 年首度開辦"禮射"國際研討會,專書如曹建墩《先秦禮制探賾》、[⑧]

---

① 參彭林、韓冰雪主編《禮射初階》,北京:人民體育出版社,2016 年,第 3-4 頁。

② 秦蕙田云:"射爲六藝之一,原所以習禮樂,非專尚威武。至於諸經言射,兼朝、祭、饗、燕,亦不得專屬吉禮。"故從《儀禮》鄭《注》將射禮歸類爲嘉禮。參《五禮通考》卷一六一,臺北:聖環圖書公司,1994 年,第 1 頁。

③ 鄭玄云:"禮射,謂以禮樂射也,大射、賓射、燕射是矣。"見《儀禮注疏》卷一三《鄉射》注,第 150 頁。賈公彦、蔡德晉認爲鄉射可含括於賓射,分見《周禮注疏》卷四一《冬官・考工記・梓人》疏,第 639 頁;《禮經本義》卷四,《景印文淵閣四庫全書》第 109 册,臺北:臺灣商務印書館,1983 年,第 543 頁。孫希旦、黄以周則主禮射有四,三射之外附加"鄉射"。分見《禮記集解》卷六〇,北京:中華書局點校本,1995 年,第 1437 頁;《禮書通故》卷二五,北京:中華書局點校本,2007 年,第 1081 頁。

④ 《儀禮注疏》卷一三《鄉射》鄭《注》,第 150 頁。

⑤ 《禮記注疏》卷三九《樂記》孔《疏》,第 697 頁。

⑥ 曹元弼:《禮經校釋》卷六《鄉射》,《續修四庫全書》第 94 册,上海:上海古籍出版社,1995 年,第 199 頁。

⑦ 收在陳夢家《陳夢家學術論文集》,北京:中華書局,2016 年。

⑧ 曹建墩:《先秦禮制探賾》,天津:天津人民出版社,2010 年,第四至六章分述《周代田獵禮考論》、《殷周戰爭禮考》、《出土文物與殷周射禮》。

任慧峰《先秦軍禮研究》等,[①]陸續展現可喜的成績。楊寬之文臚列子目:鄉射禮具有軍事教練的性質,大射禮爲高級的鄉射禮,射禮起源於借田獵進行的軍事訓練,射禮具有選拔人才的目的等,其説固然具有奠基的意義,但也不無商榷的餘地。例如他同意清邵懿辰(1810-1861)之見,將射禮界定爲"軍禮",且一再強調射禮的"軍事訓練"成分,筆者則以爲周時射禮分明已"禮儀化",其後起的禮文性格顯然超過原初的軍事訓練性質,屬於"禮射"(文射)而非"武射"範疇。[②] "禮射"的目的乃以禮樂演練爲主,意在選拔、培訓嫻熟禮樂、具備德性之美和威儀之富的吉士賢才。曹建墩亦指出:東周時期,"儒家對宗周以來功能複雜的射禮做了創造性的轉化,賦予其道德的内涵,使射禮成爲君子修身進德之禮。"[③]旨哉斯言。[④] 此外,揚之水注意到《詩經》的材料:"射禮的建立與不斷完善,大約正在《詩》的時代,這在西周器銘中反映得很明確。"其解《小雅·賓之初筵》即頗關切射禮成分。[⑤] 劉柏宏又專文析論大射禮儀,舉陳其間具有軍備訓練、擇賢納士、整合臣屬等三項政治目的,以及培養勇德、别異尊卑的兩項教化目的,[⑥]説亦可取。

至於本文主旨,乃聚焦鄭玄"大射將祭擇士而射"説,考較後儒不同意見,以期探求大射的人文教化意涵。連帶關涉的是《禮記·文王世子》天子視學,兼行"養老之禮"及"澤宫習射",前後儀文繁富可觀,而"視學/養老/習射"綰合一處,其輻湊歸趨的目標則爲"擇士與祭",整體過程終究以完成祭禮爲要,然則相關行事儀節與圓滿舉祭究竟有何關聯,值得深思探討。

---

① 任慧峰:《先秦軍禮研究》,北京:商務印書館,2015年,第五章《軍禮相關問題考辨》第一節討論射禮。

② 古君王田獵有"班餘獲射"之禮。《穀梁傳·昭公八年》解經"秋蒐于紅":"禽雖多,天子取三十焉,其餘與士衆,以習射於射宫。射而中,田不得禽,則得禽;田得禽,而射不中,則不得禽。是以知古之貴仁義而賤勇力也。"見《穀梁注疏》卷一七,第168頁。又《詩·小雅·車攻》"大庖不盈",毛《傳》説與《穀梁》雷同,見《毛詩注疏》卷一〇之三,第368頁。以上可證禮射、武射有别。

③ 曹建墩:《先秦禮制探賾》,第184頁。

④ 楊寬:《古史新探》,北京:中華書局,1965年,第310-334頁;又見楊寬《西周史》,上海:上海人民出版社,1999年,第六編第六章,第716-738頁。

⑤ 揚之水:《詩經名物新證》修訂版,天津:天津教育出版社,2012年,第196-222頁,引文見第208頁。

⑥ 劉柏宏:《大射典禮的政教意義與流衍》,《經學文獻研究集刊》第14輯,上海:上海書店出版社,2015年10月,第15-50頁。

二　論古禮"大射"的核心意旨

既知周代禮射有三,大射爲大,《儀禮》十七篇中《大射儀》屬於諸侯之禮,無疑提供了大射的可靠範本。然而《大射》純述儀文,更是《儀禮》少數不附任何"記"文的篇章,致使"大射"禮意不彰,務須搜覽其他傳記注疏,始得疏通明朗。歷來對"大射"説解,略可區分爲以下五種:

(一) 因祭祀而射

《禮記・射義》明言:

> 古者天子之制,諸侯歲獻貢士於天子,天子試之於射宫。其容體比於禮,其節比於樂,而中多者,得與於祭;其容體不比於禮,其節不比於樂,而中少者,不得與於祭。
>
> 天子將祭,必先習射於澤。澤者,所以擇士也。已射於澤,而后射於射宫。射中者得與於祭,不中者不得與於祭。①

這兩段資料明確指陳"貢士之射"與"擇士之射"。前者既由諸侯貢士,必先已經歷習射考核,故逕試之於射宫;後者則先習射澤宫,復射於射宫,均不外藉由射儀測試、甄别人才,②以爲與祭、助祭之選。又《禮記・文王世子》載述天子視學,兼事養老之禮,並舉行澤宫之射,情節過程宛然。鄭玄(127-200)本於《禮記》,屢次注解"大射"爲古天子、諸侯(乃至卿大夫)"將祭擇士而射"(詳下)。清孫詒讓(1848-1908)補充發明:"凡大射皆因祭而射,其事有三:一爲天子春試邦國之貢士,其禮最大。……二則四時郊、廟祭前,擇助祭之臣。三則四時大田校獲,卿大夫相與射,時田有享礿、享烝及方社之獻,則亦祭事也。"③其説可參。

(二) 因燕飲而射

《射義》復云:"古者諸侯之射也,必先行燕禮;卿、大夫、士之射也,必先行鄉飲酒之禮。故燕禮者,所以明君臣之義也;鄉飲酒之禮者,所以明長幼之序也。"④所言即燕

① 分見《禮記注疏》卷六二,第1015、1019頁。

② 《説苑・修文》記載:齊景公登射,晏子修禮而待。公曰:"選射之禮,寡人厭之矣。吾欲得天下勇士,與之圖國。"不只反映禮射、武射之别,尚且牽涉射禮"選士"之意。參向宗魯《説苑校證》卷一九,北京:中華書局,1987年,第480頁。

③ 孫詒讓:《周禮正義》卷一三《天官・司裘》,北京:中華書局點校本,1987年,第498-499頁。

④ 《禮記注疏》卷六二,第1014頁。

射、鄉射兩種,未料却導出"大射"别派説解,竟與燕射相近而混淆。如北宋吕大臨云:"有因燕而射者,大射禮是也。"[①]清萬斯大(1633–1683)亦云:"《儀禮·大射》,諸侯與其臣燕而射也。"[②]元敖繼公解説"大射"爲:"諸侯與其群臣飲酒而習射之禮也。言大射者,别於賓射、燕射也。"他固然指出《大射》"其儀多於他篇"的特點,[③]但就所言"飲酒、習射"看來,實在非常近似燕禮,致所謂"其儀盛多、故名爲大"的理由顯得薄弱。經常與鄭玄異調的明人郝敬(1558–1639)一度維持"大射"舊解,諸如"天子、諸侯選士而射"、[④]"天子、諸侯射于國中及射于澤宫"、[⑤]"助祭諸臣,必擇内正外直、閑習禮樂者,故先之以射也",[⑥]這些看法都與鄭玄接近。然而他終究提出異説:"大射,諸侯與其臣燕而射也。……鄭謂大射專爲祭行,不盡然也。"在大射、燕射、鄉射、賓射皆"有酒有賓"的共通點下,大射何以爲大,他只簡單補充:"凡天子之事稱大;諸侯稱大,非古也。"[⑦]清胡承珙(1776–1832)同樣留意到大射、賓射、燕射皆有飲酒禮,只因"燕禮容有不射,而射禮必無不燕",以至於大射"亦可謂之燕射"。[⑧] 上揭各家莫不突顯大射與燕飲的關聯性,應是緣於《儀禮·大射》確實附帶有酒有賓的燕禮,反而未見關乎祭事的陳述,换言之,他們並不像鄭玄那樣有意識地會通二《禮》。況且《儀禮·燕禮》後段已自道因燕而射:"若射,……如鄉射禮"云云,倘謂大射"因燕飲而射",實難以解釋禮射爲何分立"大射"、"燕射"之名。[⑨]

反之,大射與燕禮不宜混爲一談,可分從飲酒方式和用樂曲目兩方面證明。在用樂方面,燕禮歷經升歌、笙詩、間歌、合樂段落,動用《鹿鳴》等正《小雅》十八首之多;大射則不過歌《鹿鳴》、管《新宫》、笙入三終,[⑩]因此宋陳暘説:"以主於歡者,其樂煩;主

---

① 衛湜:《禮記集説》卷一五九《燕義》引藍田吕大臨説,臺北:漢京文化公司,1985年,第18761頁。

② 萬斯大:《禮記偶箋》卷三《射義》,臺北:新文豐出版公司,1985年,第60頁。

③ 敖繼公:《儀禮集説》卷七《大射》,第202頁。

④ 郝敬:《毛詩原解》卷二三《賓之初筵》,臺北:新文豐出版公司,1985年,第393頁。

⑤ 郝敬:《論語詳解》卷三《八佾》,《續修四庫全書》第153册,第109頁。

⑥ 郝敬:《禮記通解》卷二二《射義》,《續修四庫全書》第97册,第609頁。

⑦ 以上引文見明郝敬《儀禮節解》卷七《大射儀》,《續修四庫全書》第85册,第634頁。

⑧ 胡承珙:《毛詩後箋》卷二一《賓之初筵》,合肥:黄山書社點校本,1999年,第1151頁。

⑨ 任啓運云:"禮有因飲燕而射者,有因射而燕飲者。……義各有主也。飲燕主於洽情,射主於辨分。故因射而燕飲者,所以明君臣之義、長幼之序,非猶夫飲燕,止主於達賓主之情也。"見《禮記章句》卷五之六《射義》,《續修四庫全書》第99册,第178頁。

⑩ "三終"歷來衆説繳繞,清黄以周平議云:"'《鹿鳴》之三'、'《文王》之三',以詩之篇數言;'升歌三終'、'笙入三終'之類,以樂之節奏言。樂之節奏,或三終各歌一詩,或三終同歌一詩,惟其所宜,而節奏均于三而止也。故《鹿鳴》之三、《文王》之三,可曰三終;而三終不可謂兼歌三篇。"黄氏以爲"某某之三"係指連篇詩歌接唱三首,而"三終"重在詩曲演唱三段落爲止之意。見清黄以周《禮書通故》卷四四,第1799頁。

於射者,其樂簡故也。"[①]在飲酒方面,唐賈公彦已説到:"大射主爲射,故再拜訖即射;燕禮主爲燕,故三舉旅乃射。"[②]陳暘又細繹燕禮、大射飲酒流程的差别:

> 燕則工歌之後、笙奏之前,爲大夫舉旅;大射歌、笙之後猶未旅,至射卒,乃爲大夫舉旅者,以燕主於飲,而大射主於射故也。[③]

可見得,燕禮以飲酒爲重,以盡醉極歡爲旨,故君爲賓、卿、大夫歷行三舉旅後,始進入射事階段;反觀大射以射儀爲重,因此賓主行正式的一獻之禮(含獻、酢、酬)後,再爲卿舉旅,接着就進入射事階段。要之,大射重點在射不在燕,若謂"大射因燕而射"實嫌含混名目,未得要旨。

(三)因習射而射

前已述及,元敖繼公主張大射是"諸侯與其群臣習射而飲酒之禮",其説詞兩兼,故不得不跨置兩類。清孫希旦(1736–1784)雖同意大射必附行燕飲,依然判定:"大射,君臣相與習射而射也。"[④]相較於上揭郝敬、胡承珙之見,雙方認知聚焦不同,因此定性不同。然而各式禮射均不外以射事爲活動形式,理所當然包含"習射"的成分,倘持此説,又如何彰顯"大射"之所以爲"大"的特色?

(四)因習禮樂而射

清盛世佐(1718–1755)據《射義》云:"諸侯君臣盡志於射,以習禮樂。"以爲此即《大射儀》所陳之内容及要旨,故謂大射"爲射而燕,主于習禮樂也"。[⑤] 金鶚(? –1819)亦表認同:"君臣相與習禮樂,惟大射也(原注:盛氏世佐主此説)。蓋古者天子不若後世人主之自尊,故亦與群臣習射,揖讓升降以習禮樂,而盛世交泰之風于此見焉。"[⑥]相對於其他説法,盛、金看重的是大射做爲"禮射",因行禮如儀而帶來的薰陶效果和深長意蕴。

(五)因校功試士而射

相較於盛世佐,金鶚《大射説》的解讀更爲廣泛,他指陳大射之事有四:試諸侯群臣之功、君臣相與習禮樂、試諸侯之貢士、順達陽氣,"蓋以試諸侯卿大夫士之功爲主,列國貢士亦併試之,天子乃亦親射以習禮樂,而諸侯群臣諸貢士之射,莫非所以習禮樂

---

① 陳暘:《樂書》卷一五四《遂歌中》,《景印文淵閣四庫全書》本第 211 册,第 714 頁。

② 《儀禮注疏》卷一一《鄉射》賈《疏》,第 117 頁。

③ 陳暘:《樂書》卷一五四《遂歌中》,第 714 頁。

④ 孫希旦:《禮記集解》卷六〇《射義》,第 1437–1438 頁。

⑤ 盛世佐:《儀禮集編》卷一三《大射儀》,《景印文淵閣四庫全書》第 110 册,第 470–471 頁。

⑥ 金鶚:《求古録禮説》卷一二《大射説》,《續修四庫全書》第 110 册,第 398 頁。

也。至順達陽氣之意,[1]又何嘗不寓於其中乎!""順達陽氣"帶有神祕思維,暫不與前揭功能項目並列,此處可將"校功試士"抽繹爲論點之一。

綜上所言,大射於(一)鄭玄"將祭擇士而射"説外,尚存在不同見解,(二)、(三)恐難愜人意,(四)、(五)較接近鄭説,容有可採。不過,後儒甚至針對鄭玄提出異議。如金鶚既肯定大射具有試士、習禮樂等功能,却嚴詞批評"將祭擇士之説尤謬",並云:"學者以爲經文必當尊信,不知《射義》、《昏義》等篇非經也,乃禮經之傳也。傳者解經豈必盡當?擇善而從,勿爲所惑可耳。"[2]其説顯然針對鄭玄而發,乃譏刺鄭玄解經會通三《禮》,無視經傳之分。連帶觀之,盛世佐、孫希旦、郭嵩燾(1818-1891)更明白質疑鄭玄大射説。盛氏云:"將祭而擇士,習之于澤,試之于射宫,惟天子之制則然。(《大射儀》)篇内無擇士之意,鄭乃引《射義》所言天子之制以釋之,誤矣。"[3]這是從階級差異懷疑"將祭擇士而射"只適用天子而非諸侯得有。孫氏主張祭祀諸有司"皆有常人,……恐無臨祭而射以擇之之理",又天子位尊事繁,"若皆祭前以大射擇士,……將不暇給",[4]這是考量現實需求與難度而置疑。郭氏則云:"《周禮·司弓矢》有射澤之文,而澤宫選士之説不著於經。鄭氏以大射當射宫選士之射,允爲無徵。""詳考《儀禮》、《周禮》之文,但有大射、燕射二事。……其貢士之射與澤宫選士之射,不列大射、燕射之中,(《射義》)記禮者推廣言之,鄭氏以當大射,而禮經之文扞格不能通者多矣。"[5]這是基於經無明文,反對鄭玄以記説經,強加會通,格格不入。

前揭盛氏懷疑《儀禮·大射》無擇士之意,郭氏主張《禮記·射義》所言非關大射,皆僅僅執文本表象駁議鄭説,理據未必充分。孫希旦所提兩點較合情理,不過,褚寅亮(1715-1790)的説法足以消解孫氏前一疑慮,褚氏云:"擇士助祭,不過如後世所謂陪位者耳,並無職司,非若百執事者之有一定而不可缺。……擇士以助祭,與夫駿奔走、執豆籩之各有司存者,固並行而不悖矣。"[6]至於孫氏説祭前大射擇士,其禮繁瀆不堪任,亦嫌拘牽。凡理想中的禮制建置必求其縝密周全,現實中的儀文實踐則容有或然率,以孫氏所言"天子一歲祭天九、祭地一、祭社二、祭廟四"爲例,當事人若不便躬自親行,自有"宰臣攝事"等變通方式,毋庸過慮。

綜上所述,究竟"將祭擇士而射"是否爲"大射"確解,有必要多加檢覈。一旦肯認

---

① 金説有本於《漢書·五行志》、《白虎通》等,詳後文。

② 金鶚:《求古録禮説》卷一二《大射説》,第397-399頁。

③ 盛世佐:《儀禮集編》卷一三《大射儀》,第471頁。

④ 孫希旦:《禮記集解》卷六〇《射義》,第1441頁。

⑤ 郭嵩燾:《禮記質疑》卷四六《射義》,長沙:岳麓書社點校本,1992年,第722、716頁。

⑥ 褚寅亮:《儀禮管見》卷中之一《大射儀》,《續修四庫全書》第88册,第411頁。

鄭説有據,參覽《射義》等相關禮篇,知天子"大射"猶可區分爲:1.與視學養老兼行的"澤宫習射",2.行於郊之大學的"射宫正射",兩者的異同關係及實質内涵有待探討。耐人玩味的是,大射前置的"澤宫之射",爲何與養老之禮並行,從澤宫習射到射宫大射所擇之士何以宜乎遴選助祭,亦須深入釐清。本文於是採取文獻研究法,由鄭玄大射"將祭擇士"説出發,主要鈎稽三《禮》經傳注疏以展開討論,期能疏理相關儀文及禮意,增進對古代禮射的了解。

三　論會通《儀禮》、《禮記》始得大射之全體大用

延續上節討論,本節嘗試爲"大射"做出較明確的界定。顧名思義,若謂"賓射"配合賓主相見聯誼,"鄉射"隸屬鄉邦地方集會,"燕射"行於暇豫酬酢之時,樣樣分明易曉,然而"大射"何以蒙"大"之名,却不能不費思量。清王士讓(1687-?)云:"射而特謂之'大',非惟别於鄉射,亦以别於賓射、燕射,見祭爲國之大事也。"①王説本於鄭玄大射説,惟僅舉一端,故宜包納金鶚所云:"射以'大'言何?其事之所該甚廣,與射之人甚衆,而天子亦必親爲之。大於賓射、燕射、鄉射,所以名大也。"②兩相補苴,應能得出大射較周延的義界。循此比較大射、賓射、燕射,不難軒輊高下。孫希旦主張"賓射爲重,而大射爲大",理由是"燕射、鄉射,君若賓以下或有不與者;惟大射,則無不與射也",③係以人員之衆界定其大。方苞(1668-1749)則明確裁定:

> 射禮,大射爲重,賓射次之,燕射又次之。觀大射用虎侯、熊侯、豹侯,而賓射惟用五采之侯三,燕射惟用獸侯;又大射在郊之射宫,而燕射於寢。此可以見其等差也。④

係以所涉儀物等級之高判别大射之大,曹元弼三射排序與方氏説同。⑤ 綜上可知,大射之名爲"大",反映其品第優於賓射、燕射,蓋有如下因由:

1.大射行禮主人上達天子諸侯,身分高貴之故。⑥

---

① 王士讓:《儀禮紃解》卷七《大射儀》,《續修四庫全書》第 88 册,第 129 頁。

② 金鶚:《求古録禮説》卷一二《大射説》,第 397 頁。

③ 孫希旦:《禮記集解》卷六〇《射義》,第 1437 頁。

④ 方苞:《周官析疑》卷二八《射人》,《續修四庫全書》第 79 册,第 286 頁。

⑤ 曹元弼:《禮經校釋》卷六《鄉射》,第 200 頁。

⑥ 鄭玄明言:"士不大射。士無臣,祭無所擇。""士無臣,祭不射。"分見《周禮注疏》卷七《天官・司裘》,第 108 頁;《儀禮注疏》卷一六《大射》,第 187 頁。孫詒讓引據金榜、金鶚、胡匡衷説,謂"士亦有臣,得行大射",見《周禮正義》卷一三《天官・司裘》,第 507 頁。孫説恐須再商。

2.大射行禮現場衆人無不與射,[①]人員周廣之故。

3.大射行禮目的乃爲將祭擇士,事體崇隆之故。[②]

上揭第3項源自《禮記》與鄭玄禮説,正是本文有意探究的問題點。按鄭玄“大射”相關詮解如下:

1.《儀禮·大射》鄭《目録》:“名曰大射者,諸侯將有祭祀之事,與其群臣射,以觀其禮。數中者得與於祭,不數中者不得與於祭。”[③]

2.《周禮·天官·司裘》鄭《注》:“大射者,爲祭祀射。王將有郊、廟之事,以射擇諸侯及群臣與邦國所貢之士可以與祭者。射者可以觀德行,其容體比於禮,其節比於樂,而中多者得與於祭。”[④]

3.《周禮·夏官·大司馬》“若大射,則合諸侯之六耦”,鄭《注》:“大射,王將祭,射于射宫,以選賢也。”[⑤]

4.《周禮·夏官·司弓矢》鄭《注》:“鄭司農云:‘澤,澤宫也,所以習射選士之處也。’《射義》曰:‘天子將祭,必先習射於澤。澤者,所以擇士也。已射於澤,而后射於射宫,射中者得與於祭。’”[⑥]

5.《禮記·郊特牲》“卜之日,王立于澤,親聽誓命,受教諫之義也”,鄭《注》:“澤,澤宫也,所以擇賢之宫也。既卜,必到澤宫擇可與祭祀者,因誓敕之以禮也。”[⑦]

合觀以上數則注語,主要概念不外乎“將祭擇士而射”,王者“擇士”可泛及諸侯、群臣、邦國貢士等。然而尋繹《儀禮·大射》字裏行間,却看不出“將祭擇士”的跡象,鄭玄無疑採信《禮記·射義》“天子將祭,必先習射於澤”云云,又《文王世子》提供了若合符節的情境描寫,載有天子視學,兼行養老,並舉行澤宫之射以擇士。然而澤宫之射僅屬習射,非正式禮射,所謂“大射”仍應以《儀禮·大射》諸侯禮爲正射準據。在此情況下,如何確信《禮記》和鄭説可據?竊以爲可從若干方面考量:

① 所謂大射“無不與射”乃就通例而言,現實中則爲君主保留例外由便的彈性。按《儀禮·大射》“司宫尊侯于服不之東北”,鄭《注》解釋:“爲大侯獲者設尊也。……不於初設之者,不敢必君射也。君不射,則不獻大侯之獲者。”可見《大射》固然爲君張設專用的大侯,賈《疏》則益將人情世故説得透闢:“聖人設法,一與一奪。以大射者爲祭擇士,所以助祭,人君不可不親,故奪其尊,使之必射,故豫張大侯;至此設大侯之尊,君射訖乃設之者,許其自優暇,容有不射之理。”見《儀禮注疏》卷一八,第214頁。

② 曹建墩説:“大射之得名,蓋因其規模大、參與人多、禮儀繁縟。”見《先秦禮制探賾》,第166頁。

③ 《儀禮注疏》卷一六鄭《目録》,第187頁。

④ 《周禮注疏》卷七,第108頁。

⑤ 《周禮注疏》卷二九,第449頁。

⑥ 《周禮注疏》卷三二,第486頁。

⑦ 《禮記注疏》卷二六,第498頁。《大射》賈《疏》指出,由於祭前須預留散齋七日、致齋三日的空檔,至遲於祭前旬有一日爲卜日,見《儀禮注疏》卷一六,第187頁。

首先就學術文獻訊息來看,《禮記》明言"將祭擇士",《儀禮・大射》何以不見端倪?這與《儀禮》身爲"禮經"的體例、風格有很大的關係,各篇經文重在條陳相關專禮的節目單,純粹縷述儀物人事而無所發明,充其量只在篇末附麗"記"的段落,補充但書,即使如此,也鮮少達到發揮禮意的地步。因此,必得仰賴後出的二戴《禮記》,始能窺知儀文背後的禮意,禮家鄭玄會通三《禮》以建構古禮學,適在此處彰顯意義。

其次就歷史實踐事例來看,《後漢書・儒林傳》記載:

> (東漢光武帝)中元元年(56),初建三雍。明帝即位,親行其禮。……坐明堂而朝群后,登靈臺以望雲物;袒割辟雍之上,尊養三老五更。饗射禮畢,帝正坐自講,諸儒執經問難於前。冠帶縉紳之人圜橋門而觀聽者,蓋億萬計。[①]

當時仿照古制設立辟雍太學,新君並視學、養老、饗射如儀,顯然是《文王世子》所述情節的現實翻版。[②] 而這般古禮的再現重演,有賴某位關鍵推手——曹褒之父曹充,"(光武帝)建武中爲博士,從巡狩岱宗,定封禪禮;還受詔,議立七郊、三雍、大射、養老禮儀";明帝即位,充復上言,強調漢家再度受命,宜制禮樂。[③] 按曹氏父子傳習慶普禮學,慶氏學源自西漢后倉,與二戴終究師出同門,源流有緒。據此可推知,上述明帝的古禮實踐,既是曹充禮議的具體展現,與前儒二戴纂述的記文禮説淵源亦必相近。實際上,后倉、二戴長於禮經之學,世傳禮之"記"文則爲儒門傳習《儀禮》衍生的輔助教材,讀《大射》自不宜棄《射義》、《文王世子》於不顧。上揭東漢明帝隆重演禮,十足數典念祖,正可爲漢末鄭玄會通的禮説提供具支持力的實證。

附帶言之,《大戴禮記・投壺》載有"曾孫侯氏,今日泰射"云云,其下有"今日泰射,四正具舉"等四言詩句,[④]《禮記・射義》所引略同,鄭《注》以爲即逸詩《貍首》。[⑤] 其實"泰射"即"大射",甘肅武威《儀禮》漢簡《大射》題作《泰射》。又依《詩經》文例,

---

① 《後漢書》卷七九上《儒林傳上》,臺北:鼎文書局,1991 年,第 2545–2546 頁。明帝永平二年(59)三月,臨辟廱,初行大射禮;十月,幸辟廱,初行養老禮。參陳祥道《禮書》卷五〇,《景印文淵閣四庫全書》第 130 册,第 304 頁。按光武帝崩於中元二年二月,明帝即位,三月葬光武,至永平二年三月已達三年之喪二十五月的要求。

② 東漢李尤《辟雍賦》可資參考:"太學既崇,三宫既章;靈臺司天,群耀彌光。太室宗祀,布政國陽;辟芷巖巖,規圜矩方。階序牖闥,雙觀四張;流水湯湯,造舟爲梁。神聖班德,由斯吕匡;喜喜濟濟,春射秋饗。王公群后,卿士具集;攢羅鱗次,差池雜遝。……"李尤爲和帝時人,上距明帝即位約三十年,所述辟雍射禮情狀應相去不遠。見清嚴可均《全上古三代秦漢三國六朝文・全後漢文》卷五〇,臺北:世界書局,1961 年,第 2 頁。

③ 《後漢書》卷三五《曹褒傳》,第 1201 頁。

④ 王聘珍:《大戴禮記解詁》卷一二,臺北:漢京文化公司,1987 年,第 243 頁。

⑤ 分見《禮記注疏》卷六二,第 1016、1014 頁。

"曾孫"之稱乃祭祀場合的用詞;[①]《禮記·曲禮下》談到諸侯臨祭自稱之辭:"内事曰'孝子某侯某',外事曰'曾孫某侯某'。"[②]南宋朱熹(1130-1200)亦云:"曾孫,古者事神之稱。"[③]因此,《大戴·投壺》詩句足以佐證"大射"與祭祀的關聯。復次,韓《詩》説言明辟廱乃天子之學,"所以教天下,春射秋饗,尊事三老五更",[④]與《文王世子》所載情節大抵相符,亦可證知"記者之言"有本有原,並非嚮壁虚造。

既然如此,又該如何看待大射"因燕而射"、"習射而射"、"試士而射"等説法?設若大射之大,乃源自主人身分之尊、參與人士之衆、相關儀物之隆,固然不無道理,但是大射爲何而射,畢竟攸關宏旨——若説只因群集燕飲而射,如何與燕射區别?若説大射禮重而燕射禮輕,大射之"重"又是因何而起?於是不能不想到後儒其生也晚,對古禮的體認,或許昧於上古的莊重政教而心向俗世的樂易人情。基於時代環境的巨大差異,後人益發難以理解上古周禮"將祭擇士"的意義脈絡;反之,君臣聚會宴飲,繼以箭術活動爲餘興節目,却如"樂與餌,過客止"一般讓人怡然稱快,[⑤]自然容易衍生"因燕而射"的從俗論點。至於"習射"、"試士"説由不同角度各呈現一部分重要事實,與"將祭擇士"説距離其實不遠。考量西周晚期《害簋》銘有"小射,厎魚",相對而言"大射"即"重大之射",其意可包括規模重大、禮節重大、主事者身分重大,而這幾項特色理當從屬統攝於"旨意重大"之下,儘管現實中不排除别有"非將祭擇士"的例外,[⑥]論"大射"宗旨仍應以"將祭擇士"最具核心指標意義。

綜上可知,若僅就《儀禮·大射》研覽"大射"儀節,恐怕只知其"禮數"而不知其"禮意",故須理會鄭玄會通三《禮》之法,留意大射正禮前視學、養老、澤宫習射一系列行事,因爲從"習射"到"正射"過程,禮意應是一體連貫,不可分割看待的。要之,基於祭祀活動在古禮中的重要地位,以及"擇士助祭"關乎爲國掄才的顯著意義,"將祭擇士"説足以讓"大射"禮意周全焕發,構成圓滿的經學案例,固是值得採信。

---

① 其例見《小雅·信南山》、《甫田》、《大田》、《大雅·行葦》、《周頌·維天之命》。

② 《禮記注疏》卷五,第93頁。

③ 朱熹:《詩序辨説》之《小雅·信南山》條,《續修四庫全書》第56册,第279頁。

④ 《毛詩注疏》卷一六之五《大雅·靈臺》孔《疏》引許慎《五經異義》,第578頁。

⑤ 王弼注:《老子》第三十五章,臺北:藝文印書館,1975年,第70頁。

⑥ 曹建墩枚舉西周青銅器《麥方尊》、《伯唐父鼎》、《義盉蓋》、《柞伯簋》等銘文爲例證,推論:"大射並非僅僅是傳統注疏所言的爲祭祀擇士,其場合可以是祭祀之前辟雍大池之射,也可以是王巡狩之射。故周天子大射之得名,蓋因周王親自參與或有周王在場,且其規模與禮節較隆重。"見《先秦禮制探賾》,第166-168頁。

四　論天子視學養老兼行澤宮之射乃大射之重要前奏

如上所述,欲掌握古禮大射的儀文内涵,不能輕捨《禮記・射義》、《文王世子》,故本節即從《文王世子》天子視學養老之禮着眼,此際兼行澤宮習射,爾後始行射宫正射,前後兩階段俱有"擇士與祭"的重大意味。況且澤宫之射依附於天子視學養老,其間穿插各式禮樂節目,對與會候選的莘莘學士來説,誠然是一場學習兼測試的隆重盛典,箇中禮意值得深入探取。

(一)視學養老暨澤宮習射的時間頻率

若果如鄭玄説,大射乃將祭擇士、欲使之助祭宗廟而射,且節目流程可以《文王世子》爲憑,那麽不妨將天子宗廟時祭、視學、養老諸事,在一年之内可能的時間並列,以揣度《文王世子》系列行事的發生時機:

事項/時間	春	夏	秋	冬
天子時祭(祭後視學)	孟春祠祭	孟夏礿祭 (又三年一禘)	孟秋嘗祭	孟冬烝祭
天子大禮視學	仲春合舞、 季春大合樂		仲秋合聲	
天子視學養老	得有其事	(或有其事)	得有其事	(或有其事)
澤宮習射;射宮大射 (從中擇士與祭)	宜有其事		宜有其事	

首先須考慮,天子是否年年視學?《禮記・學記》"未卜禘,不視學,游其志也",鄭《注》云:"禘,大祭也。天子、諸侯既祭,乃視學考校,以游暇學者之志意。"①鄭玄此處隨文解義,蓋天子配合三年一禘,於禘後視學,然則依《學記》之意,天子視學或只三年一舉。孔《疏》却别予辨明,天子有祭後視學,又有大禮視學,兩者不同。祭後視學,係指禘祭之年待夏時禘祭後,非禘祭之年待四時之祭後,"此視學,謂考試學者經業,或君親往,或使有司爲之";"若大禮視學,在仲春、仲秋及季春"。② 意謂天子視學一年有

① 《禮記注疏》卷三六,第650頁。

② 《禮記注疏》卷三六,第650頁。

七次,除四時祭後,尚有仲春合舞、季春大合樂,[①]及仲秋合聲三個時間點。[②] 孔《疏》應是受北周熊安生天子視學之年"一歲七養老"之説的影響,即四時皆養老,加上春入學舍菜合舞、秋頒學合聲、季春大合樂,合計有七。[③] 就文獻所見,這是天子視學一年中次數最高的説法。

不過,若交叉與相關的"養老"、"饗射"比對,天子例行的養老似以春、秋兩季較爲常見且合理。如《大戴禮記·保傅》云:"三代之禮,天子……春、秋入學,坐國老,執醬而親饋之,所以明有孝也。"[④]又如前引韓《詩》説叙及辟雍"春射秋饗,尊事三老五更","春射秋饗"修辭當屬上下互文,應是指春、秋二時俱行饗射,兼事養老,正因爲春、秋季候温和,對於參與活動的耆老堪稱合宜。續針對射藝學科來説,《禮記·王制》談到古代樂正於國學造士,所造包括"王大子、王子、群后之大子、卿大夫元士之適子、國之俊選",主要學科是"春、秋教以禮、樂,冬、夏教以《詩》、《書》",[⑤]四教當中,《詩》、《書》偏向文本諷誦,即令寒冬炎夏,對於學習效果無大影響,反之禮、樂則頗需要實務操練,又經常涉及較大型的合衆展演,因此適合安排在氣候宜人的春、秋兩季。且看《周禮·夏官·諸子》:"凡國之政事,國子存遊倅,使之脩德學道,春合諸學,秋合諸射,以攷其藝而進退之。"鄭《注》云:"遊倅,倅之未仕者。學,大學也;射,射宫也。"[⑥]然則尚未出仕的國子春合諸大學、秋合諸射宫,舉射時間與前引"春射秋饗"相反,益可證明兩處同屬互文修辭——由於射禮有相當的活動範圍在户外露天之處,當然不能不顧慮天氣的條件,而以春、秋較爲理想。然則天子視學養老附帶澤宫習射,行於春、秋自屬高度合理。

尤有甚者,《漢書·五行志》云:"禮:春而大射,以順陽氣。"[⑦]《白虎通》有所解釋:

---

① 《禮記·月令》"(季春)是月之末,擇吉日大合樂,天子乃率三公、九卿、諸侯、大夫親往視之",鄭《注》云:"大合樂者,所以助陽達物、風化天下也,其禮亡。今天子以大射、郡國以鄉射禮代之。"見《禮記注疏》,卷一五,第305頁。鄭玄以今況古,漢制既以"天子大射"替代"季春大合樂",可看出古禮兩者的關係,蓋由於春時作樂與射箭同樣助發陽氣,與天地萬物之欣欣向榮合拍。

② "周備四代之學,而惟辟雍爲本朝之學。衆學以分教王子、群侯世子、卿大夫之子、國之俊秀;而辟雍,則唯天子視學始合樂于此,饗射選士於此。視學必在春入學舍菜合舞、秋頒學舍(按:當爲"合")聲之時,時則衆學士畢至,所謂大合衆以事也。"見周廣業《過夏雜録》卷四《辟雍制度》,《續修四庫全書》第1154册,第452頁。

③ 《禮記注疏》卷一三《王制》孔《疏》,第263頁。濮傳真撰有《北周熊安生一歲七養老禮説析論》,《北市師院語文學刊》,2002年6月,第275-305頁。

④ 王聘珍:《大戴禮記解詁》卷三,第53頁。

⑤ 《禮記注疏》卷一三,第256頁。

⑥ 《周禮注疏》卷三一,第473頁。

⑦ 《漢書》卷二七下之上《五行志下之上》,臺北:鼎文書局,1991年,第1458頁。

“(大射)天子所以親射何？助陽氣、達萬物也。春,陽氣微弱,恐物有窒塞、不能自達者,射自内發外,貫堅入剛,象物之生,故以射達之也。”①是以金鶚甚至認爲:“賓射、燕射,射之小者,無定時,亦無定數;大射爲重禮,當不數行,惟于春一舉之耳。”②不過,這究竟只是情理上的推想,恐過猶不及。若談到養老時機,金鶚則説:“食三老五更之禮,此禮之大者,與常時養老不同。”“天子……視學非常禮,或一年一行,或閒年一行,大抵閒年爲多。蓋視學必有考校之事,……《學記》謂中年考校,是視學閒年一行也。視學兼養老、更,冬、夏無養老禮,則視學多在秋時,老、更用食禮,食養陰氣,於秋較宜也。”③以上無論是於春“射助陽氣”,抑或於秋“食養陰氣”,雖不排除古人行事背後附會有陰陽觀念,陰陽觀念却可能出於後設的人爲解讀,現實中任何禮儀的形成,畢竟牽涉的背景因素不一,並非全然取决於陰陽觀念。綜上折衷而論,天子視學兼行養老及澤宫習射,充其量每年春、秋二季施行爲宜。

附帶還有個小問題,《文王世子》“凡大合樂,必遂養老”,鄭玄參照《鄉飲酒》、《鄉射》推論此養老“謂用其明日”,④乃是類比《鄉飲》、《鄉射》中“先生、君子”,行事上“明日乃入”。回頭看《文王世子》天子視學的段落,天子命有司行事,既祭先師、先聖,又適東序釋奠於先老,遂設席位以養老,儘管孔《疏》遵循《注》説,解云:“于時天子視學在虞庠之中,有司釋奠既畢,天子乃從虞庠入反於國,明日乃之東序而養老。”然而上揭過程行事遠不如《鄉飲》、《鄉射》之繁複,從其中“有司卒事反命,始之養也”一句來看,也没有“用其明日”的隔斷感,故應擺在“一天之内一氣呵成”的語境中加以討論。⑤

(二)“澤宫習射”及“射宫正射”的地點所在

既知“大射”先後含括“澤宫習射”及“射宫正射(禮射)”,以下且從場地名詞了解“澤宫”與“射宫”的差别。古代與射相關的澤宫,禮書往往單稱“澤”,禮家則解説成“澤宫”,見前引《周禮·司弓矢》鄭《注》,又《禮記·郊特牲》“卜之日,王立于澤”,鄭《注》云:“澤,澤宫也,所以擇賢之宫也。”⑥《詩》孔《疏》指實“射宫”在西郊之學,却

---

① 陳立:《白虎通疏證》卷五,北京:中華書局點校本,1994年,第242頁。

② 金鶚:《求古録禮説》卷一二《大射説》,第399頁。

③ 金鶚:《求古録禮説》卷一一《天子食三老五更考》,第361頁。

④ 《禮記注疏》卷二〇,第395頁。

⑤ 陳祥道指斥鄭説有誤,主張視學養老當在同日,見《禮書》卷五〇《視學養老之禮》下原注,第310頁。金鶚謂《文王世子》此處“文氣緊相承接,又無出入之文,是知視學、養老,同在一處、同在一日甚明”,見《求古録禮説》卷一一《天子食三老五更考》,第359頁。郭嵩燾亦云:“合樂、養老,皆視學中事,安得分日爲之?”見《禮記質疑》卷八《文王世子》,第232頁。

⑥ 《禮記注疏》卷二六,第498頁。

説:“澤宮之所在則無明文。”[①]宋李燾(1115-1184)推度,澤宮“蓋即寬閑處,近水澤而爲之”。[②] 與其説古文獻稱“澤”單純只是簡稱示意,倒不如推想“澤宮”之做爲學士習射的特定場所,其以“澤”爲名,可追溯遠古部落勇士從事射箭訓練,本來就在質樸莽蒼的草野水澤之處。俟後發展出儒家傳述的四代之學,其間設施如“辟廱”、“泮宮”之類,多被描述爲壅水爲澤,習射之地因而從天然素樸之“澤”轉化爲附帶人工建築的“澤宮”,當是符合意料。[③] “辟廱”既壅水爲澤,空間設計上具有“以節觀者”的功效,[④]同時又是饗射、養老的行禮處所,非常接近《文王世子》所謂的“澤宮”,兩者即使未必等同,亦必有親切的主從關係。

再來説到“射宮”,孫詒讓以爲:“凡禮射所在之宮,即謂之射宮。射宮非宮之定名也。”[⑤]此處可由文獻和金文所見的“射”、“榭”談起。吕大臨云:“古射字,執弓矢以射之象,因名其堂曰‘射’(原注:音謝,後从木)。其堂無室,以便射事,故凡無室者皆曰‘榭’。”[⑥]西周中期金文數見“射盧(或作廬)”,或亦有“射宮”。[⑦] 江蘇鎮江諫壁鎮出土東周銅鑒一枚,其上繪有無牆壁和門窗的宣榭,符合所謂“無室曰榭”,兩名貴族子弟在此習射,桌几上置有盛箭(一枝)的兩個射壺。[⑧] 要之,“榭”字从“射”,既是開放式的高基堂屋,又做爲講武所用,顯然就是上古的射宮。

孟子敘及先秦四代學制:“庠者,養也;校者,教也,序者,射也。夏曰校,殷曰序,周曰庠。學則三代共之,皆所以明人倫也。”東漢趙岐(? -201)《注》續予發明:“養

---

① 《毛詩注疏》卷一四之三《小雅·賓之初筵》,第 490 頁。

② 李燾:《貢院記》,載袁説友等編《成都文類》卷四六,北京:中華書局,2011 年,第 889 頁。

③ 胡新生認爲:“在‘大池’(“靈沼、“辟池”、“澤”與之相類)乘舟習射與射廬中的射侯(靶)練習應有不同,它的訓練内容可能是弋射水鳥。”見《西周時期三類不同性質的射禮及其演變》,《文史哲》2003 年第 1 期,第 113 頁,全文第 112-117 頁。曹建墩也説:“大澤、大池蓋豢養有各種飛禽走獸以供射獵。”見《先秦禮制探賾》,第 167 頁。任慧峰同意“澤”即“辟雍大池”,説:“辟雍因爲四周環繞有人工開鑿出來的大池,所以也稱爲辟池,在金文中也稱爲大池,所指皆是一地。”見《先秦軍禮研究》,第 235 頁。按西周早期《静簋》(美國紐約 Sackler 收藏)銘文述及“王令静司射學宮”,衆人學射,又射於大池。

④ “水旋丘如璧曰辟廱,以節觀者。”見《毛詩注疏》卷一六之五《大雅·靈臺》毛《傳》,第 580 頁。

⑤ 《周禮正義》卷五九《夏官·諸子》,第 2481 頁。

⑥ 吕大臨《考古圖》卷三,《景印文淵閣四庫全書》第 840 册,第 130 頁。

⑦ 如上海博物館藏《十五年趞曹鼎》銘:“隹(惟)十又五年五月既生霸壬午,龏(恭)王才(在)周新宮,王射于射盧……。”《匡卣》銘:“隹四月初吉甲午,懿王才射盧……。”臺北故宮博物院藏《師湯父鼎》銘:“隹十又二月初吉丙午,王才周新宮,才射盧……。”此外,概覽西周中晚期六十餘件青銅器銘,可發現絶大多數呈現如下敘事通則:“某年月日,王才(在)某某宮。旦,王各(格)大室(或某廟),即立(位)”云云。據此比對西周晚期《訇(或詢)鼎》(藍田縣文物管理委員會藏),131 字的銘文末尾作“隹王十又七祀,王才射日宮。旦,王各”等語,此處出現“射日宮”一詞頗感不倫,推測“日”字或涉下文“旦”而誤衍,若然,則金文亦見“射宮”。

⑧ 參劉正《金文學術史》,上海:上海書店出版社,2014 年,第 239 頁。

者,養耆老;教者,教以禮樂;射者,三耦四矢,以達物導氣也。"[①]趙岐《注》語正好含括《文王世子》天子視學禮的種種舉措,顯見古代天子立學的綜合多元性。可留意的是,倘"序者,射也"名實相副,對應"殷曰序",或即暗示古代大學之設立射宫,最遲至殷商已形成規制。如1991年出土殷墟花園莊東地甲骨,屬較特殊的"非王卜辭",以"子"爲占卜主體。宋鎮豪指出:"'子'頻繁參與習文習武,學舞學樂,諳行儀,習祭禮,學習禮樂歌舞,閲武操練,參與弓矢競技之習射禮。"[②]準此可略窺晚商高階貴族青年從學習射的概況。宋鎮豪更歸結晚商射禮云:"商王暨各方貴族階層成員參預的弓矢競射禮,通常連續多天習射於寬閒水澤原野,澤畔建有與習射相關的建築設施,射禮以……三番射爲競技規則,……以實射獵物爲主要形式,視射獲獵物無廢矢品論優勝,進行頒功貺賜,射後有享祭先祖之禮。"整體觀之,斯可謂周代射禮的濫觴。[③]

再就周禮而言,清陳澧論斷天子大射在郊之辟廱大學。[④] 孫詒讓進一步統整前儒諸説,云:"今攷天子大射之宫,見於經者有二:一在東郊,爲壇壝宫。……此天子春與邦國貢士大射,……其禮最盛而人尤衆,故不於大學而於郊壇。若歲時大祭擇士及王與群臣或國中學士射,則當在(郊之)大學中學之辟雍。"[⑤]他推度辟雍與靈囿、靈沼同在郊,因而斷言《射義》之將祭擇士,"先習射,則以靈沼上之澤宫爲射宫;及正行大射,則以大學中學之辟雍爲射宫。"[⑥]在紛紜衆議中,孫説爲地點問題尋繹出較清晰的條理,足供參酌。竊猶以爲,《射義》所言先習射於澤、後習射於射宫,不僅合情中理,更微妙反映從復古風習到縟飾禮文的時代漸層變化。

(三)"澤宫習射"及"射宫正射"的性質差别

南宋鄭鍔該括射事的條件狀況,曰:

> 弓有强弱,事有難易,而射有遠近。頒與人射,宜各因事而量其所當用,……弓有王、有弧、有夾、有庾、有唐、有大,六者不同;有射甲革、椹質者,有射豻侯、鳥獸者,有學射者、使者、勞者。[⑦]

---

① 《孟子注疏》卷五上《滕文公上》,第91頁。

② 魏慈德《殷墟花園莊東地甲骨卜辭研究》卷首宋鎮豪《序》,臺北:臺灣古籍出版公司,2006年。

③ 宋鎮豪:《從新出甲骨金文考述晚商射禮》,《中國歷史文物》2006年第1期,第17頁,全文第10-18頁。

④ 陳澧《東塾集》卷二《大射所在考》,《續修四庫全書》第1537册,第255頁。陳氏並指斥賈公彦説誤讀《王制》,以致析言天子大射在郊之虞庠小學,諸侯大射則在郊之大學,賈説見《儀禮注疏》卷一三《鄉射》賈《疏》,第152頁。

⑤ 《周禮正義》卷一三《天官・司裘》,第500頁。

⑥ 《周禮正義》卷五九《夏官・諸子》,第2481頁。

⑦ 王與之:《周禮訂義》卷五三《司弓矢》,《景印文淵閣四庫全書》第94册,第121頁。

據此返觀《周禮·夏官·司弓矢》“凡祭祀,共射牲之弓矢;澤,共射椹質之弓矢”,鄭《注》分别反映了射事的兩種面向:

一,其釋《司弓矢》上句,云:“射牲,示親殺也。殺牲非尊者所親,唯射爲可。”並引《國語·楚語》觀射父之言證之:“禘、郊之事,天子必自射其牲。”①與此相應者,漢時立秋苑中有“貙(音初)劉”之禮,②“貙劉”亦作“貙膢(音閭)”,“膢,祭名也。貙,虎屬,常以立秋日祭獸。王者亦以此日出獵,還以祭宗廟,故有貙膢之祭也。”③東漢制度因仍,立秋之日,“天子入囿射牲,以祭宗廟,名曰‘貙劉’”,又“自郊禮畢,始揚威武,斬牲於郊東門,以薦陵廟。……武官肄兵,習戰陣之儀、斬牲之禮,名曰‘貙劉’”。④ 由於王者“自射其牲,以祭宗廟”之故,古天子諸侯大射與祭祀必有相當的關聯性。要之,古禮配合重大祭祖、郊天之禮,天子必親射其牲以示崇敬,猶如君王籍田、后妃親蠶一般,表示帝王宗廟的祭品、祭服一出於天潢貴胄的勞動生産,既顯現情意殷實,亦提供臣民觀瞻效法,具有示範教化的意義。⑤ 要之,上揭漢官方儀制明白敷演,既呼應大射與宗廟祭典的關聯性,也間接佐證了大射“將祭擇士”的可信度,它並非漢儒師心自用的産物,亦非漢末鄭玄片面的書生之見。

二,其釋《司弓矢》下句,顯示“澤宫之射”取用特定的弓矢以射“椹質”,鄭玄説是“樹椹以爲射正”,⑥意即以“椹”爲射之標的。《爾雅·釋宫》“椹謂之榩”,郭璞(276-324)《注》云:“斫木櫍也。”⑦可知椹是堅硬難穿的木質砧板。北宋王昭禹因而推闡:“選士而必射椹質,取其能勝堅,然後爲可用故也。”⑧南宋王與之亦曰:“大射選士,將以求其可用也。試於澤,而知其有勝堅之力,然後察其有可用之實。”⑨無怪孫詒讓謂澤宫“乃武射之所,止可習射”,⑩不同於禮射,故有相當的“試弓習武”之意,並非完全

① 《周禮注疏》卷三二,第486頁。

② 《周禮注疏》卷三〇《夏官·射人》鄭《注》:“今立秋有貙劉云。”賈《疏》:“漢時苑中有貙劉。”第464頁。

③ 《漢書》卷六唐顔師古《注》引蘇林説,第200頁。該處《武帝紀》載云:太初二年三月,“令天下大酺(音僕)五日,膢五日”。

④ 分見《後漢書》卷九八《祭祀志中》,第3182頁;卷九五《禮儀志中》,第3123頁。

⑤ 小南一郎甚且採文化學觀點,説道:“中國古代的祭祀中,殺牲做爲祭神的基礎作業是不可缺少的,……通過矢弓來射殺犧牲的方法則被認爲是非常神聖的。”因此祭祀的主人直接主持射牲,人與神並同席共食射獲的牲肉,以鞏固人神關係。見[日]小南一郎著、秦曉立譯《論射的禮儀化過程——以辟雍禮儀爲中心》,載宋鎮豪等主編《西周文明論集》,北京:朝華出版社,2006年,第190頁。

⑥ 《周禮注疏》卷三二《夏官·司弓矢》鄭《注》,第485頁。

⑦ 《爾雅注疏》卷五,第72頁。

⑧ 王昭禹:《周禮詳解》卷二八《司弓矢》,《景印文淵閣四庫全書》第91册,第488頁。

⑨ 王與之:《周禮訂義》卷五三《司弓矢》引薛氏説,第126頁。

⑩ 《周禮正義》卷五九《夏官·諸子》,第2481頁。

講究揖讓文德而已。

但是，檢諸《鄉射》鄭《注》同樣舉"澤宮之射"爲説，藉以區辨不主皮的"禮射"與"主皮之射"的差别，其云：

凡祭，取餘獲陳於澤，然後卿大夫相與射也。中者，雖不中也，取；不中者，雖中也，不取。何以然？所以貴揖讓之取也，而賤勇力之取。嚮之取也於囿中，勇力之取也；今之取也於澤宮，揖讓之取也。澤，習禮之處，非所於行禮，其射又主中，此主皮之射與？[①]

鄭君語帶疑詞以表矜慎，蓋謂祭前射獵固然以勇力爲主，一旦進入"準大射"階段，則以"班餘獲射"的方式進行澤宮習射，[②]此時轉爲重視揖讓，一面令士子演武習禮，一面甄選可用之才。續觀《鄉射》賈《疏》：

天子有澤宮，又有射宮，[③]二處皆行射禮者。澤宮之内有班餘獲射，又有試弓，習武之射；若西郊學中，射者行大射之禮，張皮侯者是也。澤宮中射，將欲向射宮，先向澤宮中試弓，習武之射。此習武之射無侯，直射甲革、椹質。[④]

串合鄭、賈二説，可理解澤宮之射應有兩種型態：

性質	行事	射法	取向
祭前習禮之射	班餘獲射	張皮侯而射，即主皮之射	貴揖讓文德
平日習武之射	試弓競技	射甲革椹質，即貫革之射	尚武藝勇力

故本文所謂"澤宮之射乃大射之重要前奏"，係指前一種帶有習禮意味的主皮之射而言。

五　論天子視學養老暨澤宮習射與"大射將祭擇士"之禮意關聯

以上處理大射的義界性質，確定鄭玄説法可取，下文則討論天子視學養老、澤宮習

① 《儀禮注疏》卷一三《鄉射》鄭《注》，第150頁。

② 賈公彦明言："在郊饁獸訖，入至澤宮中，而射以主皮，行班餘獲射之禮。"見《周禮注疏》卷一九《春官・小宗伯》賈《疏》，第293頁。

③ 以漢制爲例，《漢書・藝文志》"曲臺后倉九篇"，如淳引《漢官》曰："大射于曲臺。"晋灼曰："天子射宮也。西京無太學，於此行禮也。"見《漢書》卷三〇唐顔師古《注》，第1710頁。

④ 《儀禮注疏》卷一三《鄉射》賈《疏》，第150頁。惟上揭賈説自"澤宮中射"以下云云，本身文意疑未能連貫，與鄭説亦未完全照應，或許是受到《周禮》一般狀況"澤，共射椹質之弓矢"的影響而産生偏頗，姑誌此以俟考。

射與之後大射禮儀的相關性。古代帝王行養老禮,乃以君主之尊身體力行,昭示天下臣民孝悌之道。而獲選受禮的國老亦以其年高德劭,學養閱歷豐富,在"乞言合語"之際言教有方,同樣具有啟迪示範作用。在此情境下,養老禮並非獨立的一套專禮,而往往與其他禮儀節目伴隨出現。基於此,不妨比照"文化叢結"(culture complex)一詞,而擬出"複合儀式"(ceremony complex)的概念,亦即在現實生活中,各種大小不一的儀式固然自成單元,各自爲用,也可能相互組合爲較複雜的系列活動,在群體中達成多重的社會功能。因此,下文將分析此類"儀式叢結"彼此何以前後綰合,推考其關聯性,以期更深入掌握相關禮事的功能及意涵。

(一)有關養老與乞言合語的教孝薪傳

《文王世子》詳述天子視學禮,前後行事包括養老、[①]乞言合語乃至澤宮習射等,一連串儀文不可謂不繁。其初"天子視學,大昕鼓徵",有司祭先師、先聖;若始立學,又釋奠於先老。[②] 接着進行養老禮,設三老、五更、群老之席位,[③]於是"適饌,省醴、養老之珍具",[④]這部分體現對諸老的饋食奉養,當如《禮記・祭義》所描述:"食三老五更於大學,天子袒而割牲,執醬而饋,執爵而酳。"[⑤]按周代養老兼行饗、食、燕禮。宋劉敞(1019–1068)論較三者,認爲"養老莫善於燕","所謂養老者,養其體者也。故擇其柔嘉,選其馨香,潔其酒醴,品其豆籩,修其簠簋,奉其犧象,謹其祓除,於是乎體解節折,

① 清秦蕙田指出:"養老之禮,散見於《月令》、《王制》、《祭義》、《内則》、《樂記》諸篇,而《文王世子》尤爲詳備。"見《五禮通考》卷一七六,第1頁。明丘濬略述歷代流變云:"養老之禮,則自有虞氏以來有之,至周而禮始備。其養老也,天子視學合樂而行之。春秋、戰國,此禮不行也久矣。至漢明帝始行之,歷魏晉至北朝往往舉行,唐《開元禮》雖有其儀,考之史未見其行也。"見《大學衍義補》卷七九《躬孝弟以敦化》,《景印文淵閣四庫全書》第712册,第901頁。

② 古代學宫有"釋奠"和"釋菜"禮,前者重而後者輕。《文王世子》孔《疏》引熊安生説:凡釋奠有六:始立學、四時、師還;釋菜有三:春入學、釁器、始教皮弁祭菜。見《禮記注疏》卷二〇,第396頁。按《文王世子》"凡學,春官釋奠于其先師",鄭《注》云:"釋奠者,設薦饌,酌奠而已。"《王制》"出征執有罪反,釋奠于學,以訊馘告",鄭《注》云:"釋菜、奠幣,禮先師也。"二處説詞有異,應係鄭玄隨文解義所致。《王制》孔《疏》云:"釋菜惟釋蘋藻而已,無牲牢,無幣帛。……釋奠有牲牢,又有幣帛,無用菜之文。"以上分見《禮記注疏》卷二〇,第394–395頁;卷一二,第236–237頁。

③ 鄭《注》明言:"三老、五更,各一人也,皆年老更事致仕者也。天子以父兄養之,示天下之孝悌也。……群老無數。其禮亡。"蔡邕别以爲"更"字爲"叟",又以三老爲三人,五更爲五人,孔《疏》未予採信。見《禮記注疏》卷二〇,第404–405頁。又《王制》孔《疏》引皇侃説:"人君養老有四種:一是養三老五更,二是子孫爲國難而死者父祖,三是養致仕之老,四是引户校年庶人之老。"見《禮記注疏》卷一三,第263頁。由於"年彌高者養彌厚",《王制》有"五十養於鄉,六十養於國,七十養於學"的不同待遇,然則天子視學所養諸老,年當在七十以上。

④ 《禮記注疏》卷二〇,第403–404頁。

⑤ 《禮記注疏》卷四八,第824頁。

而共飲食之,又爲折俎加豆,是以惠豐而德洽,民之見者以爲盡心也,莫不加愛焉。”① 凡此飲食之禮,無非藉薦獻饋食表達親愛精誠,屬於養老禮的核心儀式。

然而,養老禮之所以在國學舉行,尤深具倫理示範教育的意味,明丘濬(1420-1495)曾生動闡明:

> 王者之養老,所以教天下之孝也;而必於學者,學所以明人倫也。……故於學校之中行養老之禮,使得於聽聞觀感者,曰:“上之人於夫人之老者,尚致其敬如此,矧其親屬乎!萬乘之尊且如此,吾儕小人所宜興起感發也。”②

且養老禮置於諸多儀節中,絶非就便穿插,而能發揮綰合衆禮的催化效果。若考慮稍後“澤宫習射”與他日“射宫大射”均寓有“將祭擇士”之意,則可想見此時“養老”意味不容輕估。祭祀本身固爲慎終追遠、追養繼孝,三老五更以及群老,代表的是世代祖先與後生裔胄之間不可或缺的中介角色。天子與衆多國子大合會的同時,恭聆國老宣講,必不乏過往的歷史見證、家國族群記憶,乃至長老由經驗教訓提煉的智慧精華。行養老禮不忘“乞言合語”,此一重要交流時刻,勢必增進國子對於家國傳統的認知和向心力,爲之賦予理性、感性的雙重深刻體悟。

關於古代貴族“寓教於言語”,值得一談。“言”指發端直言,主動宣説;“語”指答述、論難,則是回應來人的提問。可見養老禮當中的“乞言合語”,長老不但應來者乞求而告曉教示,同時亦答覆其請詢、剖析其問難。正面事例如《周禮・春官・大司樂》:“以樂語教國子:興、道、諷、誦、言、語。”③反面事例則見於《左傳・文公十八年》:“顓頊有不才子(檮杌),不可教訓,不知話言,告之則頑,舍之則嚚。”杜預(222-285)《注》謂話言即善言,④斯乃扣合語境的偏義式詮解。回顧《文王世子》自前述“大昕鼓徵”以來,衆多學士集會當場,觀習禮樂,至養老階段附帶“乞言合語”,席間耆老即時提供言語告教,以敦勵國子品學。《文王世子》本文闡明云:“既歌(《清廟》)而語,以成之也。言父子、君臣、長幼之道,合德音之致,禮之大者也。”⑤又云:“凡語於郊(按:指郊之大學)者,必取賢斂才焉。或以德進,或以事舉,或以言揚。”⑥知“合語”不只是異世代言談交際的重要時機,同時採用“臨場觀察法”、“當面口試法”,提供長上察考

---

① 衛湜:《禮記集説》卷三五,第17274頁,《王制》引清江劉敞説。劉氏語多本《國語・周語中》。

② 《大學衍義補》卷七九《躬孝弟以敦化》,第899頁。

③ 《周禮注疏》卷二二,第337頁。

④ 《左傳注疏》卷二〇,第354頁。

⑤ 《禮記注疏》卷二〇,第404頁。

⑥ 《禮記注疏》卷二〇,第395頁。

幼下的掄才選士的機會,亦與後續大射“將祭擇士”有所牽連。

(二)有關“升歌《清廟》,下管《象》,舞《大武》”的緬懷前史

《文王世子》養老下文,接續歌、樂、舞一連串活動:“遂發咏焉,退脩之,以孝養也。反,登歌《清廟》,……下管《象》,[①]舞《大武》,大合衆,以事達有神、興有德也。”[②]孔穎達爲之疏釋:“達有神,明天授命周家之有神也;興有德,美文王、武王有德。”職是故而“師樂爲用,前歌後舞。”[③]《仲尼燕居》復予詮釋:“入門而金作,示情也;升歌《清廟》,示德也;下而管《象》,示事也。是故古之君子,不必親相與言也,以禮樂相示而已。”[④]其間的表演意涵殊堪玩味。

載籍所見,周禮時以“升歌《清廟》,下管《象》,舞《大武》”爲成套禮樂展演。據《禮記·祭統》,其屬天子之樂,或用於宗廟之祭(大嘗、禘),惟其事尊於養老禮,故多出《大夏》之舞。[⑤] 質言之,《清廟》爲祭祀文王的樂歌,《象》[⑥]和《大武》則爲摹狀武王伐紂戰功的樂曲和舞蹈,三者合併爲一組展演節目,旨在彰顯文、武功德,如同孔穎達所申釋:“《禮記》每云‘升歌《清廟》’,然則祭宗廟之盛,歌文王之德,莫重於《清廟》,故爲《周頌》之首。”又云:“《禮記》每云‘升歌《清廟》,下管《象》’,《象》謂《武》也。子道而在堂下,示上下之義。”[⑦]可見得此套表演方式有堂上堂下之分,恰如其分地符應文武父子的先後尊卑關係,故而“養老必歌《清廟》、下管《象》者,以文王善養老故也;舞《大武》者,以武王善繼志述事故也”。[⑧] 值得深思的是,這套展演同樣用於養老和祭祀儀典,天子甚至穿戴享先王所用的高級衮冕祭服而舞之,它絶不只爲了取悦諸老、娱樂祖先,而更是盛載着周民族珍貴的記憶編碼,透過儀式性的歌樂舞生動傳遞給族中優秀子弟、未來菁英。要之,《清廟》、《象》、《大武》之屬不啻爲姬周開國的重大篇章,每於禮典儀文中再現重温,最具歷史教化意義和代表性。

---

① “凡樂:‘升歌’在上,‘下管’在下。堂上堂下更代迭奏,謂之‘間歌’;堂上堂下一時並作,謂之‘合樂’。”見清秦蕙田:《五禮通考》卷七〇,第21頁。

② 《禮記注疏》卷二〇,第404頁。

③ 《禮記注疏》卷二〇《文王世子》孔《疏》,第404頁。

④ 《禮記注疏》卷五〇,第854頁。

⑤ 《禮記注疏》卷四九,第840頁。

⑥ 詳傅道彬《詩可以觀:禮樂文化與周代詩學精神》第二章《象樂的“戲禮”形態與史詩化叙事傾向》,北京:中華書局,2010年,第55-91頁。

⑦ 《毛詩注疏》卷一九之一《周頌》鄭《譜》孔《疏》,第704-705頁。另按《詩·小雅·伐木》“坎坎鼓我,蹲蹲舞我”,鄭《箋》理解爲他人“爲我擊鼓”、“爲我興舞”,孔《疏》刻意辨明“此與故舊燕樂,不當王親舞也”,相對於《文王世子》、《祭義》天子養老“冕而摠干,親在舞位”,後者乃“重禮示敬”之舉,兩者狀況不同,見《毛詩注疏》卷九之三,第329-330頁。

⑧ 陳暘:《樂書》卷四《文王世子》,第41頁。

尤其有趣的是,天子視學養老當場"舞《大武》",參酌《祭義》"冕而揔干"《注》、《疏》,實即"親在舞位,以樂侑食"、"持盾而舞",①"王著衮冕、執赤盾玉斧,而舞武王伐紂之樂"。②《祭統》亦云:"及入舞,君執干戚、就舞位,君爲東上,冕而揔干,率其群臣,以樂皇尸。"③《郊特牲》甚至以"冕而舞大武"爲諸侯僭禮之舉,④可見兹事體大。對照後世皇帝威權日臻巔峰的歷史變化看來,這樣的古禮場景未免不可思議。不過,只要慮及周代貴族子弟"十有三年學樂,誦《詩》,舞《勺》,成童舞《象》,學射御。二十……舞《大夏》"等訓練,⑤即知國子教育中"聞樂起舞"的重要性,倘遇重大儀式,天子也必須擔綱演出御用舞碼。如視學典禮,至尊天子參與舞蹈躬自展演,對於在場觀禮、演禮者(包括時王)來説,如斯一整組歌樂舞的演出必召喚出鮮明的歷史記憶,先王、前賢攜手締造的斑斑績業,必讓在場衆人——無論天子下士、耆老青壯皆深深感動。這樣的禮樂展演,正是凝聚周族家邦向心力的最佳演示。直至樂終禮成,"王乃命公、侯、伯、子、男及群吏,曰:'反養老〔幼〕于東序。'"⑥由此看來,上揭天子視學養老諸禮,實乃在上位者親示身教,以申明於臣下,敦促其奉行孝悌之道;而當場歌舞泱泱,禮樂洋洋,更在國學盛典中温習族群共有的重大歷史記憶,以傳承我族精神的光榮傳統。

《大武》既是周武王之樂,在古傳六代樂舞中佔一席地,《禮記·樂記》扼要描述其舞容概況:"揔干而山立,武王之事也;發揚蹈厲,大公之志也。《武》亂皆坐,周、召之治也。"⑦宋李樗申説:"言《大武》之舞,其始則持盾正立,以待諸侯;既而戰鬬;既而又使行列皆坐,以見其爲止戈之武也。"⑧顯然是以舞隊具體而微地模擬當年戰況過程,以資保留歷史記憶,提取經驗教訓,並時刻反思周人開國立國的基本精神。此外,尚可補充東晉常璩《華陽國志》:"周武王伐紂,實得巴蜀之師,著乎《尚書》。巴師勇鋭,歌

① 《禮記注疏》卷四八,第824頁。

② 《禮記注疏》卷三一《明堂位》孔《疏》,第578頁。

③ 《禮記注疏》卷四九《祭統》,第833頁。

④ 《禮記注疏》卷二五《郊特牲》,第487頁。

⑤ 《禮記注疏》卷二八《内則》,第538頁。

⑥ 《禮記注疏》卷二〇《文王世子》,第404頁。按:阮《校》疑此處訛本誤竄"幼"字。

⑦ 《禮記注疏》卷三九,第695頁。下文復叙"《大武》六成"分爲六個舞段:"且夫《武》始而北出,再成而滅商,三成而南,四成而南國是疆,五成而分周公左、召公右,六成復綴以崇。"明何楷推定《大武》六成,依序爲:《武》、《酌(即勺)》、《賚》、《般》、《時邁(即肆夏)》、《桓》,見《詩經世本古義》卷一〇之下,《景印文淵閣四庫全書》第81册,第333-344頁。王國維則考訂爲:《武夙夜》、《武》、《酌》、《桓》、《賚》、《般》,見《觀堂集林》卷二《周大武樂章考》,第108頁。孫作雲排比魏源、龔橙、王國維、高亨諸説,並提出己見,參《周初大武樂章考實》,載氏著《詩經與周代社會研究》,北京:中華書局,1966年,第258頁。

⑧ 李樗、黄櫄:《毛詩集解》卷三九,《景印文淵閣四庫全書》第71册,第752頁。

舞以凌,殷人倒戈,故世稱之曰:'武王伐紂,前歌後舞也。'"[①]後世"巴渝舞",殆其遺存。汪寧生指出古代戰争講究先聲奪人,"臨陣時有人大聲吶喊、高唱戰歌或發出可怖聲音;手執武器,做出各種恫嚇性的刺殺動作。……還要身穿彩衣,化妝爲野獸",以此類表演爲克敵制勝的要件,至今中國西南少數民族戰鬥時仍保留此種風習。[②] 而楊向奎不只贊同汪説,並加以發揮:"《大武》中系統的舞蹈動作本來是模擬武王伐紂時的戰鬥行爲。"亦即"以實戰過程製爲樂舞,紀念過去,警惕未來。"[③]

(三)有關視學養老、澤宫習射與"大射將祭擇士"的禮意關聯

回到鄭玄《禮注》課題上,從"視學"到"養老"再到"習射",前後行事與"大射將祭擇士"有何關涉?於此當慮及射禮畢竟以射事武藝爲基礎,論其源流須溯及遠古射獵活動,其與祭祀、養老俱有關聯,實出於先民獵獲物必奉獻神祇、饋養長老,並分配及於宗族同胞的社會慣例。

繼而針對"舉射"與"擇士"的關聯來説,大射固然是氛圍鄭重的禮射,非正式的澤宫習射至少也可算是"準禮射",這些射事何以能達成"觀賢擇士"的效果?簡言之,禮射意不在逞其武勇、競其技能,其已加入相當的禮樂成分,是結合"力"與"美"的意境展現,如鄭玄注解《大射》以樂節射的段落,嘗言:"射用應樂爲難。(《射義》)孔子曰:'射者何以聽?循聲而發,發而不失正鵠者,其唯賢者乎!'"[④]意即以樂節射之時,頗能考驗射者注意力是否專一集中,身手眼目是否協調無礙,聽力、節奏感、反應能力是否配合無瑕,[⑤]是以賈公彦云:"凡禮射,皆須存其志意。"[⑥]又禮射既已高度禮儀化、人文化,任何人若能在此場合表現得嫻習合度,自然顯示身心均衡的優秀品質,堪爲王家交托任務。

由上述觀點出發,不少學者都認同大射"選士助祭"之説。北宋吕大臨云:"蓋禮樂節文之多,唯射與祭爲然。能盡射之節文,而不失其敬,可以奉祭祀矣;能心平體正,持弓矢審固而中多,則其誠可以事鬼神矣。"[⑦]清方苞認爲天子之所以以射選士助祭,

① 常璩:《華陽國志》卷一《巴志》,北京:中華書局,1985年,第2頁。

② 汪寧生:《釋武王伐紂前歌後舞》,《歷史研究》1981年第4期,第175、173-179頁。

③ 參楊向奎:《宗周社會與禮樂文明》,北京:人民出版社,1992年,第270-273頁。

④ 《儀禮注疏》卷一八,第217頁。

⑤ 《大射》樂射段落别有"優尊"特例,"公樂作,而后就物稍屬,不以樂志",鄭《注》解釋:"不以樂志,君之射儀遲速從心,其發不必應樂,辟不敏也。志,意所擬度也。"此謂王侯位尊,故不以音樂節度其射。見《儀禮注疏》卷一八,第217頁。

⑥ 《周禮注疏》卷一二《地官·州長》賈《疏》,第183頁。

⑦ 衛湜:《禮記集説》卷一五八《射義》引藍田吕大臨説,第18751頁。

乃由於"倦怠跛踦,不可以行禮。射以辨之,必強有力而能比於禮樂,始得與執事焉",①换言之,古代禮樂活動每多繁文縟節,儀軌經日費時,身體、精神上所需的耐力不容小覷,"比於禮樂"既須有耳聰目明、反應靈活合度的禀賦,又須有專心致志、擅長自我調控的注意力。

討論古禮大射與養老禮的關係,尚可旁參《詩・大雅・行葦》。②《詩序》解《行葦》爲養老之詩,謂:"周家忠厚,仁及草木,故能内睦九族,外尊事黄耉,養老乞言,以成其福禄焉。"第三章敘及"敦弓既堅,四鍭既鈞,舍矢既均,序賓以賢"等與射有關,鄭《箋》遂解云:"周之先王將養老,先與群臣行射礼,以擇其可與者以爲賓。"孔《疏》繼而申説:"《禮》稱:將祭而射,謂之大射。養老與祭相類,而亦射以擇賓,則亦爲大射。"③然而王肅(195-256)則視《行葦》爲燕射。此處的鄭、王異説,不妨取以比對本文議題,也就是:

禮書"大射",鄭玄以爲"大射"乃將祭擇士而射⟷非鄭者以爲乃爲燕而射
《行葦》所叙,鄭玄以爲乃爲養老擇賓而射 ⟷王肅以爲乃爲燕而射

由此可以窺知,雙方意見癥結繫於對禮射的理解。相形之下,鄭君似更能深入意識到周人禮射在當時整個禮樂文明背景中,是怎樣如實扎根於貴族群體生活並烘托倫理關係。倘解之爲"燕射",雖仍不脱禮射的範疇,但抽離掉"爲祭祀擇士"、"爲養老擇賓"的寓意成分,原先蕴蓄於"祖先/胤嗣"、"長老/後生"之間的種種傳承與連結自不復見,禮意遂由此世俗化而淺薄大半,豈不教人心生歎惋?

值此尚可回味《射義》透露的其他微妙訊息——將祭必先習射,數中者得與祭,諸如:"故射者各射己之鵠。故天子之大射,謂之'射侯'。射侯者,射爲諸侯也。射中則得爲諸侯,射不中則不得爲諸侯。"④朱熹對此不無疑慮:"此等語皆難信。……恐大意略以射審定,非專以此去取也。"⑤明郝敬亦刻意淡化事體的嚴重性:"得爲諸侯,言比禮比樂、發無不中,則成其爲諸侯,不能者反是,非即以射行黜陟也。""讓,削地;慶,益

① 《禮記析疑》卷四五《射義》,《景印文淵閣四庫全書》第128册,第265-266頁。

② 袁俊傑:《再論〈詩經・行葦〉與大射禮》,《能仁學報》第13期,第35-45頁。

③ 以上引文見《毛詩注疏》卷一七之二,第600-602頁。按宋文彦博讚歎:"射之爲義盛矣哉!是故王者將欲行養老之禮,必先舉習射之典。……庢有存者,擇而用之,升之於膠序之中,與其噎鯁之事,侑袒割之虔儀,参揔舞之下綴。雍雍然,皆當世之令人;濟濟焉,悉寘行之吉士。不賢者遠,有德者升。"見《潞公文集》卷九《序賓以賢論》,臺北:臺灣商務印書館,1976年,第2頁。文氏顯然信從鄭《箋》"射禮擇士以養老"的説法。

④ 《禮記注疏》卷六二,第1017頁。

⑤ 黎靖德編:《朱子語類》卷八七,北京:中華書局點校本,1999年,第2267-2268頁。

地。如後世紀功、紀過之類,亦非即削之、即益之也。"[①]相形之下,清褚寅亮所言犀利可取:"射可以觀德行,故聖王重之。其重射之義有二:選諸侯也,擇士也。……於擇士之中,而即寓黜陟操縱諸侯之微權也。"[②]意即,前引《射義》説詞背後實暗藏詭譎難名的政治角力與世情變化。知者,古禮張"侯"以射,侯即射箭用的標靶,一般分爲上中下三個部分。"侯,人之形類也。上个象臂,下个象足。"[③]侯的中部則包含"躬"及其内的"侯中",[④]可見"侯"確乎摹擬人形。參考近年所發現東周刻紋青銅器,侯的形狀多爲"上寬下窄的'亞腰形'或'亞字形'"。[⑤] 故知古禮射侯,頗可能源自古老的"偶像祝詛"術,如周靈王時萇弘"設射貍首",其施術對象即"諸侯之不來者",射時必唸誦祝辭:"嗟爾不寧侯,爲爾不朝于王所,故亢而射女(汝)。"[⑥]要之,射侯之名爲"侯",意味歷史早期對手相争競逐時,可能採取射其形象的厭勝巫術以求壓制。爾後經過人文的轉化,形成"國之大事,在祀與戎"的政教局面,"與祭"與否標示了強烈的政治核心歸屬意味,因而發展成以射藝活動檢校臣下才力,故無論高層諸侯或低階之士,都通過射事加以考核黜陟,視其表現或"數有慶賜"、或"數被責讓",[⑦]以致能影響、決定其是否堪任職位或參與祭祀。由是可知鄭玄所謂"(侯)尊者射之,以威不寧侯;卑者射之,以求爲侯",[⑧]"所射正謂之'侯'者,天子中之,則能服諸侯;諸侯以下中之,則得爲諸侯",[⑨]益發顯得説禮精妙。

小戴《禮記》除外,《大戴禮記·朝事》亦有助於《大射》、《文王世子》的互通合讀。《朝事》謂古天子爲臣民立教:

> 率而祀天於南郊,配以先祖,所以教民報德不忘本也。率而享祀於太廟,所以教孝也。與之大射,以考其習禮樂,而觀其德行;與之圖事,以觀其能;儐而禮之,

---

① 《禮記通解》卷二二《射義》,第609-610頁。

② 《儀禮管見》卷中之一《大射儀》,《續修四庫全書》第88册,第410頁。

③ 《儀禮注疏》卷一三《鄉射》鄭《注》,第151頁。

④ "凡侯中棲之以皮曰'鵠',……畫之以采曰'正',……,塗之以土曰'質',……各隨其所宜而命之,其實皆射之的而已。"見清盛世佐《儀禮集編》卷一〇《鄉射》,第387頁。

⑤ 曹建墩:《先秦禮制探賾》,第178-179頁。

⑥ 參胡新生:《中國古代巫術》,濟南:山東人民出版社,2005年,第352-353頁。按《周禮·考工記·梓人》、《大戴禮記·投壺》俱載此射侯祝辭。

⑦ 《禮記注疏》卷六二《射義》孔《疏》,第1017-1018頁。

⑧ 《儀禮注疏》卷一六《大射》鄭《注》,第187頁。

⑨ 《周禮注疏》卷七《天官·司裘》鄭《注》,第108頁。

三饗三食三宴,以與之習立禮樂。[1]

此處將"大射"與"郊、廟"至重典禮相提並論,不難想見大射的意義份量。於焉可以總結視學養老與澤宫習射合併行事的寓意——澤宫之射兼結合養老乞言合語之禮,天子示範臣民以孝悌,老更曉諭嘉言善行,其人文教化意涵不容忽視。此當溯源於上古氏族部落社會,祭祀乃氏族至要的公共事務,此類集會不只保留狩獵時代對射藝的注重,且必以族長爲首進行機會教育,一則饋養長老以教孝悌親睦之道,長老亦以口頭方式傳承其經驗智識,而族中後進青年則展示藝能,接受考校遴選。

總言之,只有從"將祭擇士而射"的觀點來看待古禮大射,才能對古代禮樂政教體系獲得整全而深透的理解。從視學、養老到習射、正射,再到隆重舉祭,前後融匯了學禮、養老禮、射禮、祭禮種種,以歌樂舞射陶養貴族青年,以飲食饋獻神尊、長老,崇功報德,演示孝敬……,可目爲内容繁富多元的"儀式群",整體具有高度的演練、展示、習學、觀摩的意味。其間,更不能忽略古代射禮突出於冠昏喪祭諸禮的鮮明特點——純男性的禮儀,不同年齡、身分的男性世代齊集一處,無妨説此類禮射相當於上古氏族部落男子會所的重要集會,故同時包含軍武技藝訓練、部族文化記憶、世代傳承教育諸多内涵。

六 結語

古代禮射有三,見諸三《禮》,大射爲大。舊儒以鄭玄爲代表,認定其主要義界是"天子、諸侯及卿大夫將祭擇士之射",[2]旨在習熟禮樂、序賢擇士,異乎相對以技藝勇力爲尚的"主皮之射"乃至"貫革之射"。大射主人貴爲天子、諸侯,經由"澤宫習射"以迄"射宫正射",於重要祭祀之前,透過"射以觀德"甄選賢士與祭,亦當寓含考校進退臣屬的政治管理用意。人才入選與否取决於個人在禮樂活動、射事過程中的整體表現,一方面不脱射事的本質——以"中多"爲高,實際上亦頗以"德行"爲要。值得注意的是,澤宫之射行於大學,與天子視學、養老諸禮相結合,其目的又歸趨於"擇士助祭",誠然體現古代國子教育之周至完密。各級貴族新一代世子面對未來政治接班的

① 黄懷信等:《大戴禮記彙校集注》卷一二,西安:三秦出版社,2005年,第1286頁。《朝事》又載:"古者天子,爲諸侯不行禮義、不脩法度、不附於德、不服於義,故使射人以射禮選其德行。"另反映了古代射禮的其他面向,頗有政治調馴的意味,見前書第1312頁。

② 《禮記注疏》卷六二《射義》鄭《注》、孔《疏》,第1017-1018頁。郭嵩燾則謂大射限爲"天子諸侯之禮",指認孔説有誤,見《禮記質疑》卷四六《射義》,第717頁。

重大任務,須符合"德學才藝"兼備的要求,當天子蒞臨視學之際,不僅視察、考核年輕準貴族平日修習所得,亦趁此時機兼行養老禮,尊事三老五更,乞言耆老,上下合語,正是族群内部經驗、智慧傳承的重要時刻。此外,當場又配合歌詩樂舞的展演活動,不同於後世被動的觀聽娱樂,天子甚至"冕而摠干",躬自擔綱演出别具歷史意義的舞曲,國子平素既演練學習此等歌詩樂舞,亦必投身參與音聲舞佾之中,獲得動態禮樂的渾然陶冶。俟後展開澤宫習射,以皮侯、椹質等爲標的,"内心正、外體直",足以鍛練精誠定力、堅剛膂力,臨祭宗廟時自然做到濟濟蹌蹌,應對舉止無不中規合矩。

關於古代國子教育、禮樂之美,論者深有體會,嘗言古代聖人立教:

有《詩》、《書》六藝之文,而優游乎絃誦講説之中;有干戈、羽籥以爲舞,管弦、鐘鼓之聲以爲樂,而習乎進退之度、俯仰之節;有釋菜、賓射、養老之事,而熟乎等差隆殺之分、尊老弟長之義。所以開其知識而滌其心志,和其血氣而增其美質,上自天子、諸侯之國都,下達於黨庠術序,自少至長皆入于學,走趨升降、周旋揖遜其中者,無非教也。①

由此可知,古代貴族入學國學,目的在於爲國家培訓未來的政治班底,故注重全方位的養成教育,平日冬夏習《詩》、《書》,春秋習禮、樂,倘遇天子視學的重大節日,更特别綰合多重儀式,進行重點加強式的機會教育。故而兼行養老,教以孝悌忠愛,於是耆老乞言,長幼合語,前後世代經驗有所傳承與交流。而在展演禮樂的部分,不只透過歌樂舞蹈保存重大歷史記憶、我族傳統、先王榮光,亦教以文章威儀。又有澤宫習射,做爲禮射(正式大射)的前置預備,既爲後續活動暖身演練,過程中也寓有觀德擇士的意味,所擇賢士可供未來助祭人才之用。

瀏覽《文王世子》天子視學養老禮,其儀文豐美,禮意深邃,宋陳暘不禁爲此有感而發,建言當朝比照辦理:

(皇上)苟乘斯時,先朝太廟以尊祖,繼視太學以尊師,幸祕閣以尊經,然後郊祀以尊天地,天下之達尊五,而陛下並行而不偏廢,則道德一、風俗同,可坐而致也。②

透過陳暘的叙述,可發現後世國朝政教體系中保留的要項包括:祭祖的太廟、立教的太學、藏經的祕閣、祭天的郊祀等,經過上千年的社會演變後,古禮却出現了明顯的缺

① 顧清:《(正德)松江府志》卷一二載南宋寧宗嘉泰三年(1203)十二月林至《修學記》,臺北:成文出版社,1983年,第496-497頁。

② 陳暘:《樂書》卷二〇〇《樂圖論》,第938頁。

佚——昔時備受重視的養老禮、射禮,已然失去原有的文化土壤退居一隅,所謂"大射爲將祭擇士而射"也淪爲衆人日漸陌生的議題。然而,郁郁周文所富含的精思妙義,仍值得再三省思回味,人類社會終究須賴"親親"、"尊尊",以建構和諧安固的倫理秩序。

作者簡介:

彭美玲,女,1961 年生,臺灣大學中國文學系博士,師承張以仁教授、葉國良教授。現任臺灣大學中國文學系教授,主要以中國經學及古代禮俗爲研究領域。

以射觀德
——先秦射禮中勇德與賢能的教育

林素娟

内容摘要 先秦時期貴族男子的教育中,射禮無疑具有核心的地位,《禮記·內則》謂:"子生,男子設弧於門左……三日始負子,男射女否",《禮記·月令》、《燕義》都提及學校教育中射禮具有關鍵地位。《論語》謂:"君子無所争,必也射乎,揖讓而升,下而飲,其争也君子"。射禮除了透過競賽培養氣力和勇氣,同時也強調"讓",這在《儀禮·鄉射禮》、《大射儀》叙述射禮儀節之三番射中可以看出,第一番射"獲而未釋獲",第二番射"釋獲",第三番射"不鼓不釋",並以鼓樂節射。第一番射時只在誘射,第二、三番射時,雖然"釋獲",但重視揖讓與觀德行,尤其第三番射,樂節被特別強調。學者往往謂射禮"貴仁義而賤勇力",這於射禮的儀節過程中可以看出。然而所謂賤勇力者,乃在避免好勝之心,而實在培養勇氣、勇德與群性,故而一方面強調"射不主皮",另一方面則強調持弓審固,合於樂節,乃能中的;因此以"發而不失正鵠者"爲賢者,"序賓以賢"在此脈絡下理解,"賢能"亦在此脈絡下培養。

關鍵詞 勇 德 讓 樂節 容 賢

先秦時期貴族男子的教育中,射禮無疑具有核心的地位,學者謂射禮能够"習容"、"習藝"、"觀德"、"選士"。① 以古代學校教育來看,射禮無疑是男子教育中重要的一環。②《禮記·王制》有:"春、秋教以禮樂,冬、夏教以詩書",③《周禮·地官·州長》謂:"春、秋以禮會民而射于州序",所謂"序",鄭注爲"州黨之學",即春、秋時節於

① 吕大臨謂:"射者,男子所有事也。天下無事,則用之於禮義,故習大射、鄉射之禮,所以習容、習藝、觀德而選士",詳參孫希旦:《禮記集解》卷六〇《射義》,北京:中華書局,1989年,第1438頁。

② 彭林等謂鄉射禮同時包涵了禮樂之射、反省之射、君子之射等層面,射手的品德陶養是其中的重點;同時透過射禮的舉行,以達到教民禮讓、敦化民俗的理想,見彭林、韓冰雪主編:《禮射初階》,北京:人民體育出版社,2016年,第23-32頁。

③ 《禮記注疏》卷一三《王制》,臺北:藝文印書館,2001年,第256頁。

序學中舉行鄉射禮。[①]《周禮·地官·保氏》謂國子教育中,保氏主要在於輔翼國子,使歸之於道,其中射禮是以禮義正身、和容的重要關鍵:"養國子以道,乃教之六藝:一曰五禮,二曰六樂,三曰五射,四曰五御,五曰六書,六曰九數。"[②]若對比於《禮記·燕義》:"凡國之政事,國子存游卒,使之脩德學道,春合諸學,秋合諸射,以考其藝而進退之",[③]所謂政事,乃指力役甸徒之類。於游暇之時,必須"脩德學道",而射禮正在德行、道藝之列,亦可見其重要。除了公、卿、大夫之適子,衆庶子亦須學射,《禮記·燕義》謂公、卿、大夫之庶子在國之大事時須實際參與甲兵之事,"率國子而致於大子,唯所用之;若有甲兵之事,則授之以車甲,合其卒伍,置其有司,以軍法治之",[④]可見不論公、卿、大夫之適子、庶子皆要參與軍戎之事,故而平時必須習射,以爲甲兵之事進行準備。然而學射並非只是爲了甲兵之事作準備,而實在培養勇德、群性和倫理性,其與"無所爭"、"賤勇力"的教育相輔相成,賢能與德亦在"持弓矢審固"、"合於樂節"中被理解。

禮射有四:其一是天子至於士,君臣相與習射的大射禮;其二是天子、諸侯饗來朝之賓的饗射禮;其三是天子、諸侯燕其臣子或來賓的燕射禮;其四是州長與衆庶於州序習射的鄉射禮。四者之中,《儀禮》有《大射》、《鄉射禮》、《燕禮》,而禮記有《燕義》、《射義》、《鄉飲酒義》。饗射具體及細部儀節已佚,只在《左傳》等記載中而知其有射之儀式。由於大射、燕射皆與鄉射禮性質相類,以之爲基礎但更強調階級、身份之別,故而本文先以鄉射禮爲主要探討對象。

一　明君臣之義、長幼之序的射禮

《禮記·射義》開篇即提到:"古者諸侯之射也,必先行燕禮;卿、大夫、士之射也,必先行鄉飲酒之禮。故燕禮者,所以明君臣之義也;鄉飲酒之禮者,所以明長幼之序也。"[⑤]諸侯之射在舉行之前,會先行燕禮,其主要目的在於"明君臣之義",如孔疏所謂:"燕禮者所以明君臣之義也者,謂臣於堂下再拜稽首,升,成拜,君荅拜,似若臣盡竭其力致敬於君,君施惠以報之也。"[⑥]而屬於州黨鄉里的鄉射禮,在其舉行之前應先

① 《周禮注疏》卷一二《地官·州長》,臺北:藝文印書館,2001年,第182-183頁。
② 《周禮注疏》卷一四《地官·保氏》,第212-213頁。
③ 《禮記注疏》卷六二《燕義》,第1021頁。
④ 《禮記注疏》卷六二《燕義》,第1021頁。
⑤ 《禮記注疏》卷六二《射義》,第1014頁。
⑥ 《禮記注疏》卷六二《射義》,第1014頁。

行鄉飲酒禮,其主要的目的在於"明長幼之序",即鄭注:"别尊卑老穉然後射,以觀德行也",[①]即鄉里間尊卑、長幼、孝悌之道的培養。鄉飲酒禮與鄉射禮關係密切,都着重於倫序關係的培養。大射禮其禮制與鄉射禮類同,而諸侯等貴族階級之燕禮,其性質亦類同於鄉飲酒禮。[②] 鄉飲酒禮最重要的精神在於尊讓、絜敬:"尊讓、絜、敬也者,君子之所以相接也。君子尊讓則不争,絜、敬則不慢。不慢不争,則遠於鬬、辨矣,不鬬、辨,則無暴亂之禍矣,斯君子所以免於人禍也。故聖人制之以道。"[③]鄉飲酒禮之尊讓、絜、敬具體表現於儀式中,所謂尊讓表現於:"主人拜迎賓于庠門之外,入三揖而后至階,三讓而后升",[④]透過主、賓間的三揖、三讓禮而表現尊讓。此於射禮中不斷進行揖讓之禮也可以相互呼應。"絜"表現於:"盥、洗、揚觶",即主人將獻賓時先盥手洗爵,而既獻之後酬賓之禮亦行盥洗禮以示絜净。"敬"表現於頻繁行拜禮的儀式中:"拜至、拜洗、拜受、拜送、拜既",即賓升時,主人於阼階上拜。主人洗爵時,"賓於西階上北面再拜"。主人獻賓時,賓於西階上拜受。賓受爵後,主人於阼階上拜送。賓卒爵後,又行拜禮。透過不斷行揖讓與拜禮,培養參與者不逞於力、不競於言,而能成就聖人之道。也正因爲如此,儀式中透過賓、主之象徵,以明尊長、養老之義,是希望鄉里能透過射禮達到尊賢尚齒、行孝弟之禮的王道理想。故《周禮·地官·州長》謂:"春、秋以禮會民,而射于州序",透過州黨之學而教化人民。鄭玄謂"會民而射,所以正其志"。[⑤]

射禮重視倫理關係的培養,其顯現於儀式中耦耦相配,同時射禮成績並非個人之成績,而是群體的射藝之展現。再者,於儀式間則不斷强調揖讓之禮,以表現"無争"的君子謙讓之德。如《禮記·射義》中引《論語·八佾》孔子之言:"君子無所争,必也射乎！揖讓而升下而飲,其争也君子"。[⑥] 由行禮儀節來看,表現"讓"的儀節很多,尤其揖讓的儀節不斷出現在射禮的儀節中。若由《禮經釋例》的歸納來看,射禮之揖非常繁複:

> 未升堂之前三揖,曰耦進揖,曰當階北面揖,曰及階揖。

---

① 《禮記注疏》卷六二《射義》,第1014頁。

② 如孫希旦謂:"鄉飲酒者,卿、大夫、士之燕禮也。諸侯謂之燕,卿、大夫、士謂之飲酒,其禮一也。"見《禮記集解》卷六〇《射義》,第1438頁。楊寬謂大射禮爲高級的鄉射禮,二者儀節如三番射的步驟和内容基本上相同,參《射禮新探》,載《西周史》,臺北:臺灣商務印書館,1999年,第690-693頁。

③ 《禮記注疏》卷六一《鄉飲酒義》,第1004頁。

④ 《禮記注疏》卷六一《鄉飲酒義》,第1004頁。

⑤ 《周禮注疏》卷一二《地官·州長》,第182-183頁。

⑥ 《禮記注疏》卷六二《射義》,第1020頁。

既升堂之後三揖,曰升堂揖,曰當物北面揖,曰及物揖。

射後二揖,曰卒射揖,曰降階與升射者相左交于階前揖。

拾取矢前四揖,曰耦進揖,曰當楅北面揖,曰及楅揖,曰上射進坐揖。

凡拾取矢,上射、下射各四揖;若兼取矢,則上射、下射各一揖。

凡拾取矢後四揖,曰既拾取矢揖,曰左還揖,曰北面搢三一个揖,曰既退與進者相左揖。

凡飲不勝者,未升堂之前三揖,曰耦進揖,曰當階北面揖,曰及階揖。

凡飲不勝者,既飲之後二揖,曰卒觶揖,曰降階與升飲者相左交于階前揖。[①]

細部由升堂而射儀節來看,《鄉射禮》司射誘射後,"揖進,當階,北面揖"、"及階揖"、"升堂揖"、"當物北面揖"、"及物揖"。[②] 卒射後,"南面揖,揖如升射"、"上射降三等,下射少右,從之,中等,並行,上射於左。與升射者相左,交于階前,相揖",[③]是射後二揖。"賓、主人、大夫揖,皆由其階降,揖。……皆由其階,階下揖,升堂揖,……當其物北面揖,及物揖"。[④] 其他如拾取矢前後各四揖:凡耦進揖、當楅北面揖、及楅揖、上射進坐揖。凡拾取矢後四揖:既拾取矢揖、左還揖、北面搢三挾一个揖、既退與進者相左揖。而飲不勝者,衆耦於未升堂前有三揖:耦進揖、當階北揖、及階揖。既飲之又有二揖:"及階,勝者先升……不勝者進…立卒觶,進,坐奠于豐下,興,揖"、"不勝者先降,與升飲者相左,交于階前,相揖"。[⑤] 如此繁複的揖讓之禮,主要在於培養謙讓的精神,以及和諧、尊卑有序的倫理關係。

在射禮儀式進行時,十分重視和諧與讓的培養,同時,亦十分重視尊卑關係的倫理性。以飲不勝之儀來看,《鄉射》謂,若大夫不勝,則不執弓,"執爵者取觶,降洗,升實之,以授于席前。受觶,以適西階上,北面立飲。卒觶,授爵者,反就。大夫飲,則耦不升",[⑥]大夫於階上北面立飲,但士耦不升。鄭注:"雖尊亦西階上立飲,不可以己尊枉正罰也。授爵而不奠豐,尊大夫也。"[⑦]但若是大夫之耦的士不勝,則"亦執弛弓,特升

① 淩廷堪:《禮經釋例》卷七《射例》,臺北:"中央研究院"文哲研究所,2002年,第341-342頁。

② 《儀禮注疏》卷五《鄉射禮》,臺北:藝文印書館,2001年,第124頁。

③ 《儀禮注疏》卷五《鄉射禮》,第125-126頁。至於大射禮,則於卒射後"北面揖",主要是君在堂上,故而鄭注:"不南面者,爲不背卿",詳參《儀禮注疏》卷一七《大射》,第202頁,亦可見揖十分重視倫理關的相互關係之講求。

④ 《儀禮注疏》卷一二《鄉射禮》,第130頁。

⑤ 《儀禮注疏》卷一二《鄉射禮》,第132頁。

⑥ 《儀禮注疏》卷一二《鄉射禮》,第132頁。

⑦ 《儀禮注疏》卷七《大射禮》鄭注,第214頁。

飲”鄭注:“尊者可以孤,無能對”。[①] 亦可以看出因尊卑的不同,於行禮儀式上有所區隔。

也因爲射禮在於展現君臣之義、長幼之序,故而射禮的參與者,往往有品德的要求,如《禮記·射義》:

> 孔子射於矍相之圃,蓋觀者如堵牆。射至於司馬,使子路執弓矢出延射,曰:“賁軍之將,亡國之大夫,與爲人後者,不入,其餘皆入”,蓋去者半,入者半。[②]
>
> 又使公罔之裘、序點揚觶而語。公罔之裘揚觶而語曰:“幼、壯孝弟,耆、耋好禮,不從流俗,脩身以俟死者不?在此位也”,蓋去者半,處者半。序點又揚觶而語曰:“好學不倦,好禮不變,旄、期稱道不亂者不?在此位也”,蓋廑有存者。[③]

此事件由於對於射禮之觀禮以及旅之參與者有德行之嚴格要求,學者或以爲聖人不應如此嚴於待人,而懷疑其真實性。[④] 但以公罔之裘、序點揚觶而“語”的儀式來看,鄭玄認爲所謂“語”指的是:“古者於旅也語,語謂説義理也”,[⑤]亦可以看出,射禮過程中透過講論義理之“語”以傳達重視德行、長幼、孝悌的倫理教育意涵。

二　以射觀德行:持弓矢審固,然後可以言中

前文提及《周禮·地官·州長》謂“春、秋以禮會民,而射于州序”,透過州黨之學而教化人民,鄭玄謂“會民而射,所以正其志”。所謂“正其志”,《射義》對此有所説明:

> 故射者,進退周旋必中禮,内志正,外體直,然後持弓矢審固。持弓矢審固,然後可以言中,此可以觀德行矣。
>
> 射之爲言者繹也,或曰舍也。繹者,各繹己之志也。故心平體正,持弓矢審固,持弓矢審固則射中矣。[⑥]

---

① 《儀禮注疏》卷一二《鄉射禮》,第 132 頁。

② 《禮記注疏》卷六二《射義》,第 1016 頁。

③ 《禮記注疏》卷六二《射義》,第 1016 頁。

④ 如吕大臨謂:“孔子不爲已甚,互鄉難與言,猶與其進,未聞拒人如此之甚也。矍相之事,疑不出於聖人。”孫希旦也謂:“愚謂賁軍之將、亡國之大夫、與爲人後者,此三者之人,屢有之爾。今以如堵之衆,而乃居其半焉,其説固已可疑矣。公罔之裘、序點之所言,若在聖門,亦當爲高第弟子,而乃以責之與射之衆,豈聖人不求備之意?此記蓋傳聞、附會之言與?”詳參《禮記集解》卷六〇《射義》,第 1444 頁。

⑤ 《禮記注疏》卷六二《射義》,第 1016 頁。

⑥ 《禮記注疏》卷六二《射義》,第 1014、1017 頁。

行射禮時,參與行禮者在每個揖讓周旋的過程中都必須合於容禮,但容禮並非僅只是外在的形式或僅表現在形體上的儀節,因爲只有"敬以直内"才能達到"義以方外",如吕大臨所謂:"故發而不中節者,常生於不敬;所存乎内者敬,則所以形於外者莊矣。内外交修,則發乎事者中矣。射,一藝也。容比於禮,節比於樂,發而不失正鵠,是必有樂於義禮,久於恭敬,用志不分之心,然後可以得之,則其德可知矣。"①揖讓周旋皆和於禮、樂,持弓矢審固,並非只是外在的禮容,而實是透過禮、樂養其身心,使得起心動志皆得其正,故而才能在行禮時保持敬慎、審慎安定的狀態,也唯有心志穩定端正,才能够"中"鵠的。也因此,整個射禮的過程可以"觀德行"。

若就三番射的儀式來進行分析,《儀禮・鄉射禮》記三番射中,第一番射先由司射"比三耦"於堂西,所謂"比"乃是:"選次其才相近者",②而各爲上射、下射三耦。在進行三耦射時,"上射既發挾弓矢,而后下射",即由上射先射,而後下射再射。初耦射過後,依序爲次耦、三耦進行射禮。第一番射"獲而未釋獲",如鄭注所謂:"但大言獲,未釋其算",③只大聲唱獲,却不算勝負。這也反映出第一番射主要意義在於"誘射",鄭注:"誘猶教也",即由司射誘教學子,目的不在競賽。第二番、三番射,則皆釋獲,飲不勝者,具有競賽的性質。如賈公彦所謂:"射禮三而止,第一番直司射與三耦誘射。不釋筭。第二番,三耦與衆耦俱射,釋筭。第三番,兼有作樂爲射節。"④第二番射將統計中侯與否而分出勝負。第三番射在第二番射的基礎上,再加上符合樂節的要求。在第二番射時,司射宣布"不貫不釋","貫"者鄭玄釋爲"中",謂"不中正不釋算",⑤即貫穿侯之中才得以計分。計分方法,上射與下射若有射中,分别置於左與右:"上射於右,下射於左"。賈公彦謂:"以釋筭者,東面爲正。依投壺禮,賓黨於右,主黨於左。是以上射於右,賓黨也,下射於左,主黨也。"⑥由於尊重賓黨,故而以賓黨爲上射,在釋算時亦"先數右獲"。計分方式採用分别計算"右獲"及"左獲"總和的方式,故而不是以個人的成績决勝負,這主要在於强調群體的合作。若上射勝出,則宣布"右賢於左",若左方爲勝,則宣佈"左賢於右",若二方平手,則宣告"左右鈞"。所謂"賢",鄭注爲"勝也"。由於射禮"觀德行",故而若能得"中",乃是"内志正"、"外體直"的賢德之表現,故以勝者爲賢。當勝負已經分曉,不勝者受罰爵。此時儀式由"勝者先升","不勝者

① 《禮記集解》卷六〇《射義》,第 1438–1439 頁。
② 《儀禮注疏》卷一一《鄉射禮》,第 118 頁。
③ 《儀禮注疏》卷一二《鄉射禮》,第 126 頁。
④ 《儀禮注疏》卷一二(《鄉射禮》,第 127 頁。
⑤ 《儀禮注疏》卷一二《鄉射禮》,第 129 頁。
⑥ 《儀禮注疏》卷一二《鄉射禮》,第 130 頁。

進,北面,坐,取豐上之觶,興,少退,立卒觶,進,坐奠于豐下,興揖"。[①] 敗者不行祭禮及拜禮,左手執弓,右手執觶,不備禮而受罰酒。受罰酒者"受觶以適西階上,北面,立飲",[②]鄭注:"受罰爵者,不宜自尊别",立飲後"不勝者先降",後升階而先下階,皆有降等的象徵。

二番射的成員,除了原三耦外,主人與賓爲耦,大夫與士爲耦、衆賓相耦。參與者較初番射爲多,大夫與士身份並不相同,大夫應表示謙讓,而相耦之士則禮敬之。

第三番射,其與一、二番射最大的不同在於着重與鼓節相應。《儀禮・鄉射禮》謂:"司射遂適階閒,堂下,北面,命曰:"不鼓不釋"。[③] 鄭注:"不與鼓節相應,不釋筭也"。大師於儀式中宣布:"奏騶虞,閒若一",所謂"閒若一"即"五節之間,長短希數皆如一,則是重樂節也"[④],指節奏、間隙如一,使得行禮者能够配合樂節而動作。《儀禮・鄉射禮》謂:"始射,獲而未釋獲;復,釋獲;復,用樂行之。"[⑤]可見三番射在一、二番射的基礎上,結合了射的技藝與樂教,達到真正透過射藝之"中"而觀德行的理想。故而《禮記・射義》謂唯賢者乃能射中:"射者何以射?何以聽?循聲而發,發而不失正鵠者,其唯賢者乎!若夫不肖之人,則彼將安能以中。"鄭注謂:"言人正直乃能中也",若爲不肖之人,因其心神浮動,行禮動作亦浮躁,故而"不中"。[⑥] 持弓矢審固,以及心思穩定,故成爲培養賢德的重要禮儀。也因爲如此,習射過程成爲調養心志、安定志意的重要過程:"射之爲言者繹也,或曰舍也。繹者,各繹己之志也。故心平體正,持弓審固,持弓矢審固則射中矣。"[⑦]

三 以樂節射

《周禮・大師》:"以六律六同合陰陽之聲。"[⑧]由於樂律具有規律、規範的特質,故而被視爲能够整齊身心狀態的重要方式。儀式中用樂常輔以《詩》,透過風、賦、比、興、雅、頌以爲樂歌,同時"以六律爲之音",視性情的不同,以所歌詠之《詩》搭配以不同之樂調,以抒導性情。此抒導亦有調節之意,如《周禮・樂師》"凡射,王以騶虞爲

① 《儀禮注疏》卷一二《鄉射禮》,第 132 頁。
② 《儀禮注疏》卷一二《鄉射禮》,第 132 頁。
③ 《儀禮注疏》卷一二《鄉射禮》,第 135 頁。
④ 《儀禮注疏》卷一二《鄉射禮》,第 135 頁。
⑤ 《儀禮注疏》卷一三《鄉射禮》,第 14 頁。
⑥ 《禮記注疏》卷六二《射義》,第 1020 頁
⑦ 《禮記注疏》卷六二《射義》,第 1017 頁。
⑧ 《周禮注疏》卷二三《春官・大師》,第 354 頁。

節,諸侯以貍首爲節,大夫以采蘋爲節,士以采蘩爲節",[1]透過樂以調節身心。

在具體儀式上,儀式中之樂不但能深化情感,同時還調節血氣心知。以《儀禮・鄉射禮》爲例,在儀式過程中往往以樂節射,如儀式中司射提醒行禮者:"不鼓不釋",即"不與鼓節相應,不釋筭也"。其間不但用鼓也有樂歌,故而鄭玄謂:"鄉射之鼓五節,歌五終"。[2] 射儀須與鼓、樂相應,於儀式進行時"其節比於樂"、"重樂節"。執弓、發矢之節奏亦要與樂音、鼓聲之振動相合,與此同時其容儀、姿態、韻律均與樂調和。[3]由於以樂節射是與他人一起進行,如鄉射禮中行禮者爲在官者與鄉學弟子,同時還有許多的觀禮者,[4]行禮在具有對應關係下兩兩配合。此時透過樂以調節自我與他人之相偶性的關係,達到一種身心以及群體關係的和諧狀態。此種透過詩禮樂以調節身體之韻律,同時涵養血氣性情,使人能於容禮和德行上能有所薰陶和深化,即《周禮・地官・鄉大夫》所謂以射禮教化民衆而達於和容的狀態:

> 以鄉射之禮五物詢衆庶,一曰和,二曰容,三曰主皮,四曰和容,五曰興舞。此謂使民興賢,出使長之,使民興能,入使治之。[5]

鄭衆認爲"和"爲"閨門之内行"。"容"指"容貌"。"和容"爲"和頌"。所興之"舞"則爲六舞。射禮進行時透過歌舞樂之薰陶和調節,使執禮者之德行具體表現於容體和行止中。鄭玄認爲"和"指"六德"、"容"指"六行"。至於"主皮"、"和容"、"興舞"當指六藝之射與禮、樂。鄭玄對於"和"、"容"、"和容"的定義雖與鄭衆有所不同,但仍然不離於射儀中詩、禮、樂教化的脈絡。鄭玄分别以六德、六行解"和"、"容",而以"主皮"、"和容"、"興舞"爲"三物"中之六藝。所謂"三物"指:六德、六行、六物,此説來自《周禮・地官・大司徒》:"以鄉三物教萬民而賓興之。一曰六德,知、仁、聖、義、忠、和;二曰六行,孝、友、睦、婣、任、恤;三曰六藝,禮、樂、射、御、書、數"。[6] 孫詒讓對鄭玄説加以辨析,認爲《周禮・地官・鄉大夫》所謂"五物"爲鄉射之儀節,不應與《周禮・地官・大司徒》的"三物"説相混淆。杜子春則訓解"和容"爲"和頌",段玉裁注:"頌、

---

① 《周禮注疏》卷二三《樂師》,第 351 頁。

② 《儀禮注疏》卷一二《鄉射禮》,第 135 頁。

③ 《儀禮注疏》卷一三《鄉射禮》,第 150、135 頁:"奏騶虞,閒若一",所謂"閒若一",即"重樂節也"。

④ 如《儀禮注疏》卷一一《鄉射禮》,第 117 頁,鄭玄謂:"司射選弟子之中德行、道藝之高者,以爲三耦"、第 109 頁:"當射之時,民必觀焉,因詢之也。"

⑤ 《周禮注疏》卷一二《地官・鄉大夫》,第 181 頁。

⑥ 《周禮注疏》卷一二《鄉大夫》,第 181 頁。有關六德、六行,詳參《周禮注疏》卷一〇《地官・大司徒》,第 160 頁,以六德、六行、六藝"三物教萬民而賓興之"。

容古今字。漢時以容爲容皃字,則以頌專爲雅、頌字"。[①] 因此"和容"雖以容體之正得其解釋,然而也同時保有和《雅》、《頌》的背景。"和容"同時也包含和《雅》、《頌》,這在漢學者如馬融解:"和容"爲和《雅》、《頌》亦可見其端。後來的皇侃亦以"《雅》、《頌》之聲和合"解釋"和容"。以上的解釋均有以樂節射、調和身心的背景。淩廷堪則以"和"、"容"爲一番射、"主皮"爲二番射、"和容"、"興舞"爲三番射解釋之:

> 蓋一曰和、二曰容者,即《鄉射禮》之三耦射也。獲而未釋獲,但取其容體比於禮也。是爲第一次射。三曰主皮者,即《鄉射禮》之三耦及賓、主人、大夫衆耦皆射也。司射命曰"不貫不釋",蓋取其中也,故謂主皮馬氏《論語注》以主皮爲能中質是也。是爲第二次射。四曰和容、五曰興舞者,即《鄉射禮》之以樂節射也。司射命曰:"不鼓不釋",既取其容體比於禮,又取其節比於樂也。比於禮,故謂之和容,蓋如前三耦射也;比於樂,故謂之興舞,蓋取其應鼓節也。故前已言和容,此復言和容也。是爲第三次射。[②]

第一射重於容禮,第二射重於執弓審固的中質,第三射重於應鼓節、以樂節射。而第三射整合了前二射,合於樂節而持弓審固。

第三番射既重在和樂節,而不同階級其所用樂亦有不同的文化意涵,如《禮記·射義》:"天子以《騶虞》爲節、諸侯以《貍首》爲節、卿大夫以《采蘋》爲節、士以《采繁》爲節"[③],凡取爲配樂之《詩》"皆有其義"。[④] 又如《周禮·射人》:"王以六耦射三侯,三獲三容,樂以騶虞九節,五正。諸侯以四耦射二侯,二獲二容,樂以狸首七節,三正。孤卿大夫以三耦射一侯,一獲一容,樂以采蘋五節,二正。士以三耦射豻侯,一獲一容,樂以采繁五節,二正。"[⑤]是不同階級射時皆以樂爲節。射禮所奏樂章及所歌之《詩》具有深厚的文化意象,傳達勇德的理想。騶虞爲傳説中的仁義之獸,此顯然有一深厚的神話背景,如《毛傳》謂:"騶虞,義獸也。白虎黑文,不食生物,有至信之德則應之。"在射禮中歌詠《騶虞》之詩,能興發行禮者,使其有"仁如騶虞"、義如騶虞的情感薰染。[⑥] 至於《貍首》其詩已逸,《射義〉謂其能興發"樂會時"之情,即會盟、朝覲之忠誠。《采蘋》、《采繁》主要興發守法、不失職的態度。[⑦] 亦均透過詩章以興發倫理關係中相應的

---

① 詳參孫詒讓:《周禮正義》卷二一《鄉大夫》,第 853 頁。

② 淩廷堪:《禮經釋例》,第 380–381 頁。

③ 《禮記注疏》卷六二《射義》,第 1014 頁。

④ 胡培翬:《儀禮正義》卷一五《大射三》,江蘇:江蘇古籍出版社,1993 年,第 919 頁。

⑤ 《周禮注疏》,卷三〇《射人》,第 462 頁。

⑥ 《毛詩正義》卷一之五《騶虞》小序、毛傳,臺北:藝文印書館,2001 年,第 68 頁。

⑦ 《禮記注疏》卷六二《射義》,第 1015 頁。

德行。除了以樂節射,射禮中還以周南之《關雎》、《葛覃》、《卷耳》,召南之《鵲巢》、《采蘩》、《采蘋》合樂,鄭玄認爲此六篇爲"風化之原",故而合樂而歌,希望樂歌能够薰息行禮者,而興發倫理之情感。①

再以鄉飲酒禮爲例,根據《儀禮·鄉飲酒禮》所記,儀式中所奏爲《南陔》、《白華》、《華黍》,所歌之《詩》與用笙分别爲:"乃間歌《魚麗》,笙《由庚》。歌《南有嘉魚》,笙《崇丘》。歌《南山有臺》,笙《由儀》。"鄉飲酒中所奏之樂,鄭玄認爲是《小雅》所亡佚之詩篇,②但鄭玄注解《毛詩》時與小序態度一致,均認爲此六篇雖已亡失其辭,但"其義則與衆篇之義合編"。③《詩》句雖已亡佚,但由篇名所帶有的意象,以及《詩》之編排,仍可以大約理解其精神:"《南陔》,孝子相戒以養也。《白華》,孝子之絜白也。《華黍》,時和歲豐,宜黍稷也。""《由庚》,萬物得由其道也。《崇丘》,萬物得極其高大也。《由儀》,萬物之生各得其宜也。有其義而亡其辭也。"④由篇名來看,仍然可見其由物之象而隱喻豐年,或喻德行之崇高。《鄉飲酒禮》中引用諸《詩》不但傳達了對豐年的禮贊,同時亦興發倫理生活中和諧、孝悌、循道之嚮往,以及對"德"的崇高禮贊。

四 勇氣與賢德的培養

射禮旨在鍛鍊勇德,同時透過樂之節奏以調節血氣心知。但所强調之勇德並非血氣之勇,而是道德仁義之勇德。射禮中所謂"賤勇力"者,指避免争鬥、争辯的血氣之勇,但强調"志正"、"心平"、"體正"、"審慎"等勇德與賢能。鄉射禮透過以樂節射,即透過樂之節奏而調節、涵養血氣心知。《論語·八佾》中孔子曰:"禮射不主皮,爲力不同科,古之道也。"孔疏謂:"古者射禮張布爲侯,而棲熊虎豹之皮於中而射之。""主皮"指能中皮,"不主皮"指不只於中皮。如馬融主張:"射有五善焉:一曰和,志體;二曰和容,有容儀;三曰主皮,能中質;四曰和容,合《雅》、《頌》;五曰興武,與舞同。天子三侯以熊虎豹皮爲之。言射者不但以中皮爲善,亦兼取和容也"⑤乃指射禮"主皮"只是其中一環,而"不主皮"指不專以"主皮"爲善。因爲"主皮"在於培養持弓矢審固的心志之正,其同時與志體、容儀、合《雅》、《頌》、舞樂習習相關。如皇侃義疏:"射之爲禮乃

① 《儀禮注疏》卷一一《鄉射禮》,第115頁。

② 《儀禮注疏》卷九《鄉飲酒禮》,第93頁。鄭注:"六者皆《小雅》篇也",《南陔》、《白華》、《華黍》、《由庚》、《崇丘》、《由儀》,"今亡,其義未聞。"

③ 《毛詩正義》卷九之四,第343頁。

④ 《儀禮注疏》卷九《鄉飲酒禮》,第93頁。

⑤ 《論語注疏》卷三《八佾》,第28頁。

須中質，而又須形容兼美，必使威儀中禮，節奏比樂，然後以中皮爲美。而當周衰之時，禮崩樂壞，其有射者無復威儀，唯競取主皮之中，故孔子抑而解之云：射不必在主皮也。”①皇侃解釋“主皮”乃是“競取主皮之中”，一味争勝而忘却威儀。但若不是一味強調競争脈絡之“主皮”，而是關注於“中質”過程中節奏比樂、威儀中禮時，“主皮”乃能調養心志。對於馬融之説，皇侃的進一步解釋是：

〔云射有五善者〕引《周禮·鄉大夫》射五物之法以證之也。〔云一曰和，志體和也者〕和志謂將射必先正志，志和則身體和韻，故云體和也。〔云二曰和容，有容儀也者〕二則使行步舉動和柔所以有容儀也。〔云三曰主皮，能中質也者〕先和志有容儀後乃取中於質……射時有歌樂，言雖能中質，而放捨節奏必令與《雅》、《頌》之聲和合也。天子以《騶虞》爲節，諸侯以《狸首》爲節，大夫以《采蘋》爲節，士以《采蘩》爲節。故孔子曰：“何以聽，何以射”言射節與樂聲合如一也。非唯聲合《雅》、《頌》而已，乃至使射容與樂舞趣興相會，進退同也。②

射儀由正志而達到志和，志和而身體能和韻的體和。體和乃能使動作舉止與相與爲禮者相調和，達到容儀的狀態。但此容儀仍要在雅、頌之聲的文化調養下，使得射節與樂聲合一，達到進退同，自然和諧的狀態。

《儀禮·鄉射禮》也有“禮射不主皮”之説，鄭玄注：“禮射，謂以禮樂射也，大射、賓射、燕射是矣。不主皮者，貴其容體比於禮，其節比於樂，不待中爲雋也。”鄭玄並以“主皮”爲：“無侯，張獸皮而射之，主獲也”，③認爲大射、賓射、燕射“不主皮”，故而不主獲也。淩廷堪則認爲“主皮”爲二番射，“不主皮”爲第三番射，④而反對鄭玄以“主皮”爲張獸皮而射的説法。綜合以上諸學者意見，所謂“不主皮”，並非不強調於射時能“中質”，而是不一味争勝以中質爲目標，必須在中質的過種中，同時合樂節，調養心志。因此，“不主皮”之“不”，否定的並非“中質”，而是一味争勝的態度。若以《周禮·鄉大夫》來看：“鄉射之禮五物詢衆庶，一曰和，二曰容，三曰主皮，四曰和容，五曰興舞。”可見鄉射有主皮之儀，同時亦有和容、興舞等禮樂之事，符合“容體比於禮，其節比於樂”的禮射。故而《儀禮·鄉射禮》“禮射不主皮”之説乃在論説鄉射的脈絡之下，應仍指鄉射禮，而非如鄭玄所謂另指大射、賓射、燕射等禮。由於強調禮儀之射，其不以主皮、主獲爲重要目標，鄭玄甚至主張：“凡祭，取餘獲陳於澤，然後卿大夫相與射

---

① 《論語集解義疏》卷二《八佾》，清乾隆《知不足齋叢書》本，第 14 頁。

② 《論語集解義疏》卷二《八佾》，第 14 頁。

③ 《儀禮注疏》卷一三《鄉射》，第 150 頁。

④ 淩廷堪：《禮經釋例》，第 381 頁。

也。中者,雖不中也,取。不中者,雖中也,不取。何以然?所以貴揖讓之取也,而賤勇力之取。嚮之取也,於囿中,勇力之取也,今之取也,於澤宮,揖讓之取也。"①强調射禮並非只强調勇力,而在於揖讓、長幼有序,專注而志體正,使得舉手投足皆合於節律。鄭玄之説實承自《穀梁傳・昭公八年》謂:"蒐狩以習用武事,禮之大者",其中射御獲禽時:

> 御者不失其馳,然後射者能中。過防弗逐不從奔之道也。面傷不獻,不成禽不獻。禽雖多,天子取三十焉,其餘與士衆以習射於射宫。射而中,田不得禽,則得禽;田得禽而射不中,則不得禽。是以知古之貴仁義而賤勇力也。②

也因爲如此,《尚書・益稷》謂:"侯以明之",孔穎達謂:"禮射皆張侯射之,知侯以明之,當行射侯之禮,以明善惡之教。射禮有序賓以賢、詢衆擇善之義,是可以明善惡也",③所謂"賢",若由《詩經・行葦》"敦弓既堅,四鍭既鈞,舍矢既均,序賓以賢"说,鄭箋認爲是以"射中多少爲次第",孔疏則謂:"王既射以擇賓",④表明了射禮與賢能的擇取關係密切。若對比於二、三番射中,釋獲時,勝者爲賢,鄭箋之注解能把握精義,而孔疏亦道明射禮以擇賢能的重要功能。前文已説明合於樂節,乃能中質;因此以"發而不失正鵠者"爲賢者。《周禮・地官・鄉大夫》所謂以射禮教化民衆而達於"和容",能使人民"興賢"、"興能",射禮所以能"興賢"、"興能"亦在"正其志"的"和容"脈絡下被理解。

五　結論

射禮是貴族男子教育中最重要的一環,射禮能够"習容"、"習藝"、"觀德"、"選士",學射並非只是爲了甲兵之事作準備,而實在培養勇德與群性和倫理性。

以明君臣、長幼之序的角度來看,《禮記・射義》屬於州黨鄉里的鄉射禮,在其舉行之前應先行鄉飲酒禮,其主要的目的在於"明長幼之序",即鄭注"别尊卑老穉然後射,以觀德行也"。鄉飲酒禮最重要的精神在於尊讓、絜敬,使人尊敬長上、恭敬、不争。也正因爲如此,其顯現於儀式中耦耦相配,射禮成績並非個人之成績,而是群體的射藝之展現。其次,於儀式間則不斷强調揖讓之禮,表現於"無争"的君子謙讓之德。

① 《儀禮注疏》卷一三《鄉射》鄭注,第150頁。
② 《春秋穀梁傳注疏》卷一七《昭公八年》,臺北:藝文印書館,2001年,第168頁。
③ 《尚書正義》卷五《益稷》,臺北:藝文印書館,2001年,第70頁。
④ 《毛詩正義》卷一七之二《大雅・行葦》,第601頁。

由行禮儀節來看,表現"讓"的儀節很多,尤其揖讓的儀節十分繁複的不斷出現在射禮的儀節中,主要在於培養讓的精神,以及和諧、有序的倫理關係。同時,在射禮儀式進行時,雖然十分重視和諧與讓的精神培養,但亦十分重視尊卑關係的倫理性,因尊卑的不同,於儀式上有所區隔。

由射禮對於體志容儀的培養來看,《周禮・地官・州長》謂:"春、秋以禮會民,而射于州序",其主要目的在於"會民而射,所以正其志"。所謂"正其志",指行射禮時,參與行禮者在每個揖讓周旋的儀節中必須合於容禮,但容禮並非僅只是外在的形式或僅表現在形體的動作合宜上。揖讓周旋皆和於禮、樂,持弓矢審固,並非只是外在的禮容,而實是透過禮樂養其身心,使得起心動志皆得其正,故而才能在行禮時保持敬慎、審慎安定的狀態。因爲只有"敬以直内"才能達到"義以方外",也唯有心志穩定端正,才能够"中"鵠的。也因此,整個射禮的過程可以"觀德行"。

若就三番射的儀式進行來説,第一番射"獲而未釋獲"主要意義在於"誘射",由司射誘教學子射儀,目的不在競賽。第二番、三番射,則皆釋獲,具有競賽的性質。第二番射將統計中侯與否而分出勝負。在第二番射時,司射宣布"不貫不釋","貫"者鄭玄釋爲"中",謂"不中正不釋算",即貫穿侯之中才得以計分。第三番射在第二番射的基礎上,再加上符合樂節的要求。

二番射的成員,除了原三耦外,參與者較初番射爲多,大夫與士身份並不相當,行禮過程中大夫表示謙讓,而相耦之士則禮敬之。第三番射,其與一、二番射最大的不同在於着重與鼓節相應。所謂"閒若一"即"五節之間,長短希數皆如一,則是重樂節也",指節奏、間隙如一,使得行禮者能够配合樂節而行禮。第三番射在一、二番射的基礎上,結合了射的技藝與樂教,達到真正透過射藝之"中"而觀德行的理想。《禮記・射義》謂唯賢者乃能射中,所謂"賢",鄭注爲"勝也",由於射禮"觀德行",故而若能得"中",乃是"内志正"、"外體直"的賢德之表現。也因此《禮記・射義》謂唯賢者乃能射中:"發而不失正鵠者,其唯賢者乎!若夫不肖之人,則彼將安能以中。"賢能乃在射藝中培養與顯現。

由以樂節射來看,《儀禮・鄉射禮》在儀式過程中,射儀須與鼓、樂相應。儀式進行時"其節比於樂"、"重樂節",執弓、發矢之節奏要與樂音、鼓聲之振動相合,同時其容儀、姿態、韻律均與樂調和。由於以樂節射是與他人一起進行,如鄉射禮中行禮者爲在官者與鄉學弟子,同時還有許多的觀禮者,行禮在具有對應關係下兩兩配合。此時透過樂以調節自我與他人之相偶性的關係,達到一種身心以及群體關係的和諧狀態。此種透過詩、禮、樂以調節身體之韻律,同時涵養血氣性情,使人能於容禮和德行上能有所薰陶和深化,即《周禮・地官・鄉大夫》所謂以射禮教化民衆:"使民興賢,出使長之,使民興能,入使治之"。射禮旨在培養"内志正"、"外體宜"、"持弓矢審固"的賢能者。説明射禮在教化與擇賢能上的重要性。

《周禮·地官·鄉大夫》:"以鄉射之禮五物詢衆庶,一曰和,二日容,三曰主皮,四曰和容,五曰興舞。"各家對於何謂"和容"解釋或有差異,但基本上"和容"以容體之正得其解釋,然而却同時有和《雅》、《頌》的背景。這在漢學者如馬融解:"和容"爲和《雅》、《頌》亦可見其端,後來的皇侃亦以"《雅》、《頌》之聲和合"解釋"和容"。此解釋有以樂節射、調和身心的背景。第一番射重於容禮,第二番射重於執弓矢審固的中質,第三番射重於應鼓節、以樂節射。而第三射整合了前二番射,合於樂節而持弓審固。射禮所奏樂章及所歌之《詩》具有深厚的文化意象,傳達勇德的理想。

射禮雖強調勇德,但却不是争勝好鬥的勇力,而是以仁愛爲其基礎。故而《論語.八佾》中孔子曰:"禮射不主皮","不主皮"並非不張侯或不重視射中與否。"不"旨在排除争鬥、好勝的態度,即"賤勇力"。射禮所以在意"中質"乃在於培養持弓矢審固的"正志"之修養,其同時與志體、容儀、和《雅》、《頌》、舞樂習習相關。"不主皮"指不一味強調中質與否,而是由正志而達到志和,志和而身體能和韻的體和。體和乃能使動作舉止與相與爲禮者相調和,達到"和容"的狀態。此"和容"是在《雅》、《頌》之聲的文化調養下,使得射節與樂聲合一,達到絜敬、謙讓、自然和諧的狀態。

整體來看,"禮射不主皮"之説表明了射禮並非只強調勇力,而在於揖讓、絜、敬、長幼有序,使得舉手投足皆合於節律,"中質"乃在此脈絡下的表現,其並非不重視"中質"。因爲若能"中"於"質",正是"心平體正"、"持弓矢審固"的表現。《禮記·射義》所謂:"不失正鵠者,其唯賢者乎",這由射禮有序賓以賢、詢衆擇善、明善惡之義,可以得其端。而所謂"賢",鄭箋認爲是以"射中多少爲次第",孔疏則謂:"王既射以擇賓",若對比於二、三番射中,釋算時,勝者爲賢,鄭箋之注解能把握精義,而孔疏亦道明射禮以擇賢能的重要功能。

作者簡介:

林素娟,女,1969年生,臺灣桃園人,現任成功大學中國文學系教授。近年代表作有《由"中和"之音與"遺音"探討秦漢樂教思想》(《臺大中文學報》第58期,2017年9月)、《天秩有禮、觀象制文:戰國儒家的德之體驗及禮文化成》(《清華學報》新47卷第3期,2017年9月)、《喪禮儀式中的空間象徵、遞變與倫理重整:以三禮書之喪禮空間象徵、轉化爲核心進行探討》(《漢學研究》33卷4期,2015年12月)、《疾病的隱喻:先秦及漢代禮教論述中的身體思維與倫理課題》(《成大中文學報》第41期,2013年6月)等。

先秦時期報神、迎神用樂考※

周建邦

内容摘要 從上古時期起，鼓與籥已作爲天子報饗田神和迎接上帝、祖先的主要樂器。信史以後，仍舊延續這項用樂傳統，並隨着時代演進、新式樂器之出現而略作調整。不過，殷、周之際出現重大變化。周人既取法古禮及部分殷禮，又革除舊俗的某些核心要素：不僅偏重吹籥以報饗、迎接鬼神，還認爲禴祭勝過犧牲，製作出一整套以籥爲主軸，結合饗神、迎神的禘祭舞蹈。本文擬結合甲金文、出土及傳世文獻勾勒出各代饗神、迎神的祭祀儀節，與鼓、籥演奏順序、地位互調的現象，盡可能還原周人從前代因襲損益後的禘祭用樂儀節，最後略述先秦時期強調用籥的主因。

關 鍵 詞 迎神 報神 禘祭 萬舞 籥

一 信史之前的報神、迎神樂祭

《禮記》卷二六《郊特牲》記載"古天子"伊耆氏所用樂器有鼓和籥：②

土鼓、蕢桴、葦籥，伊耆氏之樂也。拊搏、玉磬、揩擊，大琴、大瑟，中琴、小瑟，四代之樂器也。

傳聞伊耆氏是"神農氏"或"帝堯"，③其樂用於報答鬼神的大蜡之祭：

天子大蜡八。伊耆氏始爲蜡，蜡也者，索也。歲十二月，合聚萬物而索饗之也。蜡之祭也：主先嗇而祭司嗇也，祭百種以報嗇也。饗農及郵表畷。禽獸，仁之

※本文爲上海市教育委員會科研創新計劃人文社科重大項目"漢以前典章名物圖纂匯釋集成——以《詩經》、《楚辭》爲主例"(2017-01070005-E00051)階段研究成果。

② 孔穎達：《禮記注疏》(以下簡稱《禮記》)卷二六《郊特牲》，臺北：藝文印書館，1993年，第500頁："伊耆氏始爲蜡"，鄭注："伊耆氏，古天子號也。"

③ 《禮記》卷三一《明堂位》，第582頁，孔疏："按《易·繫辭》：'神農始作耒耜'，是田起於神農，故説者以伊耆氏爲神農也。"《釋文》："或云即帝堯也。"

至、義之盡也。古之君子,使之必報之。迎貓,爲其食田鼠也;迎虎,爲其食田豕也,迎而祭之也。祭坊與水庸,事也。曰:"土反其宅,水歸其壑,昆蟲毋作,草木歸其澤。"

首先,祭祀時間:天子在"歲十二月"舉行大蜡祭,在於報答過去一年所有協助農耕的神靈,祈求來年有好收穫。其次,受祭對象:(一)農神:報答先嗇神農、司嗇后稷、農、郵表畷往年的庇佑;①(二)禽獸:貓神、虎神,專吃啃食農作物的田鼠、田豕;(三)與水利相關的鬼神:堤坊神與水庸城隍神,使害蟲、害草、害木不會影響收成。② 若再對照《禮記》卷二一《禮運》之記載:

夫禮之初,始諸飲食,其燔黍捭豚,污尊而抔飲,蕢桴而土鼓,猶若可以致其敬於鬼神。

可見古天子舉行的年終大祭强調"以素爲貴",③除了提供鬼神吃慣了的純樸飲食,還依序運用"蕢桴而土鼓"、蘆葦莖管所製作的原始樂器,④演奏勸侑鬼神饗食的古樂。⑤换言之,還原當時的飲食和音樂才是"致其敬於鬼神"的祭祀方式。

戰國時期追記的文獻則記載帝舜功成後,命令樂官夔演奏賓迎帝使的樂舞,見《尚書》卷五《益稷【皋陶謨】》:

祖考來格,虞賓在位,群后德讓。下管鼗鼓,合止柷敔,笙鏞以閒,鳥獸蹌蹌;簫韶九成,鳳皇來儀。夔曰:"予擊石拊石,百獸率舞,庶尹允諧。"

整場典禮可分爲三個階段:(一)夔遣堂上樂人"下"而吹"管",⑥次擊"鼗鼓",⑦賓迎

---

① 《禮記》卷二六《郊特牲》,第500頁,鄭注:"先嗇,若神農者;司嗇,后稷是也。"

② 《禮記》卷二六《郊特牲》,第500頁,鄭注:"蜡祭有八神,先嗇一、司嗇二、農三、郵表畷四、貓虎五、坊六、水庸七、昆蟲八",按"昆蟲毋作"是祝辭,希望蟲害不要發作,而非祭祀對象。此處不依鄭注,而將貓、虎分列爲祭祀對象。

③ 《禮記》卷二三《禮器》,第455頁:"有以素爲貴者,至敬無文,父黨無容,大圭不琢,大羹不和,大路素而越席,犧尊疏布鼏,樿杓。此以素爲貴也。"

④ 《禮記》卷三七《樂記》,第665頁:"是故樂之隆非極音也,食饗之禮非至味也。《清廟》之瑟,朱弦而疏越,壹倡而三歎,有遺音者矣;大饗之禮尚玄酒而俎腥魚,大羹不和,有遺味者矣。"

⑤ 賈公彦:《周禮注疏》(以下簡稱《周禮》)卷四《天官·冢宰·膳夫》,臺北:藝文印書館,1993年,第57頁:"王日一舉鼎,十有二物,皆有俎,以樂侑食"、卷二四《春官·宗伯·鍾師》,第366頁:"凡祭祀饗食,奏燕樂"。

⑥ 《禮記》卷四九《祭統》,第840頁:"夫大嘗禘,升歌清廟,下而管象,朱干玉戚以舞《大武》,八佾以舞《大夏》,此天子之樂也。"

⑦ 《周禮》卷二三《春官·宗伯·小師》,第357-358頁:"大祭祀,登歌擊拊,下管,擊應鼓。大饗亦如之。"

祖先、賓客及諸侯到來，安置於其所屬之位；[①]（二）以“柷敔”作爲合止該樂舞之提示，管樂器“笙”與鐘器“鏞”更迭演奏旋律，並敲擊象徵上帝之音的“玉磬”，[②]帶領“百獸率舞”，“官有貴賤，各得其宜”，重現萬物整齊合諧之樣貌；[③]（三）招“致”代替上帝降凡觀儀的“靈鳥”。過去一般將“韶”解釋爲虞舜之古樂名，疑應改讀爲“鞀”，[④]指僅演奏鞀鼓和“簫”管，並强調手法上必須達到“九奏”，[⑤]這才是需費“數年”之功始成的神樂。[⑥] 根據《吕氏春秋》卷五《仲夏紀・古樂》可知，夏代仍延續該用樂傳統：

> 禹立，勤勞天下，日夜不懈，通大川，决壅塞，降通漻水以導河，疏三江五湖，注之東海，以利黔首。於是命皋陶作爲《夏籥》九成，以昭其功。

禹治理九州水患，功成之後命皋陶作“《夏籥》九成”，對照前引“簫韶九成”，可見“簫”相當於伊耆氏之“葦籥”。兩相對照可知：告成降神的樂舞雖亦使用鼓、籥的樂器組合貫串全場，却改爲先籥後鼓（管鼗、笙鏞、簫韶）的演奏順序。《益稷【皋陶謨】》迎神、報神、降神三個節目運用不同類型的管樂器，各有其作用，起初用“管”以迎賓、帶位，其次以“笙”更迭演奏旋律，最後的神聖階段則用“簫”：取其聲類鳳鳴，形“象鳳之翼”，能侃“樂帝之心”，[⑦]昭告主祭者所獻的供品及其功勞，祈使帝使下凡觀禮。

---

① 《禮記》卷五〇《仲尼燕居》，第854頁：“兩君相見……下而管象，示事也。是故古之君子不必親相與言也，以禮樂相示而已”，鄭注：“下管象也，事之謂立置於位也”。

② 陳奇猷：《吕氏春秋新校釋》（以下簡稱《吕氏春秋》）卷五《仲夏紀・古樂》，上海：上海古籍出版社，2002年版，第288頁：“帝堯立，乃命質爲樂。質乃效山林谿谷之音以歌，乃以麋䩉冒缶而鼓之，乃拊石擊石，以象上帝玉磬之音，以致舞百獸。”

③ 《禮記》卷三九《樂記》，第692頁：“然後聖人作爲鞀鼓椌楬壎篪，此六者，德音之音也。鍾磬竽瑟以和之，干戚旄狄以舞之，此所以祭先王之廟也，所以獻酬酳酢也，所以官序貴賤，各得其宜也，所以示後世有尊卑長幼之序也”，鄭注：“椌楬，柷敔也。”

④ 裘錫圭：《甲骨文中的幾種樂器名稱——釋“庸”“豐”“鞀”（附：釋“万”）》，《裘錫圭學術文集（甲骨文卷）》，上海：復旦大學出版社，2015年，第46頁：“也許原始的韶就是以鞀爲主要樂器的一種音樂。”

⑤ 孔穎達：《尚書注疏》（以下簡稱《尚書》）卷五《益稷【皋陶謨】》，臺北：藝文印書館，1993年，第72頁，鄭玄注：“雄曰鳳，雌曰皇，靈鳥也。儀，有容儀，備樂九奏，而致鳳皇，則餘鳥獸不待九而率舞。”

⑥ 王叔岷：《列仙傳校箋》卷上《蕭史》，北京：中華書局，2007年，第80頁：“蕭史者，秦穆公時人也。善吹簫，能致孔雀白鶴於庭。穆公有女，字弄玉，好之，公遂以女妻焉。日教弄玉作鳳鳴，居數年，吹似鳳聲，鳳凰來止其屋。公爲作鳳臺，夫婦止其上，不下數年。一旦，皆隨鳳凰飛去。故秦人爲作鳳女祠於雍宫中，時有簫聲而已。”

⑦ 王先謙：《荀子集解》卷一五《解蔽》，北京：中華書局，1997年，第389頁，引逸《詩》云：“鳳凰秋秋，其翼若干，其聲若簫，有凰有凰，樂帝之心。”

二　殷商卜辭中的迎神、報神樂祭

甲骨文中有"龠"字,從字形來看應是一種管樂器,所从的"品"並非按孔,而是編列管樂器的吹口。"龠"字在卜辭中共出現33例,以下舉數條作爲代表:

《合集》23241 正:戊戌卜,尹貞:王賓父丁彡龠,亡囚[賓三]

《合集》22762:戊辰卜,旅貞:王賓大丁彡龠叙,亡尤,在十一月[出二]

《合集》22882:乙巳卜,旅貞:王賓戔甲彡龠叙……[出二]

《合集》24883:乙卯卜,出貞:王賓龠,不遘雨[出二]

《合集》25749:壬申卜,大貞:王賓龠叙,亡尤[出二]

《合集》25764:丙……貞……毓……龠叙……[出二]

《合集》22855:……戌卜,王貞:其賓仲丁彡龠,亡壱[何一]

《合集》27178:戊戌卜,口貞:王賓仲丁彡龠,亡囚,十月[何一]

與"龠"相關之卜辭有以下四個特點:(一)從第一期到第三期的卜辭持續舉行龠祭,第四期卜辭則出現龢祭。除了當中8條卜辭,[①]其餘27條爲第二期出組的王賓卜辭,第三期則僅見1例,主要舉行於十、十一、十二這三個月;[②](二)主祭者大多是商王,涉及祭祀對象包括先王和先公,占卜日期均在該祖先日名稱謂的後一天;(三)句式爲"王賓+祖先+龠"有7條卜辭,均與其它動詞連用。句式爲"王賓+龠"有9條卜辭,單用"龠"者有7條,與"叙"連用者2條。[③] 王賓句式之後的動詞組合,順序相當一致:有"彡+龠+叙""彡+龠"及"龠+叙"三種;(四)通常接問"亡囚/尤/壱",僅《合集》24883所接爲"不遘雨"。"彡"和"叙"都是王賓卜辭使用頻率相當高的祭祀動詞,[④]與"龠"均爲新派祭名。[⑤] "彡"象伐鼓之聲,作爲"彭"所从的標誌。[⑥] 彡祭或稱彡日,即高宗肜日之祭,爲殷代周祭的五種祭祀之一,祭祀對象爲上甲以下的先王先妣,主要舉行於第二、五期;"叙"是祓除不祥或"報塞鬼神之賜福"的祭祀。[⑦] 商末周祭的彡祀包含彡

① 上列之《合集》1240、3241 正、4720、6453、18690、22855、27178 及 30693。

② 李立新:《甲骨文中所見祭名研究》,北京:中國社會科學院研究生院博士學位論文,2003年,第160–161頁。

③ 鄭繼娥:《甲骨文祭祀卜辭語言研究》,成都:巴蜀書社,2007年,第178頁:"'龠'單用時只有'王賓龠',與其他連用時才有祖先出現。"

④ 鄭繼娥:《甲骨文祭祀卜辭語言研究》,第156頁。

⑤ 李立新:《甲骨文中所見祭名研究》,第155–156頁。

⑥ 李孝定:《甲骨文字集釋》第五册,臺北:"中央研究院"歷史語言研究所,1965年,第1655頁。

⑦ 于省吾:《甲骨文字釋林》,北京:中華書局,1999年,第26,《釋槊》、第35–37頁,《釋叙》。

夕、彡日、彡龠連續三日的祭祀:彡夕爲前夕祭,彡日爲當日祭,彡龠爲明日又祭的繹祭,彡龠即先鼓後龠的樂祭。① 不過,商王也看重“龠”,曾連請兩位貞人占卜是否舉行該祭(《合集》25752、25753),可能與奏龠“繹如也,以成”有關。② 以《合集》22762 爲例:貞人於戊辰日占卜商王舉行擊鼓、吹龠及回報鬼神等賓迎、繹祭大丁的祭祀儀式,没有災禍。據此《合集》24883 的“不遘雨”當是詢問:商王以龠祭賓迎先祖的那天,不會碰到下雨。③

至於卜辭中的“龢”字有 2 例,可能即是饗神之樂祭:

《合集》1240:貞:上甲龢暨唐［𠂤賓間 B］

《合集》30693:癸丑卜:叀舊熹用

叀新熹用

弜用

鼎:叀龢□用

其置庸、壴于既卯

叀𢼄卯［無名］

“龢”爲“龠”的孳乳字,④按其句式“祖先+龢”涉及兩位先公、先王,“惟龢□用”應是以管樂器祭祀,可能還有合祭祖先或合用樂祭的意思。《合集》30693 已見庸、鼓、熹、龢合奏,並用“卯”祭的儀式,大意是問:癸丑日用“舊熹”,還是“新熹”? 還是都不用? 是否單用“龢”? 對剖殺牲之後“置”鼓、鏞,還是鄰近“卯”祭時才置鼓、鏞?

由上可知:(一)鼓和籥自古以來已是饗神的固定用樂組合,可能與其分别是最原始的敲擊樂器、吹奏樂器有關。如同今日的交響樂團,鼓作爲敲奏節拍、伴奏的樂倡,管樂器則負責吹奏樂曲的旋律。因此,不僅上古報神、迎神時要伐鼓、吹龠,商王賓迎、繹祭及報饗祖先時亦然,但目前尚未發現王賓卜辭演奏其他樂器的案例。⑤ (二)商王亦在歲末或功成之時舉行樂祭。伊耆氏於在十二月舉行蜡祭,帝舜、禹均在功成之時告天,商王固定在十月到十二月之間舉行繹祭。不過,第五期開始就不見商王使用彡龠之祭。(三)彡龠之祭主要是爲了賓迎、繹祭鬼神,保佑商王免於禍害,龢、庸、壴等樂器合奏可能是祈請豐年無災,類似上古祈年息物之祭,獻上牲品報饗祖先。過去斥責夏桀、商紂兩位亡國之君製作規模既“鉅”且“衆”的“大鼓”“管簫”,殊不知此乃天

① 李立新:《甲骨文中所見祭名研究》,第 155-156 頁。

② 邢昺:《論語注疏》卷三《八佾》,臺北:藝文印書館,1993 年,第 31 頁:“子語魯大師樂,曰:‘樂其可知也:始作,翕如也;從之,純如也,皦如也,繹如也,以成。’”

③ 學者誤讀作“吹管以求雨”,方建軍:《甲骨文、金文所見樂器助祭試探》,《黄鐘(中國武漢音樂學院學報)》2006 年第 2 期,第 83 頁。

④ 于省吾主編:《甲骨文字詁林》,北京:中華書局,1996 年,第 1426 頁。

⑤ 鄭繼娥:《甲骨文祭祀卜辭語言研究》,第 154 頁。

子因應祖先喜好所設的商周"侈樂",相較於上古的樂祭,當然"務以相過,不用度量"。[①]

三　周代報神、迎神樂祭

西周時期對報饗鬼神的傳統樂祭稍作細部調整,如《周禮》卷二四《春官・宗伯・籥章》:

> 掌土鼓、豳籥。中春,晝擊土鼓,歈《豳》詩,以逆暑。中秋,夜迎寒,亦如之。凡國祈年于田祖,歈《豳》雅,擊土鼓,以樂田畯。國祭蜡,則歈《豳》頌,擊土鼓,以息老物。

依照時節可分爲三個階段:(一)籥章於仲春之晝、仲秋之夜,先敲擊土鼓,再以豳籥吹奏《豳》風,分别迎逆寒、暑之氣,即"以音律省風土"。[②](二)祈求豐收改爲先以豳籥歈《豳》雅,才伐土鼓取悦田畯,即《郊特牲》"主先嗇,而祭司嗇也"。(三)年終祭蜡也先以豳籥歈《豳》頌,才伐土鼓,"以息老物"即祭祀所有蜡祭對象。周代迎逆二氣仍如殷禮先鼓後龠,爲何祈年和祭蜡時先籥後鼓?可能跟管樂器能觀測寒、暑風氣之來去與測量祭祀的時間點,還藉由音樂向田畯傳達請求,取悦安息萬物有關,詳見後文。

至於賓迎鬼神之龠祭,同樣既因於殷禮,又有所損益。《周易》卷五《萃卦》云:

> 亨,王假有廟,利見大人;亨,利貞,用大牲吉,利有攸往。

天子至宗廟"致孝享也",[③]賓"見"之"大人"自然爲其先祖。同卷《萃卦》爻辭:

> 六二,引吉,无咎,孚,乃利用禴。

可見周代祭祖亦須"萃"聚用"禴"祭和"大牲"兩項條件,才有"利"且"无咎"。除了以"禴"祭祀先祖,亦用於祭祀上帝。根據《周易》卷五《升卦》爻辭:

> 九二,孚,乃利用禴,无咎。
> 六四,王用亨于岐山,吉,无咎。

---

① 《吕氏春秋》卷五《仲夏紀・侈樂》,第269頁:"夏桀、殷紂作爲侈樂,大鼓、鐘磬、管簫之音,以鉅爲美,以衆爲觀,俶詭殊瑰,耳所未嘗聞,目所未嘗見,務以相過,不用度量。"郭慶藩:《莊子集釋》卷九下《雜篇・盜跖》,北京:中華書局,2004年,第1012頁:"今富人耳營鐘鼓、筦籥之聲,口嗛於芻豢、醪醴之味,以感其意,遺忘其業,可謂亂矣。"

② 韋昭:《國語韋氏解》(以下簡稱《國語》)卷一《周語上》,臺北:世界書局,1975年,第18頁:"瞽師音官以風土",韋解:"以音律省風土"。

③ 孔穎達:《周易注疏》(以下簡稱《周易》)卷五《萃・彖》,臺北:藝文印書館,1993年,第106頁:"王假有廟,致孝享也"。

及卷六《既濟·九五》,均透露出端倪:

東鄰殺牛,不如西鄰之禴祭,實受其福,吉大來也。

準備珍貴牛牲祭祀上帝的商紂,理應較"升""于岐山","亨"報上帝的周文王獲得更多"福"報。[①] 然而,"上帝監民",發現商紂"刑發聞惟腥",周文王"有馨香德",[②]後者"吉大來也",誕受天之大命。《尚書》卷十四《酒誥》記載西周初年之追記:

越殷國滅無罹,弗惟馨香祀,登聞于天;誕惟民怨,庶群自酒,腥聞在上。故上天降喪于殷,罔愛于殷,惟逸。天非虐,惟民自速辜。

表面上,文王因個人的道德操守、民心向背等方面表現較佳,蒙得上帝青睞,關鍵字眼在於要能"聞于天"、"聞在上",也就是《國語》卷三《周語下》云:

夫有和平之聲,則有蕃殖之財。於是乎道之以中德,詠之以中音,德音不愆,以和神人。……律所以立均出度也。古之神瞽考中聲而量之以制,度律均鍾,百官軌儀……

先由神瞽考定"和平之聲"製作律管,統治者用以軌儀百官、蕃殖民財,彰顯其内在道德,再由樂師藉由管樂器向上天宣傳統治者的德與音,方能"以和神人"。

如前所述,受祭者在以犧牲代表的祭品,與以禴祭代表的儀式之間,更傾向後者。既然如此,何以過去多認爲禴是"薄祭"?[③] 可能與殷、周兩代的祭祀觀念有關:早期傾向"享祀時至而布施優裕","乃能媚於神,而和於民矣",[④]按理,商王獻上衆多牲品更能討好受祭者,且祭祖先行肜祭,又第五期不見繹祭紀録,就殷人立場禴自然是薄祭。然而,就周人角度,受祭者不僅透過民意考察統治者平時表現,所謂"天聰明自我民聰明",[⑤]最能讓祂感受、比較優劣的方式,還是具有尚質、通天之成效的禴祭。周人謹守自古用龠祭祀的傳統,並將其演奏順序和地位挪到鼓祭之前、之上。是以前引三條有"禴"的《周易》爻辭,分别出現在上卦"六二",以及下卦"九二""九五"等居中爻位。不論以大人作爲往"升"上天之中介,或以中聲祈請帝使"既濟"於下土,占卜結果都是"引吉""亡咎""吉大來也"。《禮記》卷五一《坊記》引用《既濟·九五》爻辭爲例,

---

① 《禮記》卷五一《坊記》,第868頁,引"東鄰殺牛,不如西鄰之禴祭",鄭注:"東鄰,謂紂國中也;西鄰,謂文王國中也"。

② 孔穎達:《尚書注疏》(以下簡稱《尚書》)卷一九《吕刑》,臺北:藝文印書館,1993年,第296頁:"上帝監民,罔有馨香德,刑發聞惟腥"。

③ 《周易》卷五《萃卦》,第106頁,王注:"禴,殷者祭名也,四時祭之省者也。居聚之時,處於中正而行之以忠信,致之以省薄,薦於鬼神也"。阮校指出毛本作:"禴,殷春祭名也"。

④ 《國語》卷一《周語上》,第19頁。

⑤ 《尚書》卷四《皋陶謨》,第63頁。

説明：

> 子云："敬則用祭器。"君子不以菲廢禮，不以美没禮。故食禮主人親饋，則客祭；主人不親饋，客不祭。故君子苟無禮，雖美不食焉。

"敬則用祭器"迎接的一方，"明神降之，觀其政德"且賜降福佑；表現不好、没有表現的一方，"雖美"上帝"不食焉"，甚或"亦往焉，觀其苛慝而降之禍"。[①] 儘管周文王所獻的供品遠不及商紂，由於他以正確無誤的方式迎接"在帝左右"的神使或祖先，受祭者據此"陟降"賜予其福祚、賜予天命，[②]至於另一方則淪爲前引《酒誥》所言"降喪于殷，罔愛于殷"之下場。

四　周代樂祭的因襲與改革

相應於前代，周代除了在用樂觀念上有所改變，在儀節上又做了哪些實質調整？周人在報神樂祭時，保留土鼓，應與"禮也者，反本修古，不忘其初者"[③]的原始觀念有關。至於調動演奏鼓、籥的順序，又專用豳地之人或竹材及曲調[④]。前引《郊特牲》指出所主先嗇，即《籥章》祈年之田祖，指神農氏；《郊特牲》所祭之司嗇，即《籥章》所樂之田畯，當即后稷。由於神農氏爲天下所共奉，特意專用某地之樂，關鍵應落在后稷身上。例如《毛詩》卷八之一《豳·七月·序》云：

> 陳后稷、先公風化之所由致，王業之艱難也。

《七月》用夏、周之曆，注家以爲"言寒暑之事，迎氣歌其類也"，[⑤]即《籥章》仲春晝奏《豳》詩迎暑氣之事，又《七月》"田畯至喜"[⑥]，即豳人以豳樂祭祀后稷之事。由於后稷身兼田畯與周人始祖，籥章舉行大蜡時特别使用豳人、豳樂、豳籥及豳土所製之鼓。

周代迎神樂祭的詳細情況見《逸周書》卷四《世俘》之記載：

> 辛亥，薦俘殷王鼎。武王乃翼矢珪、矢憲，告天宗上帝。王不格服，格于廟，秉

---

① 《國語》卷一《周語上》，第25–26頁："神饗而民聽，民神無怨，故明神降之，觀其政德而均布福焉。國之將亡，其君貪冒、辟邪、淫佚、荒怠、粗穢、暴虐；其政腥臊，馨香不登；其刑矯誣，百姓攜貳。明神不蠲而民有遠志，民神怨痛，無所依懷，故神亦往焉，觀其苛慝而降之禍。是以或見神以興，亦或以"。

② 孔穎達：《毛詩注疏》（以下簡稱《毛詩》）卷一六之一《大雅·文王之什·文王》，臺北：藝文印書館1993年，第533頁："文王陟降，在帝左右"。

③ 《禮記》卷二四《禮器》，第469頁。

④ 《周禮》卷二四《春官·宗伯·籥章》，第367–368頁，鄭注引鄭司農云："豳籥，豳國之地竹，豳詩亦如之"，鄭玄顯然不認同，接着説"豳籥，豳人吹籥之聲"。

⑤ 《周禮》卷二四《春官·宗伯·籥章》，第368頁，鄭注。

⑥ 《毛詩》卷八之一《豳·七月》，第280頁。

語治庶國。籥人九終,王烈祖自太王、太伯、王季、虞公、文王、邑考以列升,維告殷罪。籥人造,王秉黄鉞正國伯。……壬子,王服衮衣,矢琰,格廟。籥人造,王秉黄鉞正邦君。……癸酉【丑】,薦殷俘王士百人。籥人造,王矢琰,秉黄鉞,執戈。王奏庸大享一終,王拜手稽首,王定,奏其大享三終。……甲寅,謁我殷于牧野。王佩赤白旂。籥人奏《武》,王入,進《萬》,獻《明明》三終。……乙卯,籥人奏《崇禹生開》三【鍾】終,王定。……

《世俘》云周武王"不格服",急於在殷宗廟向"天宗上帝"及祖考告商紂之罪,[①]以殷王鼎作爲食器,獻上大批殷俘王士作爲祭品,隨後才服"衮衣",舉行籥、鏞之演奏用以"享先王"。[②] 學者指出可與陝西岐山出土的西周早期《集成》4261《天亡簋》銘對讀:[③]

乙亥,王又大豊,王同三方。王祀于天室,降。天亡又王,卒祀于王不顯考文王,事喜上帝。文王德在上,不顯王乍省,不肆王作庸,不克訖衣王祀。丁丑,王鄉大宜。王降,亡勛爵、退櫜,隹朕又蔑,每啓王休于尊簋。

《天亡簋》銘云武王回到宗周,以大豊鼓會同三方諸侯,於"天室"告厥成功。[④] 武王尚未正式取得天位,故"祭帝於郊所以定天位也",[⑤]即《世俘》記載其返回宗周,"乃俾史佚繇書于天號","祀于位,用籥于天位",[⑥]再次以管樂器向上帝告成,確認周室獲取天命之資格。學者或認爲《天亡簋》銘記載的是"禘"禮,[⑦]良有以也。

由上可知,殷、周迎神告成之祭的差異:

(一)周人看重商末不用的龠祭,並衍生出籥人的專職。從《世俘》可知,武王的行動無不受到"籥人造"所引導:(1)遍祭群祖;(2)秉黄鉞正國伯;(3)秉黄鉞正邦君;(4)矢琰,秉黄鉞,執戈,配以奏庸;(5)奏樂而王入;(6)奏樂而王定。這場連續五天的祭典可能因襲自商代周祭中的彡祀,彡夕、彡日、彡龠顯然以鼓爲主。然而,周人之周祭則以籥爲主,樂舞上亦以籥爲主導。《世俘》所進之萬舞亦源自殷禮,甲、金文中均有萬人奏庸及以庸引導樂舞的紀録:

《合集》12839:……雨,庸舞[賓一]

---

① 黄懷信、張懋鎔、田旭東:《逸周書彙校集注》(以下簡稱《逸周書》)卷四《世俘》,上海:上海古籍出版社,2007年,第423頁,孔晁注:"不改祭天之服,以告祖考,急於語治也,廟無别人也。"

② 《周禮》卷二一《春官·宗伯·司服》,第323頁:"享先王則衮冕"。

③ 于省吾:《關於"天亡簋"的幾點論證》,《考古》1960年第8期,第34頁。

④ 《逸周書》卷五《度邑》,第472頁,武王對周公曰:"旦,予克致天之明命,定天保,依天室。志我共惡,俾從殷王紂。"

⑤ 《禮記》卷二二《禮運》,第438頁。

⑥ 《逸周書》卷四《世俘》,第437、441頁。

⑦ 李學勤:《"天亡"簋試釋及有關推測》,《中國史研究》2009年第4期,第6頁,釋爲"王卒祀于王不顯考文王事𣎆,禘"。

《合集》31018：万其钕庸丩，惟……吉［無名］

又如商代晚期《集成》9894《戍鈴方彝》銘云：

己酉，戍鈴隮宜于鬯，置庸，𠦪（舞？）[①]九律𠦪，商貝十朋，万剢用宦（造）丁宗彝，才九月，隹王十祀𠂤日五。隹來東。

戍鈴于召大庭奠宜、置庸，名"剢"的万人因以"九律"舞助祭而獲賞重賜。[②] 據《周禮》卷二四《春官 · 宗伯 · 籥師》云：

掌教國子舞羽歈籥。祭祀，則鼓羽籥之舞，賓客、饗食亦如之。

周代表演萬舞的是籥師及其掌教之國子，其領舞方式是"持羽吹簫"，[③]而非作鏞的萬人。換言之，如同舜演奏衆樂及"簫韶九成"向上天告功成，賓迎群后、虞賓、鳳皇觀禮，武王亦以衆樂及"籥人九終"告知廢替商命之事，賓迎三方諸侯、烈祖及上帝前來。

（二）搭配龠演奏的樂器，除了原先的鼓、鏞，西周時期添增新式樂器和新的樂器組合——笙和鐘。如《大戴禮記》卷七《五帝德》：

夔作樂，以歌籥舞，和以鐘鼓。

前引《合集》30693 已見鼓、庸、龠合奏，但早先與鼓和樂的樂器應是單音的鈴或鏞，尚未具有獨立演奏旋律的音列。《世俘》所云"王奏庸"，即《天亡簋》中的"王作庸"，在甲、金文中作"庯"，[④]指殷、周之際北方流行的 3 件一組編鐃。"奏庸"通常伴隨着吉兆：

《合集》31013：惟小乙（？）……庸奏，用，有正［無名］
《合集》31014：叀庸奏，有正［無名］
《合集》31022：……庸奏，有正 吉［無名］
《合集》31023：……其奏庸，闕美，有正［無名］

《世俘》亦記載武王奏鏞之後"王定（正）"。從《天亡簋》銘"王作笙""作庸"可知，武

---

① 釋文依裘錫圭：《甲骨文中的幾種樂器名稱——釋"庸""豐""鞀"（附：釋"万"）》，《裘錫圭學術文集（甲骨文卷）》，第 39 頁。該字疑似專用爲人名的"𦬏"字，見畢秀潔：《〈戍鈴方彝〉的摹本問題及補釋》，《中國國家博物館館刊》2013 年第 1 期，第 69 頁。

② 陳劍：《釋"琮"及相關諸字》，《甲骨金文考釋論集》，綫裝書局 2007 版，第 292－293 頁，認爲"万𡉀"爲鑄造此器的器主。

③ 《周禮》，卷二四《春官 · 宗伯 · 籥師》，第 367 頁："掌教國子舞羽歈籥"，鄭注："文舞，有持羽吹籥者，所謂籥舞也"。

④ 裘錫圭：《甲骨文中的幾種樂器名稱——釋"庸""豐""鞀"（附：釋"万"）》，《裘錫圭學術文集（甲骨文卷）》，第 36－37 頁，此字的下半過去誤以爲"凡"，當視爲"同"，指"筒"或"桶"狀大鐘。

王效仿舜樂“笙鏞以間”,象徵周室完全替代商王,取得奉祀上帝及神祇之資格。[①] 不過,此時的笙應非早期的“三孔龠”,應是“象鳳之身”的帶簧片之笙。[②] 根據《毛詩》卷十四之三《小雅・甫田之什・賓之初筵》云:

鐘鼓既設,舉醻逸逸……籥舞笙鼓,樂既和奏。烝衎烈祖,以洽百禮。

這場將祭先王、射以擇士之禮,[③]以笙、鼓和奏降神,合樂時表演籥舞,期間以鐘、鼓“恒爲之節”。[④] 從目前音樂考古成果可知:西周初期仿自從南方傳來的鎛,開始鑄造3件一組的新型甬鐘,西周中、晚期逐漸發展到8至10件爲一組。[⑤] 因此,西周晚期《集成》2836《克鼎》銘云:“靈龠鼓鐘”,以及春秋早期《集成》198《者減鐘》銘云:“自作鴵鐘”以“協于我靈龠”,已是音列健全、如龠器能够演奏旋律的大型編鐘。

從流傳至春秋時期的禘禮可反推殷商禘禮較祭品多寡,周人更看重原始祭儀。《論語》卷三《八佾》記載:

子曰:“禘自既灌而往者,吾不欲觀之矣。”

或問禘之説。子曰:“不知也。知其説者之於天下也,其如示諸斯乎!”指其掌。

孔子既觀禘祭,如何不知禘禮?根據《禮記》卷五十《仲尼燕居》記載子張“問政”:

子曰:“師,爾以爲必鋪几筵,升降酌獻酬酢,然後謂之禮乎?爾以爲必行綴兆,興羽籥,作鐘鼓,然後謂之樂乎?言而履之,禮也。行而樂之,樂也。君子力此二者以南面而立,夫是以天下太平也。諸侯朝,萬物服體,而百官莫敢不承事矣。……”

孔子提到禮樂不僅是祭品、祭儀,對照《禮記》卷三七《樂記》:

故鐘鼓管磬、羽籥干戚,樂之器也;屈伸俯仰、綴兆舒疾,樂之文也。

---

① 裘錫圭:《甲骨文中的幾種樂器名稱——釋“庸”“豐”“鞀”(附:釋“万”)》,《裘錫圭學術文集(甲骨文卷)》,第44頁。

② 段玉裁:《説文解字注》,上海:上海古籍出版社,2001年,第197頁:“籟,三孔龠也,大者謂之笙”,“笙,十三簧也,象鳳之身也。

③ 《毛詩》卷一四之四《小雅・甫田之什・賓之初筵》,第490頁:“賓之初筵”,毛傳:“先王將祭,必射以擇士。大射之禮,賓初入門”。

④ 《周禮》卷二四《春官・宗伯・籥師》,第367頁:“祭祀,則鼓羽籥之舞”,鄭注:“鼓之者恒爲之節”,賈疏引《釋文》:“祭祀,先作樂下神,及合樂之時,則使國子舞鼓,動以羽籥之舞,與樂節相應,使不相奪倫,故鄭云‘鼓之者恒爲之節’”。

⑤ 孔義龍:《兩周編鐘音列研究》,北京:中國藝術研究院音樂學博士論文,2005年4月,第188頁。

"綴兆"即舞者的行列位置,[①]即"樂之文也";羽籥等舞具以及與籥合奏的鍾鼓等樂器,"乃樂之器也"。但爲政並非單純鋪陳、演練這些禮樂排場,唯有憑此"南面而立",以臻"天下太平",達到"百獸率舞,庶尹允諧"之境界,方可謂之禮樂。由此可見,周人不僅透過軍事力量廢除殷命,同時從用樂祭俗上因襲古禮、改革殷禮,無怪乎《世俘》記載武王聞此樂而定,孔子得以批評東周時期禮樂淪喪。

五　周代禘祭的完整節目

對照《世俘》還原周代禘祭的具體用樂情況,大抵有四個節目:

(一)樂師擊鼓,籥人奏樂九終,賓迎諸侯、祖先格廟。《毛詩》卷二之三《國風・邶・簡兮》云:

> 簡兮簡兮,方將萬舞。日之方中,在前上處。碩人俁俁,公庭萬舞。有力如虎,執轡如組。左手執籥,右手秉翟。赫如渥赭,公言錫爵。

周人承襲商人在舉行萬舞之前率先擊鼓,以其宏大聲響作爲樂倡,吸引並取悦祖先,[②]此時日正當中,"碩人"于宗廟之王庭或"公庭"上前就位。《毛詩》卷十九之三《周頌・臣公之什・有瞽》云:

> 有瞽有瞽,在周之庭。設業設虡,崇牙樹羽。應田縣鼓,鞉磬柷圉。簫管備舉,喤喤厥聲。肅雝和鳴,先祖是聽。我客戾止,永觀厥成。

接着以簫、管賓迎、降臨祖先,傾"聽"衆樂合奏。《禮記》卷三一《明堂位》云:

> 季夏六月,以禘禮祀周公於大廟。牲用白牡。……升歌《清廟》,下管《象》;朱干玉戚,冕而舞大《武》;皮弁素積,裼而舞《大夏》。

從魯國禘祭周公的情況推知:[③]以周公祭祀文王之《周頌・清廟》作爲升歌,"濟濟多士"奔走祭祀之事,祈請文王無厭於後人,降臨於周廟。[④] 再由籥人下管《象》舞,舊云

---

① 《禮記》卷三七《樂記》,第699頁:"故鐘鼓管磬、羽籥干戚,樂之器也;屈伸俯仰、綴兆舒疾,樂之文也",鄭注:"綴,謂酇舞者之位也;兆,其外營域也"。

② 《毛詩》卷二〇之三《商頌・那》,第789頁:"猗與那與,置我鞉鼓。奏鼓簡簡,衎我烈祖"。

③ 《禮記》卷四九《祭統》,第840頁:"昔者周公旦有勳勞於天下。周公既没,成王、康王追念周公之所以勳勞者,而欲尊魯,故賜之以重祭。"

④ 《毛詩》卷一九之一《周頌・清廟之什・清廟・序》,第706頁:"清廟,祀文王也。周公既成洛邑,朝諸侯,率以祀文王焉"、第706-707頁:"於穆清廟,肅雝顯相。濟濟多士,秉文之德。對越在天,駿奔走在廟。不顯不承,無射於人斯。"

《周頌·維清》,乃武王所作用兵刺伐之象舞。[①] 文王尊於武王,故堂上"人聲"貴於堂下"匏竹"。[②] "魯有禘樂,賓祭用之",[③]《禮記》卷二八《仲尼燕居》云:

嘗禘之禮,所以仁昭穆也。

《世俘》每云"籥人造",籥人演奏管樂器,依序賓迎上帝、昭穆祖先、國伯、邦君入場,引導舞群,應仿自《益稷【皋陶謨】》:"祖考來格,虞賓在位,群后德讓,下管鼗鼓",不似商人在祭祀先公先王後一日始奏管樂器。

(二)天子獻牲大享上帝、祖先,分别奏庸一終、三終。前引《明堂位》記載周初"牲用白牡",《禮記》卷三《檀弓上》追記:

殷人尚白;大事斂用日中,戎事乘翰,牲用白。周人尚赤;大事斂用日出,戎事乘騵,牲用騂。

由於白色動物稀罕珍貴,向來是殷人行祀、戎之大事專用的犧牲。[④] 從《毛詩》卷二十之三《商頌·那》記載宋人祭祀成湯的場景反推:

猗與那與,置我鞉鼓。奏鼓簡簡,衎我烈祖。湯孫奏假,綏我思成。鞉鼓淵淵,嘒嘒管聲。既和且平,依我磬聲。於赫湯孫,穆穆厥聲。庸鼓有斁,萬舞有奕。我有嘉客,亦不夷懌。自古在昔,先民有作。温恭朝夕,職事有恪。顧予烝嘗,湯孫之將。

(1)樂器:商代後人迎賓樂器仍以敲擊鞉、鼓、庸、磬取悦祖先爲主,管樂器僅見一次;(2)樂舞:宋國萬舞不見周代文舞、武舞之道具,應仍表演以庸鼓引導萬人的商代萬舞;(3)祭名:周人祭祀先王先公稱爲"禴祠烝嘗",[⑤]宋人僅名爲"烝嘗"而不名"禴"。[⑥] 周人雖因襲奏鏞獻白牲、以鏞作爲萬舞節奏之殷禮,從《天亡簋》銘云"作眚""作庸"、《世俘》云"籥人造""奏庸"得知,大體仍遵照《益稷【皋陶謨】》:"合止柷敔,笙鏞以間",與宋人仍恪守的前代祭儀大有區别。

(三)籥人進《萬》舞中之武舞,獻《明明》三終於上帝。前引《邶·簡兮》"有力如虎,執轡如組。左手執籥,右手秉翟",指出周代萬舞乃結合文、武二舞,且先文後武。

① 《毛詩》卷一九之一《周頌·清廟之什·維清·序》,第709頁:"維清,奏象舞也",鄭箋:"象舞,象用兵時刺伐之舞,武王制焉"。

② 《禮記》卷二五《郊特牲》,第484頁:"歌者在上,匏竹在下,貴人聲也"。

③ 孔穎達:《左傳注疏》(以下簡稱《左傳》)卷三一《襄公二九年》,臺北:藝文印書館,1993年,第539頁。

④ 裘錫圭:《從殷墟甲骨卜辭看殷人對白馬的重視》,《殷都博物院院刊》1989年創刊號,第70–72頁,指出甲骨卜辭證實殷人崇尚白色牲物。

⑤ 《毛詩》卷九之三《小雅·鹿鳴之什·天保》,第330頁:"禴祠烝嘗,于公先王"。

⑥ 《毛詩》卷二〇之三《商頌·烈祖》,第791頁:"顧予烝嘗,湯孫之將"。

《墨子》卷八《非樂上》云：

昔者齊康公興樂萬，萬人不可衣短褐，不可食糠糟，曰："食飲不美，面目顔色不足視也；衣服不美，身體從容醜羸，不足觀也。"

從衣着、飲食上豐富籥人"面目顔色"之外表、"身體從容"之肢體，呈現足以觀、足以視的碩大之美，表演歌頌武王"勝殷遏劉"之《武》舞表演。[①] "舞"的古文字寫作"𠔱""𦏶"，象"三人操牛尾投足，以歌八闋"的葛天氏之樂，[②]即《益稷【皋陶謨】》云"鳥獸蹌蹌""予擊石拊石，百獸率舞"。不過，在三公廟庭表演的舞者不執牛尾，改執車轡，象先祖武力如虎，可以御衆、治亂，[③]"依我磬聲"的磬已非特磬，而是編磬。前引《明堂位》云"冕而舞《大武》"，指出舞者所戴之冕，乃天子祭祀上帝之"吉服"，[④]執"朱干玉戚"、玉戚則效仿《世俘》記載武王在商廟中"秉黄鉞、執戈"，藉以整飭前來助祭的國伯、邦君之行爲。

《明明》過去認爲即《毛詩》卷十六之一《大雅・文王之什・大明》：

明明在下，赫赫在上。天難忱斯，不易維王。天位殷適，使不挾四方。摯仲氏任，自彼殷商，來嫁于周，曰嬪于京。乃及王季、維德之行。大任有身，生此文王。維此文王，小心翼翼。昭事上帝，聿懷多福。厥德不回，以受方國。天監在下，有命既集。……有命自天，命此文王。于周于京，纘女維莘。長子維行，篤生武王。保右命爾，燮伐大商。殷商之旅，其會如林。矢于牧野，維予侯興。上帝臨女，無貳爾心。……

該詩追述王季、文王有明德，天復命武王滅商，[⑤]符合《世俘》記載武王祭祀烈祖，"謁戎殷于牧野"之情景。不過，近年出土的清華簡有一篇逸文《耆夜》：

武王八年征伐耆，大戡之。還，乃飲至於文大室。……周公或舉爵醻王，作祝誦一終，曰："明明上帝，臨下之光。丕顯逨各，歆厓禋盟。於月又盈缺，歲又剸(歇?)行。作兹祝誦，萬壽亡疆。"

武王滅耆後，周公在文王大室祝頌的《明明上帝》一終可能是第一版，《大雅・大明》可

① 《毛詩》卷一九之三《周頌・臣工之什・武・序》，第737頁："武，奏大武也"，鄭箋："大武，周公作樂所爲舞也"、第737-738頁："於皇武王，無競維烈。允文文王，克開厥後。嗣武受之，勝殷遏劉，耆定爾功。"

② 《吕氏春秋》卷五《仲夏紀・古樂》，第288頁。

③ 《毛詩》卷二之三《國風・邶・簡兮》，第100頁。

④ 《周禮》卷二一《春官・宗伯・司服》，第323頁："王之吉服：祀昊天上帝，則服大裘而冕"。

⑤ 《毛詩》卷一六之二《大雅・文王之什・大明・序》，第540頁："大明，文王有明德，故天復命武王也"。

能是最終之版本。此階段樂舞之用意爲:藉由《武》舞彰明祭祀者之身份,祈請上帝下凡歆饗音樂和祭品,重述上帝授命周室之盟約,並祝禱上帝賜予周王長壽。

(四)籥人進《萬》舞中之文舞,奏《崇禹生開》三終。文舞即文王之禴祭,乃相對於武王之《武》。[①]《禮記》卷四九《祭統》提到籥舞的排列方式爲八佾:

> 夫大嘗禘,升歌《清廟》,下而管《象》,朱干玉戚以舞《大武》,八佾以舞《大夏》,此天子之樂也。

衣着如《明堂位》云:"皮弁素積,裼而舞《大夏》",道具則如《邶·簡兮》云:"左手執籥,右手秉翟"。根據《禮記》卷二八《内則》表示:

> 十有三年學樂、誦詩、舞《勺》;成童舞《象》、學射御;二十而冠,始學禮,可以衣裘帛、舞《大夏》,惇行孝弟……

《大夏》要求成年舞者,因其比《象》更具深度,故穿"裘"衣而"裼",乃"見美""以爲敬";[②]不戴周制之"冕",换成"皮弁素積",乃基於表演的是夏商周之共樂,故舞者穿著"三王共"服的原始皮帽、裘衣、素裳,表示本"質不變""易於先代"[③]。换言之,舞者的衣着強調其慎重,並以美感吸引來者,還表示遵從遠古之祭天傳統,不敢造次。凡舉行"龠"祭的王賓卜辭,"賓"字一律寫作"[illegible]",學者指出"万"指表演万舞的舞者。[④] 誠若是,从"宀"指表演場合宗廟之庭,从"止"指神祇"戾止"。舞者左手執持可吹、可舞的籥,吹奏引起鳳凰共鳴的喤喤之聲;右手所舉"鴻羽"象其形,表現"舉則沖天"之動作,[⑤]模擬鳳凰的聲音和形象。[⑥] 整體舞群以八佾爲行列,藉由九成的多重樂舞呈現出萬鳥團簇之情態,誘使帝使下凡來與同類聚食,將主祭者之願望傳回天庭,即《益稷

---

① 《周禮》卷二四《春官·宗伯·籥師》,第367頁,鄭注:"文舞,有持羽吹籥者,所謂籥舞也"。

② 《禮記》卷三〇《玉藻》,第559頁:"裘之裼也,見美也",孔疏:"裘之裼者,謂裘上加裼衣。裼衣上雖加他服,猶開露裼衣,見裼衣之美,以爲敬也"。

③ 賈公彥:《儀禮注疏》(以下簡稱《儀禮》)卷一《士冠禮》,臺北:藝文印書館,1993年,第34頁,記:"三王共皮弁素積",鄭注:"質不變"。《禮記》卷一一《郊特牲》,第504頁,談及"冠義"時,所引經文一致,鄭注:"所不易於先代"。

④ 裘錫圭:《甲骨文中的幾種樂器名稱——釋"庸""豐""鞀"(附:釋"万")》,《裘錫圭學術文集(甲骨文卷)》,第50頁。

⑤ 徐彥:《公羊傳注疏》卷三《隱公五年》,臺北:藝文印書館,1993年,第35頁,何解:"羽者,鴻羽也",第36頁,徐疏:"鴻羽者,時王之禮,且以舉則沖天,所以象文德風化疾故也"。

⑥ 郭沫若:《釋龢言》,《郭沫若全集·考古編》第一卷《甲骨文字研究》,北京:科學出版社,1982年,第95-96頁:"詩之意,殆言萬舞者以樂器自爲節奏,右手秉翟而舞,左手持籥而吹,籥而果似笛,乃或六孔七孔,則隻手不能成節奏,而左手尤不能也。疑三孔之説即爲調和此詩而生,蓋三孔則左手勉強可能也。……蓋比竹如今之口琴,隻手優能吹之,即左手亦優能吹之也。在狂舞之時,舞者自吹此單純之樂器,節奏亦容易構成,迥非笛之比矣。"

【皋陶謨】》云"簫韶九成,鳳皇來儀"。

對照《明堂位》可知《崇禹生開》即《大夏》之舞,即《吕氏春秋・古樂》之《夏籥》九成:

禹立,勤勞天下,日夜不懈,通大川,决壅塞,鑿龍門,降通漻水以導河,疏三江五湖,注之東海,以利黔首。於是命皋陶作爲《夏籥》九成,以昭其功。

也就是清華簡第八册《虞夏殷周之治》提到的《㚤䍜》九成:

曰昔有虞氏用素,夏后受之,作政用御,首服收,祭器四璉,作樂《㚤䍜》九成……

《史記》卷一《五帝本紀》亦曾追記禹興九招之樂:

唯禹之功爲大……定九州,各以其職來貢,不失厥宜。……四海之内咸戴帝舜之功。於是禹乃興九招之樂,致異物,鳳皇來翔。天下明德皆自虞帝始。

换言之,《大夏》脱胎自舜樂簫韶,同樣用以招致鳳皇,向上帝回報成功。至於武王爲何使籥人演奏夏樂?周人認爲后稷繼承禹之業績,如《逸周書》卷五《商誓》:

王曰:"在昔后稷,惟上帝之言,克播百穀,登禹之績……。"

清華簡《厚父》紀録周天子特地向厚父問政,因爲其先祖曾服事禹、啓。[①]《毛詩》卷十九之一《周頌・清廟之什・思文》云周人自居於"夏":

思文后稷,克配彼天。立我烝民,莫匪爾極。貽我來牟,帝命率育,此疆爾界,陳常于時夏。

《尚書》屢見到"我有夏",[②]武王表明建都"有夏之居",[③]發源岐、豐的秦風"謂夏聲,夫能夏,則大,大之至乎。其周之舊也",[④]《大雅》《小雅》在上博楚簡《孔子詩論》中分别寫作《大夏》《少夏》。周人基於遵古尚質、自居夏後、功成用樂、招致神使等因素,演奏

① 馬海燕:《清華簡再發研究成果5篇竹書未見於傳世文獻》,引自"中國新聞網"2015年4月9日:http://www.chinanews.com/cul/2015/04-09/7196071.shtml。

② 《尚書》卷一六《君奭》,第247頁:"惟文王尚克修和我有夏"、卷一七《立政》,第261頁:"帝欽罰之,乃伻我有夏,式商壽命,奄甸萬姓"。

③ 《逸周書》卷五《度邑》,第481頁,記載武王對周公説:"嗚呼!旦,我圖夷兹殷,其惟依天,室其有憲,命求兹無遠,天有求,繹相我不難,自雒汭延于伊汭,居易無固,其有夏之居,我南望過于三塗,我北望過于嶽鄙,顧瞻過于有河,宛瞻延于伊雒,無遠天室,其名兹曰度邑"。

④ 《左傳》卷三九《襄公二九年》,第669頁。

《崇禹生開》既是效仿禹告天彰明舜德,可能還存有崇伯禹生子啓,[①]猶如西伯昌生子武王的類似用意。

《崇禹生開》的實際内容爲何?從《尚書》卷五《益稷【皋陶謨】》云:

予創若時,娶于塗山,辛壬癸甲,啓呱呱而泣,予弗子,惟荒度土功。弼成五服,至于五千;州十有二師。外薄四海,咸建五長。各迪有功,苗頑弗即工,帝其念哉!

文王亦如禹積善德,廣納賢才,諸侯往歸之,並征伐不服之國。《吕氏春秋》卷六《季夏紀·音初》也報導了這起事件:

禹行,功【竊】見塗山之女。禹未遇而巡省南土,塗山氏之女乃令其妾待禹于塗山之陽,女乃作歌,歌曰:"候人兮猗!"實始作爲南音。周公及召公取風焉,以爲《周南》《召南》。

由此推知,《崇禹生開》或爲《周南》《召南》之前身。推測其實際演奏狀況,殆如《毛詩》卷十三之二《小雅·谷風之什·鼓鐘》:

鼓鐘將將,淮水湯湯,憂心且傷。淑人君子,懷允不忘。鼓鐘喈喈,懷水湝湝,憂心且悲。淑人君子,其德不回。鼓鐘伐鼛,淮有三洲,憂心且妯。淑人君子,其德不猶。鼓鐘欽欽,鼓瑟鼓琴,笙磬同音。以雅以南,以籥不僭。

這是一場以"籥"統領鼓/革、鐘/金、琴瑟/絲、笙/匏、磬/石、籥/竹的表演,傳統認爲"雅"是"萬舞","南"是"南夷之樂",並與"文舞"之間"和而不僭",[②]或許《崇禹生開》與傳統萬舞的差異在於:籥人還使用了源自夏樂的"南"舉行褅祀。

若將周代褅祭順序,對照《左傳》卷三九《襄公二九年》記載季札聘魯國,請觀周樂。國風之後的節目依序是:

爲之歌《小雅》,曰:"美哉,思而不貳,怨而不言,其周德之衰乎?猶有先王之遺民焉。"爲之歌《大雅》,曰:"廣哉,熙熙乎!曲而有直體,其文王之德乎?"爲之歌《頌》,曰:"至矣哉!直而不倨,曲而不屈,邇而不偪,遠而不攜,遷而不淫,復而不厭,哀而不愁,樂而不荒,用而不匱,廣而不宣,施而不費,取而不貪,處而不底,行而不流。五聲和,八風平,節有度,守有序,盛德之所同也。"見舞《象箾》、《南

① 《逸周書》卷四《世俘》,第429頁。

② 《毛詩》卷一三之二《小雅·谷風之什·鼓鐘》,第452頁,毛傳:"爲雅,爲南也。舞四夷之樂,大德廣所及也。……南夷之樂曰南"、鄭箋:"雅,萬舞也。萬也,南也,籥也,三舞不僭"。

籥》者,曰:"美哉!猶有憾。"見舞《大武》者,曰:"美哉!周之盛也,其若此乎?"見舞《韶濩》者,曰:"聖人之弘也,而猶有慚德,聖人之難也。"見舞《大夏》者,曰:"美哉!勤而不德,非禹其誰能脩之。"見舞《韶箾》者,曰:"德至矣哉!大矣,如天之無不幬也,如地之無不載也,雖甚盛德,其蔑以加於此矣,觀止矣,若有他樂,吾不敢請已。"

天子大嘗禘之節目,大抵與周樂逐一呼應:(1)升歌《周頌・清廟》;(2)下管《周頌・維清》亦即《象箾》,據舜樂《韶箾》推知"箾"就是簫。《南籥》也是指以"籥"統領諸樂器、樂舞的《小雅・鼓鐘》;(3)周人萬舞不用商人萬舞的樂曲《韶濩》,[①]而是表演《大武》,並以《大雅・大明》祝誦願望;(4)以手持羽籥的八佾舞者表演前代之《大夏》《韶箾》。禘祭僅除去商人之用樂,所用樂舞之順序同樣具有既美且廣、至大至盛之明德,無怪乎表演至最後一齣,季札會説"觀止矣"。諷刺的是,季氏卻僭用這套禘禮祭祖,故自灌祭降神以下的八佾樂舞,孔子直呼"吾不欲觀之矣"。

總之,自文王、武王以管樂器接收天命、改革殷禮,周代報神、迎神祭祀均以籥爲尊。《國語》卷四《魯語上》記載周代有五大典祀:

昔烈山氏之有天下也,其子曰柱,能殖百穀百蔬;夏之興也,周棄繼之,故祀以爲稷。……周人禘嚳而郊稷,祖文王而宗武王……高圉、大王,能帥稷者也,周人報焉。凡禘、郊、祖、宗、報,此五者國之典祀也。

周人禘祭傳聞是后稷之父的帝嚳,[②]郊祭隨禹救治水災、播食群生的始祖后稷,分别以祖、宗祭文王、武王,四大典祀均由籥師帶領籥人表演樂舞。至於歲末蜡祭的報祀,也是由籥章向田祖祈年,以息老物、報社稷。不過,后稷兼具田祖、始祖雙重身分,報祭對象改爲接任后稷的高圉、古公。换言之,即《禮記》卷三四《大傳》:

禮,不王不禘。王者禘其祖之所自出,以其祖配之。

下迄東周時期,魯國禘祭祖先仍以籥爲尊。《左傳》卷二二《宣公八年》:

---

① 《左傳》卷三九《襄公二九年》,第 672 頁,杜注:"殷湯樂。"李學勤主編:《清華大學藏戰國竹簡(捌)》,上海:中西書局,2018 年,第 162 頁:"殷人代之以三,教民以有威威之,首服作冔,祭器六簠,作樂《韶》、《濩》,海内有不至者。"

② 袁珂:《山海經校注》,成都:巴蜀書社,1996 年,卷一一《大荒西經》,第 449 頁:"有西周之國,姬姓,食穀。有人方耕,名曰叔均。帝俊生后稷,稷降以百穀"。郭注:"俊宜爲嚳,嚳第二妃生后稷也"。王聘珍:《大戴禮記解詁》卷七《帝繫》,北京:中華書局,2004 年,第 130 頁:"帝嚳卜其四妃之子,而皆有天下。上妃,有邰氏之女也,曰姜原氏,産后稷。"一説帝俊即舜,見《山海經》,卷九《大荒東經》,第 396 頁。不論是后稷生父是誰,都需用《簫韶》九成禘祀之。

> 夏六月……辛巳,有事于大廟。仲遂卒於垂。壬午,猶繹,萬入,去籥。

發生不宜舉樂的突發狀況,禘祭過程仍舊攜籥入廟,僅在萬舞的環節去籥。① 又《春秋經·昭公十五年》記載:

> 有事于武宫。籥入,叔弓卒。去樂,卒事。

《左傳》卷四七《昭公十五年》補充其本事:

> 春,將禘于武公……禘,叔弓涖事,籥入而卒,去樂卒事,禮也。

正因禘祭必用籥入樂、起舞,臨時去籥/樂之異舉,才二度被史官特别記載下來。换言之,周代統治者透過管樂器候氣辨聲,接收天命、確認節氣,引導樂舞,並輔佐相應時政。是以每當年終或告功成之時,均以籥樂、籥舞爲主的五大典祀答謝上帝、神使、祖先或田祖。

六　餘論

從上文考察可知:先秦時期均用鼓與龠祭迎接、報饗鬼神,但更偏重龠。考古資料指出管樂器有意使用候鳥、而非留鳥或獸類骨骼製作而成;從甲骨卜辭得知,龠形狀象鳳之翼,聲音如鳳之鳴的排簫,而商王舉行禘祀的四方神使,即風的有形化身——鳳;傳世文獻記載周代文舞儀式,亦扮演鳳凰的同伴招致其下凡。古人將風這種自然現象擬化爲鳳,可能源自"鶴鳴于九皋,聲聞于野""聲聞于上"的現象;②大型候鳥利用氣流沿着固定路綫進行避寒暑、繁殖等遷徙性行爲,猶如對農業等各種人類活動造成影響的季風。古人可能將有較高相關性的二者視爲因果關係,推想牠們可將訊息傳送到跨空間、遠距離的高遠地帶,應該也能溝通天人,故利用牠們的翅骨製作龠器,較晚期始見非禽骨所製的成品。③ 考古、古文字和文獻一致指出古人透過龠器獲得天啓,因

---

① 《左傳》卷二二《宣公八年》,第378頁,杜注:"魯人知卿佐之喪不宜作樂,而不知廢繹,故内舞去籥,惡其聲聞"。

② 《毛詩》卷一一之一《小雅·鴻鴈之什·鶴鳴》,第377頁。

③ 先秦時期共有15處遺址出土龠器,信史之前共有9處,但僅銅石並用早期的山東莒縣陵陽M17出土大汶口文化陶笛,其餘皆應爲禽骨所製。信史以後共有6處,西周以前皆非禽骨所製,如殷商時期青海西寧朱家寨的卡約文化遺址出土獸笛,西周初年青海都蘭塔里他里哈的諾木洪文化遺址出土獸笛。下迄東周,幾乎都是竹製的籥器,例如春秋早期的河南光山寶相寺黄國國君夫人墓出土竹排簫,春秋晚期的楚王子午夫人墓出土石排簫、山西長子牛家坡晉國大夫夫人墓出土竹排簫,戰國早期的湖北隨縣擂鼓曾侯乙墓出土竹排簫、篪。詳見周建邦:《先秦管樂器出土文物綜述》所附《先秦時期管樂器資料表》,收於郭永吉、吕文翠、王學林編:《朱曉海教授六五華誕暨榮退慶祝論文集》,臺北:學生書局,2015年,第89-92頁。

其不單能吹奏美好的音色,還能反過來發送訊息給上帝、祖先及其遣使,其他尚未形成編列、不能獨立演奏旋律的樂器只能被動等候消息,由此形成根據季節以龠器、犧牲對鬼神表示孝敬的祭祀儀式,確認神人情感和諧一致。

當中因祭祀對象不同,旁分出四種用龠儀式:祭祀上帝的禘祭、祭祀祖先的禘祭,祭祀四方鳳使的禘祭,以及用於祈求報答農神的祭祀。起先的祭祀方式可能差異不大,經過不同時代文化觀念以及社會組織對其羼入、篩選和淘汰等複雜手續,逐漸依照祭祀對象的性質、等級産生相異的儀式:(一)早期仰賴農業養活族群,看重回報田神的年終祭祀,但到後期淪爲四時常祭中的薄祭;[①]當糧食生産足以支撑、運作宗教和政治體系,看重上帝和統治者嫡系祖先之間的和諧關係,國君死後吉禘,每年夏季爲先祖及上帝舉行禘祀,[②]並且每五年舉行禘郊大祭,[③]如同天子五年一巡狩。(二)以往用鼓與龠報神、迎神的樂器組合,隨着周人改制,擴大爲由管樂器統領衆多種樂器合奏的大型樂隊,兩周之際始出現音階完整的成列編鐘。整場萬舞"洋洋"奕奕,美學、聲光效果遠超早期單憑鼓、管施奏的表演,足以令受祭者"夷懌",給予相應回報,故云"孝孫有慶"。[④] (三)早先抱持模擬鳥獸藉以獲取其能力的動物崇拜思維,後期則在舞蹈上添加配合不同主題的人爲禮制穿着與道具,但是從操執羽籥效仿神鳳的舞蹈可知,越是古老且重要的祭祀儀式,保留越多"以素爲貴"的尊古元素。由上得知,古人認爲管樂器的客觀功能及其引發的主觀聯想,無不更具有溝通、取悦鬼神的效果,因此超越同期的其他樂器,故在看重以樂、舞等報神、迎神的祭祀上呈現一枝獨秀、引領風騷的現象。

作者簡介:

周建邦,男,1984年生,臺灣臺北人,新竹清華大學博士,現任華東師範大學中國語言文學系博士後。主要研究方向爲先秦禮樂思想、中國古代科技史,近年代表論著有《先秦射禮中的"侯"及其相關問題》、《先秦管樂器出土文物綜述》、《從〈夏小正〉的觀測紀録推測上古建歷狀況》、《從"寧鳳"卜辭論巫字本義及其相關問題》。

---

① 邢昺:《爾雅注疏》(以下簡稱《爾雅》)卷二《釋詁》,臺北:藝文印書館,1993年,第23頁:"禋祀,祠蒸嘗禴,祭也"、卷六《釋天》,第99頁:"春祭曰祠,夏祭曰礿,秋祭曰嘗,冬祭曰蒸。"

② 前引《明堂位》提到魯國在季夏六月禘祭周公,又如《吕氏春秋》卷五《仲夏紀》,第244頁:"是月也,命樂師,修鞀鞞鼓,均琴瑟管簫,執干戚戈羽,調竽笙壎篪,飭鐘磬柷敔。命有司爲民祈祀山川百原,大雩帝,用盛樂。乃命百縣雩祭,祀百辟卿士有益於民者,以祈穀實,農乃登黍。"

③ 《爾雅》卷六《釋天》,第99頁:"禘,大祭也。"

④ 《毛詩》卷二〇之一《魯頌・駉之什・閟宫》,第778頁。

古文字與楊伯峻《春秋左傳注》訂補※

單周堯

内容摘要 楊伯峻先生《春秋左傳注》是迄今最佳的《左傳》注本。不過,千慮一失,在所難免,因此有訂正的需要。這些訂正,有不少牽涉到古文字。特别是20世紀後半葉至今,簡帛古文字文獻大量出土,其中有可供研究《春秋》、《左傳》者不少,如馬王堆帛書《春秋事語》,上海博物館藏戰國楚竹書《昭王毁室》、《姑成家父》、《平王問鄭壽》、《鄭子家喪》、《王居》以及清華簡之《楚居》與《繫年》等。此外,隨着電腦科技日進,可把古文字字形掃描入注中,透過文字的初形,有助加深讀者對傳文的理解,以補楊注的不足。本文謹就古文字與楊伯峻《春秋左傳注》訂補之相關問題,加以舉例説明,以就正於方家。

關鍵詞 《春秋左傳注》 楊伯峻 古文字 《鄭子家喪》

一

1981年,北京中華書局出版了楊伯峻先生的《春秋左傳注》(簡稱楊注),由於楊先生在作注過程中,吸收了古今中外各家的成果,研精究微,詳稽博辨,楊注是迄今最佳的《左傳》注本。沈玉成先生《春秋左傳學史稿》説:"使用現代的治學方法對《左傳》進行注釋整理,以楊伯峻先生的《春秋左傳注》成績最爲突出……這是'五·四'以來對《左傳》經傳全文作校勘、新注的唯一著作。作者爲完成此書,前後歷時二十餘年。作者在青年時代受學於叔父楊樹達先生,對經史、諸子、小學均有很深的功底,中年則從事古漢語語法的研究。五十歲以後集中精力整理《左傳》,大量參閲了已有的文獻材料,其所利用和徵引的約在四百種以上,包括原始資料,前人的研究專著和筆

※本文爲香港政府研究資助局優配研究金資助計劃"楊伯峻《春秋左傳注》訂補"(UGC/FDS22/H01/17)部分研究成果,曾於中國文字學會主辦,西南大學文學院與漢語言文獻研究所、四川外國語大學中文系承辦之"中國文字學高端論壇"(西南大學,2018年6月8-11日)宣讀。

記,現代學者、國外學者的研究論文以及考古發掘和金甲文的整理成果。此書的出版,從一個側面體現了本世紀中整理《春秋左傳》的成績。"[①]李學勤先生於《春秋左氏傳舊注疏證續·序》中,也盛讚楊注"功力深厚,博采前説而又能善作裁斷,裨益後學實非淺顯"。[②]

不過,千慮一失,在所難免,因此有訂正的需要。這些訂正,有不少牽涉到古文字。

20世紀後半葉至今,簡帛古文字文獻大量出土,其中有可供研究《春秋》、《左傳》者不少,如馬王堆帛書《春秋事語》,《上海博物館藏戰國楚竹書》第四册之《昭王毀室》、《昭王與龔之脽》、《柬大王泊旱》、《曹沫之陣》,第五册之《競内建之》、《鮑叔牙與隰朋之諫》、《姑成家父》,第六册之《競公瘧》、《莊王既成》、《申公臣靈王》、《平王問鄭壽》、《平王與王子木》,第七册之《吴命》、《君人者何必安哉》、《鄭子家喪》,第八册之《成王既邦》、《命》、《王居》,以及清華簡之《楚居》與《繫年》等。至於浙江大學從海外購回之戰國楚簡《左傳》,其真僞如何,是否可用於研究《左傳》,亦可加以詳細探討。

此外,隨着電腦科技日進,可把古文字字形掃描入注中,透過文字的初形,有助加深讀者對傳文的理解,以補楊注的不足。

本文謹就古文字與楊伯峻《春秋左傳注》訂補之相關問題,加以舉例説明,以就正於方家。

二

上文説,千慮一失,在所難免,因此楊注有訂正的需要,這些訂正,有不少牽涉到古文字,茲舉一例,《左傳》隱公元年:"仲子生而有文在其手,曰爲魯夫人,故仲子歸于我。"[③]楊注:

> 文即字,而先秦書未有言字者。《周禮.外史》、《儀禮.聘禮》皆言名,《左傳》、《論語》、《中庸》並言文。以字爲文,始於《史記·秦始皇瑯邪臺石刻》曰"同書文字"。詳顧炎武《日知録》及段玉裁《説文解字·叙》注。手,手掌。《論衡·雷虚篇》、《紀妖篇》並改作"文在掌"可證。《自然篇》仍作"手",則用《左傳》原文。疑《左傳》本作"曰魯夫人",與於成季"有文在其手曰友"(閔公二年、昭公三十二

① 沈玉成、劉寧:《春秋左傳學史稿》,南京:江蘇古籍出版社,1992年,第409頁。

② 李學勤:《春秋左氏傳舊注疏證續·序》,見吴静安:《春秋左氏傳舊注疏證續》,長春:東北師範大學出版社,2005年,第3頁。

③ 《左傳注疏》卷二,臺北:藝文印書館,1973年,第29頁上。

年《傳》）、於唐叔"有文在其手曰虞"（昭元年《傳》）同例。……孔穎達疏云："《石經》古文'虞'作'□'，'魯'作'□'，手文容或似之。"據孔説，不以其手掌真有文字爲可信，蓋手紋有似"魯夫人"三字或似"虞"字者，當時人或後世人因而附會之。宋仲子之嫁於魯，蓋附會其手紋有似"魯夫人"三字耳。①

堯案：《石經》蓋借"旅"之古文爲"魯"，"旅"、"魯"上古均爲來紐魚部字也。《説文解字》卷7上㫃部：

□（旅），軍之五百人爲旅。从㫃，从从；从，俱也。□，古文旅。②

王筠（1784–1854）《説文釋例》曰：

旅之古文□，《玉篇》在止部，非也。鐘鼎文作□，□即㫃之古文，不得以爲止字，古文傳久，失其本形，遂不可解，率類此矣。③

案：《小徐本》旅之古文作□。又旅字甲骨文作□（佚735）、□（佚971）、□（鐵90.1）、□（後2.43.9）、□（前4.31.7）、□（掇1.301）、□（前6.18.1）、□（甲929）、□（甲2125）、□（後2.4.8）、□（掇1.277）、□（前1.15.3），④金文作□（父乙卣）、□（父辛卣）、□（父辛觚）、□（觚文）、□（且丁甗）、□（遹甗）、□（王婦匜）、□（𡖊鼎）、□（鬲弔盨）、□（作父戊簋）、□（弔咢父簋）、□（伯正父匜）、□（鬲攸比鼎）、□（旅虎簠）、□（仲𩛰盨）、□（且辛爵）、□（伯其父簠）、□（陳公子甗）、□□（曾伯霥簠）諸形。⑤羅振玉曰：

《説文解字》旅古文作□，从□。古金文皆从□从□，亦有从□者（曾伯霥簠旅字作□），與許書畧近。其卜辭从□从□，許書从□者，皆㫃之變形。……从□，即□之譌。⑥

羅説是也。《説文》旅字之古文□所从之□，殆㫃之變形。細究其演變之迹，可於上列金文弔咢父簋、伯正父匜、鬲攸比鼎、曾伯霥簠諸"旅"字求之，兹列其演變軌迹如下：

□→□→□→□→□

□之末筆稍短，即成□矣。金文偏旁㫃字作□形者甚夥，如旂字作□（𦥑壺）、□（頌

① 楊伯峻：《春秋左傳注》（修訂本），北京：中華書局，1990年，第3–4頁。
② 丁福保：《説文解字詁林》，北京：中華書局，1988年，第6928頁上。
③ 王筠：《説文釋例》卷六，同治四年王彥侗刻本，第25B頁。
④ 孫海波：《甲骨文編》，香港：中華書局，1978年，第290頁。
⑤ 容庚編著，張振林、馬國權摹補：《金文編》，北京：中華書局，1985年，第464–467頁。
⑥ 羅振玉：《增訂殷虚書契考釋》卷中，北京：東方學會，1927年，第20B–21A頁。

壺)、□(趞鼎)、□(師咢父鼎)、□(邾公釛鐘)、□(齊侯敦)、□(洹子孟姜壺)、□(喬君鉦),游字作□(曾仲斿父壺)、□(蔡侯盤),旋字作□(五年師旋簋),□字作□(𨙵王子□鐘),□字作□(□弔樊鼎),□字作□(伯公父匿)者皆是也。①

孔疏謂石經古文"'魯'作'□',手文容或似之",蓋謂手紋似□也。手紋似□,而非似"魯夫人"三字,故《左傳》謂"生而有文在其手,曰爲魯夫人",而非"生而有文在其手,曰魯夫人"。楊注始終以"魯夫人"三字爲説,似有可商。又:《説文》:"□,錯畫也。象交文。"②段玉裁《説文解字注》曰:"像兩紋交互也。紋者,文之俗字。"③《左傳》謂"仲子生而有文在其手,曰爲魯夫人",猶謂"仲子生而有紋在其手,曰爲魯夫人",不用俗字而用本字耳。楊注廣徵博引,以研究"文"與"字"之關係,實可不必。

三

上文首部分云:20 世紀後半葉至今,簡帛古文字文獻大量出土,其中有可供研究《春秋》、《左傳》者不少。《上海博物館藏戰國楚竹書》第七册之《鄭子家喪》,即有一可爲楊注訂誤的例子。《左傳·宣公十年》:"鄭子家卒。鄭人討幽公之亂,斲子家之棺,而逐其族。"④"斲子家之棺",杜注、孔疏均以爲意即斲薄其棺。杜預注:

> 以四年弑君故也。斲薄其棺,不使從卿禮。⑤

孔穎達疏:

> 《喪大記》云:"君大棺八寸,屬六寸,椑四寸。上大夫大棺八寸,屬六寸。下大夫大棺六寸,屬四寸。士棺六寸。"然則子家上大夫,棺當八寸,今斲薄其棺,不使從卿禮耳。不知斲薄之使,從何禮也。⑥

楊注則謂其意爲剖棺見尸。楊注曰:

> 斲棺,謂剖棺見尸也。《三國魏志·王凌傳》云:"朝議咸以爲《春秋》之義,齊崔杼、鄭歸生皆加追戮,陳尸斲棺,載在方策,凌、愚罪宜如舊典。乃發凌、愚冢,剖

① 《金文編》第 461-464 頁、第 471-472 頁。邱德修亦有是説,惟所引字形不盡可靠,見氏著:《説文解字古文釋形考述》,臺北:學生書局,1974 年,第 687 頁。

② 《説文解字詁林》,第 8939 頁下。

③ 《説文解字詁林》,第 8940 頁上。

④ 《左傳注疏》,第 382 頁。

⑤ 《左傳注疏》,第 382 頁下。

⑥ 《左傳注疏》,第 382 頁下。

棺暴尸於所近市三日。”……則魏晉六朝皆以斲棺爲剖棺。杜注謂“斲薄其棺,不使從卿禮”,乃臆説也。①

兩種説法孰對孰錯?出土竹簡所載,有助解決此一問題。《上博七·鄭子家喪》有如下一段:

奠(鄭)人命㠯(以)子良爲執命,囟(思一使)子豚(家)利(梨)木三沓(寸),綖(蘆)索㠯(以)紩(鞏)。②

“梨木三沓(寸)”,蓋指梨木製之三寸薄棺,其用意在不以禮葬子家,在當時被看作一種懲罰的措施。通過簡文“利(梨)木三沓(寸)”與《左傳》“斲子家之棺”互相印證,我們可以知道,舊注中杜注孔疏之説可以信從,而楊注“剖棺見尸”的説法則不符合《左傳》本意。

四

以上所述,爲楊注有待訂正之例。至於補充方面,正如本文首部分所言,現代電腦科技日進,可將古文字字形掃描入注中,以加深讀者對傳文之理解。兹舉例如下:

例一:《左傳》僖公三十三年,晉敗秦師於殽,傳文謂:“秦伯素服郊次,鄉師而哭”,杜預“鄉”下無注;③楊注曰:“鄉同今向字。”④然則“鄉”何以同今“向”字?堯案:甲骨文“鄉”字作[illegible],⑤羅振玉謂“象饗食時賓主相嚮之狀”,⑥故有“向”義。

例二:《左傳》隱公元年載:鄭武公夫人武姜生鄭莊公及共叔段。莊公逆生,武姜受驚,遂恶之而愛共叔段,欲立叔段爲太子,屢請於武公,武公弗許。及莊公即位,武姜求封叔段於制。莊公曰:“制乃巖險之邑,昔日虢叔死於此地,不宜以之封段。其他都邑,則唯命是聽。”武姜求封叔段於京,遂使居之,並稱之爲京城大叔。祭仲謂莊公曰:“都邑之城牆超逾三百丈,將爲害國都。先王之制度:大之都邑不得超逾國都三分之

① 《春秋左傳注》(修訂本),第709頁。

② 參《鄭子家喪》(甲本)圖版及第177頁之釋文,馬承源主編:《上海博物館藏戰國楚竹書(七)》,上海:上海古籍出版社,2008年,第37頁。筆者根據復旦大學出土文獻與古文字研究中心研究生讀書會之《〈上博七·鄭子家喪〉校讀》,將釋文之“弫”與“𢍉”改讀爲“蘆”及“鞏”。參劉釗主編《出土文獻與古文字研究》第3輯,上海:復旦大學出版社,2010年,第289頁。

③ 《左傳注疏》,第290頁下。

④ 見《春秋左傳注》(修訂本),第500頁。

⑤ 見《甲骨文編》,第281頁。

⑥ 《增訂殷虚書契考釋》卷中,第17A頁。

一,中等之都邑不得超逾國都五分之一,小之都邑不得超逾國都九分之一。今京城不合於制,國君將不堪其擾。"《傳》文於此復曰:"既而大叔命西鄙、北鄙貳於己。"杜預於"既而"之下無注;[①]楊注則曰:"既而,猶言不久"。[②] "既而"何以有"不久"義? 堯案:甲骨文"既"字作[illegible]、[illegible]諸形,[③]羅振玉曰:"既象人食既。"[④]李孝定曰:"栔文象人食已顧左右而將去之也。"[⑤]甲文"既"象食畢,引申爲凡畢之稱。此處謂祭仲向莊公進諫既畢,大叔又命西鄙、北鄙貳於己。二事相距不遠,故楊注謂"猶言不久"。

例三:《左傳》僖公二十七年載:晉文公返國後,即教導其民。越二年,欲用之,子犯曰:"民未知義,未安其居。"文公於是安定周襄王之位,又於晉國之內致力利民,於是民安其生。文公又欲用之,子犯曰:"民未知信,仍未明信之作用。"文公於是伐原以示之信。民易資者,不再求謀取厚利,而求明徵其辭。文公曰:"可用矣乎?"子犯曰:"民未知禮,未生其恭。"《左傳》原文作"未生其共"。杜預於"共"字無注;[⑥]楊注則曰:"共同恭,金澤文庫本作'恭'。"[⑦]然則"共"何以同"恭"? 堯案:"共"字甲骨文作[illegible],[⑧]金文作[illegible]、[illegible]、[illegible]、[illegible],[⑨]象雙手恭敬持物與人,故有恭敬義。清人王玉樹《説文拈字》曰:"疑古文'恭'止作'共',秦人始加'心',古實無此字……今經典中如《文十八年傳》'兄友弟共'之類,作'共'者尚有。《檀弓》俗刻'恭世子',《釋文》:'恭音共,本亦作共。'宋刻則作'共世子',《釋文》亦互異,可見古文止作'共'也。"[⑩]其説是也。

例四:《左傳》僖公三十三年載:晉襄公敗狄於箕。是役也,先軫免胄入於狄師,死焉。狄人歸其元於晉,面如生。杜注、楊注皆訓"元"爲"首"[⑪]。元何以有"首"義? 堯案:元作父戊卣"元"字作[illegible],[⑫]象人形而其首特巨,"元"之本義爲"首",[⑬]昭然可見。

例五:《左傳》隱公十一年載:鄭莊公將伐許,五月甲辰,授兵於大宮。杜預於"兵"

① 参《左傳注疏》,第 36 頁下。
② 見《春秋左傳注》(修訂本),第 12 頁。
③ 見《甲骨文編》,第 234 頁。
④ 《增訂殷虚書契考釋》卷中,第 55A 頁。
⑤ 李孝定:《甲骨文字集釋》,臺北:"中央研究院"歷史語言研究所,1970 年,第 1751-1752 頁。
⑥ 《左傳注疏》,第 268 頁上。
⑦ 見《春秋左傳注》(修訂本),第 447 頁。
⑧ 見《甲骨文編》,第 104 頁。
⑨ 見《金文編》,第 164 頁。
⑩ 《説文解字詁林》,第 10316 頁下。
⑪ 参《左傳注疏》第 291 頁上及楊伯峻《春秋左傳注》(修訂本)第 501 頁。
⑫ 見《金文編》,第 1 頁。
⑬ 参周法高等編之《金文詁林》,香港:香港中文大學,1974 年,第 12-23 頁。

字無注;[①]楊注曰:"兵,武器。"[②]"兵"何以有"武器"義?堯案:《説文》:"兵,械也,从廾持斤。"[③]是"兵"之本義爲兵器。甲骨文"兵"字作[illegible]、[illegible],[④]結構與小篆同。

例六:《左傳》宣公二年載:晉靈公不遵循爲君之道,大夫趙盾屢諫,靈公惡之,使鉏麑賊之。杜預於"賊"字無注;[⑤]楊注曰:"《晉世家》云,'使鉏麑刺殺趙盾',以刺釋賊。高誘《吕氏春秋・注》亦云:'賊,殺也。'"[⑥]"賊"何以有"殺害"義?堯案:《説文》:"賊,敗也,从戈則聲。"[⑦]"賊"字从戈,戈爲兵器,故"賊"有殺害義。金文"賊"字作[illegible],[⑧]結構與小篆相同。

以上六例,闡明如何透過甲骨文、金文、小篆之字形,加深讀者對《左傳》之理解。

作者簡介:

單周堯,男,1947年生,香港人,香港能仁專上學院副校長(學術)暨文學院院長及中文系主任、香港大學中文學院榮譽教授,近著有《勉齋論學雜著》(上海古籍出版社2017年版)等。

① 参《左傳注疏》,第80頁上。
② 見《春秋左傳注》(修訂本),第72頁。
③ 許慎:《説文解字》,香港:中華書局,1972年,第59頁。
④ 見《甲骨文編》,第101頁。
⑤ 参《左傳注疏》,第364頁下。
⑥ 見《春秋左傳注》(修訂本),第658頁。
⑦ 《説文解字》,第266頁。
⑧ 見《金文編》,第824頁。

儒者之風
——孔德成先生百年紀念活動報導

葉國良　黄啟書

孔德成先生,孔子第七十七代嫡長孫,爲第三十一代衍聖公孔令貽遺腹子,1920 年 2 月 23 日(農曆正月初四),生於山東曲阜孔府,字玉汝,號達生。出生後剛滿百日時,襲封第三十二代衍聖公;後於 1935 年 7 月 8 日,改任第一代大成至聖先師奉祀官。2019 年適值先生逝世十週年及虚歲百年冥誕。孔家、至聖孔子基金會、先生門生弟子以及響應之文化團體等,籌辦"儒者之風——孔德成先生百年紀念活動",爲期一月。活動内容凡:出版《孔德成先生合集》一套 3 冊、孔德成先生百年紀念會、孔德成先生百年紀念法書暨文物展、"風雨一盃酒——孔德成先生紀録片"試映會、2019 海峽兩岸企業家論壇等。

《孔德成先生合集》含《文集》、《日記》及《法書》共三冊,臺大教授葉國良編輯。《文集》收録先生所撰之論文、演講稿、雜文;《日記》係首次刊布先生 1938-1942 年抗戰時寓居重慶之讀書日記,兼及時事、交遊等,良足珍貴;《法書》則收録先生中年以後之墨寶,悉由家屬、弟子與故舊提供,經仔細甄别,無一代筆。故此《合集》當爲研究先生學術、生平與書藝成就最爲詳實之文獻。

孔德成先生百年紀念會與紀念法書暨文物展,2019 年元月 19 日於臺北中油大樓國光會議廳及臺北中山紀念館博愛藝廊先後舉行。紀念會來自海峽兩岸專家學者以及日韓、印尼與馬來西亞等國貴賓與孔氏宗親共 400 餘人齊聚一堂。由先生嫡長孫現任"奉祀官"孔垂長、前臺灣地區領導人馬英九、臺北市副市長鄧家基、臺灣行政管理機構内政事務主管司長林清淇、先生弟子"中央研究院"院士曾永義、臺大教授葉國良、曲阜師範大學前校長傅永聚、日本道德科學研究所理事長廣池幹堂等代表致辭。法書暨文物展,陳列由孔家及先生門生弟子所提供之法書、圖畫、日記、手稿、用品、勳獎及相片等。其中康熙御筆"萬世師表"法書真跡由孔德成先生攜帶來臺,後鑒於奉祀官府裁撤,先生認爲此物放在家中不安全,於 2000 年捐贈給臺北故宫博物院。因墨寶已被臺灣行政管理機構文化事務主管部門列爲國寶,此次特以高仿複製品陳展。另一件高仿品,則爲先生 1993 年手書贈與二姊德懋女士"風雨一盃酒,江山萬里心"聯語。蓋姊弟倆歷經 42 年分離,在有心人安排下終在日本相見。數年後德懋二姊屬先生書聯作爲懷念,此十字道盡姊弟一生的起伏,及未因離散而片刻忘懷的思念。至今真蹟猶高掛德懋女士北京宅第中堂。展覽中除弟子故舊所收藏之先生法書外,如令貽公五爪蟒袍、朝珠,1914 年政事堂印鑄局造衍聖公大印及 1935 年印鑄局造大成至聖先師奉祀官印,先生居蜀日記,王獻唐爲孔德成作猗蘭别墅著書圖等文物,皆爲孔家珍藏,首次公諸於世。

"風雨一盃酒——孔德成先生紀録片"由著名紀録片導演李中旺耗時 3 年半,斥資近千萬,並赴大陸各處實地拍攝,考證史實,並採訪十數位先生家屬、門生、故舊,實爲繼汪士淳所著《儒者行:孔德成先生傳》一書之後,又一詳實陳述先生生平之重要文獻。此篇完整呈現先生横跨海峽兩岸歷史,集政統、道統與傳統學術涵養於一身的第一人風貌。

至於 2019 海峽兩岸企業家論壇,則由現任奉祀官孔垂長發起,中華大成至聖先師孔子協會、慈濟基金會、至聖孔子基金會等機構聯合舉辦。以"傳統文化與企業家精神"爲題,邀集海峽兩岸的逾百名企業家和知名學者齊聚一堂,論道新時代儒商精神,傳承正宗道統,分享應用儒學經驗。與會企業家並共同簽署"大商謀道、立己達人、兼濟天下、士魂商才"《倡議書》。

(作者單位:臺灣大學中國文學系)

段玉裁《詩經小學》引《説文解字》釋經考

李雄溪

内容摘要　段玉裁《詩經小學》爲研究《詩經》詞義之著作，當中援引許慎《説文解字》以佐解《經》之處甚多。本文透過分析具體例子，從"細釋詞義"、"説明通假"、"明異體字"、"指出異文"、"引録籀文"、"明古今字"六方面去説明段氏引《説文解字》釋《詩經》之作用。此外，對比《詩經小學》和《説文解字注》的有關訓釋，可知段氏研治《詩經》和文字學之理路。

關 鍵 詞　許慎　《説文解字》　段玉裁　《詩經小學》

引言

段玉裁爲清代《説文解字》(以下或簡稱《説文》)四大家之一，以《説文解字注》(以下或簡稱《段注》)著稱於世。文字學之外，段氏於經學研究亦成就卓然，其研治《詩經》的專著，包括《毛詩故訓傳定本小箋》、《詩經小學》等。向熹《段玉裁與〈詩經〉訓詁》指出："段氏注意到這兩部書的密切關係，既潛心注解《説文》，又着力研究《詩經》，並把兩者很好結合起來，彼此啓發，互相滲透，取得了事半功倍的效果。"①《詩經小學》早出，《説文解字注》成書於段氏晚年，《段注》當中有吸取《詩經小學》的内容，也有些地方比《詩經小學》的討論更爲詳細。②

《詩經小學》的重點在訓釋《詩經》詞義，當中引録《説文解字》的地方頗多。本文將説明段玉裁《詩經小學》引《説文》釋《詩》之情況，並分析引《説文》釋《詩》在訓詁上所起之作用。

《詩經小學》有四卷本和三十卷本兩種，四卷本爲臧鏞堂據三十卷本删纂而成，兩

---

① 向熹：《詩經語文論集》，成都：四川民族出版社，2002 年，第 421–422 頁。

② 詳參虞萬里：《段玉裁〈詩經小學〉研究》(上)，載《辭書研究》1985 年第 5 期，第 47–48 頁，又第 81 頁。

版本的詳略有很大的差别。臧氏《刻詩經小學録序》指出:"《詩經小學》數十卷,亦段君所授讀,鏞堂善之,爲刪繁纂要,國風、大小雅、頌各録成一卷,以自省覽。後段君來,喜曰:'精華盡在此矣!'當即以此付梓,時乾隆辛亥孟秋也,竊以讀此而六書假借之誼乃明,庶免穿鑿傅會之談。段君所著《尚書撰異》、《詩經小學》、《儀禮漢讀考》,皆不自付梓,有代爲開雕者,又不果,而此編出鏞堂手録,卷帙無多,復念十年知己之德,遂典裘以畀剞劂。"[①]董蓮池《段玉裁評傳》亦説:"道光六年(1826),嚴杰把這四卷本的《詩經小學》輯入《皇清經解》。由於該書係删繁纂要而成,所删又頗得段玉裁嘉許,所以可以把四卷本看作《詩經小學》三十卷本的精華本。"[②]可知四卷本爲《詩經小學》的精華。由於四卷本收入《皇清經解》,[③]流播甚廣,反而三十卷本於早年不易得見,劉盼遂《段玉裁先生年譜》謂:"按臧刻本即今《皇清經解》四卷本,其全書爲三十卷,見阮元《十三經注疏校勘記》、《毛詩序目》以及《説文》第十五注,今不可復見矣。"[④]於今所見,《抱經堂叢書》有《詩經小學》三十卷;《拜經堂叢書》有《詩經小學録》四卷,竝收於《段玉裁遺書》。[⑤] 本文之寫作,即據《抱經堂叢書》三十卷本。

有關《詩經小學》研究,早期有虞萬里的《段玉裁〈詩經小學〉研究》,論述甚爲詳細。[⑥] 之後有孫劍秋、蔡根祥、王兆娟、袁麗平等人撰文,[⑦]都值得注意。本文重點與上述研究有所不同,旨在探討《詩經小學》援引《説文解字》的用意,並由此證明《説文》於古籍訓詁所産生的作用。以下分爲六個細項,再於每項之下引數例加以分析説明。

分論

(一)細釋詞義

研讀古籍,必先了解詞義,由小學入經學,爲古人治學之不二法門。《説文》因形釋義,是中國第一部有系統的字書,受到歷來學者的重視。在詞義分析,特别於説明本

① 見《段玉裁遺書》,臺北:大化書局,1986年,第581頁。

② 董蓮池:《段玉裁評傳》,南京:南京大學出版社,2006年,第62頁。

③ 《清經解》,上海:上海書店,1988年,第4册,第170-187頁。

④ 劉盼遂:《段玉裁先生年譜》,臺北:文海出版社,1972年,第63頁。

⑤ 段玉裁:《詩經小學》,《段玉裁遺書》,第437-628頁。下引《詩經小學》皆據此版本。

⑥ 虞萬里:《段玉裁〈詩經小學〉研究》(上)、《段玉裁〈詩經小學〉研究》(下),載《辭書研究》1985年第5期,頁43-48、81;1986年第6期,第88-94頁、第24頁。

⑦ 孫劍秋:《段玉裁〈詩經小學〉研究》,《第三屆中國文字學國際學術研討會論文集》,臺北:輔仁大學出版社,1992年,第417-426頁;蔡根祥:《段玉裁〈詩經小學〉蠡探》,《中興大學中文學報》第28期(2010年12月),第77-103頁;王兆娟:《段玉裁〈詩經小學〉研究》高雄師範大學經學研究所碩士論文,2012年1月;袁麗平:《段玉裁〈詩經小學〉訓詁研究》,揚州大學碩士論文,2013年6月。

義方面,許書貢獻極大,江沅《説文解字注後叙》言:"許書之要,在明文字之本義而已……本義明而後餘義明,引申之義亦明,叚借之義亦明。"①以下各例,段氏爲細釋《詩經》詞義,每每引《説文》以爲佐。

1.《汝墳》"惄如調飢""飢"

《詩經小學》卷一《汝墳》"惄如調飢"條下曰:"《説文》:'飢,餓也。''饑,穀不熟也。"《唐石經》'飢渴'皆作'飢','饑饉'皆作'饑'。"②

按:"飢"、"餓"二字於《説文》互訓,然當中有微别,從《韓非子·飾邪》"家有常業,雖飢不餓",③"飢"、"餓"對舉,可見一斑。《詩經小學》的重點放在比較"飢"、"饑"二字,"飢"字古音見母脂部,"饑"字見母微部。兩字雙聲,又有陰聲韻旁轉的關係,二字音近,後世易混。段氏引《説文》以説明兩字之差異。《詩》"惄如調飢"句中之"飢"應解作"飢餓",與"饑饉"之"饑"異。事實上,考諸《詩經》用例,"飢"、"饑"是義意相近的同義詞,④用法有顯著不同。"飢"字於本篇之外,在《詩經》另有兩見,《陳風·衡門》"可以樂飢",《毛傳》:"樂飢,可以樂道忘飢。"⑤《鄭箋》謂:"飢者,不足於食也。"⑥《小雅·采薇》"載渴載飢",《鄭箋》云:"行反在於道路,猶飢渴,言至苦也。"⑦又"饑"見於《小雅·雨無正》:"降喪饑饉",《毛傳》曰:"穀不熟曰饑,蔬不熟曰饉。"⑧《段注》比《詩經小學》更爲詳細,明言"飢"、"饑"兩字後來混同的原因,於"饑"下謂:"《釋天》文。又曰:'仍饑爲荐。'按,《論語》'年饑','因之以饑饉',鄭本作飢。"⑨又於"飢"下曰:"與饑分别,葢本古訓。諸書通用者,多有轉寫,錯亂者亦有之。"⑩所謂本古訓,即指《毛傳》、《鄭箋》之訓釋。透過引録《説文》,《詩學小學》釐清了"飢"、"饑"二字在《詩經》中分别。

2.《靈臺》"虡業維樅"

《詩經小學》卷二十三《靈臺》"虡業維樅"條下曰:"《説文》:'虡,鐘鼓之柎也。飾

① 段玉裁:《説文解字注》,南京:鳳凰出版社,2007年,第1349頁。

② 《詩經小學》,第444頁。

③ 陳奇猷校注:《韓非子集釋》,上海:上海人民出版社,1974年,第309頁。

④ 宋愛萍云:"所謂同義詞,實際上是詞義有同有異的近義詞,並不是説一個詞的意義和另一個(或另一些)詞的意義完全一樣。凡幾個不同的可以用來表示同一個客觀事物或主觀意念的詞,都可以叫同義詞。"見宋愛萍:《古漢語同義詞辨析》,濟南:黄河出版社,1990年,第1頁。

⑤ 十三經注疏整理委員會:《十三經注疏》,北京:北京大學出社,2000年,第4册,第519頁。

⑥ 《十三經注疏》,第4册,第519頁。

⑦ 《十三經注疏》,第5册,第696頁。

⑧ 《十三經注疏》,第5册,第854頁。

⑨ 《説文解字注》,第393頁。

⑩ 《説文解字注》,第393頁。

爲猛獸,从虍。異象其下足。'或作鐻,篆文作虡……《說文》:'業,大版也。所以飾縣鐘鼓。捷業如鋸齒,以白畫之。象其鉏鋙相承也。'《詩》曰:'巨業維樅。'"①

按:《大雅・靈臺》寫文王建造靈臺,遊賞奏樂,與民偕樂。《孟子・梁惠王章句上》引此《詩》可以爲證:"文王以民力爲臺爲沼,而民歡樂之;謂其臺曰靈臺,謂其沼曰靈沼,樂其有麋鹿魚鼈。古之人與民偕樂,故能樂也。"②此詩第三章爲"虡業維樅,賁鼓維鏞。於論鼓鐘,於樂辟廱",寫鐘鼓之樂,"虡"、"業"乃懸掛鼓鏞之器具,《毛傳》曰:"植者曰虡,横者曰栒。業,大版也。樅,崇牙也。"③說解頗見簡略,《詩經小學》並無引録,而其所引《說文》的講法,詳言"虡"和"業"的具體形貌,大大有助於訓釋《經》意。

此外,段玉裁又常引《說文》以說明《詩經》的地理名物,例如《詩經小學》卷十六《魚麗》"鯊"字條下曰:"《說文》:'魦,魚名。出樂浪潘國。从魚,沙省聲。'"④又《詩經小學》卷二十三《文王有聲》"作邑于豐"句下:"《說文》:'酆,周文王所都,在京兆,杜陵西南。'"⑤又《詩經小學》卷二十九《泮水》"黮"條下曰:"《說文》:'黮,桑葚之黑也。'"⑥諸如此類,皆可爲例。事實上,歷來學者甚注意《詩經》名物的考證,因對理解《詩》意,能够産生直接或間接的效果,如陸璣《毛詩草木鳥獸蟲魚疏》、毛晉《毛詩草木鳥獸蟲魚疏廣要》、徐鼎《毛詩名物圖說》等皆爲探討《詩經》名物之專著。《說文》所載,乃漢人所記之地理名物,可信性甚高,故多爲《詩經小學》引用。

(二)說明通假

《毛詩》爲古文經,假借字極多。清人訓詁,因聲求義,故對假借現象十分留意,王引之《經義述聞・自序》曰:"字之聲同聲近者,經傳往往假借,破假借之字而讀以本字,則涣然冰釋,如其假借之字而强爲之解,則詰𥫗爲病矣。"⑦馬瑞辰《毛詩傳箋通釋》:"毛詩爲古文,其經字類多假借。《毛傳》釋詩,有知其爲某字之假借,因以所假借之正字釋之者;有不以正字釋之,而即以所釋正字之義釋之者。說《詩》者必先通假借,而經義始明。"⑧段玉裁亦言:"大氐叚借之始,始於本無其字;及其後也,既有其字

① 《詩經小學》,第541頁。
② 《十三經注疏》,第25册,第7–8頁。
③ 《十三經注疏》,第6册,第1225頁。
④ 《詩經小學》,第500頁。
⑤ 《詩經小學》,第542頁。
⑥ 《詩經小學》,第572頁。
⑦ 王引之:《經義述聞》,江蘇:江蘇古籍出版社,1985年,第2頁。
⑧ 馬瑞辰:《毛詩傳箋通釋》,北京:中華書局,1992年,第23頁。

矣,而多爲叚借,又其後也,且至後代,譌字亦得自冒於叚借。"[①]當中論及"既有其字"之假借,即爲通假。《詩經小學》常引《説文》以助説明某字爲某字的假借。

1.《摽有梅》"摽有梅"

《詩經小學》卷二《摽有梅》"梅"字條之下曰:"玉裁按:《終南·傳》'梅,枏也。'《墓門·傳》:'梅,枏也。'與《爾雅》、《説文》合。《説文》'梅,枏也。''某,酸果也。'凡梅杏當作某,毛公於《摽有梅》無傳。蓋當毛時字作某,後乃借梅爲某,二木相溷也。《釋文》曰:'《韓詩》作楳。'《説文》楳亦梅字。"[②]

按:"梅"的本義是"楠木",如《秦風·終南》"有條有梅"、《陳風·墓門》"墓門有梅"之下,《毛傳》皆曰:"梅,柟也。"[③]即用本義。"梅"通作"某",作"酸果"解,於《摽有梅》一詩中,方怡然理順,"梅"、"某"二字古音皆明母之韻,爲同音通假字。段氏引《説文》,正要説明《摽有梅》中"梅"爲假借字。關於這個講法,《段注》有更詳細的説明:"按:《釋木》曰:'梅,枏也。'《毛詩·秦風》《陳風》傳皆曰:'梅,枏也。'與《爾雅》同。但《爾雅》、《毛傳》皆謂梗枏之枏。毛公於《召南·摽有梅》、《曹風》'其子在梅'、《小雅·四月》'侯栗侯梅'無傳,而《秦》、《陳》乃訓爲枏,此以見《召南》等之梅,與《秦》、《陳》之梅,判然二物。《召南》之梅,今之酸果也。《秦》、《陳》之梅,今之楠樹也。"[④]又曰:"以許書律群經,則凡酸果之字作梅,皆假借也。凡某人之字作某,亦皆假借也。假借行而本義廢,固不可用勝數也。"[⑤]可補充《詩經小學》的分析。

2.《山有樞》"洒埽"

《詩經小學》卷十《山有樞》"洒埽"條下曰:"《説文》:'灑,汛也。''汛,灑也。''洒,滌也。'古文以爲灑埽字。玉裁按:《毛詩》'弗洒弗埽'、'洒埽穹室'、'於粲洒埽'、'洒埽庭内'及《論語》'洒埽應對'皆作洒,若《曲禮》'於大夫曰備埽灑'則作灑。蓋漢人用灑掃字,經典借洒滌字爲灑用洒埽字,故《説文》於洒字注云'古文以爲灑埽字',攷毛公《詩傳》、韋昭《國語》注皆云'洒,灑也',言假洒爲灑也。"[⑥]

按:《説文》卷十一水部:"洒,滌也。从水西聲。古文以爲灑埽字。"[⑦]又同部:"灑,汛也。"[⑧]《説文》中"灑"、"汛"互訓。"洒"的本義爲"洗滌","灑"則有"灑水"之

---

① 《説文解字注》,第 1311 頁。
② 《詩經小學》,第 448 頁。
③ 《十三經注疏》,第 4 册,第 497 頁、又第 4 册,第 525 頁。
④ 《説文解字注》,第 421 頁。
⑤ 《説文解字注》,第 421 頁。
⑥ 《詩經小學》,第 480 頁。
⑦ 許慎:《説文解字》,香港:中華書局,1985 年,第 236 頁。
⑧ 《説文解字》,第 237 頁。

意。《段注》於"洒"字之下曰:"洒、灑本殊義而雙聲,故相假借。凡假借多叠韻或雙聲也。《毛詩》'洒埽'四見,《傳》云:'洒,灑也。'鄭注《周禮》'隸僕',韋注《國語》皆同。皆假借之例。若先鄭云:'洒當爲灑'。則以其義别而正之,以漢時所用字正古文也。"①又於"灑"字之下曰:"凡埽者先灑。《弟子職》云'實水於盤,攘臂袂及肘。堂上則播灑,室中握手'是也。引申爲凡散之稱。"②是故"灑埽"應用"灑"字。段氏意指"洒"、"灑"本爲二字,古文中有通用的情况。《詩經》即用"洒"爲假借字。"洒"字古音山母脂部,"灑"字山母支部,兩字雙聲,陰聲韻旁轉,爲近音通假。《詩經小學》引《説文》之外,更對比《毛詩》、《論語》、《曲禮》之用例,以證許説不誤。

3.《鶴鳴》"可以爲錯"、《楚茨》"交錯"

《詩經小學》卷十八《鶴鳴》"可以爲錯"條下曰:"《説文》:'厝,厲石也。从厂昔聲。《詩》曰:"它山之石,可以爲厝。"'《五經文字》曰:'厝見詩,詩又作錯,經典或竝用爲措字。'玉裁按:今詩作錯,爲厝字之假借字。"③

又《詩經小學》卷二十《楚茨》"交錯"條下曰:"《毛傳》:'東西爲交,邪行爲錯。'《説文》作这造。經典中用錯字,多屬假借。'獻酬交錯'應作'这造','可以攻錯'應作'攻厝','錯綜其數'應作'逪綜','舉直錯往'應作'舉措'。攷《説文》造,这也。厝,厲石也。逪,参逪也。《廣韵》逪,倉各切,逪綜,亂也。措,置也。錯,金涂也。何以報之金錯刀,乃錯之本義。"④

按:《説文》卷十四上金部:"錯,金涂也。"⑤又卷二下辵部:"造,迹造也。"⑥"迹"疑爲"这"之誤,⑦卷九下厂部:"厝,厲石也。"⑧段氏透過引録《説文》,明三字的本義各有不同,是故《小雅・鶴鳴》"可以爲錯"、《小雅・楚茨》"獻醻交錯","錯"皆爲假借字,"可以爲錯"的本字爲"厝","交錯"的本字爲"造"。《段注》"錯"之下説得十分明確:"涂,俗作'塗',又或作'搽'。謂以金措其上也。或借爲措字,措者,置也。或借爲摩厝字,厝者,厲石也。或借爲这造字,東西曰这,邪行曰造也。"⑨"錯"、"造"、"厝"三

---

① 《説文解字注》,第 979 頁。
② 《説文解字注》,第 982 頁。
③ 《詩經小學》,第 507 頁。
④ 《詩經小學》,第 524 頁。
⑤ 《説文解字》,第 295 頁。
⑥ 《説文解字》,第 40 頁。
⑦ 鈕樹玉《説文解字校録》:"《廣韻》引作'这造也',是也。《玉篇》亦訓'这造'。"見丁福保編《説文解字詁林正補合編》,臺北:鼎文書局,1983 年,第 3 册,第 50 頁。
⑧ 《説文解字》,第 194 頁。
⑨ 《説文解字注》,第 1226 頁。

字古音同在清母鐸部，爲同音通假。段氏引録《説文》，把《詩》用假借的情況説得十分明白。

(三)明異體字

在漢字發展的過程中，出現很多異形同義的異體字。異體字當中，有些較爲常見，有些則比較生僻。能了解典籍出現的異體字的構形和它們之間的關係，對掌握文意，甚有幫助。《詩經小學》有引《説文》以明異體字，舉例如下：

1.《兔罝》"逵"

《詩經小學》卷一《兔罝》"逵"字條下曰："《説文》：'馗，九達道也，似龜背，故謂之馗，或作逵，从辵坴聲。'玉裁按：馗、逵本同字。《毛詩》作逵，《韓詩》作馗，與'公侯好仇'爲韵。王粲《從軍詩》與愁由流舟游收憂疇休留字爲韵，古音讀如求，在弟三部也。至宋鮑照乃與衰威飛依積字爲韵，入於弟十五部。《廣韵》又分别馗在尤韵兼入脂韵，逵專在脂韵。顧炎武《詩本音》乃以脂韵之逵爲本音，而讀仇如其以協之，引《史記》《趙王友歌》證仇本有其音，不知《趙王友歌》乃漢人之韵尤韵合用，逵與馗一字，古皆讀如求也。"①

按：《周南・兔罝》有"施于中逵"句，《毛傳》曰："逵，九達之道。"②《説文》並無收"逵"字，然於卷十四下九部收"馗"字，訓爲"九達道也"③，段氏先引《説文》，指出"馗"或作"逵"，並言《毛詩》與《韓詩》分用"逵"、"馗"二字，再分析二字歷來作詩韵的語音，以證"馗"和"逵"兩字古同音，爲異體字。兩者皆爲會意字，《段注》有説明"馗"字的造字原理，曰："龜背中高而四下，馗之四面無不可通，似之。"④又曰："會意。首猶向也，故道字亦从首。九亦聲，古音在三部。今渠追切。"⑤至於"逵"字，从辵从坴，《説文》卷二下辵部："乍行乍止也。"⑥，"辵"字甲骨文作𢓊(後 2.14.18)⑦，正是从行从止。《説文》卷十三下土部："坴，土塊坴坴也。"⑧《廣韻》："坴，大塊。"⑨則知"坴"即土塊大之貌。由是可見，"馗"从九从首、"逵"从辵从坴，二字共用了四個不同的意符，同様表達"九達道"之意。

---

① 《詩經小學》，第 443 頁。
② 《十三經注疏》，第 4 册，第 59 頁。
③ 《説文解字》，第 308 頁。
④ 《説文解字注》，第 1283 頁。
⑤ 《説文解字注》，第 1283 頁。
⑥ 《説文解字》，第 39 頁。
⑦ 中國科學院考古研究所：《甲骨文編》，北京：1989 年，第 63 頁。
⑧ 《説文解字》，頁 286。
⑨ 陳彭年等：《校正宋本廣韻》，臺北：藝文印書館，1981 年，第 454 頁。

2.《行葦》"臄"

《詩經小學》卷二十四《行葦》"臄"下曰:"《説文》:'谷,口上阿也。从口,上仌象其理。'或作㖦,或作臄。"①

按:《大雅·行葦》有"嘉殽脾臄"句,《説文》肉部無收"臄"字,《説文》卷三上谷部原文爲"谷,口上阿也。从口,上象其理。凡谷之屬皆从谷。㖦,谷或如此。臄或从肉,从豦。"②《段注》曰:"口上阿,謂口吻已上之肉隨口卷曲。"③又謂㖦、臄"二皆形聲"④谷爲象形字,㖦與臄爲形聲字,《詩經小學》引《説文》,旨在説明谷跟㖦、臄乃因造字方法不同而産生的異體字。

3.《良耜》"以薅荼蓼"

《詩經小學》卷二十八《良耜》"以薅荼蓼"條下曰:"《説文》:薅,拔去田艸也。从蓐,好省聲,籀作薅,或作茠。詩曰:'既茠荼蓼'"。⑤

按:《段注》謂"古好聲、休聲同在三部",⑥朱駿聲《説文通訓定聲》在"薅"字之下曰:"或从艸,休聲。"⑦即指"茠"以"休"爲聲符;"薅"的聲符是"好",乃省聲字。"茠"爲"薅"之或體。《爾雅·釋草》郭璞注引《詩》"以茠荼蓼",⑧是"茠"爲"薅"異體字的證據,亦可進一步證明許君之説不誤。

有些時候,《詩經小學》只引《説文解字》,指出某字爲某字的或體,並沒有進一步論述和分析,如卷一"筐"條下:"《説文》:'匡,筥也。或从竹作筐。'"⑨卷一"澣"字條:"《説文》作𤀹,今通作澣。按幹爲榦之俗,當作澣,不當作擀。《説文》𤀹或作浣。"⑩卷二十九"在泮獻馘"條:"《説文》聝或从首作馘。"⑪,皆可以爲例。

(四)指出異文

《詩經》異文是一個十分值得注意的現象。夏傳才《詩經學大辭典》載:"《詩經》在兩千年的流傳中産生了大量異文,總括起來,這些異文大致可分爲三類:①由流傳的版本不同而出現的異文。這樣的異文佔絶大多數。②出土簡牘、石經和文物上的異

① 《詩經小學》,第546頁。
② 《説文解字》,第50頁。
③ 《説文解字注》,第156頁。
④ 《説文解字注》,第156頁。
⑤ 《詩經小學》,第568頁。
⑥ 《説文解字注》,第82頁。
⑦ 朱駿聲:《説文通訓定聲》,北京:中華書局,1984年,第286頁。
⑧ 《十三經注疏》,第24册,第284頁。
⑨ 《詩經小學》,第441頁。
⑩ 《詩經小學》,第440頁。
⑪ 《詩經小學》,第571頁。

文。③歷代著述中引《詩》的異文。"[①]《説文》早出,它所能顯示的異文,自然是第一種。《詩經小學》所引《説文》,正是反映這種異文。

1.《葛覃》"歸寧父母"

《詩經小學》卷一《葛覃》"歸寧父母"條下曰:"《説文》:㝉,安也。《詩》曰:'以㝉父母。'玉裁按:歸寧父母謂文王之父母也。既歸曰舅姑,未歸言父母。《禮記》'親迎,女在塗,而壻之父母死',是也。《序》曰:'葛覃,后妃之本也。后妃在父母家,則志在於女功之事,躬儉節用,服澣濯之衣,尊敬師傅,則可以歸安父母,化天下以婦道也。'言在父母家爲女子,子若此則可以成婦,禮於舅姑而化天下以婦道。故曰'葛覃,后妃之本也'。上文'言告言歸'。《毛傳》'婦人謂嫁曰歸',此歸字即言告言歸之歸也。父母在則有時歸寧耳。此九字蓋後人所加,非《毛傳》本文,説《詩》者以全篇爲已嫁之詞。又惑於篇末父母之稱歸寧之義,乃謂《序》所云'后妃在父母家'之句不可通矣。《説文》'以㝉父母'蓋即'歸寧父母'之異文。"[②]

按:此條論述甚詳,先援引《説文》,後徵之於《詩序》、《毛傳》,考之於《禮記》,並推測上下文意,得出"以㝉父母"爲"歸寧父母"異文之結論。王先謙亦指出"此或齊魯文"[③]《段注》於"《詩》曰:'目㝉父母'"謂:"今《毛詩》無此,蓋《周南》'歸寧父母'之異文也。《毛傳》曰:'寧,安也。'尋《詩》上文'言告言歸',歸謂嫁也。方不當遽圖歸寧,則此歸字作以字爲善,謂可用以安父母之心。《草蟲》:'未見君子,憂心沖沖。'《箋》云:'在塗而憂,憂不當君子,無以寧父母,故心衝衝然。'《葛覃》'曷澣曷否'二句,《箋》云:'言常自絜清,以事君子。'正謂能事君子,則能寧父母心。二《箋》義互相足。"[④]《段注》以《詩》證《詩》,可以進一步補充《詩經小學》的講法。

2.《巷伯》"緝緝翩翩"

《詩經小學》卷十九《巷伯》"緝緝翩翩"條下曰:"《説文》:'咠,聶語也。从口从耳。''聶,附耳私小語也。'《詩》曰:'咠咠幡幡。'玉裁按:咠咠者,緝緝之異文。"[⑤]

按:《段注》在"咠咠幡幡"之下注曰:"《小雅・巷伯》三章:'緝緝翩翩。'四章:'捷捷幡幡。'許引當云'咠咠翩翩',而云'咠咠幡幡'者,誤合二章爲一耳。咠咠,今《詩》作'緝緝',毛云:'緝緝,口舌聲'"[⑥]段氏指出許君引《詩》之誤。另外,又指出"咠咠"

① 夏傳才:《詩經學大辭典》,石家莊:河北教育出版社,2014年,第17頁。

② 《詩經小學》,第440頁。

③ 王先謙:《詩三家義集疏》,臺北:世界書局,1957年,第16頁。

④ 《説文解字注》,第1080頁。

⑤ 《詩經小學》,第518頁。

⑥ 《説文解字注》,第101頁。

乃"緝緝"之異文。《毛傳》曰:"緝緝,口舌聲。"[①]此訓釋非"緝"之本義,《説文》卷十三上糸部:"緝,績也。"[②]《説文》"緝"、"績"互訓,可見"緝"之本義爲"績麻"。《説文》卷二上口部:"咠,聶語也。"[③]《巷伯》"緝緝翩翩"寫譖人之巧言,"咠"之本意正好配合詩意,"咠"、"緝"二字古音同在清母緝部,爲同音字,"緝"爲"咠"之假借。王先謙《詩三家義集疏》:"《齊》、《魯》,緝作咠者,《説文》'咠'下云:'聶語也。'引《詩》作'咠咠翩翩',與《韓》、《毛》詩異。與《傳》'口舌聲'之義合。"[④]《齊》、《魯》詩用正字,《毛》、《韓》詩用假借字。《詩經小學》引《説文》,正能有效地説明"咠咠"爲"緝緝"之異文。

3.《緜》"維其喙矣"

《詩經小學》卷二十三《緜》"維其喙矣"條下曰:"《説文》:呬,息也。《詩》曰:'犬夷呬矣'。玉裁按:呬矣者,喙矣之異文。[⑤]

按:《段注》對"呬"、"喙"二字的關係,有更詳盡的解釋:"《大雅》:'混夷駾矣,維其喙矣。'合二句爲一句,與日部引'東方昌矣'相似。混作犬,喙作呬,蓋用《三家詩》。馬部引'昆夷駾矣',則《毛詩》也。毛云:'喙,困也。'《方言》:'餽,喙,呬:息也。'按,人之安寧與困極,皆驗諸息,故《假樂》、《綿》之呬,不嫌異義同偁,喙與呬,不嫌異字同義。"[⑥]《毛詩》並無"犬夷呬矣"句,《大雅·緜》有"混夷駾矣,維其喙矣"句,段氏謂許君合二句爲一,而且用"呬"代"喙"字。朱熹《詩集傳》:"喙,息也。"[⑦]朱子訓釋此《詩》之"喙"字,與《毛傳》有别,而與《説文》"呬"字同訓。由此可知,援引《説文》,可以證明"呬"爲"喙"之異文。

(五)引録籀文

《説文》因形説義,以小篆作爲主要的分析對象,《説文解字·序》明言"今叙篆文,合以古籀"[⑧]。籀文比小篆更早,有助説明字義,段氏深明此理,故有引録《説文》中的籀文以助釋《經》。

1.《野有死麕》"野有死麕"

《詩經小學》卷二《野有死麕》"野有死麕"條下曰:"《説文》:麇,從鹿,囷省聲。籀

---

① 《十三經注疏》,第5册,第900頁。
② 《説文解字》,第277頁。
③ 馬瑞辰指出"緝緝即咠咠之假借",見《毛詩傳箋通釋》,第662頁。
④ 《詩三家義集疏》,第250頁。
⑤ 《詩經小學》,第538頁。
⑥ 《説文解字注》,第98頁。
⑦ 朱熹:《詩集傳》,香港:中華書局,1983年,第180頁。
⑧ 《説文解字》,第316頁。

文不省。陸德明曰:'麕本亦作麏,又作麇。'"①

按:《詩》中"麕"即《説文》所收之"麇"字,再考之於《説文》卷十下鹿部之原文:"麇,麞也。从鹿,囷省聲。[籀文],籀文不省"②,則可知"麕"實與"麞"同類。而小篆的"麇"爲省體,《説文》所録籀文形體,足以説明"麕"實爲从鹿囷聲之形聲字。段氏引《説文》不省的籀文"麕"的寫法,有助説明《詩》中字義。

2.《中谷有蓷》"歗"

《詩經小學》卷六《中谷有蓷》"歗"條下曰:"《説文》:嘯,籀文从欠。"③

按:《王風·中谷有蓷》有"條其歗矣"句,《説文》卷二上口部:"嘯,吹聲也。从口肅聲。[籀文],籀文嘯从欠。"④《段注》曰:"《召南》箋曰:'嘯,蹙口而出聲也。'"⑤"嘯"字即撮口出聲之意。又卷八下欠部:"欠,張口气悟也。象气从人上出之形。"⑥又同部收"歗"字,釋作"吟也"⑦,徐鉉謂"口部此籀文嘯字,此重出"⑧此字的小篆寫法从"口",《説文》録从"欠"的籀文[籀文]字。考之於古文字,"欠"字甲骨文寫作[甲骨文](甲3729),⑨正像人張口出氣之形。許君之分析十分準確,"欠"字與"口"有關,故从口从欠之字,往往相通,僅所用意符不同而已,如"歔"和"嘘"、"欷"和"唏"、"㰱"和"呦"、"歂"和"咄"⑩皆爲顯例。另外,本詩第一章"嘅其嘆矣",第三章"啜其泣矣",與第二章"條其歗矣"句型十分接近,當中的"嘆"、"啜"皆从口,可作爲"歗"亦與口有關的旁證。《詩經小學》引録《説文》籀文"歗"之寫法,意在指出"歗"和"嘯"二字相通。

3.《巧言》"既微且尰"

《詩經小學》卷十九《巧言》"既微且尰"條下曰:"《爾雅·釋文》:微字書作癥,尰本或作尰,竝籀文瘇字也。《説文》:'瘇,脛气足腫,从疒,童聲。《詩》曰:"既微且瘇",籀作尰。'"⑪

---

① 《詩經小學》,第448頁。
② 《説文解字》,第202頁。
③ 《詩經小學》,第467頁。
④ 《説文解字》,第32頁。
⑤ 《説文解字注》,第102頁。
⑥ 《説文解字》,第179頁。
⑦ 《説文解字》,第179頁。
⑧ 《説文解字》,第179頁。
⑨ 《甲骨文編》,第368頁。
⑩ 段玉裁《説文解字注》於"歔"字下曰:"與口部嘘略同。";於"欷"字下曰:"欷亦作唏。";於"㰱"字之下曰:"按,口部云:'呦之或字。'";於"歂"字之下曰:"按,《廣韵》云:'訶也。'蓋謂同'咄'。"見《説文解字注》,第722頁、第724頁。
⑪ 《詩經小學》,第518頁。

按:《詩經小學》引《説文》,指出《小雅·巧言》"既微且尰"的"尰"籀文寫法爲𤻮,即小篆的"𡯤"字。《説文》卷十下尣部:"尣,曲脛也。从大,象偏曲之形。"[①]《説文》卷七下疒部:"疒,倚也。人有疾病。象倚箸之形。"[②]小篆"𡯤"和籀文"𤻮"的意符有所不同,其義相通。籀文的形體與足患有關,"既微且尰"正寫"此人居下濕之地,故生微腫之疾"[③],引《説文》籀文,更能彰顯《詩》意。

(六)明古今字

清人研究《説文》,往往論及古今字,段玉裁、王筠、徐灝都是其中表表者,[④]不過他們對古今字的定義又不盡相同。段玉裁謂:"凡讀經傳者,不可不知古今字。古今無定時,周爲古,則漢爲今,漢爲古,則晉宋爲今。隨時異用者謂之古今字,非如今人言古文、籀文爲古字,小篆、隸書爲今字也。"[⑤]《段注》論及古今字的地方非常多,[⑥]而《詩經小學》每引《説文》説明《詩》中出現古今字的情況。

1.《有女同車》'顔如蕣華'

《詩經小學》卷七《有女同車》"顔如蕣華"條下曰:"《説文》:'䑞,艸也。''蕣,木堇,朝華莫落者。从艸䑞聲。《詩》曰:"顔如蕣華。"'䑞舜蕣蕣,古今字。《詩》當作蕣,轉寫者脱去上艹耳。高誘《吕氏春秋五月紀注》云:木堇一名蕣,引《詩》'顔如蕣華'。"[⑦]

按:《毛詩》此句作"顔如舜華",《毛傳》云:"舜,木槿也。"[⑧]毛訓正與《説文》"蕣"字訓釋相似,皆指花開顔色之美。[⑨] 段氏引《説文》,指出"舜"、"蕣"爲古今字,而《魯詩》用今字,作"顔如蕣華"[⑩]。《鄭風·有女同車》第一章寫女子之美貌,"顔如蕣華"中之"蕣",應釋作"木堇",不能作一般"艸"解。事實上,"蕣"爲"舜"後加偏旁的今

---

① 《説文解字》,第214頁。

② 《説文解字》,第154頁。

③ 《毛傳》語,見《十三經注疏》,第5册,頁887。

④ 關於清人對古今字的看法,可詳參洪成玉:《古今字》,北京:語文出版社,1995年,第8–24頁。

⑤ 《説文解字注》,第169頁。

⑥ 《古今字》,第8–21頁。

⑦ 《詩經小學》,第470頁。

⑧ 《十三經注疏》,第4册,第349頁。

⑨ 向熹指出:"舜"字條曰:"木名,也叫木槿。夏秋開大型五瓣花,有紅、白、淡紫等色。(風2)83《鄭風·有女同車》一章:'有女同車,顔如舜華。'《毛傳》:'舜,木槿也。'《説文·艸部》、《文選·神女賦》李善注、賈思勰《齊民要術》卷十均引作'蕣'。一説:牽牛花。王夫之《稗疏》:'舜字或作蕣字。……秋開粉花,爲牽牛花,俗謂之鼓子花。'聞一多《類鈔》:'蕣華赤色,謂朱顔也。'"見向熹《詩經詞典》,北京:商務印書館,2014年,第475頁。

⑩ 《詩三家義集疏》,第13頁。

字,以分擔“舜”之意義。故《段注》曰:“按,此與艸部蕣音同義别。”①

2.《六月》“識文鳥章”

《詩經小學》卷十七《六月》“識文鳥章”條下曰:“今本皆作織文者,誤。識,徽識也。識、幟古今字。許君《説文》、鄭君《周官注》皆作徽識,後人别製幟字。貞觀時僧园應《一切經音義》曰:‘幟字舊音與知識之識同,更無别音。’”②

按:《小雅·六月》“織文鳥章”,應作“識文鳥章”。馬瑞辰《毛詩傳箋通識》曰:“按:《周官司常》《賈疏》兩引《詩》皆作‘識文鳥章’,識爲正字,今作織者假借字。或通作幟。”③即指“織”和“幟”皆後起通假字。《説文》卷七下巾部:“徽,幟也。以絳徽帛箸於背。从巾,微省聲。”④段氏《説文解字注》曰:“徽,徽識也。三字一句。各本删‘徽’字,識作‘幟’,今正。”⑤又在“識”字之下曰:“按,凡知識、記識、標識,今人分入去二聲,古無入去分别,三者實一義也。”⑥從以上四則引文,可知“識”爲古字,“幟”爲改换偏旁而産生的今字。“徽”有標識之意,故《詩經小學》引《説文》,旨在説明識、幟爲古今字,“識文鳥章”用古字。

3.《緜》“迺”

《詩經小學》卷二十三《緜》“迺”條下曰:“顧亭林曰:‘依《唐石經》竝作迺,《公劉篇》同。’明馬應龍本‘乃召司空,乃召司徒’二作乃,餘作迺。玉裁按:《説文》迺、乃異字異義,俗云古今字。”⑦

按:《大雅·緜》有第四章:“迺慰迺止,迺左迺右;迺疆迺理,迺宣迺畝”,第五章有“乃召司空,乃召司徒”然“迺”、“乃”於前後章意義相同,作連詞,作“於是”解。“乃”、“迺”二字皆於乃部。《説文》卷五上乃部:“乃,曳詞之難也。象氣出之難。”⑧又同卷載:“卤,驚聲也。从乃省西聲。”⑨《段注》謂:“驚聲者,驚訝之聲,與乃字音義俱别。《詩》、《書》、《史》、《漢》發語多用此字作‘迺’,而流俗多改爲‘乃’。按,《釋詁》曰:

① 《詩三家義集疏》,第413頁。
② 《詩經小學》,第502頁。
③ 《毛詩傳箋通識》,第542頁。
④ 《説文解字》,第159頁。
⑤ 《説文解字注》,第628頁。
⑥ 《説文解字注》,第165頁。
⑦ 《詩經小學》,第537頁。
⑧ 《説文解字》,第179頁。
⑨ 《説文解字》,第179頁。

‘仍、迺、佚,乃也。’以乃釋迺,則本非一字可知矣。”[①]根據《説文》,“乃”、“迺”各有本義,[②]然作連詞,“乃”爲古字,“迺”爲今字。

結論

《詩經小學》三十卷,共一千二百多條,其中直接或間接引録《説文解字》的地方超過四百八十條,佔三分之一以上,可知段氏援引《説文》以釋《詩》的情況十分普遍。許慎認爲“蓋文字者,經藝之本”,[③]《説文解字》爲釋《經》而作,而且是第一本有系統的字書,加以去古未遠,分析字義,往往確鑿無誤。以許君之説訓釋先秦典籍,往往相得益彰。後世治《經》者,援引《説文》,多不勝數。段玉裁精研《説文》,是引許君之説以釋《經》的表表者。以上用《詩經小學》作考察對象,對這種情況作了具體的説明,包括“細釋詞義”、“説明通假”、“明異體字”、“指出異文”、“引録籀文”、“明古今字”等六方面,段氏在訓釋《詩經》時,皆引《説文》以爲佐,而且對説明《經》意起十分明顯作用,於此亦可以側面看出《説文》在訓詁上的重大意義。此外,《説文解字注》後出,《段注》中的不少論點,在《詩經小學》中已見端倪。對比《詩經小學》和《説文解字注》,可以窺見段氏研治經學、小學之理路。

作者簡介:

李雄溪,男,1964 年生,香港大學哲學博士,現任香港嶺南大學中文系教授,研究圍範包括訓詁學、經學、文字學。近年著作有《讀黄節〈詩旨纂辭〉小識》、《讀劉師培〈毛詩詞例舉要〉小識》、《論高本漢之誤釋禮俗——以〈雅〉、〈頌〉注釋爲例》、《“歲取十千”解——從英譯〈詩經〉説起》、《段玉裁〈詩經小學〉全本與節本對比研究》等。

---

① 《説文解字注》,第 360 頁。

② 《説文》所述,並非“乃”的本義。董蓮池曰:“‘乃’甲骨文作‘了’(《甲骨文編》210 頁)。或謂‘奶’初文,或謂‘扔’初文,不能定,但‘曳詞之難也’肯定不是其本義,‘象气之出也’之説顯然也是附會之談,不可從。”見董蓮池:《説文解字考正》,北京:作家出版社,2005 年,第 186 頁。

③ 《説文解字》,第 316 頁。

再論“司南酌”※

聞人軍

内容摘要 王充《論衡·是應篇》曰:“司南之酌,投之於地,其柢指南……天性然也。”蕭梁吴均詩曰:“獨對東風酒,誰舉指南酌。”“東風酒”系吴均新創之典。“東風酒”及其對偶的“指南酌”都是名詞,後者系用王充《論衡·是應篇》司南酌的典故。“司南之酌”即“司南酌”,是一種天性指南的磁性指向器。宋僧正覺《頌古》詩曰:“妙握司南造化柄,水雲器具在甄陶”,證明司南(酌)是陶瓷容器中水面上浮着的帶有天性指南之柄的器具。水浮“瓢針司南酌”已有一系列的文獻證據,還有考古材料銀酒令纛的旁證。有的學者將《論衡》句中名詞性的“酌”誤釋爲動詞性的酌行或行觴之“行”,再偷换概念變成“行駛”,把《論衡》司南句解爲“指南車在地上行駛時,其横杆即木人的手臂總指向南方”,與《論衡》的文意全然不合。

關鍵詞 東風酒　指南酌　司南酌　《論衡》　司南車

近年來,指南針的前身“司南”一再成爲學界甚至公衆議論的熱點之一。肯定的一方繼續努力探索,出現了多種復原方案。② 否定的觀點中,持北斗説或指南車説的學者仍堅持己見。最近,孫機先生發表《再論“司南”》一文(以下省稱爲“孫文”),③完全否定古代有過名爲“司南”的磁性指向器,以爲王振鐸先生“從張蔭麟那裏接過來的其實是一道僞命題,本不值得認真對待。因爲縱使爲之殫精竭慮、費盡周折,也只能越描越黑,最終落得個一無是處。”華覺明先生指出:“假如你的結論是正確的,經得起推敲,那必然是在史實上有根據,在道理上也符合科學,而且在邏輯上也説得通。”④一經推敲,孫文的結論完全不符合這些要求。下文略陳管見,尚祈方家批評指正。亞里斯

※汪少華先生曾對本文提供寶貴意見,特此致謝。

② 黄興:《天然磁石勺“司南”實證研究》,《自然科學史研究》2017年第3期,第361-386頁。戴念祖:《指南針》,載華覺明、馮立昇主編《中國三十大發明》,鄭州:大象出版社,2017年,第479-494頁。

③ 孫機:《再論“司南”》,《中國國家博物館館刊》2018年第7期,第156-162頁。

④ 張柏春、李成智主編:《技術史研究十二講》,北京:北京理工大學出版社,2006年,第43頁。

多德説:"吾愛吾師。吾更愛真理!"失敬之處,敬請包涵。

一 司南和司南車

通行本《論衡・是應篇》中的"司南之杓",本應是"司南之酌"。這一點孫先生2005年指出在前,[①]筆者2015、2017年補充證據在後,[②]兩人的觀點是一致的。雖然在學術界尚屬少數意見,期待早日達成共識。孫先生以爲"杓"是錯字。筆者則認爲,所有已知的楊文昌刻北宋修本、南宋乾道本、元小字本、三朝遞修本(明補)四種早期版本都作"司南之酌"。[③]《太平御覽》卷九四四和卷七六二以義引作"司南之杓"及"司南之勺",是對"酌"做了通俗解釋。《太平御覽》卷九四四和卷七六二都將"其柢指南"引作"其柄指南",則是對"柢"做了通俗解釋。要使上述四種早期版本、兩種《太平御覽》義引和明嘉靖通津草堂本都講得通的唯一可能是釋"杓"为"勺"、"酌"取"勺"義。明嘉靖通津草堂本改"司南之酌"爲"司南之杓",實際上是文字的通假,其義均是"司南之勺",而非司南之勺柄,更與司南車搭不上關係。筆者根據王充本人在《狀留篇》中對"圓物投之於地","方物集地"的詮釋及其他論據,已論證《是應篇》"投之於地"之"地"不是"地盤"而是平常的地;"投"是置、放,"投之於地"意爲放在地上。[④] 柢的本義是根本、根柢。從《太平御覽》的編者到張宗祥等前賢,均釋司南句之"柢"爲柄。就瓢勺而言,瓢柢即瓢柄。

楊寶忠先生《論衡校箋》校"夫蟲之性然也"曰:"此承'司南之杓,投之於地,其柢指南。魚肉之蟲,集地北行'而言,上文所言者,杓、蟲二事,此不得獨言'夫蟲之性然也'。疑此本作'天性然也',下文'今草能指,亦天性也。'天性而言'亦'者,'亦'此也。明此本作'天性然也','夫'即'天'字之誤,而又涉上文衍'蟲之'二字也。《御覽》卷九四四引此作'自然之性也'。'自然之性'也即'天性'。蓋以義引也,亦其證。"[⑤]故王充《論衡・是應篇》原文應是:"故夫屈軼之草,……古者質樸,見草之動,則言能指;能指,則言指佞人。司南之酌,投之於地,其柢指南。魚肉之蟲,集地北行。天

---

① 孫機:《簡論"司南"兼及"司南佩"》,《中國歷史文物》2005年第4期,第4-11頁。

② 聞人軍:《原始水浮指南針的發明——"瓢針司南酌"之發現》,《自然科學史研究》2015年第4期,450-460頁。聞人軍:《"司南之酌"辯證及"北斗説"證誤》,《經學文獻研究集刊》第18輯,上海:上海書店出版社,2017年,20-36頁。

③ 聞人軍:《"司南之酌"辯證及"北斗説"證誤》。

④ 聞人軍:《王充論"投之於地"及磁石勺説獻疑》,《中國訓詁學報》第四輯(待刊)。

⑤ 楊寶忠:《論衡校箋》,石家莊:河北教育出版社,1999年,第582頁。

性然也。今草能指,亦天性也。"[①]

王充明確指出司南"其柢指南"是天性,絶大多數學者認爲此天性非磁性莫屬,在道理上符合科學,完全正確。筆者認爲:古代没有大地是球形以及地磁場的概念,此天性實指磁鍼指南的天性。如《管氏地理指蒙·釋中第八》:"磁者母之道,針者鐵之戕。母子之氣(軍按:'氣',《古今圖書集成》本作'性',明刻本作'氣','氣'字義長)以是感,以是通。受戕之性,以是復,以是完。體輕而徑,所指必端,應一氣之所召。"[②]又如舊題漢白鶴著、實爲佚名的《狐首經·奇原篇》曰:"鐵乃北金,磁石鐵母。針雖指南,本實戀北。"[③]南宋胡舜申《地理新法》曰:"猶謂針爲指南,不知鐵北方物,又礪以磁石之母,其實性必指北。指北,所以前指南也。"[④]代表了古人基於當時科學水準的理解。

《論衡》司南句的釋讀,是各種觀點的立論之基,至關重要。研究"司南之酌,投之於地,其柢指南",不能單看這十二個字,還要上下文聯繫起來釋讀。

王充將"屈軼之草","司南之酌"和"魚肉之蟲"並舉,"草"、"酌"和"蟲"都是名詞。"司南之酌"的"之"是語助詞。正如"屈軼之草"即"屈軼草","司南之酌"即"司南酌"。又,蕭梁吴均(469–520)詩曰:"獨對東風酒,誰舉指南酌。""東風酒"系吴均新創之典。"東風酒"是名詞,與其對偶的"指南酌"也是名詞(論證詳見後文),後者系用王充《論衡·是應篇》司南酌的典故,也證明"司南之酌"即"司南酌"。故"司南之酌,投之於地,其柢指南"就是"司南酌,投之於地,其柢指南",當譯爲:司南酌,放在地上,其柄(靠天性自動)指南。

孫文避開"司南之酌,投之於地,其柢指南"的上下文,回避王充用這十二個字的目的是説明"天性",説道:"至於'酌'字,如《國語·周語》漢·賈逵注:'酌,行也。'《詩·周頌·酌》漢·鄭玄箋:'文王之道,武王得而用之,亦是酌取之義。'《廣韻》也説:'酌,行也。'則酌訓行、用。……'司南之酌,投之於地。其柢指南。'就是説指南車在地上行駛時,其横杆即木人的手臂總指向南方之意。文從字順,一點也不晦澀難懂。從而也説明'司南'模型上的勺乃是誤讀的産物,純屬子虛烏有。"這段話其實大謬。

《詩·周頌·酌》鄭玄箋:"文王之道,武王得而用之,亦是酌取之義。"這裏的"酌取"同義連用,"酌"就是"取",正如《禮記·坊記》"上酌民言"鄭玄注:"酌猶取也,取衆民之言以爲政教則得民心。"《國語·周語上》:"故天子聽政,使公卿至於列士獻詩,瞽獻曲,史獻書,師箴,瞍賦,矇誦,百工諫,庶人傳語,近臣盡規,親戚補察,瞽、史教誨,

---

① (題)管輅撰:《管氏指蒙》,《續修四庫全書》第1052册,上海:上海古籍出版社,2002年,第384頁。

② 胡舜申:《地理新法》卷下"坐向論",韓國丙寅(高宗三年,1866)重刊本,第10a–10b頁。

③ 張鳴鳳:《地理參贊玄機仙婆集》,板橋:萬有善書出版社,1982年,第869頁。

④ 聞人軍:《"司南之酌"辯證及"北斗説"證誤》。

耆、艾修之,而後王斟酌焉。"韋昭注:"斟,取也。酌,行也。"董增齡《正義》引《吕氏春秋·召類篇》高誘注:"斟酌,取其善而行。"可見《國語·周語上》韋昭注的"酌,行也"是指做、實行,指天子治國之酌"行"(implement),酌訓"用"也指治國之道,不能理解爲車子的"行駛"(driving)。至於《廣韻》的"酌,行也",不是與韋昭注"酌,行也"相同,就是很有可能來自《説文解字·酉部》:"酌,盛酒行觴也。"按照段玉裁的注釋,"行觴"是把酒盛到觶中來給人喝。如果有人把"行觴"的"行"解釋爲"行駛",那是荒唐的。將"司南之酌"的"酌"解釋爲"行駛",同樣是完全不能成立的。

孫文在"則酌訓行、用"之後,没有對《論衡》司南句的"投"和"柢"作任何説明,却用一百多字挑了幾個"司南"的例子,然後説"諸家發出的是一致的聲音,可見古文獻中作爲器物專名的'司南',指的大抵是指南車"。且不説孫文所舉例子代表性不足,所舉《鬼谷子》《韓非子》之例大有争議,在邏輯上,即使"指的大抵是指南車",也不等於指的都是指南車。作了這個鋪墊後,孫文緊接着説:"'司南之酌,投之於地。其柢指南。'就是説指南車在地上行駛時,其横杆即木人的手臂總指向南方之意。"按科學常識,《論衡》"司南"靠天性指南,則與機械式指南車没有關係。孫文"指南車在地上行駛時,其横杆即木人的手臂總指向南方"之句,不管通順與否,對應的是"司南之車,行之於地,其臂指南",並不對應《論衡》原文"司南之酌,投之於地,其柢指南"。

"司南之酌"的通俗解釋是"司南之勺",不是司南車之用。孫先生在2005年的文章中,對司南句的三個關鍵字"酌"、"投"和"柢"的解釋,唯一正確的是釋"投"爲置。"投之於地"意爲"把它放置在地上",根本不是所謂"行駛"。大家都知道酌行或行觴的"行"不是"行駛","投"也不是"行駛"。不知這"行駛"兩字從何而來?又如何能成爲孫先生立論之基礎呢?王力先生《訓詁學上的一些問題》一文指出:"凡是一詞多義的地方,都可以偷换概念。""古代學者(包括清人在内)由於時代的局限性,常常陷於偷换概念而不自覺,現在我們如果再蹈這覆轍,那就不應該了。"[①]孫先生的解讀,初看似乎證據很充分,實則偷换了概念,經不起推敲。2005年誤釋,游戰洪先生當面委婉地指出:"您説的也不能作爲一個定論。"[②]2018年再論,甚至未把《論衡》司南句原文與譯文的對應關係説清楚。假如《論衡》司南是司南車,哪是一種什麽樣的司南車?爲何這種司南車是靠天性指南?

王充見過《鬼谷子》古本,如果他見的《鬼谷子》古本作"司南之車",在《論衡》中就會作"司南之車",而不是"司南之酌"。反之,《論衡》以《鬼谷子》"司南"爲典,引作

① 王力:《龍蟲並雕齋文集》第一册,北京:中華書局,2015年,第323頁。

② 張柏春、李成智主編:《技術史研究十二講》,第39頁。

“司南之酌”,而不是“司南之車”,正有力地證明通行本《鬼谷子》“司南之車”中的“之車”系衍文。沈約《宋書·禮志》引《鬼谷子》曰:“鄭人取玉,必載司南,爲其不惑也。”通行本《鬼谷子》曰:“故鄭人之取玉也,載司南之車(《藝文類聚·寶玉部上》所引,“載”上有“必”字),爲其不惑也。夫度才量能揣情者,亦事之司南也。”“司南”而言“亦”者,明上文亦是“必載司南”,而不是“必載司南之車”。總而言之,“之車”兩字系衍文。衍文的發生,大約在東漢後期。詳情請參見拙文《“瓢針司南酌”的考古和文獻新證》。①

歷史上確實製造過儀仗用的司南車,但不能把它和傳説的可用於實測方向的實用指南車混爲一談。孫文説:“據《韓非子》和《鬼谷子》的記載,戰國時已應出現指南車。”我們知道,《韓非子》和《鬼谷子》記載的司南,供實測方向之用。假如是指南車,比後世儀仗用的司南車先進得多。迄今已發掘出不少漢前古車,從未見到與製造司南車相當的遺跡或遺物。假如“先王”時已有司南車,怎麼發展到秦朝在檔次極高的秦始皇陵銅車上也没有絲毫蹤影?既然“全然找不到考古學上的依據”,孫文引用所謂唐李瓚的“司南即司南車也”之注,用來證明《韓非子》中的“立司南”即“立司南車”,是否可信呢?

《四庫全書總目提要》曰:“《韓子》二十卷(内府藏本),周韓非撰……其注不知何人作。考元至元三年何犿本,稱舊有李瓚注,鄙陋無取,盡爲削去云云。則注者當爲李瓚。然瓚爲何代人,犿未之言。王應麟《玉海》已稱《韓子》注不知誰作,諸書亦别無李瓚注《韓子》之文,不知犿何所據也。”②明萬曆十年(1582)吴郡趙用賢刊《韓非子》,其《韓子凡例》説:“按隋、唐《志》云:《韓子》,注‘不詳名氏’,元何犿本獨謂‘舊有李瓚注,鄙陋無取,盡爲削去’。不知犿又何據而指爲李瓚也。今所載注語,果涉瑣猥無識,第因宋本具列,不敢輕加删削,要以存舊章而已。”③孫文説:“對待古文獻中的史料,我們應秉持科學的態度,冷静地加以分析。”元代學者何犿已指出“舊有李瓚注,鄙陋無取”,明代學者趙用賢又説“今所載注語,果涉瑣猥無識”,而且“立司南車”也確實文理不通,所以此李瓚注並不可信,不可盲從。

對《韓非子·有度篇》中的司南,諸家發出的遠不是一致的聲音。據不完全統計,已有司南車、南針盤、磁石勺、官職、綱維或法紀、規章或禮制、測影之表等等形形色色的觀點。現簡述拙見如下。

---

① 聞人軍:《“瓢針司南酌”的考古和文獻新證》,《出土文獻與古文字研究》第7輯,上海:上海古籍出版社,2018年,第437-448頁。

② 王先慎:《韓非子集解》卷首,光緒二十二年(1896)刊本,第3b,4a頁。

③ 韓非:《韓非子》,上海:上海人民出版社,1974年,第14頁。

《韓非子·有度篇》曰:"夫人臣之侵其主也,如地形焉,即漸以往,使人主失端,東西易面而不自知。故先王立司南以端朝夕。故明主使其群臣不游意於法之外,不爲惠於法之内,動無非法。"上述引文是雙層結構,外層的"夫人臣之侵其主也……故明主使其群臣不游意於法之外,不爲惠於法之内,動無非法"指的是隱患和解決辦法,與《韓非子·有度篇》闡述法度的主旨相合。引文中内層的"如地形焉,即漸以往,使人主失端,東西易面而不自知。故先王立司南以端朝夕"是舉例説明。該例子用"地形"、"東西易面"、"立司南"和"端(正)朝夕"等詞語,毫無疑義是在講測定方向。而且内外兩層文句有聯繫,内層所舉例子必是國之根本大計。《周禮》冬官已佚,天、地、春、夏、秋每官的小序都曰:"惟王建國,辨方正位,體國經野,設官分職,以爲民極。"立表"辨方正位"正是國之根本大計。從《考工記》的正朝夕法可知,此法測定東西方向在前,定南北方向在後,與磁性指向器直接測知南北方向不同,也與司南車在一定的條件下僅能保持預設的南向不同。"立司南"(立表)與測量地域、求地中的政治傳統有關。如果長久以往,地形地貌變遷,地中漸漸易位,就有"東西易面而不自知"的情形發生,使人主失端(正)。爲避免這種情況,故先王繼承"周髀"的傳統,"立司南"(立表),以端朝夕。孫文説:"《韓非子》所説的'司南'是在行路中使用的","《韓非子》中説的正是指南車"。細察原文"如地形焉,即漸以往,使人主失端,東西易面而不自知",行文緊湊。文中"失端"而"不自知"的是人主。若"即漸以往"釋爲行路,則是人主在行路時失端,不知東西易面,被心懷不軌的臣子"侵其主";先王爲了嚇阻臣子,搞一個行路時没有實用功能的司南車擺樣子,豈非如同兒戲。

古代有過的指南車僅爲最高統治者出行時的儀仗,使用時有條件限制,從未用於實測方向,也不用於引導實戰。《韓非子》司南不可能是行駛於高低地形實測方向的三維運動司南車。《鬼谷子》司南也不可能是適用于鄭人采玉的崎嶇山路的三維運動指南車。中國歷史上從未有過三維運動指南車。爲了將司南車年代往前推,孫文説:"晉·崔豹《古今注》中説:'(指南)車法具在《尚方故事》。'《尚方故事》雖不傳,其中却肯定會載有製造此種車的方法,馬鈞也應該能讀到這類書。"查《古今注》説:"大駕指南車,起於黄帝。帝與蚩尤戰於涿鹿之野,蚩尤作大霧,士皆迷四方,於是作指南車,以示四方,遂擒蚩尤,而即帝位。故後常建焉。大駕指南車,舊説周公所作也。周公治致太平,越裳氏重譯來獻白雉一,黑雉一,象牙一,使者迷其歸路,周公錫以文錦二匹,軿車五乘,皆爲司南之製,使越裳氏載之以南。緣扶南林邑海際,期年而至其國。使大夫宴將送至國而旋,亦乘司南而背其所指,亦期年而還至。始製車轄轊皆以鐵,還至,鐵亦銷盡,以屬巾車氏收而載之,常爲先導,示服遠人而正四方也。車法具在《尚方故事》。”①這種黄帝、周公時代的指南車故事只是後人添加的傳説。説周公時代已有指南車,萬里迢迢、跋山涉水那麼頂用,而且車上已用鐵轄、鐵軎,於史實無據。漢時製作指南車的技術條件逐漸成熟,在智者創物,將重要發明歸功於聖人的傳統觀念影響下,周公作指南車的傳説應運而生。王充《論衡・恢國篇》載有周“成王之時,越常(裳)獻雉”之事,未提到指南車。這則故事,除《論衡・恢國篇》外,還見於《尚書大傳》《漢書・王莽傳》等,但文中均無指南車。如《尚書大傳》卷四曰:“交趾之南,有越裳國。周公居攝六年,制禮作樂,天下和平,越裳以三象重譯而獻白雉,曰道路悠遠,山川阻深,音使不通,故重譯而朝。”②根本不提指南車。《史記・田單列傳》曰:“燕師長驅平齊,而田單走安平,令其宗人盡斷其車軸末,而傅鐵籠。已而燕軍攻安平,城壞,齊人走,争塗,以轊折車敗,爲燕所虜。唯田單宗人以鐵籠故得脱,東保即墨。”顯而易見,《古今注》中的周公故事乃拼湊而成。孫文説:“《宋書・禮志》中提到指南車時,説它‘以送荒遠外使,地域平漫,迷於東西。造立此車,使常知南北’,……所以《韓非子》中説的正是指南車。”查《宋書・禮志》原文曰:“指南車,其始周公所作,以送荒外遠使。地域平漫,迷於東西,造立此車,使常知南北。”這段話,與《古今注》中的周公故事一回事。沈約雖然誤信這種傳説,但仍交代清楚是怎麼一回事。在此不能不提到,沈約雖然誤以爲《鬼谷子》中的司南是司南車,但仍忠實所見原文,在《宋書》中引作“鄭人取玉,必載司南,爲其不惑也。”存真以便後人繼續研究,遵循了史家的優良傳統。孫文抽去爲史料定性的“其始周公所作”,改變了原著文意。所謂周公時代的實用指南車,子虛烏有,《尚方故事》若是可靠之書,該怎麼記這子虛烏有之車?有人還説“其中却肯定會載有製造此種車的方法”,跡近武斷。

拙文曾指出:“關於指南車的發明,《宋書・禮志》説‘秦、(前)漢,其制無聞。後漢張衡始復創造……魏明帝青龍中,令博士馬鈞更造之而車成’,鑒於張衡有發明水運渾象和候風地動儀之能,他創造指南車很有可能,但最可靠的是‘馬鈞更造之而車成’。”《三國志・魏書・杜夔傳》劉宋裴松之注:“先生(指馬鈞)爲給事中,與常侍高堂隆、驍騎將軍秦朗争論於朝,言及指南車。二子謂古無指南車,記言之虚也。先生曰:‘古有之!未之思耳,夫何遠之有!’”孫文説:“馬鈞的態度很明確:‘古有之!’”我們認爲:馬鈞的態度的確很明確,有三句話:“古有之!未之思耳,夫何遠之有!”他指出二子“未之思”,但没有説自己是否讀過《尚方故事》之類的書;他認爲指南車“古有

① 崔豹:《古今註》(《四部叢刊三編》第224册),上海:商務印書館,1936年,卷上第1a、1b頁。

② 題(漢)伏勝撰、鄭玄注:《尚書大傳》卷四,四部叢刊初編本,第4a頁。

之",但離當時並不太遠,"夫何遠之有"!《鬼谷子》和《韓非子》早于馬鈞數百年,光靠這"古有之"三個字,怎麼能證明兩書中的司南是具有實測方向功能的指南車呢?

二 吴均"誰舉指南酌"詩

關於"司南酌",2015 年拙文中指明是"瓢針司南酌"實體的僅《鬼谷子》司南、《論衡》司南和《瓢賦》司南三項。至於吴均詩"獨對東風酒,誰舉指南酌",拙文指出:"'指南酌'的出典就是《論衡》的'司南之酌'。吴均拿來與'東風酒'相對,也是《論衡》原作'司南之酌'又一證。"並提到"吴均酬詩中與東風酒對舉的'指南酌',正可作爲上承《論衡》司南,下接《瓢賦》司南的中間一環。"①古詩中用典故而與本意不盡相同的例子並不少見,吴均詩中的典故"指南酌"也可作如是觀。《漢語大字典》曰:"環:環節,指相互關聯的許多事物中的一個。""相互關聯"不等於完全相同,稱作"一環",既説明關係密切,又表示有所不同,是恰當的。孫文也認爲吴均詩中"誰舉指南酌"之出典顯然來自《論衡》,但已誤讀《論衡》司南爲司南車,司南車與吴均此詩風馬牛不相及。爲了自圓其説,就解釋爲"吴均只不過是採擷《論衡》的字面以文飾其詩句,内容説的完全是另一套"。如此解釋,甚難服人。"獨對東風酒,誰舉指南酌"的基本結構是:獨對酒,誰舉杯。爲了避免有人誤解,2017 年筆者已説明:"'指南酌'和'東風酒'都是當時當地情景中詩的語言,不是真的拿一個指南酌,去喝一種東風酒。"②退一步説,即使不用吴均這首詩,並不影響 2015 年拙文的基本觀點。孫文通篇隱去"司南酌"之名,不提司南酌的關鍵證據《瓢賦》,造成一種拙文的基本觀點("瓢針司南酌")是從吴均此詩推理出來的假象。孫文以爲吴均此詩完全寫實,不敢直接否定由《論衡》"司南之酌"定名的"司南酌",難以駁倒由《瓢賦》揭示的水浮式瓢勺形司南。

對吴均詩中的"指南酌",學術界還存在一些不同觀點,如有人以爲詩中司南是"北斗",有人認爲它只是與《論衡》司南字面相同,内容毫無關係。故有必要進一步探討。

吴均,字叔庠,吴興故鄣(今浙江湖州安吉)人。據《梁書》本傳,"均文體清拔有古氣,好事者或效之,謂爲'吴均體'","均注范曄《後漢書》九十卷"。《後漢書・王充傳》曰:王充"著《論衡》八十五篇,二十余萬言,釋物類同異,正時俗嫌疑"。吴均應對王充《論衡》十分熟悉。善於用典是吴均詩歌的另一特色,對後世頗有影響。但吴均

---

① 聞人軍:《原始水浮指南針的發明——"瓢針司南酌"之發現》。

② 聞人軍:《"司南之酌"辯證及"北斗説"證誤》。

出身寒微,文武仕途均不得意。天監九年(510),吴均補建安王蕭偉侍郎,兼府城局,這是梁朝百官九品十八班官制中最低的一班。是年,蕭偉出任江州刺史,吴均隨任。江州位於都城建康(今江蘇南京)西南方,吴均官階低微,仕途失意,有志難伸。一年後,他在江州寫下了《酬蕭新浦王洗馬二首》。明代馮惟訥《古詩紀》卷九一題注:“蕭子雲封新浦侯,王筠爲太子洗馬。”[①]吴詩中的蕭新浦,即蕭子雲,系南齊高帝蕭道成之孫,豫章文獻王蕭嶷第九子,齊建武四年(497),年十二,封新浦縣侯。王洗馬,即王筠(482-550),天監十年(511)遷太子洗馬。兩人比吴均年輕,與吴均爲友,互有酬答。《酬蕭新浦王洗馬二首》的第一首寫餞行惜别心情。第二首云:“思君出江湄,慷慨臨長薄。獨對東風酒,誰舉指南酌。崇蘭白帶飛,青鳺紫纓絡。一年流淚同,萬里相思各。胡爲舍旃去,故人在宛洛。”[②]詩中最有意義的是“獨對東風酒,誰舉指南酌”句。學術界對此句的理解衆説紛紜,莫衷一是。劉海鳳的碩士論文《吴均詩文集校釋》説:“東風,《文苑英華》作‘方’,注云:‘宋本“風”。’指南,向南,酌,酒杯,《儀禮·有司徹》:‘宰夫洗觶以升,主人受酌降。’鄭玄注:‘古文“酌”爲爵。’”[③]林家驪先生的《吴均集校注》一書注釋“指南酌”曰:“指南:即北斗,星名。《詩·小雅·大東》:‘惟北有斗,不可以挹酒漿。’”“酌:斟酒,飲酒”。[④] 黄大宏先生的《王筠年譜》考證了《酬蕭新浦王洗馬二首》的寫作年份。黄先生説:“‘獨對’二句謂把酒獨對東風之際,誰會向着南方與我遥酌?按此,吴詩當作于江州。按前引,知建安王偉於天監九年任江州刺史,時吴均隨任,而江州治潯陽,在建康西南,方向正合。再從‘一年’二句,知吴詩系至州一年後,爲遥憶故人而作;又東風起、白帶草飛及蘭草叢生等皆爲春景,知作于本年春,而王筠當于本年復起,遷太子洗馬。”[⑤]劉亦未先生以爲詩中“酒”是動詞飲酒,“指南”是北斗,“酌”是斟酒、盛酒。將全句譯成:“我獨自對着東風飲酒,誰來用北斗給我盛酒啊!”[⑥]孫先生説:“在此詩中‘酌’字指酒,《禮記·曲禮》:‘酒曰清酌。’又《説文》:‘酌,盛酒行觴也。’‘對東風酒’與‘舉指南酌’略成對仗;先之以對酒,繼之以行觴,立意也很通順。但這和《論衡》中之所指實不相干。”上述諸説中,劉海鳳雖然没有發現吴均詩中“指南酌”的出處,她的解釋比其他學者高明。

2015年以來,筆者一再指出“東風酒”與“指南酌”是一對名詞,“指南酌”的出典

① 馮惟訥:《古詩紀》卷九一,景印文淵閣四庫全書本,臺北:商務印書館,1983年,第12a頁。

② 馮惟訥:《古詩紀》卷九一,1983年,第12a、12b頁。

③ 劉海鳳:《吴均詩文集校釋》,2002年東北師範大學碩士論文,第55頁。

④ 林家驪:《吴均集校注》,杭州:浙江古籍出版社,2005年,第103-104頁。

⑤ 黄大宏:《王筠年譜》,《中華文學史料》第三輯,西安:西北大學出版社,2012年,第68-81頁。

⑥ 劉亦未等:《中國古文獻中的司南到底是什麽》,《第十四屆國際中國科學史會議暨首屆中國古代四大發明國際學術研討會論文集》,2016.11.24-28,南京,第543-554頁。

是《論衡》“司南酌”。現補充新的資料,進一步論述。

三　東風與“東風酒”

吴均“文體清拔有古氣”,繼承了漢魏古詩的傳統。曹操(155－220)名篇《短歌行》二首開頭云:“對酒當歌,人生幾何! 譬如朝露,去日苦多。慨當以慷,憂思難忘。何以解憂? 唯有杜康。”吴均一直懷才不遇,對曹操這首著名的求賢歌十分熟悉,深有感觸。“慷慨”之後,又用“對……酒”,並非偶然。吴均詩中用“對……酒”對應“舉……酌”,相當於對酒、舉杯的句式,酒和酌都是名詞。

東風是長江上的自然現象,在赤壁之戰中起過重要作用。唐代詩人杜牧有一首《赤壁》詩:“折戟沉沙鐵未銷,自將磨洗認前朝。東風不與周郎便,銅雀春深鎖二喬。”非常著名。西漢董仲舒《春秋繁露・同類相動》曰:“水得夜益長數分,東風而酒湛溢。”①《淮南子・覽冥訓》曰:“夫物類之相應,玄妙深微,知不能論,辯不能解,故東風至而酒湛溢。”②歷史上未必釀造過什麽“東風酒”。“東風酒”系吴均化用“對酒當歌”、赤壁之戰借助東風和“東風至而酒湛溢”之類的典故,新創之典。至於古人説的東風與酒的這種“玄妙深微”關係,不在本文討論範圍之内。

正如黄大宏先生的分析,吴均此詩寫於春天。吴均在“思君出江湄,慷慨臨長薄”之後,觸景生情,吟出“獨對東風酒”之句。吴均首創的“東風酒”一詞,是後世詩壇詠春時常用之典。例如:北宋明道二年(1033),歐陽修的《早春南征寄洛中諸友》有云:“春入河邊草,花開水上槎。東風一罇酒,新歲獨思家。”③詩中“東風一罇酒”即“一罇東風酒”。詩中直接稱“東風酒”的例子如:宋代鄭獬的《巽亭小飲》云:“花開花落何須問,勸爾東風酒一杯。世事正如滄海水,早潮才去晚潮來。”④宋代蘇籀《寒食後出郊一首》有云:“澹淹東風酒一巵,笙篁雞鞠傲春暉。緑波泛灩心微蕩,邃苑提攜手未揮。”⑤澹淹,蕩漾貌。宋代黎廷瑞的《戊寅人日》有云:“滿飲東風酒,悠悠自醉眠。英雄悲往運,兒女樂新年。”⑥上述“滿飲東風酒”等詩例,足以證明“獨對東風酒”的“東風酒”是一名詞。已有學者研究過吴均五言詩的對偶,指出:“強烈的對偶意識促使他

① 董仲舒:《春秋繁露》卷一三“同類相動”,四庫全書薈要本,第4b頁。
② 高誘注:《淮南鴻烈解》卷六,四庫全書薈要本,第3b頁。
③ 歐陽修:《文忠集》卷五六(外集卷六),四庫全書薈要本,第2b頁。
④ 鄭獬:《鄖溪集》卷二八,四庫全書薈要本,第21a頁。
⑤ 蘇籀:《雙溪集》卷三,四庫全書本,第13a頁。
⑥ 史簡:《鄱陽五家集》卷一,四庫全書薈要本,第13b頁。

只注意文字上的結構美而又不能自如運用聲律,當對偶工整與回忌聲病兩者之間有矛盾時,他寧取前者。”①故吴均的對偶句中,是很注意詞性、詞義相對偶的。“指南酌”與“東風酒”詞性相同,當然也是名詞。使吴均感到獨對的是“酒”而不是“風”。東風起,吴均獨對滿滿的“東風酒”,思念遠在建康的故人。萬里各相思,遥想故人向南舉杯,遂以《論衡》“司南酌”爲典入詩,十分貼切。

上文已討論“東風酒”的來歷,“獨對東風酒”是一種用典的修辭手法,與其對偶的“誰舉指南酌”也是一種用典的修辭手法,不能想當然地理解成寫實的“隨手持舉”“一件浮在水上的儀器”。孫文對“獨對東風酒”,也以“對酒”解讀。對“誰舉指南酌”,先説“在此詩中‘酌’字指酒”,若按此説,“誰舉指南酌”變爲“誰舉指南酒”,文理欠通。又説“繼之以行觴”,將“誰舉指南酌”變爲了“誰舉指南行觴”。“酌(行觴)”是動詞,與名詞“酒”詞性不對偶。所以無論“酒”或“行觴”都不合詩意。而且,詩中“指南酌”用典,孫文釋“酌”爲行觴後,剩下的“指南”怎樣解釋,也避而不談。

四　水浮瓢針司南酌和考古材料

指南針的發明不是憑空而來。司南涉及到指南針的發明,是很重要的問題。孫文的失誤及其誤導效應,更説明司南問題需要認真研究,弄清歷史真相。因篇幅所限,下面簡要歸納筆者的一些看法,望識者指正。

西元前四世紀,鬼谷子所作的《鬼谷子·反應》記載“磁石之取針”。不知何時起,方家以吸連鐵針之多寡測試磁石的好壞。總之,磁鍼事實上已經問世。到西元前三世紀,師承鬼谷先生的《鬼谷子·謀篇》曰:“鄭人取玉,必載司南,爲其不惑也。”説明取玉的鄭人已使用司南(酌)。瓢針司南酌的結構特點決定了只能是浮式司南,而文中稱“必載司南”,正與水載司南之意相合。

東漢王充《論衡》重提“磁石引針”,用“司南之酌,投之於地,其柢指南”對“司南酌”作了進一步的描述,如補上有關資訊,説的是:(瓢勺制的)司南酌(裝置),放在地上,(針端所在的)瓢柄自動指南。愚意最貼近這一記載的復原方案是“瓢針司南酌”。

晉代抱朴子葛洪所在的仙道傳承譜系靠“師受”,“術解甚多”。② 一些秘傳之方術,在葛洪傳世的《抱朴子》内外篇等著作中,多少有點綫索。《抱朴子》也有“磁石引

① 吴建輝:《吴均在五言詩形式上的探索及其成就》,《湖北大學學報》(哲社版),1999年第2期,第41-44頁。

② (日)吉川忠夫著、王啓發譯:《六朝精神史研究》,南京:江蘇人民出版社,2010年,第328、350頁。

針”,可惜系《太平御覽》卷五一保存的《抱朴子》佚文,其上下文不明。《抱朴子外篇・嘉遁》説:“夫羣迷乎雲夢者,必須指南以知道;並【失】乎滄海者,必仰辰極以得反。”①雲夢爲江漢平原河道縱橫交錯,湖泊星羅棋佈之地,文中“指南”不可能是在雲夢中毫無用武之地的指南車,只能是使用方便的磁性指南(酌)。對照《鬼谷子》:“鄭人取玉,必載司南,爲其不惑也。”“羣”對應於取玉的鄭人們,水鄉“雲夢”對應於取玉的山路,“必須指南”相當於“必載司南”,“以知道”相當於“爲其不惑”,《鬼谷子》司南和《抱朴子》指南可以相互印證。辰極,指北極星。又,《抱朴子外篇・疾謬》説:“(疾)【疢】美而無直亮之針艾,羣惑而無指南以自反。”②後一句與前述“夫羣迷乎雲夢者,必須指南以知道”意思相同,葛洪在此將無指南(酌)與無醫家之“針”並舉,意味深長。

明初劉崧《贈徐山人》曰:“亂餘山水半凋殘,江上逢君春正闌。針自指南天杳杳,星猶拱北夜漫漫。漢陵帝子黄金碗,晉代神仙白玉棺。回首風塵千里别,故園煙雨五峰寒。”③劉崧,江西泰和珠林(今屬江西泰和塘洲鎮)人。堪輿術在江西源遠流長。《明史》本傳稱劉崧自“幼博學”,“善爲詩,豫章人宗之爲‘西江派’”。《贈徐山人》中提到“晉代神仙”,“針自指南天杳杳,星猶拱北夜漫漫”是化用葛洪《抱朴子》的文意贈徐山人。值得一提的是,劉崧《送王巡檢宗道還卓口》云:“都府青春白面郎,邊城快馬紫遊韁。五年乘障山無盜,千里通津水有航。野驛曉晴芳樹合,石潭春雨落花香。祇憐江上相逢晚,不盡東風酒滿觴。”④兩人相見恨晚,酒逢知己千杯少,詩中“東風酒”很可能用了吴均詩的典故。這對於深入瞭解劉崧《贈徐山人》的詩意是有用的綫索。

六朝詩文中,葛洪之文談到民間指南,梁元帝的賦有關皇家司南。梁元帝名篇《玄覽賦》説到其親身經歷:“見靈鳥之占巽,觀司南之候離”。離爲南,乃後天八卦之一。賦中與相風鳥並提的司南是測向的儀器,表明梁元帝觀測過用司南(酌)測向。⑤當時堪輿術尚未從占候術獨立出來,“候離”有堪輿的色彩,却與指南車的用法毫不相干。

司南酌與堪輿術的關係值得注意。現已知道,明刻本《管氏指蒙》比以前常引用的《古今圖書集成》本《管氏地理指蒙》更有價值。隋唐之際已有《管氏指蒙》流傳。

① 楊明照:《抱朴子外篇校箋》,北京:中華書局,1991 年,第 61 頁。

② 楊明照:《抱朴子外篇校箋》,第 605 頁。

③ 劉崧:《劉槎翁先生詩選》卷七,明萬曆二十五年(1597)張應泰刊清代修補本,1b 頁。四庫全書本《槎翁詩集》卷六(第 13a,b 頁)誤作“斗自指南天杳杳”。

④ 劉崧:《槎翁詩集》卷六,四庫全書本,第 78b,79a 頁。

⑤ 聞人軍:《考工司南》,上海:上海古籍出版社,2017 年,第 250-261 頁。

古地磁學研究成果中的磁偏角資料，爲研究堪輿術史料提供了新的視角。[①] 司南研究中還有不少方面有待深入。

沈約《宋書·禮志》曰："晉代又有指南舟"。唐徐堅《初學記》卷二五引《晉宫閣記》曰：靈芝池"有鳴鶴舟、指南舟"。天監元年（502），任昉應梁武帝之詔侍宴，作《奉和登景陽山詩》云："奔鯨吐華浪，司南動輕枻。"詩中"司南"指建康皇家園林中運作的指南舟。指南舟的工作原理一向成謎。隨着司南研究的深入，最終解開這個謎也不是不可能的。

唐韋肇（卒於777–779）的《瓢賦》曰："挹酒漿，則仰惟北而有別。充玩好，則校司南以爲可。"指出瓢勺可以挹酒漿和充作玩好司南的外殼，揭示了司南酌與瓢勺的天然聯繫，説明司南應是一種浮式裝置。在唐代，司南作爲玩好，與酒文化關係密切。

除了《鬼谷子》和《瓢賦》，古文獻中還有水浮司南酌的更直接明白的證據。宋僧正覺《頌古》詩曰："妙握司南造化柄，水雲器具在甄陶"，[②]證明司南（酌）是陶瓷容器中水面上浮着的帶有天性指南之柄的器具。元熊夢祥《析津志·寺觀》稱"正覺之司南，真乘之准酌"，[③]語義雙關。所指的實體司南，正是司南酌。[④]

孫文説："有人認爲'司南之酌'是以磁鍼和小葫蘆瓢組成的水浮指南儀，也只是根據推理提出的想法，無任何考古材料作支持。"上文説明水浮"瓢針司南酌"並不是"只是根據推理提出的想法"。考古材料固然重要，但也不能絶對化。以張衡地動儀爲例，複製尚未成功；考古中還没有發現地動儀；地動儀的真僞，學術界還有争議；可是孫文已肯定了地動儀的發明。爲什麼到了討論司南問題，就採用雙重標準呢？2015年拙文已分析："瓢針司南酌，製作簡易，也易解體。磁鍼很小，容易銹蝕，小葫蘆瓢外殼又難歷久，故考古發現中還没有見過它。"考慮到司南是歷史文化中影響深遠之物，追蹤其去向，也是證實司南酌的又一條途徑。宋元針碗浮針已有考古發現的針碗實物爲證。在拙著《考工司南》中，特地探討了司南酌和指南魚、針碗浮針的傳承關係。水浮司南酌傳承爲水浮指南魚及針碗浮針，有明顯的證據。[⑤] 演變爲水針，順理成章，十分自然。我們尚不清楚司南酌何時演變爲水針，化了多少時間。科學史上有的發明，要化一千多年，才前進一小步，司南酌也終於邁出了這一步。現已證實，《瓢賦》之前，

---

① 聞人軍：《幾種磁偏角文獻的再探索》，《自然科學史研究》2017年第3期，第347–360頁。

② 侍者法潤、信悟編：《泗州普照覺和尚頌古》，大正新修大藏經刊行會編《大正新修大藏經》第四十八卷，No.2001。東京：大藏出版株式會社，1928年，第23頁。

③ 熊夢祥著，北京圖書館善本組輯：《析津志輯佚》，北京：北京古籍出版社，1983年，第74頁。

④ 聞人軍：《"瓢針司南酌"的考古和文獻新證》。

⑤ 聞人軍：《考工司南》，第262–267頁。

著名天文學家、堪輿大師僧一行(683-727)已使用某種指南針,觀測磁偏角。水针之用,李淳風(602-670)時代早有線索。[①]

堪輿水針登上歷史舞臺後,司南酌變成了酒文化中的玩好。1982年江蘇鎮江唐代窖藏出土的一支帶有葫蘆針矛頂的銀酒令纛,再現了酒文化中行使權力的司南造化柄,乃歷史上有過"瓢針司南酌"之實物旁證,詳見拙文《"瓢針司南酌"的考古和文獻新證》。[②]

作者簡介:

聞人軍,男,1945年生,浙江平湖人。主要研究方向爲中國古代科技史、中國物理學史。代表作品主要有《考工記導讀》(巴蜀書社1988年版)、《中國科學技術史綱》(合著,高雄復文圖書出版社1999年版)、《考工記譯注》(英文版,勞特利奇出版社2013年版)、《考工司南:中國古代科技名物論集》(上海古籍出版社2017年版)。

① 聞人軍:《偉烈之謎三部曲——一行觀測磁偏角》,《自然科學史研究》2019年第1期,第67-75頁。

② 聞人軍:《"瓢針司南酌"的考古和文獻新證》。

編後記

伏案舉筆,回首上半年的學術界,有兩位謝世的經學前輩不能不提及,一位是臺灣學林耆宿孔德成先生,另一位是本校著名古文字學家李學勤先生。

大概是緣分不到,今生與孔先生緣慳一面,引爲終身遺憾,但先生有兩件事對我影響至深。其一,20 世紀 90 年代,我訪問韓國期間去拜見著名學者李家源先生,李府門口的大石上赫然鎸刻着"梅花老屋"四字,落款是孔德成。毋庸諱言,由於兩岸長期隔絶,我當時對於臺灣學術界,幾乎一無所知。經李家源先生介紹,方知孔先生乃孔子第七十七代嫡長孫,襲封三十二代衍聖公,1935 年改任第一代大成至聖先師奉祀官。

從小聽老輩説,字是人的"門臉"。意謂學問好的人,大多書體不俗,且有個性。故我頗留意各體書法,篆書的古雅與凝重,最獲我心。孔德成先生所書此四字,正是書家習稱的"鐵線篆",結體謹嚴而不失流暢,收放騰挪,揮灑自如,作者的學識與才華,隨筆勢四溢於外,令我眼前一亮。若無一流的才學,絶不可能寫出此等書法,崇敬之心頓生。後來得知,先生深於儒家經典,尤其是禮學,學界有口皆碑。

終於,兩岸交通漸開,某年,有臺灣訪陸學者在清華播放了孔先生主持拍攝的《儀禮・士昏禮》的黑白影片。當時我正在研讀《儀禮》,獨學無友,每每苦其艱澀。得見此片,大爲震撼。孔先生曾組織團隊系統研究《儀禮》及周代典制,首創用實驗性復原的方式推動《儀禮》研究,令我備受啓發。無奈,由於資金等原因,孔先生的《儀禮》復原工作居然告輟,既令我失望,亦催我下定"接着做"的決心。此後二十餘年,我爲復原《儀禮》的所有付出,都是緣此一念。

今年 1 月 19 日,臺北有關方面爲紀念孔先生逝世十週年暨百歲冥誕舉辦紀念展,陳列諸多先生的遺墨、遺物,供人憑吊,以此追念一代宗師的儒雅風範和不凡的一生。承蒙臺灣主辦方垂邀,本當躬身前往,然而適逢受託去印度調研,分身乏術,無法如願,乃特別委請我的研究生專程前往臺北觀禮,代致一位深受霑溉的後學的深深敬意與無盡追思。此次由葉、黄二位教授撥冗撰寫孔先生追思會紀要,慰我渴慕,尤應申謝。

李學勤先生是清華大學出土文獻研究中心主任,以小學名家,而又博通經史與諸子,對《周易》《尚書》《論語》《孟子》等儒家經典均有精深研究。2003 年,我受系主任李伯重教授囑託,籌備成立中國經學研究中心。爲此,系里決定先以"清代經學與文化"爲題,召開一次兩岸三地的學術研討會,藉此一試水温。始料未及,到會人數很多,反響熱烈。故我們決定於 2005 年在清華召開"首屆中國經學國際學術研討會",並創辦《中國經學》刊物。期間,我們得到李先生的鼎力支持,不僅兩次蒞臨大會,發表論文,而且親筆轉録周予同先生語作爲《中國經學》創刊號的題詞:"站在經學研究的現階段上,我們第一,要先懂得經是什麼;第二,要懂得什麼叫做經學;第三,要懂得經學上有些什麼派别;第四,要追究這些經學學派爲什麼會發生。"周先生此語雖是 1936 年所言,但李先生在近 70 年後重提,對於處於復興之初的經學研究,依然有指示門徑的意義。

李先生曾爲經學正名。他在講座和文章中多次指出,"中國傳統文化裏面,儒學是主流",而"經學是儒學的核心","經學在歷史上所具有的既深遠又普遍的影響作用是客觀存在的。研究傳統文化,闡揚其間的優秀因素,無論如何不能對經學棄置不顧"。他還專門表彰 2005 年的經學會議,是"大陸第一次用經學的名義召開的會議",給《中國經學》賜稿,也有多次。

此外,隨着全社會傳統的復興,希望學習與瞭解儒家經典的人日益增多,而出版社印行的經學著作都是繁體字版,缺乏衹認識簡體字的衆多大陸民衆使用的讀本。有鑒於此,李先生主編了簡體横排版的《十三經注疏》,1999 年出版。此書儘管有不盡如人意之處,但頗受歡迎,對於普及儒家經典有其積極意義。李先生所言所行,對於社會正確認識經學,具有重要影響。

李先生對經學的貢獻,主要體現在結合出土文獻廓清學界迷誤上。如秦火之後,《樂》經亡佚,僅剩五經,故有學者主張《樂》本無經。李先生最早指出,郭店簡所見"六經"之名,與《莊子・天下》所舉全同,證明包括《樂》在内的"六經",確實存在於先秦。李先生認爲,《六經》取得經的地位有先後。《詩》《書》《禮》《樂》是西周教育的主要内容。他以《國語・楚語》申叔時所列文獻,認爲記史的《春秋》(不一定是魯史)當時也已列入教材,如此,"六經已有其五"。

再如,李先生認爲,"六經系統的確立,自然是經過孔子的工作",如孔子對《易》的看法和做卜筮的"史巫"不同,所注重的不是占筮,而是古之遺言,"把原來只是占筮書的《易》轉化成了哲理的著作,使《易》正式進入經書的行列,《易傳》十翼也由此撰成"。有學者讀《論語》,認爲孔子關於《詩》《書》等僅有零星的評論。李先生不同意這類説法,認爲"上海博物館所藏戰國楚簡《詩論》,足以改變這種印象。由《詩論》不難證明,那時已經有了和今傳本基本一樣的《詩經》,而且孔子本人有豐富深入的論説,這顯然已經是經學了",因此,"經學時代"並非漢代才開始,而是"肇端於孔子及其弟子”。

清華簡與經學,尤其是與《尚書》的緊密關係,引起海内外學者的極大關注。爲使這批資料早日與廣大讀者見面,李先生不顧年事已高,一面承擔繁重的組織管理工作,一面親自研究,撰寫論文,發表了大量的研究成果,對後續研究極具指導意義。李先生的去世,是經學界的重大損失!

彭林

2019 年 7 月 14 日

本輯付印在即,竟聞本系長者錢遜教授噩耗,不勝嗟悼! 老成萎謝,吾人其永懷。

彭林

2019 年 8 月 22 日